ポスト・ケインジアン叢書

38

Fighting Market Failure
Collected Essays in the Cambridge Tradition of Economics

市場の失敗との闘い

ケンブリッジの経済学の伝統に関する論文集

M.C. マルクッツオ【著】
Maria Cristina Marcuzzo

平井俊顕【監訳】
池田毅・伊藤宣広・黒木龍三・内藤敦之・
長原徹・袴田兆彦・藤原新【訳】

日本経済評論社

FIGHTING MARKET FAILURE: *Collected Essays in the Cambridge Tradition of Economics* by Maria Cristina Marcuzzo
Copyright © 2012 by Maria Cristina Marcuzzo
All Rights Reserved.
Authorised translation from English language edition published by Routledge, a member of the Taylor & Francis Group.
Japanese translation published by arrangement with Taylor & Francis Group through The English Agency (Japan) Ltd.
THE 'FIRST' IMPERFECT COMPETITION REVOLUTION
by Maria Cristina Marcuzzo
in *A Companion to the History of Economic Thought*
edited by Warren J. Samuels, Jeff E. Biddle and John B. Davis
Copyright © 2003 by Blackwell Publishing Ltd.
Permission from Blackwell Publishing Ltd. arranged through The English Agency (Japan) Ltd.

日本語版に寄せて

　ケンブリッジの経済学者一般，とりわけケインズに対する学術的関心の復活は，この30年にわたる，マーシャル，ケインズ，スラッファ，ハロッド，ジョーン・ロビンソン，カーン，カルドア等の文書，ならびに程度は小さいが，ロバートソン，ドッブ，カレツキ，ミード，ストーン，グッドウィン等の文書に基づいて追究されてきた文献的研究によるところが大であった．

　文書を調査するという研究は，刊行された資料のみによる研究よりも，ケンブリッジの経済学の範囲と方法に関し，はるかに良い理解を提供してくれる．文書は，ケンブリッジの伝統――その中核には，本書に所収の論考に登場するケインズ，カーン，ジョーン・ロビンソン，スラッファといった主役が位置している――と関係している経済学の方法，「スタイル」および内容へのより良いアクセスをわれわれに提示する．そしてその背景には，批判の形式であれ，あるいは精緻化・拡張であれ，マーシャルが控えており，彼のアプローチはこのグループにより参照基準として採られている．マーシャルは，多くの制限条件や正反対の脚注を付しているとはいえ，市場メカニズムを称揚していたが，これに対し，ケインズ，スラッファ，および彼らの追随者により拓かれた道は，市場ならびに市場理論への信頼がもつ欠陥を晒すことになった．

　日本の研究者は，これらの考えが，時とともに進展することに対し明瞭な洞察を与えるうえで大いなる貢献を果たしてきた．とくに，西沢保氏，藤井賢治氏，近藤真司氏はマーシャルやマーシャルの弟子の文書について，また平井俊顕氏，小峯敦氏はケインズの文書について，優れた研究調査を行ってきた．

　それゆえ，ケンブリッジの経済学を理解するうえでの文書的研究の重要性を示唆するために選んだ以下の3つの事例について，私は日本の読者が興味を示すことを願ってやまない．

　第1の事例は，限界分析に異論を唱えるスラッファの議論である．これは，彼の未公刊の覚書や関連資料を調べることによってのみ，それが彼の思考にお

いて一貫していることを明らかにすることが可能となる．未公刊の文書は，経済学における測定可能な実体ならびに観察可能な実体に対する飽くなき探究や，限界的手法が科学的方法をめぐる彼の基準を満たすものではないと彼が確信した理由，を明らかにしている．長年にわたり，スラッファは自らの批判力に磨きをかけ，そして次第に分析の焦点を自らの理論の構築へとシフトさせていったのであるが，それは価格を決定するために限界的な大きさを必要としないものであった．

第2の事例は，リチャード・カーンによる短期をめぐる著作の草稿——フェロー資格論文と同一の題名——である．これは1932年時点で未完成であり，いまも未刊である．同書でカーンは，市場が不完全であるとき，需要の減少が持続しないと予想される場合，短期では完全稼働率以下での均衡が生じるかもしれない，と論じた．ここで重要なのは，ある変数，とくに需要水準の正常値についての期待であり，短期とは「短い」時間間隔，あるいは長期の諸力が効果を発揮する前の一時的な状態にすぎないとはかぎらない，ということである．それはむしろ，選択された変数の予想値に依存する一組の決定が変化しないかぎり維持される状態である．

草稿，講義ノート，目次および書簡を調べる重要性についての第3の事例は，『貨幣論』から『一般理論』に至るケインズの行程である．前者から後者に至る過程を通じ，彼は一貫して，『貨幣論』の分析は『一般理論』の分析と整合的であり，新しい議論は「はるかに正確であり有益である」(『一般理論』p.77；訳『ケインズ全集』第7巻，78-79頁．本書63頁を参照)，と繰り返し強調した．だが，実際には，基本方程式で提示された『貨幣論』から，有効需要の原理を組み込んだ『一般理論』への移行には，新しい概念の導入や定義の変更が必要となっており，そのことは究極的には，後者のアプローチを前者のアプローチとはまったく異なるものにしているのである．にもかかわらず，ケインズは，表面下での本質的な考えは同じである，と読者に信じさせることを望んだのである．

彼は，両者のアプローチは整合的なものであるとして，次のような点を指摘している——a)『貨幣論』の利潤を，「利潤についての当期の予想を決定するもの」として再解釈する，b)『貨幣論』での，貯蓄に対する投資の超過の変

化を，有効需要の増加の「1つの基準」として提示する．

　だが，ケインズは，この融和の試みが完全に成功しているかについて疑いを抱いていたにちがいない．というのは，『一般理論』の序にあるように，「私自身の考えでは，私が過去数年間追究してきた思索の当然の発展とみなされることも，ときには読者にとっては混乱を招くような変説と思われるかもしれない」(『一般理論』p. xxii；訳『ケインズ全集』第7巻，xxvi頁)，と述べているからである．

　文書資料を研究することで，われわれは，この問題についてのより良い理解を得ること，ならびにケインズの考えの変化の紆余曲折を跡付けること，が可能になるのである．

　解釈のための証拠を得るために，そして考えの進展を説明するために，現存する記録やテクストを検討するとき，不幸なことだが，証拠は曖昧でないということはめったにない．そのうえ，解釈は，入手可能な証拠が何であれ，しばしばそれによって制約を受けるものである．にもかかわらず，資料は刊行されたものに対するカギを提供する．それは，関係する経済学者の個性や知的生活についてのわれわれの知識のギャップを埋めてくれる．いかなる優れた知的伝記も，記録調査に長い時間を費やさずに書くことはできない．では，関係する著者たちの理論についてのわれわれの理解を増加させるうえでの，それらの価値は何なのであろうか．これらの活動を一種の古物収集とみる批判者に対してわれわれはどう応じるべきなのであろうか．

　私の答えは，理論はつねにコンテクストに埋め込まれている，すなわち，理論をかたち作る一群の質問，理論が向けられている知的対話者たち，およびそれらの胚芽期における「最先端」のなかに埋め込まれている，というものである．文書や書簡は，問題，仮定あるいは道具の特定のセットが選択される背後にある動機への洞察を提供してくれる．これらの点が，破棄された解法，破棄された定義が記載されてはいない刊行された著書，論文において，陽表的に述べられているとはかぎらないのである．

　いわば，資料，文書は，われわれに最終地点を訪ねることよりも，むしろそこに向かう道程に沿って旅することを可能にしてくれるのである．

2015年4月，ローマにて　　M. C. マルクッツォ

目　次

日本語版に寄せて　　　　　　　　　　　　　　　　　　v
凡　例　　　　　　　　　　　　　　　　　　　　　　　xiv
謝　辞　　　　　　　　　　　　　　　　　　　　　　　xv

序　論 ……………………………………………………… 1
　　はじめに　　　　　　　　　　　　　　　　　　　　1
　　型にはまらない生活－第1部　　　　　　　　　　　 3
　　共同研究とコミュニケーション－第2部　　　　　　 6
　　自由市場の不完全性と時間－第3部　　　　　　　　 8
　　むすび　　　　　　　　　　　　　　　　　　　　　10

第1部　個　人

第1章　経済学の「場所」としてのケンブリッジ ……… 15
　　1. 舞台設定　　　　　　　　　　　　　　　　　　16
　　2. ケンブリッジの地理　　　　　　　　　　　　　22
　　3. 集団か学派か？　　　　　　　　　　　　　　　28
　　4. ケンブリッジの一員になること　　　　　　　　32
　　5. 暫定的むすび　　　　　　　　　　　　　　　　36

第2章　ケインズとケンブリッジ ……………………… 44
　　1. はじめに　　　　　　　　　　　　　　　　　　44
　　2. ケンブリッジにおけるケインズ　　　　　　　　45
　　3. ケインズとケンブリッジの経済学者　　　　　　51
　　4. ケインズとケンブリッジの経済学　　　　　　　56
　　5. むすび　　　　　　　　　　　　　　　　　　　60

第3章　ケンブリッジ大学でのピエロ・スラッファ………………… 66

1. スラッファとケンブリッジ大学経済学部　　66
2. 講　師　　67
3. 講　義　　69
   - 3.1　上級価値論　　69
   - 3.2　欧州大陸の銀行業　　71
   - 3.3　産　業　　72
4. 2人の特別な生徒　　73
5. 研究副所長（Assistant Director of Research）　　75
6. 学位選考委員会（Degree Committee）の一員　　78
7. 試験官（Examiner）　　79
8. 学部教授会の一員　　80
9. 応用経済学科　　81
10. 政治経済学，産業関係論，経済学の教授の選挙人（Elector）　　83
11. キングズ・カレッジのメンバーとして　　84
12. トリニティ・カレッジのフェローとして　　86
13. ケンブリッジの経済学者たちとの関係　　87
14. スラッファと学界　　90

第4章　ケンブリッジでの著作の序文に隠れている，かの捉えにくい人物
―リチャード・カーンの貢献についての評価― ……………… 102

1. はじめに　　102
2. 競争の理論：市場の不完全性と企業者行動　　103
3. 雇用理論：ケインズの接近法とケインズとの関係　　109
4. 厚生経済学　　114
5. 国内および国際貨幣理論：制度の役割　　116
6. 賃金とインフレーション　　119

第5章　ジョーン・ロビンソンと3つのケンブリッジ革命 …………… 132

    1.　はじめに　132
    2.　カーン　132
    3.　ケインズ　140
    4.　スラッファ　145
    5.　むすび　150

第6章　R.F. カーンと不完全競争 …………………………………… 156

    1.　はじめに　156
    2.　カーンの『短期の経済学』　158
    3.　カーンと『一般理論』　165
    4.　カレツキ　169
    5.　『一般理論』と不完全競争　173

第2部　協　働

第7章　J.M. ケインズとR.F. カーンの『貨幣論』から
　　　　『一般理論』への協働 …………………………………… 185

    1.　ケインズの「お気に入りの学生」　186
    2.　カーンと『貨幣論』　188
    3.　基本方程式をめぐる危惧　190
    4.　「サーカス」の役割　193
    5.　『一般理論』への道　196
    6.　カーンのアメリカ訪問　199
    7.　有効需要の概念　201
    8.　ケインズを「監督する」　203
    9.　むすび　206

第8章　ジョーン・ロビンソンとリチャード・カーン
　　　　－短期分析の起源－ ……………………………… 215

1. 『貨幣論』から『一般理論』への移行　　　　　215
2. カーンの総供給関数　　　　　　　　　　　　217
3. フェロー資格論文　　　　　　　　　　　　　222
4. ジョーン・ロビンソンとリチャード・カーン：
   『不完全競争の経済学』　　　　　　　　　　223
5. 『短期の経済学』　　　　　　　　　　　　　227
6. ジョーン・ロビンソンの短期　　　　　　　　229
7. むすび　　　　　　　　　　　　　　　　　　231

第9章　ロビンソンとスラッファ ……………………………… 239

1. はじめに　　　　　　　　　　　　　　　　　239
2. 分析的楽観主義者　　　　　　　　　　　　　240
3. 短期を超えて　　　　　　　　　　　　　　　243
4. 躓きの石　　　　　　　　　　　　　　　　　246
5. 誤　解　　　　　　　　　　　　　　　　　　248
6. 両者を分かつ問題　　　　　　　　　　　　　250
7. むすび　　　　　　　　　　　　　　　　　　252

第10章　スラッファとケンブリッジ経済学　1928-31年 ……… 259

1. はじめに　　　　　　　　　　　　　　　　　259
2. スラッファの講義ノート　　　　　　　　　　260
3. 不完全市場の理論　　　　　　　　　　　　　267
4. 需要曲線　　　　　　　　　　　　　　　　　270
5. 『貨幣論』についての議論　　　　　　　　　275
6. むすび　　　　　　　　　　　　　　　　　　281

第3部　接近法

第11章　市場の「不完全性」から市場の「失敗」へ
　　　　　―レッセ・フェールに対するいくつかのケンブリッジの挑戦― ……………… 289

　　1.　はじめに　289
　　2.　市場の不完全性　290
　　3.　道徳科学としての経済学　294
　　4.　むすび　299

第12章　マクロ経済学の代替的なミクロ経済学的基礎
　　　　　―L字型費用曲線に関する論争再考― …………………… 304

　　1.　はじめに　304
　　2.　発見：カーン　305
　　3.　一般化：カレツキ　308
　　4.　証　拠　310
　　5.　擁　護　312
　　6.　総供給曲線　314
　　7.　むすび　319

第13章　短期の経済学の回顧 ………………………………………… 325

　　1.　リカードウ　326
　　2.　マーシャル　327
　　3.　カーン　329
　　4.　ケインズ　332
　　5.　手法の変更　334

第14章　「第1次」不完全競争革命 …………………………………… 339

　　1.　主役たち　339
　　2.　スラッファ　341

3.	カーン	343
4.	ジョーン・ロビンソン	344
5.	カーン 対 スラッファ	345
6.	スラッファ 対 カーンおよびロビンソン	347
7.	カレツキ	348
8.	エドワード・チェンバリン	350
9.	ロバート・トリフィン	351
10.	その遺産	352

第15章 ケンブリッジ経済学の伝統における利潤最大化 ……… 358

 1. はじめに   358
 2. マーシャル   360
 3. カーン   362
 4. ケインズ   366
 5. カレツキ   369
 6. 「フル・コスト」価格形成に対するケンブリッジの批判   372
 7. むすび   375

監訳者あとがき ……………………………………………… 383

 索　引   389
 初出一覧   395
 著者紹介   397
 監訳者紹介   399
 訳者紹介（五十音順）   401

凡　例

1．訳は 7 名で担当されている．監訳者は本書全体を視野に入れ，用語，表記，書式の統一に可能なかぎり努めている．訳文の調子も監訳者の判断で可能なかぎり統一している．至らない個所は監訳者の責である．

2．本書は欧米の経済思想史関係の有力な学術ジャーナルに掲載された論考で構成され，かつその様式が原則として踏襲されている．本訳書もそれに準じている．例えば，原書の各章の参考文献の表記は元の雑誌・書籍での形式が採用されており，本訳書もそれに準じている．同様の理由で，原書での表現形式が章により異なる場合がある．本訳書では，（原則として）それに準じているが，統一性を勘案してそうでない場合もある．

3．訳文は原文に忠実であることを心がけているが，意味が通じにくくなる場合，日本語としての読みやすさ，自然さが優先されている．

4．ローカルでアドホックな委員会，制度などには定まった訳語は存在しないため，適宜，訳語を決め，それを一貫して用いている．

5．索引は簡潔さを旨として，独自に作成したものである．

6．原書の誤植その他については，訳者と相談のうえ，修正したかたちで翻訳されている（これらの個所の指摘は，訳文を煩雑にすることから省略されている）．

7．引用文で，訳本がある場合，次のような表記法を採っている（ただし，必ずしも訳本に忠実であるとはかぎらない）．
　　例：「危険を冒すことになるであろう」（Sylos Labini 1969, 34；訳 42-43 頁）

謝　辞

　何年にもわたり，筆者はさまざまな人たちから激励や助言をいただいてきた．初期の頃は，ジョフリー・ハーコート氏，ヤン・クレーゲル氏，ヴィッキー（ヴィクトリア）・チック氏およびルイジ・パシネッティ氏から，非常に多くの激励や助言をいただいた．その後になると，マルコ・ダルディ氏，ドナルド・モグリッジ氏およびネリオ・ナルディ氏らから多くの助言やコメントをいただいた．これらに対し謝意を示したい．

　アナリーザ・ロセッリ氏は，筆者が他のだれよりも知的な親近感を覚える研究者であるが，彼女は経済学におけるケンブリッジの伝統を活性化させるという関心を共有してくれた．そして明快な思考により，彼女はしばしば筆者を助け，もつれた議論を解きほぐしてくれた．このことに対し，筆者は彼女に心から感謝したい．残された誤りは，筆者が負うべきものである．

　筆者の英語校訂者であるグラハム・セルズ氏の助けがなければ，これらの論考を執筆することはできなかったであろう．氏の英文を華麗に使いこなす力に筆者は大きく依存することになった．筆者の文章に価値があるとすれば，氏とそれを共有している．

　また，原稿を準備し校正を引き受けてくれたイスランダ・サンフィリッポ氏の原稿の準備や校正のチェックにおける骨身を惜しまない心遣いにも感謝申し上げる次第である．

　最後に，ニッキー（ニコラス）・カルドア氏の招待に応じ1985年に筆者がキングズで過ごしたあいだ，親密な交流を深めるという名誉を授かることになったリチャード・カーン氏への恩義は計りしれないほど大きい．本書を故人となった彼の霊に捧げたい．

序　論

はじめに

　本論文集は,「ケンブリッジ学派」ないし「ケンブリッジ・ケインジアン」として大変名高い経済学者集団の貢献を検討した, 最近 15 年ほど（最も古いもので 1994 年, 最新のもので 2008 年）に発表された 15 編の小論を集めたものである．筆者はこうした命名が誤解を与えやすいと考える者である．関係する一連の人々は「学派」としてではなく, 共通の教義への固執でもなくむしろ結束と分担という考えを含意する「集団」と定義されたほうがよい．また筆者は, 経済学のケンブリッジ的伝統は新古典派経済学に対する代替案として依拠すべき遺産, すなわち十分に成熟した思考体系というより代々受け継がれてきたものであると主張したい．さらに私は, 人に誤った印象を与える「ケインジアン」というラベルにも異議を唱えたい．すなわち, ケインズの考えが中枢をなすという点には異論はないものの, スラッファによる古典派の政治経済学の再興によってもたらされた並行的な思考が存在するからである．J. ロビンソンは彼女の人生の後期において, 後者から多大な影響を受けたし, また後者は「経済学のケンブリッジ的伝統」をケインズに由来する系譜とみることに関係していると考える者もいる．

　本論文集は, まれなほどケンブリッジの物理的空間や生活様式をともにしたケインズ, カーン, J. ロビンソン, スラッファに焦点を当てている．彼らの絆は知的共同作業, 共通の土壌の認識, 対話, そして批判の受容であった．ただし, スラッファは強い影響力を及ぼすことはあっても, 他の 3 人の影響力に服

することはほとんどなかった．

　ケインズは彼の思想を他の者達に提示することでそれに形や完成形を与えた．言い換えれば，他の者達の業績への彼自身の貢献ははるかにつつましいものであった．彼にとって，対話はそれが彼の描いた方針にしたがって進む場合にのみ望まれる結果をもたらし，時折り行う批評や相談を別にすれば，価値論や不完全競争のような畑違いのことで彼に喋らせるのは困難であった．じつに，合意をもたらすための彼の布教者然とした技量や才能といった魅力によって，彼はケンブリッジ経済学の中心人物となったのである．

　J. ロビンソンとカーンの関係はケンブリッジに典型的であった知的共同作業のようなものを体現している．第1に，それは時間や空間を分かち合うことであり，それはまた知識の共有，および意見を交わしたり会話したりする習慣を伴うものであった．戦後から1970年代末まで，両者は世界中から多数の学生や学者を引きつけるケンブリッジなるものを形成するうえで根本的な役割を担った．

　スラッファはケンブリッジでの知的に重要な出来事のすべてに関わることになったが，代替的な経済理論の追究にさいして孤立した道を辿り，仲間を見出すことはなかった．彼をケンブリッジに招いたのはケインズであり，カーンもロビンソンもともに彼の講義を受けたのだが，彼によるマーシャル理論の批判のインパクトや代替アプローチの承認を求めようとして傾けた努力は驚くほどに効果がなかった．不完全競争のような，彼が提唱したことのいくつかは，それらを触発したアプローチからはるかに離れた方向へと展開していった．

　この論集のなかの小論のいくつかは，ケインズ，カーン，J. ロビンソン，スラッファがその核心部において立つところのケンブリッジの伝統と関連してくる経済学のタイプの，手法や「スタイル」ならびにその内容にも取り組んでいる．

　第1に，マーシャルによって提供された分析枠組が存在しており，ケンブリッジ経済学の創始者として彼は大学での経済学の制度化に責任を負った．批判，精緻化ないし拡張の形態であれ，マーシャルによってとられた多岐にわたる経済生活の局面へのアプローチは，この集団によって参照基準として取り入れられた．マーシャルは，留保条件や脚注を多数付けたとはいえ，市場メカニズム

を讃える立場をとったが，ケインズやスラッファによって彼ら独自の方法で切り開かれた道は，市場への信頼やマーシャルから受け継いだ市場理論への信仰の双方のもつ欠陥を露呈することになった．

　第2に，こうした欠陥への代替的解釈や治癒策を提供するという挑戦が存在した．スラッファは，限界量に基づきながら財や生産要素の価格メカニズムによって均衡をもたらそうとする市場の諸力を表現しようとしたマーシャルの手法から生じる矛盾を明らかにするという目標に向けて突き進んだが，ケインズは効用や利潤を最大化する個人から全体としての資源の完全利用を期待するということの矛盾により大きな関心を向けた．

　カーンは，個人の行動に関する基本的なマーシャル流の公準を受け入れ，完全雇用を維持するのに十分な水準の有効需要がつねに存在するとした含意を問題視するという点でケインズにしたがい，ケインズと同様に彼もまた公益のために市場に介入する制度や計画の在り方を追究した．

　ジョーン・ロビンソンは生涯を通じて「私生児（bastard）」（彼女はそう呼んでいる）の所産に反対する激しいケインジアンであり続けたが，彼女は資本主義を説明する力がよりよく備わっているとして古典派の（そしてマルクスの）政治経済学を支持するスラッファの主張に説き伏せられ，学術研究の論争の場だけでなく政治の場においても，他のだれよりも急進的な立ち位置をとった．

型にはまらない生活－第1部

　本書の第1部は6つの小論からなり，そのうち5つは各人物の生活や研究活動に焦点を当て（他の3人よりもよく知られていないカーンについては2つの章が割かれている），冒頭の1章では物理的かつ比喩的な意味での「場」としてのケンブリッジ内部での集団として彼らが紹介される．集団の独自性は，4人の生活が知的にも学問的にも個人的にも型にはまらないものであったことに由来する動機，価値，生活様式そして研究スタイルから生じるものであった．もし型にはまらないということが規則や規範や慣習から逸脱することを意味するのであれば，ケインズ，スラッファ，カーンならびにジョーン・ロビンソン

の伝記はその際立った例証である．第 1 に彼らの大学での経歴は，カーンを特別な例外とすれば，標準的な道から外れていた．カーンは経済学を 2 年半勉強した後，特別研究員の学位論文を執筆し（ピグーはその論文を高く評価した），戦時中に文官として数年過ごしたことを考えれば人生の比較的早い段階で教授職に就いた．

ケインズは教授とはならず，（彼が 2 回目の挑戦で獲得した）キングズ・カレッジでの特別研究員時代をのぞくと 1920 年までしか大学での講師職に就かなかった．しかしながら，経済学部やケンブリッジ大学両方でのすべての重要な委員会の一員となり，学術職の任命，規則，プロジェクトに関する多くの決定にきわめて大きな影響力をもっていた．彼はまさにケンブリッジの有力者の 1 人であった．

スラッファの学術的生活は 4 人のなかで最も型破りのものであった．彼は 2 つの論文（英語で公刊されたのは 1 本だけであった）が評価されケンブリッジの講師に任命されたのだが，わずか 3 年間で辞任した．彼は 1938 年，ひどくためらった後，トリニティ・カレッジでの特別研究員のポストを引き受けた．そして彼はケンブリッジでの研究生活のほとんどの期間，2 つの目立たない役職に就いていた．その職とは図書館員（librarian）と研究副室長（assistant director of research）である．研究生のためのセミナーは大変うまくいったものの，彼の指導のもとで学位論文をどうにか完成させた学生は 1 人だけだった．学術的決定における彼の影響力は控えめなものであったが，彼はきわめて大きな知的名声を勝ち得た．それがケンブリッジの経済学者のあいだだけでなかったことは，ヴィトゲンシュタインだけでなくさまざまな数学者や作家，科学者との彼の関係が証明している．

同様に，ジョーン・ロビンソンの学術的な昇進物語は紆余曲折に満ちている．トライポス（優等卒業試験）で期待外れの 2.2（第 2 級下位 [lower second]）となってしまった後，学部教授会（Faculty Board）内での激しい論争を経て彼女は 1938 年に仮採用の学部講師となり，1947 年には准教授になった．刊行物の目覚ましい実績にもかかわらず，彼女は 1965 年になるまで正教授職に就けなかったが，1970 年にキングズ・カレッジで女性初の名誉フェロー就任という特別な栄誉を獲得した．

確立した見解や思考形態に異議を唱えつつ，4人が皆いかに知的大胆さを有していたかを示す証拠にも事欠かない．

ジョーン・ロビンソンは新古典派経済学に対する偉大な論争家であり偶像破壊者であったが，彼女の理論的貢献はカーン，ケインズ，スラッファが種をまいた土壌のうえにしっかりと置かれたものである．

カーンは，彼がマーシャルの遺産を是認し，純粋なケインジアン的信仰をもっていたことを考慮すれば，ジョーン・ロビンソンよりは知的には伝統的であるように思われる．それにかかわらず，L字型費用曲線，屈折需要曲線，そしてまさに乗数がそうであるが，彼の考えの多くは非主流派の立場へと噴出し，代替的パラダイムへのルーツを生み出した．

ケインズはさらに一層パラダイム的（paradigmatic）である．彼の経済学の画期的な点は，説得と巧妙に設計された制度の結合された効果を通じ意見を変容させることである．スキデルスキーは適切にもこのことを，一般に受容されている見解にたいする永続的な「精神的戦い」と述べている．経済学は物理学のような「自然」科学ではなく，内省，価値，動機を扱う，判断や意見が重要となる「道徳」科学である，とケインズは見ている．

しかしながら，型にはまらない知性という点でのより高い評価は，標準的な経済学的思考に対してケインズよりもさらに急進的な態度を取ったスラッファに与えられるべきである．主流派経済学の多くがもつ誤った論理を彼が明らかにしたことで，それにほとんど譲歩しないアプローチがとって代った．異なった認識論的観点から（そして異なる理由から），彼は次のようなケインズと同じ結論に至った．すなわち，標準的経済学は科学ではない．というのも，自然科学と異なり，それは測定不可能な数量や観察不可能な実在（entity）を用いているからである．さらに，それは限界点（at the margin）での推論——そこでは経済的事象に適用される他の事情を一定とするという条件が体系的に破られている——といった見せかけの実験に依存している．

4人の私生活は強烈な一体感や友情の感覚で染められ，それを頼みに彼らは家庭生活や夫婦関係の垣根を十分に越え，絆や愛情の領域を拡張することができた．われわれが当てにできる本格的な伝記はケインズのものだけである．他の3人については，筆者が断片を継ぎ合わせることのできたものを提供するこ

とができる．それによって彼らの私生活を垣間見る以上のことが提示できればと願っている．

共同研究とコミュニケーション—第2部

　第2部はこの集団内での相互理解の性質に目を向けた小論からなる．それは，ケインズとカーン，ならびにジョーン・ロビンソンとカーンの場合がそうであったように，さまざまな知的業績に関しての一対の共同研究のかたちをとったものもあれば，スラッファがそうであったように，大なり小なり他の3人との相互理解が困難であったためにそれを欠いたものもあった．

　筆者の最初の主張は，『一般理論』への旅路でケインズは旅の同行者かつ案内人としてカーンを得たという点である．これは文献上，議論の余地がない点というわけではないものの，それを実証する証拠を十分に提供できたと筆者は確信している．実際，ケインズはさまざまな機会にカーンの役割に謝意を表している．その機会とは，リディアやジョーン・ロビンソンへの書簡，ハリス講義（Harris Lectures），そして著書を出版した後のコメントなどである．こうしたすべてのことに対し，カーンは彼特有の謙遜で応じたが，彼は（『一般理論』で維持された）労働の限界費用逓増の仮定に対し責任を負ったり，（全体としての消費財の需給曲線を導入することで）物価水準を決定する貨幣数量説を廃棄するメリットを受け入れたりした．そればかりか，彼は雇用水準の決定に一層ふさわしい枠組として短期分析を提案することのメリットまで受け入れた．短期分析の可能性は，当初彼の特別研究員資格の学位論文のなかで，その後彼の乗数論文のなかで，さらに今日当然注目を集めるに値する——そう私は希望しているが——はずの未公刊の著書のなかでより完全なかたちで引き出された．ロバートソンが「あなたとカーンの手法」と述べた短期分析はマーシャルからケインズへの連続線であり，ケンブリッジ経済学と同一視されるようになった．

　カーンとジョーン・ロビンソンの50年以上に及ぶ心情的および知性的な交友関係は，残念ながら残存しているのは主としてロビンソンによるものだけであるが，絶え間なく続いた手紙のやり取りから証明される．2人のあいだで意

見が相違する領域もなかには存在し，とりわけジョーン・ロビンソンがカレツキやマルクスを通じケインズとスラッファに架け橋を設けようとするも，カーンがそれに納得できていないのを見出した後期に，それが顕著であった．不完全競争と有効需要という2つのケンブリッジ「革命」が発生したとき，彼らは熱烈な共同研究を遂行した．さらに戦後，『一般理論』を長期に拡張したり，「ケンブリッジ」成長理論として知られるものの多くを構築したりしようとするいくつかの試みのなかで，彼らは連合を組み共同で研究した．しかしながら，筆者の説明はむしろ初期の段階で終わっており，筆者による再構成はまったく不完全なものだと思われる．本書では，まれに取り上げるものも少しはあるが，戦後期を論じる小論はほとんどない．

　その他の重要な筆者の主張は，始終繰り返される点であるが，スラッファの，ケンブリッジでの，人的な孤立とは別な意味での知的な孤立に関するものである．ケインズ，カーン，ジョーン・ロビンソンとは愛情の絆があり，日常的な分担（shared routine）もあったが，深刻な知的分断がみられた．彼の申し分ない知的威光を認めながらも，翻って3人はスラッファの研究に加わることはできなかった．

　スラッファをケンブリッジに招き，「あり得ない」状況ですら彼が滞在できるよう手配したケインズは，彼の知性を支持し称賛したのだが，1928年のおずおずとした提案の後，スラッファがケインズの仕事に従事するのを止めたという十分に説得的な理由でもあるのだが，ケインズはスラッファのアプローチにけっして完全には理解を示さなかった．

　カーンは不完全市場における均衡の決定に関する学位論文の執筆中，当初スラッファと小論争を交えたが，ケインズの『貨幣論』における基本方程式に関する疑念に関しては意見を同じくした．2人は株式市場についての見解を交換し（ケインズを加え，2人はともに商品と通貨の投機に関与した），（ケンブリッジ大学でカレツキの職を見つけるといった）多くの学術プロジェクトで協力し，登山への情熱を共有した．カーンはスラッファの『商品による商品の生産』に関する非常に批判的な評価を発表せずに残した．それは彼の文書のなかに残っている．

　スラッファとジョーン・ロビンソンの関係は，知的観点からおそらく最も興

味深いものである．なぜなら彼女はさまざまな機会に，すなわち『不完全競争の経済学』を執筆するあいだ，ならびに新古典派生産関数についての論争やそれに続く資本理論についての論争のあいだに，彼と論戦を交わしたからである．筆者は以下のようなかなり大胆な主張をしたい．すなわち，彼女は1950年代初期から限界主義者の理論の批判に関与しそのことへの論及を続けたにも関わらず，スラッファ流の装置をけっして完全には支持しておらず，ある均衡状態から別の均衡状態へ移行するさいの時間の役割に関する点で，彼女はそれにきわめて批判的であったのである．

自由市場の不完全性と時間－第3部

　第3部における小論は個人についての議論を脇に置き，重要性や関連性が経済学におけるケンブリッジの伝統に帰せられることを裏付ける彼らの理論やアプローチの側面を取り上げる．そこでは以下にあげるいくつかの例が提示される．すなわち，供給関数，短期と長期の区別，不確実性の役割，そして「試行錯誤法」である．

　自由放任および市場メカニズムへの信頼に根本から反発する姿勢は，特に両大戦間期のケンブリッジで発展した．自由市場に不信を抱くことの根拠は，スラッファ，カーン，ジョーン・ロビンソンによる不完全競争の理論やケインズ，カレツキによる有効需要の理論の文脈のなかで考え出され，市場介入や制度変革の余地を切り開いた．

　一方で市場は無制御のままにすべきではないが，他方で競争市場の理論を通常の需要と供給の概念に委ねることはできない．これらの曲線の形状や個人の最大化原則に曲線が由来していることに疑問が提起された．企業の観察された平均費用曲線は広範囲の産出量に対して水平であり，その当時の理論が設定したU字型曲線には当てはまらないことが確認された．

　L字型の平均（そして限界）費用曲線はもともとカーンによって考え出され，カレツキによってカレツキ版有効需要の理論のなかで仮定されたものだが，それは雇用と実質賃金のあいだに逆相関の関係は存在しないことを含意した．スラッファはU字型の平均費用曲線や逓増型限界費用曲線の仮定にする強烈な

反論を提示したが，ケインズは，彼自身が認めたように，それを従来通り維持するという誤りを犯すに至った．

　標準的な新古典派理論においては，短期と長期を区別することは，体系が十分に調整された均衡状態に収束するのを一時的に妨げる摩擦や硬直性の存在の示唆を意味している．短期と同一の諸力によって決定される長期均衡という考え方は，スラッファにおけるのとは同じでない半面，ケインズやカーンにおけるのとは同じである．

　スラッファにおいては，恒久的な諸力は，競争や利潤率の一意性によって決定される体系の再生産条件であると理解されている．リカードウにおけるように，短期と長期を区別することはどの原因が理論の一部となるにふさわしいかに属する問題であって，どの効果が長続きするかしないかに属する問題ではない．

　マーシャルによって切り開かれた道を辿りながら，カーンは短期を擁護した．それは，関係する個々の意思決定の性質が，それらが適用される時間的視野によって特徴付けられ，諸個人が所与とみなすことやさまざまな時点で期待することを反映するという理由からである．ケインズはこの点について詳細に述べ，信条や期待が経済的意思決定の基礎であり，不確実性が蔓延しているなかでは長期の（完全雇用）均衡に至る確実な道が存在しないことを主張した．ケンブリッジの短期は単なる一時的状態ではないのである．それはむしろ，（生産能力や生産設備の稼働率といった）選択された変数の予想値に依存して決められる意思決定の集合が変化しないかぎり維持される状態のことである．

　後年，ジョーン・ロビンソンは短期の手法に概して賛意を示す一方，「歴史的」時間と「論理的」時間を区別するために長期の状態という考え方には反対するものの，スラッファの生産価格に接近していった．実際，価格理論と限界分析におけるその基礎は，それを拒絶したスラッファが取ったアプローチとそれを受け入れたケインズ，カーンのアプローチとのあいだの分岐点である．しかしながら，不確実性の役割や慣習，そして経済行為を導くものとして彼らによって仮定された「試行錯誤」法のゆえに，2人のアプローチが典型的な新古典派の経済主体がもつ合理性を必要としないことは疑いのないところである．事実，量的確率を掛け合わせた量的便益の加重平均の結果として考えられてい

るような，機械的な計算が経済行動の背後に存在するという考えを，ケインズとカーンが却下した明確な証拠が存在する．したがって意思決定の過程は，最適解で特定化されるのではなく，むしろ違った決定をするという十分に強い動機が欠けているときに到達する状況に関連付けられる．

　経済学上の推論の基礎として，スラッファのように限界分析を完全に拒否するという急進的な態度をとるのであれ，カーン，ケインズ，ロビンソンのような「巧妙な計算」という態度をとるのであれ，ケンブリッジ経済学は実現可能かつ説得力のあるかたちの，標準的な新古典派的思考に対する代替物を提供している．

むすび

　読者はすでに本書のタイトルの意味を理解できたのではなかろうか．すなわち，それは，以下のようなケインジアンのライト・モチーフを捕捉することを試みたものなのである．すなわち，それらは，経済体系を資源の完全利用へと導くように市場の諸力が作用するという「古典派の」結論を却下すること，そして集計された行動が個人の行動と同じ結果を生み出さず，したがって市場における個別主体にとって良いと思われることが結局のところ良い結果をもたらさず，しかも個人にとっても全体にとっても良い結果をもたらさないと主張することである．しかし，需要・供給と同義語であるとみなされる市場が，生産と分配の規則を描写するのに誤解を招きかねない場であるというスラッフィアンの主題も存在する．タイトルの「闘い」（Fighting）という語は，彼らが皆いかに激しく「自由市場」のイデオロギーと戦ったかに加え，いかに必死になって代替理論やより良い社会を求めて奮闘したかを想起させる語である．

　サブプライムの崩壊から始まり，リーマン・ブラザーズのデフォルト後に雪崩をなして押し寄せ，依然として失業や成長低迷のかたちで欧州や米国，日本のうえに覆いかぶさっている危機を（予測はおろか）説明すらできない標準的な経済理論にたいし正当にも非難が浴びせられている最中に，筆者はこの序論を書いている．市場の失敗や自由市場の理論の失敗は，他の方向へ向きを変える反応を促すかもしれない．本書の小論がその道を辿ることに関心を抱く人々

によって案内書と見なされることも期待したい．

　最後に注意点を1つ．本書に集められた各論文には，長期間にわたって仕上げられ，章立ての本としては計画されていない研究を1つにまとめ上げた論文集に不可避となる時間的間隙や反復が見られる．筆者は，その空白箇所を埋めたり，あと付けで章を改訂したりするという試みは行っていない．それらは独自の命をもち，良かれ悪しかれ，今日的な意義のある文献の一部となっているからである（しかしながら，本文や参考文献における誤植や不正確な点については修正した）．

　筆者が長らくケンブリッジに魅せられてきた点や，ケンブリッジの精神を離さず保持していこうとする積年の努力の証拠として，本論文集を上梓する．

第 1 部　個　人

第1章

経済学の「場所」としてのケンブリッジ*

M.C. マルクッツオ,N. ナルディ,
A. ロセッリ,E. サンフィリッポ

　ジョン・ネヴィル・ケインズ宛ての手紙(1888年)のなかで,オックスフォード大学への移籍の話を断ってケンブリッジに残留して欲しいと説得しながらヒューバート・フォックスウェルは書いている.「研究は特定の場所で集中してやるほうがはるかにいいのです.産業の地域的集中の場合と同じく多くの利益が生まれます」(Harrod 1951, 9, 訳(上)10頁).本章ではこの発言を敷衍し,経済学の場所としてのケンブリッジの性質と重要性について調べる.もちろん,それ以前には,ケンブリッジ学派という言葉がマーシャルの経済学および彼の尽力と同義であったということにも留意するが,ここでは分析をマーシャル以降の時代に集中する.

　ケンブリッジ資本論争,ケンブリッジの貨幣的景気循環論,貨幣数量説の1ヴァージョンとしてのケンブリッジ方程式,といった具合に,1920年代から1960年代にかけてイングランドのケンブリッジで発展した経済理論やアプローチの特徴化には,地理的な言及がしばしば登場する.これはつねに同じ関心,経歴,あるいは姿勢を共有するわけではない経済学者の業績を含んでいるが,全員がかなりの期間にわたって世界のこの特定の地域で生活し研究していた.

　本章では,一群の経済学者とある期間——基本的に戦間期のものだが,ジョン・メイナード・ケインズの死[1]後の数年についても多少触れる——を対象とし,この時期のケンブリッジを再構築し,それが経済学に対して演じた空間について研究する.それは単に場所であるだけでなく,引き寄せたり引き離したりする磁力の働きでもあり,強い人間的・専門家的関係,明確に定義された文化的伝統,そして仕事や研究を組織する独自の方法を通じて形成された環境からアイデアが生み出された.われわれは登場人物と彼らの活動の背景を述べる

(第1節). 次にケンブリッジにおける知的・個人的交流の特徴を考察する（第2節). そしてそれを基礎に，学派というより「集団」としてケンブリッジの経済学者を定義する（第3節). 第4節では，ピエロ・スラッファのようなアウトサイダーが，ケンブリッジの人間的および学問的特徴のおかげで，いかにしてこの集団に馴染んだのかを見る．最終節では，経済学の場所としてのケンブリッジ[2]を定義する助けとなると思われる若干の結論を述べるが，これはけっして最終的なものではない．

1. 舞台設定

われわれの考察する期間における最有力人物がだれであるかは疑いの余地はない．素生，気質，分析方法，いずれをとってもケインズはケンブリッジ文化の典型的な申し子であった．実際，ケインズはケンブリッジで生まれ[3]，学び，教育を終え，そして教鞭をとった．彼は所属するキングズ・カレッジの生活に積極的に関わり，長年その会計官（bursar）を務めた．彼はまた，有名な「政治経済クラブ」（Political Economy Club）——後にただ「ケインズ・クラブ」として知られるようになる——の設立者でもあり，これは若い学生や研究者が経済学について論じる内輪のサークルであった（以下の第2節，Skidelsky 1992, 5 および Moggridge 1992, 188-89 を参照）．ケインズは長年この街で過ごした．さまざまな職務のため週に数日はロンドンで過ごさざるを得なかった時期でさえそうであった．ケンブリッジの学問的・文化的生活の背後にいる主導者であり，さまざまな活動のため海外に足を運んだときでさえ，彼はこの街および大学と強く結びついていた[4]．理論的研究では，伝統的な所得・雇用理論に対する彼の批判（Keynes 1936）——体系を完全雇用状態に導く自動的メカニズムは存在しないことを論じた——は，経済理論の転換点ならびにマクロ経済学の基本的ベンチマークを意味していた．

ケインズと並んで，当時のケンブリッジの経済学に消せない足跡を残したもう一人の人物がいる．ピエロ・スラッファである．彼は，ケインズの時宜を得た介入により，ムッソリーニのイタリアでの拘束からケンブリッジ大学によって救い出された．マーシャル価値論の論理的欠陥を露呈させることを意図した

批判論文（Sraffa 1925; 1926），および新古典派の価値と分配の理論の分析的基礎に対する正面からの攻撃（Sraffa 1960）により，1920 年代半ばから 1960 年代まで，スラッファは限界主義理論を批判するうえで根本的な参照基準となり，ケンブリッジを特徴付ける批判的精神の注目すべき事例となっている．

彼らの周囲には，アーサー・セシル・ピグー，デニス・ロバートソン，ジェラルド・ショーヴ，リチャード・カーン，ジョーン・ロビンソン，モーリス・ドッブ，オースティン・ロビンソン，そして後にはニコラス・カルドア，知名度はやや落ちるが，ヒューバート・ヘンダーソン，フレデリック・ラヴィントン，ジョン・クラッパム，ライル・フェイ，クロード・ギルボー，マージョリー・タッパン－ホランドといった大勢の著名な経済学者がいた．

イギリス生まれでないという点をのぞけば，すべてこれらの経済学者は，ケンブリッジで教育を受けたという意味でケンブリッジの申し子であった．オースティン・ロビンソンがケンブリッジにおける経済学教育の回想で述べている（Robinson 1992, 206）ように，「当時，ある科目を"学習した"．5-6 冊の本を読むことが重視されたのだが，そのほとんどはケンブリッジで書かれたものであった．人はそこから経済学者としての能力を身に付けた．他の本は情報として読まれた」．そして，優れた経済学者になるための必要なすべては，マーシャルの『経済学原理』を徹底的に学ぶことと，毎日『タイムズ』紙を注意深く読むこと（Harrod 1951, 324 を参照）であるというケインズの有名な言葉がある．これらの経済学者の多くにとって，ケンブリッジは彼らの全存在であり続けた．

それでは，経済学の世界でこのケンブリッジの環境を生み出したものは何だったのだろうか．2 つの基本的アプローチ——ケインズ的アプローチとスラッファ的アプローチ——を生み出しただけでなく，他にも多くの重要な理論的潮流を生み出したこの活気あふれる奔流の源泉はどこに求められるだろうか．例えば，Sraffa (1926) 自身の重要な貢献のみならず，Kahn (1937; 1989)，Joan Robinson (1933), Shove (1933), Austin Robinson (1941) を含む不完全競争論，とか，景気循環の貨幣理論（Lavington 1922; Robertson 1926; Pigou 1927)，さらに，産業経済学（Robertson 1923）をあげることができるであろう．後 2 者の発展は Marshall (1919; 1923) に続くものである．マーシャ

ルは，間違いなくケンブリッジ経済学の創始者であると考えられる（Becattini 1990）．

　知性と刺激に触媒作用を及ぼした 1 つの力は，まさしくケンブリッジ大学の政治経済学部にあった．学部はマーシャルのおかげで日の目を見た．マーシャルは 1903 年に，（バーミンガムやロンドンのような）他の学問的・地理的領域からの競争に直面しながら，経済学のトライポスを設立することに成功を収めていた（Collard 1990, 167-68; Tribe 1997, 10-11 を参照）．実際，これまで古典学や数学の研究に支配されてきたケンブリッジの学問体制において経済学を独立した，かつ主要な科目の 1 つにする可能性を最初に信じたのはマーシャルであった（Coats 1993, 106-13; Groenewegen 1995, Ch. 15 を参照）．学部の生誕にむけて手続きを進め，支援したのは基本的にマーシャルであった．組織化のレベルでも，教育スタッフやコースを選び，さまざまなメンバーの学問的生活や業務の指導や調整をしたり，（2 人だけ名前をあげるなら，ピグーやケインズのような）若手の講師に（自分のポケットから）〔報酬を〕支払いさえした．数年後，彼の役割を引き継いだのは弟子のピグーであった．ピグーは量的にも質的にも，学部の発展にあたって決定的な貢献をした．それは文句なしの成功であり，ほんの数年後，つまり 1920 年代以降，ケンブリッジは経済学研究の模範として世界中の注目を浴びることになった．他方，そこで研究や教育に従事する人々は，独自の明確なアイデンティティを備えた濃厚な小宇宙へのはっきりとした帰属意識をもっていた．ケンブリッジが経済理論に関してもっていたイメージについてのあるアイデアは，1928 年 7 月のロバートソンからケインズへの手紙のなかに見ることができる．この手紙はケンブリッジ経済学ハンドブック・シリーズ——ケインズ，そして後にはロバートソンもこのシリーズの編集者を務めた——として出版されたドッブの『賃金論』（1928 年）の校正刷りに言及している．「その理論部分が，さまざまな人々がいったことの単なる記述でしかないとしたら，非常に残念に思います．なぜなら，人々はケンブリッジの本に分析を期待しているからです」（Keynes Papers, L/R/45-48; Sanfilippo 2005, 64 に引用．傍点は引用者）．

　マーシャルおよび彼の業績は，すべての世代の経済学者にとって重要な理論的基準点であった．マーシャルから距離を取るのであれ，それが提供する最も

独創的で前途有望な研究の線に沿って進めるのであれ，だれもがマーシャル理論を考慮しなければならなかった．マーシャルが 1908 年に引退したとき，政治経済学〔教授〕の座は，彼の「自然な」後継者であるピグーに引き継がれた．ピグーは長年にわたり，学部全体でも経済学の唯一の教授であった．1920 年代初頭，主要な経済理論のコースはピグーによって，「バイブル」であったマーシャルの『経済学原理』に基づいて作成された．他方，3 人の講師はショーヴ，ラヴィントン，およびロバートソンであった．ヘンダーソンとケインズは金融政策と貨幣理論を講義した．ギルボーは貿易と金融を，タッパン - ホランド（学部唯一の女性であった）は貨幣制度を講義した．最後に，『ケンブリッジ大学リポーター』(Cambridge University Reporter) で示唆されているように，より若い世代であるドッブとオースティン・ロビンソンはそれぞれ，企業家機能と貨幣，信用および物価と題するコースを受けもっていた．

　1930 年代初頭から学部の状況は変化した．ロバートソンは准教授 (Reader) となり，貨幣に関する講義を担当した．ケインズは貨幣の純粋理論 (1931-32 年) と生産の貨幣的理論 (1932-34 年) を教え，後者は『一般理論』へと道を開いた．ショーヴは 1928 年にガードラーズ講師となり，生産，価値および分配，そして賃金と物価に関する講義を行った．カーンは短期と題する講義を行った．ドッブは社会問題と労働に関して教え，オースティン・ロビンソンは現在の経済問題と貨幣，銀行，そして国際貿易について教えた．スラッファは，講師としての短い期間 (1927-31 年) の後，1935 年に研究副室長 (assistant director of research) となり (Marcuzzo 2005, 432-33 を参照)，学部内で，そして――「スラッファ・セミナー」として知られるようになった博士課程の学生向けの集まりのなかで――研究に従事している学生に対して著しい影響力を発揮した．1934 年にジョーン・ロビンソンは学部助講師 (assistant faculty lecturer) になったのだが，ひところ彼女は学部の他のメンバー（とりわけロバートソン，フェイ，そしてある程度まではピグー）からやり玉にあげられていた．ケインズは彼女の唯一の味方であった (Naldi 2005b を参照)．彼女と対立する人々は，学部の権威ある他のメンバーが教えていた（そして妥当と考えていた）伝統的な経済理論に彼女が向けた，蔑みとまではいわないまでも，露骨に批判的な態度とみたものを厳しく非難した．ジョーン・ロビンソ

ンが最終的に大学の教職を得たのは 1938 年になってからであったのは，暗示的である．実際，1930 年代後半（『一般理論』出版後）に彼女は，理論的および学問的レベルで「ケインズ革命」を完遂する能力をもって，ケンブリッジにおいて基本的な役割を果たした．そして彼女は，それを（カレツキの理論のような）外部的ソースからの理論的要素と統合するという並外れた能力を示した．

ケンブリッジは実質的に外部からの影響を受け付けない世界であった．スラッファの場合（第 4 節を参照）のように，仲間入りを認められた事例はある．しかしヒックスのように拒絶される運命を辿る場合もある．スラッファと違い，ヒックスはけっしてケンブリッジ集団に溶け込まなかった（Marcuzzo and Sanfilippo 2008 を参照）．1935 年，彼はケンブリッジの経済学部で講師の職を引き受けるためにロンドン・スクール・オブ・エコノミックス（LSE）を辞めた．ピグーが熱心に招いたのである[5]．ケインズ的教義をあまりにも執拗に伝播させようとしていたジョーン・ロビンソンを抑えるため，ロバートソンやピグーの影響と主導により，ヒックスが指名されたといわれてきた（Hamouda 1993, 19-20 を参照）．もっとありそうなことは，ピグーはある程度の「学問的多元主義」を維持することを望み，ロバートソンがますます孤立しつつあったのを防ぎ，経済学部内での異なった方向性を再調整するためにヒックスを選んだ，というものである．ケンブリッジにおいてヒックスは，理論的視点だけでなく，個人的なレベルでも，年長者のなかでは「他のどの経済学者にもまして，ロバートソンにずっと親しみ」（Hicks 1982, 127）を感じていた．ロバートソンは，ヒックスがケンブリッジに来て精神的に支えられているのを感じた．2 人が 1938 年秋にほぼ時を同じくしてケンブリッジを去る決意をしたのは偶然とは思われない．ヒックスはマンチェスター大学に，ロバートソンは LSE に移籍した．ヒックスはオックスフォードで教育を受け，ライオネル・ロビンズの LSE からやってきたが，ケンブリッジ滞在中，けっして自分がケンブリッジの一員だと感じることはなかった．ライフスタイルと経済学についての考え方において，彼はケンブリッジではかけ離れていた．ケインズの態度は特に熱心というわけではなく，——スラッファのケースとは正反対に——役割を果たしはしたが，ヒックスが溶け込むことを支持したわけではなかった．ヒックスがケンブリッジに到着したとき，『一般理論』は最終段階を迎えていたが，ヒッ

クスはその本の最終稿のプロセスに一切関与していない（Marcuzzo and Sanfilippo 2008, 82 を参照）．ヒックスのケンブリッジでの滞在はケインズの態度を変えなかった．というのは，ヒックスの到着以来，経済学者としての[6]，また教師としての[7]ヒックスに対するケインズの評価は非常に否定的なものだったからである．

　ケインズが亡くなったとき，学部のスタッフには以下の面々がいた．准教授のショーヴ（1945年に任命された），（引退した）ピグーの就いていた経済学教授にはロバートソン（1944年から）が，そして数年後に教授職についたオースティン・ロビンソン――『エコノミック・ジャーナル』でケインズの共同編集者として参画し，ますます重要な役割を果たすようになっていた――がいた．ジョーン・ロビンソンは，カーン（戦後）やドッブとともに，忙しく教鞭をとっていた[8]．教育スタッフの人数は比較的少ないままであったが（講師10人と学部助講師1人），コースと学生の数は増えた．そして1940年代末までに応用経済学の学科も設置された．リチャード・ストーンは1945年にその学科長（director）に任命された．

　しかし学部そのものの役割とはいったい何だったのか．学部教授会（Faculty board）（ならびに関連する職位委員会（Appointment Committee），講義リスト委員会（Lecture List Committee））のような公的機関は，学部運営や学位委員会（Degree Committee）に関する重要な決定に責任を負う．学位委員会は，各種学位を認定する学生を決め，その個別指導教官（supervisors）を割り当てる（もしくは変更する）．学部は正式なコースの選択と学位課程の構成に関する一般的ガイドラインを定める（Marcuzzo 2005, 434-36 を参照）．新しい世代が育成され，知識が効率的に伝達され，個人的および学問的関係がますます緊密になっていったのは，精力的な個別指導（supervision）の体験を通じてであった（第2節を参照）．学部は，非常に異なった立場が比較対照するのに役立つような状況にあった．1930年代には，一方において「旧世代」に属する正統派のマーシャリアンがいた．これにはピグー，ロバートソン，そしてショーヴが含まれる．他方，若手の代表にはカーン，ジョーン・ロビンソン，ドッブ，そしてオースティン・ロビンソンがおり，彼らはケインズおよびスラッファを参照基準にしていた．経済思想史における唯一例を形成する組合せである

この傑出した人物集団が，いかにして具体的な相互作用を及ぼし得たかを見るためには，これらの経済学者がかれらの最良の期間を過ごし，仕事を遂行した場所の地理をより詳しく見なければならない．

2. ケンブリッジの地理

ではその地理——場所の構造——は，いかにして集団内の関係——そのメンバーに所属しているという共有感覚や，彼らが相互にやりとりする方法——に影響を及ぼし得たのであろうか．

戦間期にケンブリッジがいかにして構築されたかを考察する段になると，まずわれわれを印象付けるのは，——社交好きのためにデザインされた素晴らしいホールに談話室といった——カレッジの豪華さと，大学の，とりわけ経済学部の活動に用意された比較的狭苦しいスペースとの対比である．ケンブリッジの生活に批判的な人は書いている．「自分の所属するカレッジの外では学部の他のメンバーと定期的な接触をもつということは，ほとんどなかった」（Johnson 1978a, 90；訳 108 頁）．1935 年 9 月の終わりにケンブリッジに到着してちょうど 10 日後に，ヒックスは（後に彼の妻になる）アーシュラ・ウェッブへの手紙にこう書き記した．「今晩，ようやく何人かの経済学者に会ったよ」（Marcuzzo et al. 2006, 15）．おそらくこれは幾分極端なケースではあるが，社会生活や教育（与える方も受ける方も）の多くは依然としてカレッジ中心に展開していたというのが真実である．

ケンブリッジの教育システムを際立たせているものは，学生とのあいだに構築された人的関係であり，彼らの選別および教育に細心の注意を払っている点であった．われわれがここで関心をもっている経済学者間の相互作用を特徴付けている尊敬と友情の人的関係のいくつかは，個別指導教官と教え子の関係として始まった（ケインズとロバートソンやカーンの場合，ロバートソンやショーヴとオースティン・ロビンソンの場合などがそうである）．マーシャルとケインズやピグーとの関係でさえ，教師と教え子の関係として始まったのである．2 人ともマーシャルの講義に出席した．マーシャルは学生への正式な個別指導は行わなかったが，学生に質問をし，週に 6 時間は学生のために「自宅にい

る」(Groenewegen 1995, 313, 316) のがつねであった．

　これらの人的関係は大学の組織とはほとんど関係はなかったが，それらは，とりわけカレッジにおける教育の産物であった．大学の職をもつ人々による講義はまれであり，きわめて形式的であり，ほとんどつねに文書にしたテキストに基づくものであった[9]．それゆえ，講師に文章を書いたり説明をする卓越した才能がない場合には，ほとんど得るものはなかった．ドッブやギルボー，ショーヴの講義はまったく退屈そのものであった，と多くの者が回想している (Johnson 1978b, 129; Robinson 1977, 28)．

　戦間期における講師の標準的な仕事量は，最初の2学期は16回の講義を2コースと，5月期に別の短いコースを受けもつことであった．これらの講義は何ら人的交流を伴わなかった．学生はいっさい質問をしない[10]．講義はミル・レーン・ホールで行われ，他の学科と共有されていた．教師にとっては会合場所というよりは劇場のようであった．学部は敷地がきわめてわずかであり，そのわずかの部屋のほとんどはマーシャル図書館が占めていた．1960年代にマーシャル図書館とともにシジウィック通りに面した新しい建物に移るまで，教官室 (faculty rooms) は会合場所としてはほとんど役目を果たさなかった．

　教育システムの心臓部にあたり，指導教官 (don) の時間の多くを占めたのは，カレッジの個別指導であった．1935年にヒックスは，ゴンヴィル・アンド・キーズ・カレッジの少なくとも18人の学生と1人の外部者を指導していた[11]．個別指導の長さと頻度はさまざまであるが，一般的には週に1時間であった．経済学教育の伝統があるカレッジ——とりわけ，ケインズ，ピグー，ショーヴ，カーンが所属したキングズ・カレッジや，ロバートソンや後にはスラッファ，ドッブが所属したトリニティ・カレッジ——では，カレッジのメンバーが，個人ないしはごく少人数のグループに教育を施した．カレッジのフェロー資格 (fellowship) をもたない経済学者——ドッブは1948年までもたなかった——も個別指導に協力し，それによって大学の給料の足しにした．個別指導は学生が提出した論文に基づいて行われた．指導教官の仕事はしばしば，学生が使った用語をはっきりさせるというもの[12]であったが，これは同僚同士のあいだにおける論争にまで広がるほど深く根付くこともあった（例えば，ジョーン・ロビンソンとショーヴとのあいだで行われた利潤の起源としての「待忍」

の定義をめぐる 1944 年の論争[13]，カーンとハロッドとのあいだで 1934 年 10-11 月に行われた「貯蓄」に関する論争[14]，そしてジョーン・ロビンソンとカルドアとのあいだで 1935 年 6 月に行われた「雇用，物価，実質賃金，利子率」に関する論争[15]を参照).

　学生との関係はけっして副次的な問題ではなかった．なぜなら，学問的影響力は，現在進行中の論争に積極的に関与するような最良の学生を選ぶ可能性によっても測られたからである．オースティン・ロビンソンが観察したように，「そのあいだずっと，進行している議論の興奮のなかで，彼ら［最良の学生たち］は非常に重要な役割を演じており，けっして単なる受動的な立場は取らなかった」(Austin Robinson 1977, 33)．1933 年にシカゴを訪れ，シカゴ大学で学生に対して向けられている侮蔑にカーンはショックを受けた．彼は 1 月 15 日にジョーン・ロビンソンに宛てて書いている．「私のここでの滞在に関してのおそらく最も奇妙なことは，2 週間たっても学部生の教育について私に何事かを語ることのできる人にほとんど出会わないことです．学部生は一般に邪魔なものとみなされており，学生の相手をするのは単純労働者にお似合いの仕事だと思われています．しかし私は自分の研究を粘り強く続けています．学者は皆週に 4 回講義をしますが，大学院生に対してだけです」(Kahn Papers, 13/90/1/44-51)[16]．

　さらに，ケンブリッジの教育スタッフは，彼らが使命と考えているものによって結ばれていた．使命とはすなわち，理性と「健全な」理論に基づいて可能なかぎり最善の方法で統治できるような支配階級を教育することである．オースティン・ロビンソンが回想しているように，「完璧なマーシャリアンであったピグーは，つねに経済学を，それ自体のために研究する主題ではなく，それがもたらす便益のために研究すべき主題であると考えていた．そしてこれは事実上，この時期のケンブリッジのスタッフ全体に広く行き渡った見解であった」(Austin Robinson 1992, 205)．だが究極的には多くのものが危機に瀕していることが見て取れた．このことは，対立の激しさと，例えばカーンやジョーン・ロビンソンの業績を特徴付けている改宗精神を説明する．かつての教え子の 1 人は，1950 年代初頭にジョーン・ロビンソンから個別指導を受けていたときの経験について，1 つの非常に納得のいく説明を残している．「彼女はわ

れわれが直ちに要点を理解し，新古典派正統というドラゴンと戦う神聖なる聖戦における味方になることを期待していました．彼女は新古典派を，真の信者の熱情でもって彼女が憎んでいた資本主義の最悪の特徴からわれわれの目をくらませるイデオロギー的催涙ガスだと見ていました」(Waterman 2003, 593-94)．

　学生の，とりわけ最良の学生の心をつかむことが必要であった．このことは，何らかの形式をもってつねに行われている講義や個別指導を通じてのみならず――とりわけケンブリッジが学期中に経済学者に提供した2つの会合の場――マーシャル・ソサエティ (Marshall Society) とケインズの政治経済クラブである――での論争を通じて達成された．マーシャル・ソサエティは，われわれが今日セミナーと呼んでいるものに近く，通常はマーシャル図書館の上の部屋で週に1度行われた．それはだれにでも開放されていて，学部生も参加した．スタッフだけでなく，世界各国からゲストが参加することもよくあった．だれでも意見を述べることができた．ときにはかなり痛烈な批判も行われた．卓越した論客であったジョーン・ロビンソンは，1930年代にマーシャル・ソサエティに熱心に参加した．論争がいかに白熱したものになったのかについては，1933年3月3日に彼女がカーン宛てに書いた手紙における，ある会合の説明からある程度うかがうことができる．彼女はコーツなる人物による論文の報告について書いている．「コーツ氏は，間抜けを通り越して汚らわしくすらあり，その愚かさときたらあなたには想像もつかないほどです．マーシャル・ソサエティの公然たる楽しみになっていることですが，彼をからかい辱めてやりました．終わりに近づくと，ノーという叫び声が起こり，彼が発言するたびに声高な笑い声が起こりました」(Kahn Papers, 13/90/1/168-9)．

　「政治経済クラブ」は，学生たちがその知性を最大限に発揮でき，著しいエリートたちの集う場であった．それは1909年に設立され，ケインズがキングズ・カレッジに確保していた立派な部屋で隔週月曜日の夕刻に開催された．加入はもっぱら招待制であり，注意深い選抜によってメンバーが増えた．そこでは学問的成功は基準の1つにすぎなかった[17]．

　公開討論および公開討議はケンブリッジ生活およびその学生教育における根本的要素であった．ケインズは学部生の頃，約10もの討論クラブに所属して

いた（Marcuzzo 2006, 133n. 2 を参照）。そしてマーシャルは，経済学トライポスを設立したとき，ケンブリッジ（およびオックスフォード）が提供できる理想的教育についてはっきりした考えをもっていた．1902 年 4 月 7 日のケンブリッジ大学の評議会（senate）での演説で述べているように，「他の機関は，われわれがなし得るよりもより容易に下位のビジネスに適した技術訓練を，彼らにとってもより害の少ない形で，提供することはできます．しかしわれわれは，より大きな管理業務を直接扱う幅広い教育を与えるのにふさわしく，そしてオックスフォードやケンブリッジでの生活によって育まれる人格の養成をそれに加えるのにふさわしいところにいるのです」（Marshall 1902, 432）[18]．

　公開討論のためのこれら 2 つのフォーラムを別とすれば（そのうちの 1 つはそれほどオープンではなかったが），ケンブリッジではカレッジの外で会合をもつ機会はほとんどなかった（学部の最もシニアなメンバーに限定されるが，学部教授会の会合は重要であった．この会合はトライポスの設問を考案し改訂することに向けられていたからである）．それゆえに比較的容易に，孤立化が起こりやすかった．経済学者はさまざまなカレッジに分散しており，あるカレッジに所属しているとき，望むならばいつでも自分の部屋のプライバシーに引きこもることができた．例えばピグーはそのような孤独を選んだし，ある程度はスラッファもそうであった．戦間期にはドッブは，政治上の仕事に深く関わっており，自分で認めているように，ほとんどの同僚の経済学者や彼らの理論的な議論からは離れていた（Dobb 1978, 119 を参照）．こうして，人は同僚と経済学のことを話さなければならないとはまず思わなかったかもしれない．

　では 1930 年代を通じてケンブリッジを特徴付けていた，あの熱心な交流の起源は何であったのだろうか．それは一体どのような種類の知的協力であったのだろうか．1930 年代についてのオースティン・ロビンソンの回想によると，アイデアの個人所有制は通常は否定された．「小さな集団が，教え子なり外部の者と絶えず一緒に議論しているところでは，その集団の考え方の要素をだれが最初にいい出したのかをだれも正確には知らない．どの 1 人も，個人的アイデアではなく集団のアイデアを発信しているかもしれないのである」（Robinson 1992, 36）．しかし，1950 年代および 1960 年代にはケンブリッジの成長理論および資本論争に関する有名な「先発問題」がカルドアとジョーン・ロビンソン

とのあいだで繰り広げられたこともあった（Thirlwall 1987, 160 を参照）．

最初に，ひとたび他者のプライバシーに立ち入ることが認められると，会う機会は積極的に追求された．「われわれはいつも互いにふらりと訪問し合っていた」とオースティン・ロビンソンは述べている（Robinson 1977, 32）．これには数多くの書簡による裏付けもある（Marcuzzo and Rosselli 2005）．会いやすさが重要であった頃，同じカレッジに所属していることは出会いを容易にした．もちろん，昔は経済学者が 2 人以上いたのはキングズ・カレッジのみであったことを想起する必要はある．カーンが「サーカス」のメンバーからケインズとの仲介役に選ばれたのは，彼がキングズ・カレッジに属していてケインズと会う機会に恵まれていたからである．さらに，同じカレッジにいることにより，より大きな開放性と親密性をもたらす帰属意識が生み出された[19]．

しかしながら，とりわけ経済学は話題に上らなかった．それは書簡でやりとりされた．（少なくとも第 2 次世界大戦までは）電話が存在しなかった．電話は，カレッジの部屋に設置されていなかったか，あるいは年配の世代からはすげなく拒否された[20]．また，不在であるかもしれない相手を，徒歩や自転車で訪問する無駄な努力のリスクを考えると，書きものによるコミュニケーションが魅力的な選択肢であった．さらに公共の郵便事業によって毎日 3 回の配達が保証されており，カレッジも独自の内部の郵便システムをもっていたため，それは最も効率的であった．ハリー・ジョンソンは，1946 年におけるジョーン・ロビンソンとの交信を生き生きと描いている．「彼女はよく朝方，手書きのノートを送ってよこすので，私が昼頃までに返事を走り書きにして出すと，夕方にはまたノートが届いて，「あなたの犯した間違いは次の点である……」などと書いてあるのだった．2 日間ほどは続けることができたのだが，やがて私はこのゲームに疲れてしまうのであった」（Johnson 1978a, 95；訳 114 頁）．こうした交信の多くは失われてしまった．さらにケインズを含むやりとりもあるが，いくつかのエピソードは，白熱した議論の強度とスピードを示している．この交信は 2 者間で行われたばかりではなく，手紙はそのとき論争に参加している他の者に回覧されたという事実も典型的である．このように，ケンブリッジでは学問的な著述と口頭での交信の中間的な形式が盛んであった．そして非公式であったかもしれないが，この書面の交換という方法は，彼らが

表現を見つけようとしているときでさえ，アイデアの共有を奨励するものであり，対話における落ち着いた方法であることを意味した．

3. 集団か学派か？

こうして，知的共有は，ここで考察しているケンブリッジの経済学者集団の主要な特徴であり，特にしばしば「ケンブリッジ学派」（ケインズ，スラッファ，カーン，ジョーン・ロビンソンおよびカルドア）と呼ばれるその部分集合についてはそうであった[21]．ここにわれわれはコミュニケーションの頻度と強度に基づく特殊なタイプの協力関係を見る．これは，現代において典型的な共同執筆や学術的社会化の類とは大きく異なるものであった．われわれがここで見ているコミュニケーションというのは，必ずしも前提や結論における同意を意味しておらず，ただ単に議論の面，すなわち相互作用が強化されるフレームワークの受容を意味するものであった．そして相互作用があったのは，批判が概して建設的であり，ギブ・アンド・テイクの関係であったからである．すなわち，相互作用は，他の点では団結する人的および知的関係を通じて表現を見出したからである．

主役たちのあいだで実際にどのようなコミュニケーションが行われたのかを考察する段になると，多様な状況が見出される．（ケインズとカーン，あるいはカーンとジョーン・ロビンソンのあいだのように）密なる相互作用をもったケースから，（カーンとスラッファ，あるいはジョーン・ロビンソンとロバートソンのあいだのように）実質的に相互作用が不可能なケースや，（戦後におけるジョーン・ロビンソンとカルドアのあいだのように）きわめて対立的な場合まである．コミュニケーションが満足な結果を得るケースは多いが，（スラッファとジョーン・ロビンソン，あるいはロバートソンとケインズの場合のように）あからさまな対立に至ったケースもあれば，（例えば『一般理論』をめぐるピグーとケインズの場合のように）双方に誤解があったケースもある——これは，われわれが経済学に対するケンブリッジのアプローチを共同プロジェクトととして語ることができない理由の1つである．

パシネッティは，ジョーン・ロビンソン，カーン，カルドア，そしてスラッ

ファが紛れもなく「ケインズの経済理論の流れに沿った強力な学派」を形成したと解釈している（Pasinetti 2007, 61）．これに対して，われわれはこれらの経済学者を学派としてよりも集団として特徴付けるほうが良いと見ている．実際，パシネッティ自身，この「学派」が現実には，強力な感情的絆で結束したり分裂したりする雑多な議論好きの集団であることを認識した最初の人物である．もっとも彼は，「彼らの知的一体感や魅力を形作り，同時に彼らの強力で激しい人的関係を生じさせた，ずっと深遠な……何か」を認識していた（Pasinetti 2007, 63）．パシネッティがいうには，この「深遠な何か」は，経済学に対する共通のアプローチを採用することから生じていた．

それゆえ，ケンブリッジのアプローチなるものは，彼らすべてが共有した特性というよりは，1つの遺産であり，後の経済学者が受け入れた経済学に対する1つのアプローチである．

「学派」と違って，「集団」というのは，内部で団結し内容を共有するかもしれないが，1つの共通の学説に同意するものではない[22]．こうした考察のいくつかが引き出されたこの論文集において，われわれは特定の帰属方法を喚起するために，オリンピック競技の旗にある組み合わされた輪の比喩を用いた（Marcuzzo and Rosselli 2005, 15 を参照）．花びらが共通の中心から放射状に広がっている「ヒナギク」というよりも，いくつかの平面上である個人が交差している状態である．

この集団のアイデンティティは，相互に尊敬し合う余地を残し，数多くの不一致を乗り越え，そして帰属意識を維持したうえでの，動機，価値，ライフスタイルや仕事のスタイルから生じている．そして理論的相違点は，まさにそれらが議論を引き起こすがゆえに生じるが，それは集団を崩壊させるものではなく，結合組織を形成するのに役立ったのである．それは実際のところ，場所に対する帰属の問題であった．ロバートソンは，1936年8月28日付のケインズへの手紙において，それを定義して「ケンブリッジィ［Cambridge-y］」という言葉を作り出した（Keynes Papers, L/R/117-20）．

ここで考察されている多くの経済学者は，悪名高くも，外部の世界に対し開放的になることに乗り気ではなかった．彼らは自分たちの社会的および文化的文脈との違いを容認することはなかった．そのことがセクト主義だという非難

を招いたのである．セクト主義は，たしかにある形態の過度に偏狭な帰属要素である．知ってのとおり，それは時に不寛容を引き起こす．おそらく1940年代および1950年代のシカゴ学派の党派心は，市場を擁護しようとしない立場を排斥し，そしてその立場に反対する点で，一層偏狭であった[23]．他方，ケンブリッジ集団の場合は，まさに守るべき教義を共有していなかったがゆえに，その特徴はむしろエリート主義であったように思われる——これはイデオロギーでも学問的なパフォーマンスや成功でもない，むしろ道徳的・知的な貴族精神という特徴に基づく新会員の選出システムであった．ショーヴ——業績のほとんどない劣等生として知られていた——が集団のなかで享受した尊敬（Rosselli 2005）は，それ以外に説明のしようがないものである．同様のことはピグーについてもいえる．ピグーの考えは，一方でロバートソンやショーヴのマーシャル的伝統からも，他方でカーンやジョーン・ロビンソンのケインズ主義からも遠いものであった．

　道徳的・知的な貴族精神についてのこの認識があれば，スラッファは，経済的視点，政治的立場，そして文化的背景において，後にケンブリッジ学派の一員とみなされた経済学者たちとは大きく異なっていたけれども，いかにして彼が個人的および知的なレベルでこの集団になんとか溶け込んだのかが説明できる．ロバートソンとスラッファ——1930年の『エコノミック・ジャーナル』誌上でのシンポジウムにおいて，マーシャルの経済学に対する両者の不一致はきわめて激烈であった（一方は徹底的に擁護し，他方は「切り捨て」た）——のあいだに見られた尊敬と，ときには真の一致は，経済学の共通した理解の受容とはまったく別のレベルで評価されるべきものである．

　ケンブリッジ集団に関してわれわれが描いてきたいくつかの特徴は，経済学者に限定されるものではないが，ここでわれわれの興味をひく点は，帰属の仕方を規定する特徴の問題である．この目的のために，集団，学派およびネットワークの相違を考察するのが有用であるかもしれない．際立った点は，共通の時間と場所を分かち合っているかどうかである．

　もし思想の学派が教科書や歴史研究のなかで定義される伝統的な方法を考えるならば，保護する伝統のかたち，あるいは広く認められている指導者から生徒や弟子が獲得する考え方のかたち——時にはゆがみを伴うとはいえ——を取

る特定のタイプの理論的アプローチを採用することに存する知的な共有および支持の例が見出される．われわれは，例えばリカードウ学派やマーシャル学派をあげることができる．学派というのは共有されたアプローチや学説の内容によって同定されるので，時間的・空間的統一がなくても思想の学派について語ることができる．例えばある思想の流れへの支持が宣言されるとき，その新しい理論的アプローチに権威付けを施すために，傑出した先達とか「父祖」にまで遡るように（2つ例を挙げるなら，オーストリア学派とネオ・シュンペーター学派）．これらの場合，重要なことは血統であり観念的なリンクであって，共有された場所や時間とは何の関係もない．

しかしながら，場所の統合を必要としない帰属の形式がある．学問的あるいは専門的ネットワークから形成される集団は，集団というより学派に近い特徴を示す．そこでは諸個人は共有されたアイデアとか専門的訓練を通じて結び付いている（例えばアメリカ制度学派とか，計量経済史を作り出した数量経済史家）．

ケンブリッジの経済学者を，共有するアイデアと広く認められた指導者をもつ学派としてではなく，場所と時間に基づく集団として定義するのに賛成するもう1つの理由がある．ケインズにしてもスラッファにしても，個人的な気質は「マスター」の役割にふさわしいものではなかった．どちらも弟子を支援するという傾向をあまりもち合わせていなかった．ケインズが合意の可能性を目指して議論の相手を選んだことは，書簡を研究すれば明らかである．そして相手は（ピグーのような）年長者であれ（カーンやロバートソンのような）教え子であれ，つねに平等に扱われた（Marcuzzo and Rosselli 2005 を参照）．第4節で研究副室長としてのスラッファのキャリアを考察するさい，師弟関係を構築するうえで彼が経験した困難も，同様に明らかになる．約30年のあいだに，スラッファを指導教官として博士号（PhD）を取得した学生はわずか1人であった（Marcuzzo 2005, 435 を参照）．

これらのケンブリッジの経済学者の特徴としてわれわれが定義してきた帰属の種類は，すべての経済学者にとって典型的なわけではない（共有する場所と時間が重要である文芸集団・芸術集団にはそのような所属意識をもっと見出せそうである）．他の科学コミュニティに関する比較研究はまだ行われてはいな

いが，しかしおそらくケンブリッジに特有のものであろう．それはまた，シカゴ，ウィーン，あるいはロンドン——これらはある権威ある中心人物およびその改宗者のおかげで，経済学を遂行する伝統が生み出され広められた場所である——がケンブリッジと類似のあるいは異なる特徴を示したかどうかについて理解を深める助けとなるであろう．もちろん，内容に関してではなく，帰属の経験に関してである．

　結論として，（この主題に関するさらなる研究が出てくるまで暫定的に）学派というよりもむしろ集団としてのケンブリッジの経済学者の特徴は，以下の点にあるように思われる．すなわち，

- 書面および口頭という独特のコミュニケーションのタイプ．これは非常に緊密な相互作用をもたらしたが，多様性や意見の相違に事欠くものではなかった．
- 物理的および時間的な親密さ．これは部分的には，深い個人的つながりが紡ぎ出された比較的型にはまらないライフスタイルによって助長された．
- 個人的性格として，ケインズはケンブリッジの経済学者のなかで盟主の地位を占めたが，少なくとも生存中は学派の指導者ではなかった．スラッファの場合，知的主導権はもっと限定されており——それでも同様に強力ではあったが——そして，スラッフィアンはおそらくいまではケンブリッジの経済学の全盛期に最も近いとみなされる学派であろうが，さらに際立っていたのは明白な改宗者の不在であった．

4. ケンブリッジの一員になること

　スラッファの事例を取り上げることによって，われわれはこれらの特質のいくつか——必ずしも同じ立場に収束するとはかぎらない議論の重要性，ケインズとの関係の重要性，意見の相違を乗り越える個人的信頼関係——を明らかにすることができる．2つの主たる側面に焦点を合わせよう——(1)スラッファが経済学者として育てられ教育を受けてきた環境と，ケンブリッジの環境との相違点と類似点について，(2)その集団の業績に対する批判的態度を，しかも

第1章　経済学の「場所」としてのケンブリッジ

それらの承認を得て維持することができた人物を溶け込ませる——大学，経済学部，カレッジ，そして経済学者集団を含む——ケンブリッジの能力について．それは前提条件としてではなく，むしろ結果としてケンブリッジに所属しているという事例であった．

スラッファは，1921年にケインズに会うために初めてケンブリッジへ行った．その頃ケインズは『平和の経済的帰結』の著者として有名であった．そして1927年にスラッファはこの大学都市に身を落ち着け，1983年に亡くなるまでそこで暮らした．

スラッファは1898年にイタリアで生まれた．イタリア社会のアカデミズム，実業界，そして法曹界と深い縁故のある家庭であった．彼の父，アンジェロ・スラッファは商法の教授であり，主に商業の研究に専念する私立大学（ルイジ・ボッコーニ大学）の学長（rector）にして，成功した弁護士であった．この意味で，スラッファの家族的背景はわれらがケンブリッジの経済学者集団のそれと大きくは違わないものであった．彼らは皆，教養あるヨーロッパのブルジョアジーの出である．しかしながら，スラッファの育ちにおける重要な相違は，イタリアの寄宿学校は若者の教育にあってイギリスほど重要ではなかった点と，一般に，イタリアの若者はイギリスに比べて家族のもとを離れるのがずっと遅い傾向があった点である．実際，スラッファは学校や大学で過ごした時間のほとんどを両親と暮らし，その後もそうし続けた．

しかしスラッファの家族は，イタリアとイギリス（あるいはケンブリッジ）の学術的な教育制度の重要な違いを軽減するという特別の意味において，彼の学術的教育にとっても重要なものであった．イタリアには（スラッファがおそらく選んだであろう）経済学トライポスのようなものは存在せず，経済学は法学部あるいは（ボッコーニ大学のような）商業研究に特化した機関でのみ教えられ，個別指導もなかった（学位を取得するために必要な最終学位論文は，ある程度，別として）．スラッファは子供の頃から，企業の商業活動の裁判事件について議論するという父の習慣から恩恵を受けていた．他方，大学の学生としては，父の友人の1人——そして実際，当時最も優れたイタリアの経済学者の1人であった——アッティリオ・カビアティから個人的授業を受けるという利点を享受した．この点でスラッファの経歴はケインズといくらか親和性をも

っていた．ケインズの最初の師は父のネヴィル・ケインズであった．

　スラッファの父がカビアティに，息子の経済学研究[24]の監視と個人指導を依頼したという事実は，われわれの議論に政治をもち込み，ケンブリッジとイタリアのあいだのもう1つの相違点を強調する手がかりを与えてくれる．なぜなら，それは，経済学に対するスラッファ自身のアプローチが，トリノで数多くの工場が労働者による武装統制のもとで操業されていた1919年に，ボルシェヴィキ革命を支持する彼の政治的立場の急進化によって大きな影響を受けていたという事実をそれとなく仄めかすように思われるからである．スラッファの政治的立場の急進化についてある程度は，1923-24年の冬にアントニオ・グラムシに宛てて書かれた手紙から推測することができる．そのなかでスラッファは1917年に彼のそれまでの社会主義的平和主義から脱却したことを回想している．「［現在の］状況は，私の精神状態と同じく，1916-17年と非常によく似ています．……私の政治的見解は変わりません．――さらに悪いことに，私は，1917年までは1914-15年の平和主義的社会主義――カポレットやロシアの11月革命の後，それはまさに手に銃を携えた労働者の兵士であることを発見したとき，私はそこから抜け出したのですが――に固定されていたのと同様にそれらに固定されるようになっています」(Sraffa 1924, 106)．

　スラッファの政治的スタンスの発展は，彼が高等教育を受けた場所によって明らかな影響を受けた．ミラノやトリノは，ケンブリッジと違って重要な産業都市であり，そこでは当時の社会的・経済的現実が間近に迫ったものであり，上流ブルジョアジーの家庭出身の若者でさえ――単なる知的探究ではなく――直接的な経験を通じて実際に理解することができた．特にトリノでは，革命的社会主義運動が非常に活発であった．他方，ケンブリッジでは社会主義者協会は「かなり小さく，その議論は主に理論的なもの」(Dobb 1978, 116)ではあったが，大学のなかでは活発であったのに対し，イタリアの大学は左翼に開かれた政治的議論の公式フォーラムを提供しなかった．しかしながら，若い社会主義者の学生は，まさに労働組合の場で政治を議論する場所を見つけることができた[25]．

　1921年のケインズとの出会いは，スラッファの生活にとってもケンブリッジの生活にとっても非常に重要なものとなった．1927年，スラッファは同大

第 1 章　経済学の「場所」としてのケンブリッジ　　　　　　　　　　　　35

学の講師として 3 年契約を受け入れた．あるときスラッファはケンブリッジの人脈のまさに中心部分でケインズにもてなされた．到着すると，彼はキングズ・カレッジのハイ・テーブルをあてがわれ，カレッジに住むことを許された（後に彼はキングズ・カレッジが所有する近くのフラットを借りた）．彼はケインズの政治経済クラブに入会を許され，同クラブやエマニュエル・エコノミック・ソサエティで論文を読むことを求められた．大学講師としてのデビューは遅かったが，おそらく学生の指導教官として活動を開始した．この地のこれらの人脈に加わるよう招かれたので，彼は最初からケンブリッジの生活の一員になることができた．この種のアクセスの結果，まもなくスラッファの生活にとってもケンブリッジの生活にとっても最も重要な側面とわれわれが信じているものが実現された．友情と，形式張らない知的関係である．周知のように，スラッファはケインズの非常に親しい友人になったが，彼がケンブリッジに到着すると，若い物理学者パトリック・ブラケットやモーリス・ドッブ（実際には，1921-22 年に最初にロンドンを訪れた時から面識があった），イタリア人教授で哲学者のラファエロ・ピッコリ，そしてルードヴィッヒ・ヴィトゲンシュタインとの真の友情が待っていた．

　1928 年 10 月，スラッファは講義を始めた．ケンブリッジ大学における彼の地位は次第に堅固なものになっていった（Marcuzzo 2005 を参照）．にもかかわらず，スラッファはつねに大学やカレッジのシステムからは距離を置いていた．第 1 に，ケンブリッジでの生活は自分の研究をするのに十分な時間があり，スラッファはその機会を利用した．第 2 に，スラッファはまた，大学の外——概してイタリア——で休暇を過ごす可能性を最大限活用した．第 3 に，彼は数年にわたって強力な遠心力をこうむっていたように思われる．1931 年には講師職を辞め，1933 年には図書館員の職を辞めた．1932 年から 1935 年にかけて，彼はイタリアないしはアメリカで過ごすためロックフェラー助成金を獲得しようとした（Naldi 2005a を参照）．1935 年に研究副室長のポストを提示されたとき，彼は友人——ケインズを初めとしてロバートソンにも——に多大な迷惑をかけた．彼らは大学の全学委員会（general board）との交渉に関与し，スラッファにそのポストを受諾するよう説得を試みていた．例によって，1938 年にトリニティ・カレッジのフェロー資格のオファーを受けたときも，スラッフ

ァは決断に苦悩した．彼は最終的にその提示を受ける決意をした．おそらくこの瞬間から，ケンブリッジに対する彼のためらいは弱まっていった．

　ケインズやスラッファが作ったさまざまな友人はいつも何とかスラッファをケンブリッジに留めておこうとし，その才能が実を結ぶよう取り計らった．スラッファはケンブリッジの経済学者集団の一員となり，そうあり続けた．そして間接的に彼らや他のケンブリッジの研究者の研究に貢献した．実際，彼は最も有能な批評家であるとみなされ，ケンブリッジで生み出されたおそらくほとんどの経済理論は詳細な批判を受けるために彼に提出された．ケンブリッジはそのような仕事を高く評価し，きさくな集まりや会話から生まれた非公式の貢献も評価した．例えば『哲学探究』の序文でヴィトゲンシュタインによって謝意を表されたスラッファの貢献とか，ヒュームの『抜粋』（1740 年）に対するスラッファとケインズの共同序文の準備をもたらした貢献があげられる．

　しかも，すでに見てきたように，ケンブリッジは，1930 年代および 1940 年代にケンブリッジで（あるいは実際のところ世界のいずこでも）議論されていたテーマとはいささかかけ離れた主題についてスラッファが独自の研究の非常に重要な部分を発展させるのを許容した．実際，1927-28 年にケインズとピグーに研究——それは 1960 年の『商品による商品の生産』（後のケンブリッジ資本論争の中核をなすもの）につながるものであった——の基本命題を提示した後，スラッファがこの研究の内容と進展について議論したのは，ミラノではイタリアの友人ラファエレ・マッティオリのみ，そしてケンブリッジでは，いくつかの分析的問題を解くのに必要な手助けをしてくれた数学者のみであったように思われる（Kurz and Salvadori 2001; 2005 を参照）．これもまた，スラッファのような外国人，亡命者，そして真の部外者としてやってきた人間にとって，ケンブリッジが研究を育むやり方の一例と目されるかもしれない．

5. 暫定的むすび

　ケンブリッジという場所は，数多くの理由からこれらの経済学者の集団のアイデンティティを形成するうえで重要であるようにわれわれには思われる．その理由を試論的および暫定的結論としてここに掲げよう．

第1章　経済学の「場所」としてのケンブリッジ

人的関係やある特定のライフスタイル（教官のカレッジ重視の生活）を通じて，アイデアの伝達は非常に独特のかたちを取った．それは，個人指導方式（tutorial system），書面によるやりとり，ある立場を比較対照する討論クラブのスタイルが中心であった．

集団の価値体系は経済学者としての彼らの闘争心を強固なものにした．このことは彼らにとって，学問的・職業的成功よりも重要なものであった．1986年10月2日のM.C.マルクッツオとのインタビューで，オースティン・ロビンソンは「1920年代にはわれわれは皆，"優れた実行者"（good-doers）であり，世界を変えたいと思っていました」と回想している．

知的にも，学問的にも，そして個人的にも因習にとらわれなかったことは，ケインズやスラッファやジョーン・ロビンソンの伝記に，そのような著しい例証が見られるが，この非因習性は経済思想史における他のいかなる中心地においてよりも，ケンブリッジにおいて容易に受け入れられた．そしてそのような非因習性こそが，その部分であることが意味したことの最も際立った特徴である．

注
* 第11回ヨーロッパ経済学史コンファランス（2006年10月，パリ）および一橋大学で開催されたワークショップ（2006年12月，東京）の参加者に感謝したい．本章の草稿はそこで報告された．とりわけ，貴重なコメントと批判をくださった2人の匿名レフェリーの恩恵を受けている．ケンブリッジ大学キングズ・カレッジには，J.ロビンソンの未公刊書簡から引用する許可を，D.パピノーからはカーンの未公刊書簡から引用する許可をいただいたことに感謝する．

1) 多くの点で，1946年のケインズの死はケンブリッジで発展した経済理論にとっての2つの重要な局面の分水嶺となっている．本章ではわれわれはその前半を考察する．後半にあたる1950年代および60年代に生じたことも非常に重要ではあるが，ここでは扱わない．
2) ケンブリッジをイギリスその他における経済学の中核的センターと比較するのは本章の範囲を超えている．オックスフォードやロンドン・スクール・オブ・エコノミックスとの主な相違の概略については，Coats (1967) およびTribe (2008) を参照．
3) ケインズはケンブリッジの知的ブルジョアジーの家庭に属していた．彼の父ジョン・ネヴィルは哲学者にして経済学者であり，ケンブリッジ大学で道徳科学の講師を務め（1884-1911），その後，大学記録官（registrar）になった（1910-25）．彼の母，

フローレンスは地方レベルで公的生活に熱心に携わり、またケンブリッジ市長になった（1932-33）。母の熱心な活動主義——それはクエーカー教徒の伝統であった——および、より一般には、ケインズ家に特徴的な公務への献身は、一家が住んでいた道路の名前にちなんで「ハーヴェイ・ロードの文明」と定義された（Harrod 1951, 4-5, 192-93; 訳（上）4-5 頁，（上）222 頁）。メイナードが母から受け継いだ義務観については、Skidelsky（1983, 57-58; 訳（Ⅰ）91-92 頁）も参照。

4) ケンブリッジにおけるケインズの生活に関する興味深い地理的な事実は、それが実質的にはハーヴェイ・ロード（両親の家）、ミル・レーン（講義が行われた場所）、そしてキングズ（所属したカレッジ）で囲まれたエリア内で過ごされたということである。

5) その年、ヒックスは経済学原理、労働問題のコースを担当し、1937 年には何人かの指導的な大陸の経済学者について講義した。

6) 『価値と資本』——ヒックスがケンブリッジで構想し、一部はそこで執筆した本——を読んだ後、1939 年 4 月 11 日にケインズはカーン宛てに書いている。「明らかに賢い人間によって書かれたこのような本を、これまで読んだことがありません。特別に批判すべき点は何もありませんが、それでいて中身は空疎です」（Kahn Papers, 13/57/411, Moggridge 1992, 553 に引用）。

7) ヒックスがマンチェスター大学へ移籍した翌年の 1939 年 6 月 15 日にケインズはピグー宛てに書いている。「いまトライポス試験を終えたところです。一般的な水準は私がこれまで第 2 部で見たどれよりも低いものです。……『原理』についてのヒックスの教え方は、間違いなく学生を混乱させ、何も授業を受けなかった場合よりも、かえって後退させてしまっている、と思います」（Keynes Papers, EJ/1/6/5-7, Marcuzzo and Sanfilippo 2008, 81 に引用）。

8) 『ケンブリッジ大学リポーター』によると、1949 年にジョーン・ロビンソンは准教授になり、教授になったのはオースティン・ロビンソンが引退した 1965 年になってからのことである。カーンは 1951 年に経済学の教授になり、ドッブはもっと遅く、1959 年に准教授になっている。

9) 講義が文書のかたちで準備されたという事実については十分な証拠がある（例えば Johnson 1978b, 129 を参照）。そしてテキストやノートのいくつかは現存している。例えばカーンによる講義（Kahn Papers, 4/13 および 4/14）やスラッファによる講義（Sraffa Papers, SP D2/4）、そしてもちろん、ケインズによる講義もある。

10) このことは、スラッファの講義スタイルがかなり普通とは異なるように見える理由を説明する。「ジョーン・ロビンソンはインドから帰国して講義に出席したが、それを生き生きと回想していた。スラッファは自分のクラスとの対話を好んだから、なおさらである」（Eatwell and Panico 1987, 446）。

11) 1935 年 10 月 8 日および 9 日のジョン・ヒックスからアーシュラ・ヒックス（当時はウェッブ）への手紙（Marcuzzo et al. 2006, 12-15 を参照）。アーシュラはヒックスの「かなりきつい時間割」を心配していた（1935 年 10 月 10 日の手紙, 19）。そして彼女は、ヒックスは働きすぎだというロビンズの懸念を伝えていた（1935 年 10 月 14 日の手紙, 24）。

第1章 経済学の「場所」としてのケンブリッジ　　　　39

12) ある教え子によると，1928年にケインズは「"資本主義"という単語によって"感じたり意味すること"を述べていないがゆえに，われわれの論文のどれにも満足しなかった」(Plumptre 1975, 248).
13) 1944年5月5日，10日および30日のジョーン・ロビンソンからショーヴ宛ての手紙，そして1944年5月12日のショーヴからジョーン・ロビンソン宛ての手紙を参照 (Keynes Papers, L/44/21-39). また Rosselli (2005, 364-65) も参照.
14) この論争を再構築したものとして Besomi (2000, 358-68) を参照.
15) 1935年6月3日のジョーン・ロビンソンからカルドア宛ての手紙を参照 (Kaldor Papers, 1/9/16-18). また Rosselli and Besomi (2005, 317) も参照.
16) シカゴの教育スタイルについての，それほど偏狭ではないが，おそらくはバイアスがかかっていないともいい難い説明を，Reder (1982, 8-9) に見出すことができる.
17) 例えばハロッド (2003, 299-302) が1934年10月15日にカーンに宛てて書いた手紙を見よう．おそらくはカーン（あるいはケインズ）の依頼で，博士学位（DPhil）を得ていないあるオックスフォードの学生に関する情報を記したものである．「私は心からスミスをメイナードのクラブに推薦します．彼は本当に知的な人間で，いつも議論においてりっぱな貢献をしています．獲得にまったく値する人材であることがお分かりになると思います」．
18) マーシャルと経済学トライポスの設立については，Nishizawa (2004) を参照.
19) 学部教授会の何人かのメンバーが1938年にジョーン・ロビンソンを専任講師に任命することに反対したとき，フェイはピグー，ケインズ，そしてショーヴ宛てに手紙を書いた．1935年3月2日には次のように書いた．「親愛なるケインズへ．私はキングズの旧友に向けてのみ筆を執っています．だから他の場合に比べて率直にものがいえるのです」(Kahn Papers, 14/99/209-14).
20) ケインズは仕事を中断させる電話の「無神経な」使用を嫌っていた．このことは1922年12月23日に『ニュー・ステイツマン』に宛てた手紙のなかではっきりと表明されている (Keynes 1978, 100-101).
21) レオンチェフは，マーシャルの信奉者である初期世代と区別するために「ネオ・ケンブリッジ学派」という言葉を創り出したが，この言葉は普及しなかった (Leontief 1937, 337).
22) 経済学で「学派」を構成する要件については複数の定義が存在する．2005年2月にこの問題について行われた興味深い議論については，HES list archive: http://eh.net/pipermail/hes/2005-February/thread.html を見よ.
23) ヴァイナー自身，パティンキンへの手紙のなかで，「レッセ・フェールと"貨幣数量説"をめぐる組織化された論争に参加した」シカゴ学派は「経済学部に限定されていなかったし，また学部のすべてを包含していたわけでもない」ことを認めている (Reder 1982, 7n.; 19).
24) 1919年5月22日のアッティリオ・カビアティ宛ての手紙で，アンジェロ・スラッファは以下のように述べている．「私は息子をあなたのパレート的保護下に置きます」(Archivio Fondazione Luigi Einaudi in Trino, Italy, Papers of Attilio Cabiati. イタリア語からの英訳はナルディによる).

25) 実際,われわれは社会主義者学生グループ(Gruppo socialista studentesco)がカメラ・デル・ラボロ(Camera del lavoro)(労働運動センター)で会合するのがつねであり,スラッファはそのメンバーの一員であったことを知っている.さらに,スラッファは当時21歳であったが,1919年にトリノで彼の中等学校の師の1人であったウンベルト・コスモによって,アントニオ・グラムシに紹介されている.その頃グラムシはすでに革命的社会主義者運動の重要人物であった.

参考文献

Becattini, G. (1990). Alfred Marshall e la vecchia scuola economica di Cambridge. In *Il pensiero economico: Temi, problemi e scuole*, edited by G. Becattini, 275-310. Turin: Utet.

Besomi, D. (2000). On the Spread of an Idea: The Strange Case of Mr. Harrod and the Multiplier. *HOPE* 32: 347-79.

Coats, A.W. (1967). Sociological Aspects of British Economic Thought (ca. 1880-1930). *Journal of Political Economy* 75: 706-29.

―――. (1993). *The Sociology and Professionalization of Economics*. Vol. 2 of *British and American Economic Essays*. London: Routledge.

Collard, D.A. (1990). Cambridge after Marshall. In *Centenary Essays on Alfred Marshall*, edited by J.K. Whitaker, 164-92. Cambridge: Cambridge University Press.(橋本昭一監訳『マーシャル経済学の体系』ミネルヴァ書房,1997年).

Dobb, M. (1928). *Wages*. Cambridge Economic Handbook 6. London: Nisbet(氏原正治郎訳『賃金論』新評論,1962年).

―――. (1978). Random Biographical Notes. *Cambridge Journal of Economics* 2: 115-20.

Eatwell, J., and C. Panico. (1987). Sraffa, Piero. In vol. 4 of *The New Palgrave: A Dictionary of Economics*, edited by J. Eatwell, M. Milgate, and P. Newman, 445-52. London: Macmillan.

Groenewegen, P. (1995). *A Soaring Eagle: Alfred Marshall, 1842-1924*. Aldershot: Elgar.

Hamouda, O.F. (1993). *John R. Hicks: The Economist's Economist*. Oxford: Blackwell.

Harrod, R.F. (1951). *The Life of John Maynard Keynes*. London: Macmillan(塩野谷九十九訳『ケインズ伝』(上)(下)東洋経済新報社,1967年).

―――. (2003). *Correspondence, 1919-35*. Vol. 1 of *The Collected Interwar Papers and Correspondence of Roy Harrod*, edited by D. Besomi. Cheltenham: Edward Elgar.

Hicks, J.R. (1939). *Value and Capital: An Inquiry into Some Fundamental Principles of Economic Theory*. Oxford: Clarendon Press(安井琢磨・熊谷尚夫訳『価値と資本』(上)(下)岩波文庫,1995年).

―――. (1982). A Note on Robertson. In *Money, Interest, and Wages*, 127-131. Vol.

2 of *Collected Essays on Economic Theory*. Cambridge, Mass.: Harvard University Press.

Johnson, E., and H.G. Johnson, eds. (1978). *The Shadow of Keynes: Understanding Keynes, Cambridge, and Keynesian Economics*. Oxford: Basil Blackwell（中内恒夫訳『ケインズの影』日本経済新聞社, 1982 年）.

Johnson, H.G. (1978a). Cambridge as an Academic Environment in the Early Nineteen-Thirties: A Reconstruction from the Late Nineteen-Forties. In Johnson and Johnson 1978, 84-105.

―――. (1978b). Cambridge in the 1950s. In Johnson and Johnson 1978, 127-50.

Kahn, R.F. Papers, Modern Archives, King's College, University of Cambridge.

―――. (1937). The Problem of Duopoly. *Economic Journal* 47: 1-20.

―――. (1989). *The Economics of the Short Period*. London: Macmillan.

Kaldor, Nicholas. Papers. Modern Archives, King's College, University of Cambridge.

Keynes, J.M. Papers. Modern Archives, King's College, University of Cambridge.

―――. (1936). *The General Theory of Employment, Interest, and Money*. London: Macmillan（塩野谷祐一訳『雇用・利子および貨幣の一般理論』東洋経済新報社, 1983 年）.

―――. (1978). *Activities 1922-1932: The End of Reparations*. Vol. 18 of *The Collected Writings of John Maynard Keynes*, edited by D. Moggridge. London: Macmillan（武野秀樹・山下正毅『ケインズ全集 18　賠償問題の終結――1922-32 年の諸活動』東洋経済新報社, 1989 年）.

Kurz, H., and N. Salvadori. (2001). Sraffa and the Mathematicians: Frank Ramsey and Alister Watson. In *Piero Sraffa's Political Economy: A Centenary Estimate*, edited by T. Cozzi and R. Marchionatti, 254-84. London: Routledge.

―――. (2005). Removing an 'Insuperable Obstacle' in the Way of an Objectivist Analysis: Sraffa's Attempts at Fixed Capital. *European Journal of the History of Economic Thought* 12: 493-523.

Lavington, F. (1922). *The Trade Cycle: An Account of the Causes Producing Rhythmical Changes in the Activity of Business*. London: PS King & Son（安部馨訳『景気循環論入門』税務経理協会, 2004 年）.

Leontief, W. (1937). Implicit Theorizing: A Methodological Criticism of the Neo-Cambridge School. *Quarterly Journal of Economics* 51: 337-51.

Marcuzzo, M.C. (2005). Piero Sraffa at the University of Cambridge. *European Journal of the History of Economic Thought* 12: 425-52［本書第 3 章として所収］.

―――. (2006). Keynes and Cambridge. In *The Cambridge Companion to Keynes*, edited by R.E. Backhouse and B.W. Bateman, 118-35. Cambridge: Cambridge University Press［本書第 2 章として所収］.

Marcuzzo, M.C., and A. Rosselli, eds. (2005). *Economists in Cambridge, 1907-1946: A Study through Their Correspondence*. New York: Routledge.

Marcuzzo, M.C., and E. Sanfilippo. (2008). Dear John, Dear Ursula (Cambridge and LSE, 1935): Eighty-Eight Letters Unearthed. In *Markets, Money and Capital: Hicksian Economics for the 21st Century*, edited by R. Scazzieri, A.K. Sen, and S. Zamagni. Cambridge: Cambridge University Press.

Marcuzzo, M.C., and E. Sanfilippo, with T. Hirai and T. Nishizawa, eds. (2006). The Letters between John Hicks and Ursula Webb, September-December 1935. Working paper no. 207, Kobe, University of Hyogo.

Marshall, A. (1902). A. Marshall on Economics for Business Men. *Journal of Political Economy* 10.3: 429-37.

―――. (1919). *Industry and Trade*. London: Macmillan（永澤越郎訳『産業と商業』岩波ブックサービスセンター，1986年）.

―――. (1923). *Money, Credit, and Commerce*. London: Macmillan（永澤越郎訳『貨幣信用貿易』岩波ブックサービスセンター，1988年）.

Moggridge, D.E. (1992). *Maynard Keynes: An Economist's Biography*. London: Routledge.

Naldi, N. (2000). Piero Sraffa and Antonio Gramsci: Their Friendship between 1919 and 1927. *European Journal of the History of Economic Thought* 7: 79-114.

―――. (2005a). Piero Sraffa: Emigration and Scientific Activity (1921-1945). *European Journal of the History of Economic Thought* 12: 379-402.

―――. (2005b). Robertson and the Great Divide. The Correspondence with Kahn, Kaldor, J. Robinson, and Sraffa. In Marcuzzo and Rosselli 2005, 371-87.

Nishizawa, T. (2004). The Economics Tripos and the Marshallian School in the Making. *Economic Review* 55: 358-78.

Pasinetti, L. (2007). *Keynes and the Cambridge Keynesians*. Cambridge: Cambridge University Press.

Pigou, A.C. (1927). *Industrial Fluctuations*. London: Macmillan.

Plumptre, A.F.W. (1975). Maynard Keynes as a Teacher. In *Essays on John Maynard Keynes*, edited by Milo Keynes, 247-53. Cambridge: Cambridge University Press.

Reder, M.W. (1982). Chicago Economics: Permanence and Change. *Journal of Economic Literature* 20: 1-38.

Robertson, D.H. (1923). *The Control of Industry*. London: Nisbet.

―――. (1926). *Banking Policy and the Price Level*. London: P.S. King（高田博訳『銀行政策と価格水準――景気循環理論に関する一試論』巌松堂，1955年）.

Robinson, E.A.G. (1941). *Monopoly*. London: Nisbet（中山大訳『独占』紀伊國屋書店，1967年）.

―――. (1977). Keynes and his Cambridge Colleagues. In *Keynes, Cambridge, and the General Theory*, edited by D. Patinkin and J.C. Leith, 25-38. London: Macmillan（保坂直達・菊本義治訳『ケインズ，ケンブリッジおよび『一般理論』』マグロウヒル好学社，1979年）.

―――. (1992). My Apprenticeship as an Economist. In *Eminent Economists: Their*

Life Philosophies, edited by M. Szenberg, 203-21. Cambridge: Cambridge University Press.

Robinson, J. (1933). *The Economics of Imperfect Competition*. London: Macmillan（加藤泰男訳『不完全競争の経済学』文雅堂銀行研究社，1956年）.

Rosselli, A. (2005). The Defender of the Marshallian Tradition: Shove and the Correspondence with Kahn, J. Robinson and Sraffa. In Marcuzzo and Rosselli 2005, 350-70.

Rosselli, A., and D. Besomi. (2005). The Unlooked for Proselytiser: J. Robinson and the Correspondence with Sraffa, Harrod, and Kaldor. In Marcuzzo and Rosselli 2005, 309-27.

Sanfilippo, E. (2005). Keynes's Valuable Opponent and Collaborator: The Correspondence between Keynes and Robertson. In Marcuzzo and Rosselli 2005, 58-74.

Shove, G.F. (1933). The Imperfection of the Market. *Economic Journal* 43: 113-24.

Skidelsky, R. (1983). *Hopes Betrayed, 1883-1920. Vol. 1 of John Maynard Keynes: A Biography*. London: Macmillan（宮崎義一監訳・古屋隆訳『ジョン・メイナード・ケインズ―裏切られた期待 1883-1920年』（Ⅰ）（Ⅱ）東洋経済新報社，1987-92年）.

―――. (1992). *The Economist as Saviour, 1920-1937. Vol. 2 of John Maynard Keynes: A Biography*. London: Macmillan.

Sraffa, P. Papers. Wren Library, Trinity College, University of Cambridge.

―――. (1924). Problemi di oggi e di domani. *L'ordine nuovo* (1-15 April): 4. English translation in Naldi 2000, 106-7.

―――. (1925). Sulle relazioni fra costo e quantità prodotta. *Annali di economia* 2: 277-328（菱山泉・田口芳博訳『経済学における古典と現代――新古典学派の検討と独占理論の展開』有斐閣，1956年）.

―――. (1926). The Laws of Returns under Competitive Conditions. *Economic Journal* 36: 535-50（菱山泉・田口芳博訳『経済学における古典と現代――新古典学派の検討と独占理論の展開』有斐閣，1956年）.

―――. (1960). *Production of Commodities by Means of Commodities*. Cambridge: Cambridge University Press（菱山泉・山下博訳『商品による商品の生産――経済理論批判序説』有斐閣，1962年）.

Thirlwall, A. (1987). *Nicholas Kaldor*, Brighton: Wheatsheaf Books.

Tribe, K. (1997). Introduction. In *Economic Careers: Economics and Economists in Britain, 1930-1970*, edited by K. Tribe. London: Routledge.

―――. (2008). British Economics in the Twentieth Century. In *The New Palgrave Dictionary of Economics*, edited by S. Durlauf and L. Blume. 2nd. ed. Basingstoke: Palgrave Macmillan.

Waterman, A.M.C. (2003). Joan Robinson as a Teacher. *Review of Political Economy* 15: 589-96.

第2章
ケインズとケンブリッジ*

M.C. マルクッツオ

……妙な顔つき，落ち着きのない目をした背の高い男で，ホールの通路をやや前かがみで早足に歩き，ガウンの襟を両手で前掴みしている．夏には仲間とバックスの芝生を行ったり来たりする．ロンドンへ行く途中，黒い書類かばんを抱えて中庭を急ぎ足で歩いていることもある（H.G. Durnford, *John Maynard Keynes*, Cambridge: King's College, 1949, 16）．

……あの驚くべき印象的な知性の鎧の下には優しく，単純ですらある心のもち主（V. Woolf, *Moments of Being*. 2nd edn. London: Hogarth Press, 1985, 198）．

彼は私がこれまでに出会った最高の天才であった．私自身も含め，若い世代にとって彼の人間的魅力は類を見ないものであった．彼ほどの魅力，芸術的才能，そして人柄を，私は他の誰にも見たことがない．彼は科学者，芸術家，モラリスト，実務家を比類なき方法で結合していた（Meade 1990, 251）．

1. はじめに

ケインズのケンブリッジへの関与は非常に深く，非常に多くの次元に及んでいたので，それについて書くのは途方もない仕事である．本章ではそれに3つの方向からアプローチする．第1に，そしておそらく最も簡単な方法であるが，ケインズがケンブリッジで行ったことについて，この話題に関連する彼の伝記の部分を要約しながら，簡潔な説明を与える（第2節）．第2に，ケインズは，ケンブリッジで彼と親しかった人たちによって，どのように認知されていたのかを見る（第3節）．関係する人の数は非常に多いため1つの論文では扱いきれないので，彼が最も深く付き合っていた同僚および教え子に考察を限定したい．この節の基礎となる情報源は，主としてケインズの生存中にケンブリッジにいた経済学者による書簡および後年の回想である．最後に，私はより一般的

な,しかしより難しい問題に向かう.すなわち,ケインズ――ケンブリッジの経済学に推進力を与え,いまでもその指導的プレイヤーと考えられている人物――がケンブリッジの経済学にとって意味したものは何なのかという問題である(第4節).本節では,公共支出および福祉国家と同義語であるとみなされている,経済学におけるいわゆるケインズ的伝統の問題にも取り組む.

2. ケンブリッジにおけるケインズ

ケインズは成人期の初期をケンブリッジで過ごしてはいない.1897年から1902年まで彼はイートンにいた.そこで,われわれは,ケインズが学部生としてキングズ・カレッジに入った1902年を物語の出発点としたい.伝記作家のおかげで(Harrod 1951; Skidelsky 1983; Moggridge 1992),この見習い期間――それは1905年の数学トライポスで第12位優等合格者(wrangler)[1]となったことで終了する――について非常に多くのことが分かっている.学問的にも社会的にも彼は著しい成功を収め,数多くのクラブや討論集団,学生団体で活動した[2].ゴルフやブリッジに熱中し,書籍蒐集に情熱を注ぎ,同学年や上級生のあいだでも同じように人気者になった.

彼はリットン・ストレイチーと友達になった.この人物はレナード・ウルフや他の使徒とともに,ブルームズベリー・グループにおけるケンブリッジの中核を形成した.ブルームズベリー・グループはケインズの死後も長くケンブリッジと密接な結びつきを維持した[3].新入生のとき,若いトリニティ・カレッジの学生にしてベアトリス・ウェッブの甥,アーサー・ホブハウスと恋に落ちた.これが彼の男色関係の最初であった.その後17年間にわたってケインズは「若い男性の恋愛はより高い形式の愛である」という使徒の信条を受け入れ実践した(Skidelsky 1983, 129;訳(I)210頁を参照).

彼の学部生時代の焦点は,彼の選んだ専攻科目である数学に全身全霊で打ちこんだというよりはむしろ,彼が所属した数多くの団体やクラブ,そしてキングズ・カレッジでの生活であった.それゆえ驚くことに,キングズ・カレッジで過ごす4年目に彼は数学を諦め,経済学に転向した.トライポスから1カ月ほどしてようやく,彼はマーシャルの『経済学原理』の勉強を始めた.

1905 年の秋，彼はマーシャルの講義に出席し始めた．そして学究の道を求めるより高等文官試験の準備をすることに決めた後，レント学期ではマーシャルの講義に出続けた．マーシャルの教えはケインズに消し難い影響を残し，ケインズがひとたび決意するや，学術的な経済学者への道を開いた．

ケインズが 1906 年秋から働き始めたインド省では，多くの空き時間があった．大量の事務仕事が数時間で処理できることが分かると，残りの時間でキングズ・カレッジに提出する学位論文を書いた．確率論に関するケインズの研究は，1 回目の審査ではフェロー資格を獲得できなかったが，2 回目でうまくいった．1907 年 12 月のことである．翌年には 2 つの大きな出来事が彼に降り注ぐことになった．1 つはダンカン・グラントとの恋愛である．ダンカンは彼に芸術の世界に接する機会を与えた．いま 1 つは，ケンブリッジで経済学の講師を引き受けたことである．これは新しく任命された経済学教授——A.C. ピグー——からのオファーであったが，前任者のマーシャルによって前もって定められていたことである．マーシャルは当初，自分のポケット・マネーから講師の報酬を支払うことを申し入れていた[4]．第 1 次大戦前の数年間，ケインズはケンブリッジへの深い関与を形作ることになる活動にのめり込んだ．政治経済クラブ，学部教授会，評議会 (Council of the Senate)，『エコノミック・ジャーナル』，およびさまざまなカレッジ委員会 (College Committees) である[5]．しかしながら，第 1 次大戦，財務省〔の仕事〕への没頭，ブルームズベリー・サークルへの関与が，彼の生活の状況を揺さぶった．「ケンブリッジは彼の知的生活，そして多くの社会生活の中心であり続けたが，1914 年以前にそうであったのとは違い，もはや彼の他の活動の中心ではなかった」(Moggridge 1992, 352)．

第 1 次大戦後にケンブリッジに復帰してから 1946 年に亡くなるまで，ケインズがずっとケンブリッジに居続けた長い期間が 1 度だけあった．1919 年から（彼の悲運を決定付けることになった心臓疾患に見舞われた）1937 年にかけてである．この時期を通じて，ケインズの生活は規則的なパターンに従っていた．「学期中，彼は木曜日の夕方から火曜日の午後までケンブリッジにいた．週の中頃はロンドンで過ごした．休暇はロンドン，海外旅行，サセックスに振り分けられた (Skidelsky 1992, 4)．しかしながら，1925 年にリディア・ロポコ

第2章 ケインズとケンブリッジ

ヴァと結婚した後は，彼の社会生活はもはや専らブルームズベリー・サークルを中心に展開されることはなくなった．そしてケンブリッジでは彼は依然としてほとんどの時間を1人の指導教官として過ごすのがつねであった．

学期中，毎日が一連のパターンに沿うものであった．土曜日の朝（そして時々は月曜日も）カレッジ評議会（College Council）あるいは理事会（Governing Body）があった．これはしばしば 4-5 時間かかった．土曜日の午後は，ケンブリッジにやって来ていたイタリア人であるスラッファと一緒に，古書店や市場の露店で古本を買い漁った（Kahn 1984, 171；訳 263 頁）．日曜日の朝は，オースティン・ロビンソンと『エコノミック・ジャーナル』の業務をこなすのがつねであった．オースティン・ロビンソンは 1934 年から書評編集者を務めており，共同作業について生き生きと描いている．彼は「キングズのケインズの部屋のベッドの足元で新聞の日曜版や『エコノミック・ジャーナル』の校正刷りに囲まれて座っていた」（Robinson 1990, 166）．それからハーヴェイ・ロードの彼の両親の家でランチを取るかお茶を飲んだ．もちろん，講義や個別指導（supervising），担当の大学業務，王立経済学会の仕事，管理しているカレッジの経済的および学術的業務[6]があった．そして学期中の隔週月曜日には政治経済クラブに出席した．

この政治経済クラブ（「ケインズ・クラブ」）は，ケンブリッジにおける経済学的な議論の中心であった．1935 年にそこの学生であったロリー・ターシスによると，「カーンはいつも他の学部の同僚数人とともに出席していた．……時にはケンブリッジの外部から研究者が参加することもあった．……一群の学生，ごくわずかの研究生，それにおそらく 10 人か 12 人の学部生がいた」．ケインズや著名な来訪者が論文を読み上げた．くじを引いてしまった学生は立ち上がり，コメントすることを求められた（Plumptre 1947, 393; Moggridge 1992, 189; Skidelsky 1992, 5 も参照）．

　　学生たちが意見を述べてしまった後，われわれは皆，紅茶とフルーツ・ケーキをふるまわれた．それからケインズは，学部の各スタッフおよび出席していた特別ゲストたちに，話されたいことがあるかどうかを尋ねた．そしてその後，ケインズは立ち上がった．……時には——おそらくいつもで

あったと思うが——読まれた論文とそれに続く討論は単なる跳躍台であって，そこから，参加した学生たちのために優しい批評と激励を与えた後，ケインズは，経験することが喜びとなる機知，優雅さ，および想像力に溢れた，何らかの，あるいは多くの関連した話題へと飛び込んでいった (Patinkin and Leith 1977, 50-1；訳 77 頁)．

また，ケインズがどのように個別指導を行ったかについて，ケインズの「お気に入りの生徒」〔カーンのこと〕による生き生きとした説明もある（JMK からリディア・ロポコヴァに宛てた 1928 年 4 月 29 日付の手紙．JMK PP/45/190, 4）．通常は 4 人の学生と「暖炉の火を囲んで」行われる．学生に語りかけ，話をするように励ました（Kahn 1984, 171；訳 263 頁．また Plumptre 1947 も参照）．ケインズの講義は非常に人気があり，彼が最新の発見とアイデアを述べるのを聴くのが楽しみで足を運ぶ人々が出席していた．

ケインズは——マーシャルの尽力のおかげで設立された——ケンブリッジの経済学部のなかで飛び抜けた地位を占めていた（マーシャルは 1903 年に独立した経済学トライポスをつくる戦いに勝利していた）．ケインズはケンブリッジの支配的な人物の 1 人ではあったが，教授ではなかった．実際，1920 年に大学の講師を辞めた後は，キングズのフェローをのぞけば何ら大学の教職にはついていない．彼の講義はその知的探究を反映しており，1929 年以降，彼は執筆中の著書の校正刷りについてのメモからそれらを講じていた．講義ノートのいくつかは現存しており，『一般理論』の形成に関連するノートのようないくつかは，学生たちのノートから収集され出版されている（Rymes 1989）．これによりわれわれは，ケインズの考えの転換や，彼のいわば形成中のアイデアの展開を辿ることができる．

ケインズは大学の人事，規則，事業に関する数多くの決定においてきわめて大きな影響力をもっていた．これらのあらゆる活動に対し，彼は仲良くなった人々に個人的関心を寄せた．そして当然だが，彼らもたいていはケインズに助言と支援を求めた．彼は，2 学期にわたって貨幣に関する講座を開くというジョーン・ロビンソンの提案が拒絶されるのを阻止するために介入した（JMK から C.R. Fay へ．1935 年 3 月 5 日．JMK UA/14.2）．1931 年にスラッファが

講師を辞め，ケンブリッジを去ると言い出すと，ケインズはスラッファのために 2 つの職を作り出した．すなわち，『リカードウ全集』の編集者の地位と研究副室長の職である（Marcuzzo 2005）．1938 年の末には，彼は説得されて，ポーランドの経済学者ミハウ・カレツキにケンブリッジで仕事を与えるために，主要費用，売上および産出量についての国立経済社会研究所（National Institute of Economic and Social Research）というケンブリッジ研究計画を立ち上げた（それは後に応用経済学科の核になった）．

彼はマーシャルによって定められた経済学の教育・研究における高い水準に留意し，そのケンブリッジの伝統が維持されることに気を配っていた．あるとき，彼はピグーに対し不平を漏らしている．

> いまトライポス試験を終えたところです．一般的水準は私がこれまで第 2 部で見たどの水準よりも低いものです．……より聡明な志願者でさえ驚くべき無知をさらしていますが，思うにこれは，部分的には，昨年，病気や休暇のためカリキュラムをこなせなかったために違いありません．それに，『原理』についてのヒックスの教え方は，間違いなく学生を混乱させ，何も授業を受けなかった場合よりも，かえって後退させてしまっている，と思います」（JMK から A.C. Pigou へ．1939 年 6 月 15 日．JMK EJ/1/6/5-7）．

別の機会にケインズは主要費用，売上および産出量に関するカレツキの研究の最初の成果の水準についてカーンに不平をもらしている．「大産業についての検証を見ていますが，判明するのは，この種の調査についての才能にまったく欠けているという点です」（JMK から R.F. Kahn へ．1939 年 7 月．RFK 5/1/142-44）．

自分のカレッジの繁栄に対する彼の懸念は，会計官が通常行う活動の枠をはみ出して，カレッジの資金の運用先の範囲を広げるに至った．彼の努力の結果，カレッジの投資活動は農業，不動産取引から証券，通貨，商品にまで及んだ（ケインズの個人的投資も同じ範囲の資産をカバーしていたが，その規模はより小さく，構成も異なっていた）．「投機家は意識してリスクをとる人物であり，

投資家は知らないうちにリスクをとっている人物である……という意味においては，投資家であるよりも投機家である方が安全である」(CW 12, 109) と考えていたにもかかわらず，彼はけっしてリスク回避的な投資家ではなかった．彼の方針は——かつてカーンに説明したように——「市場の主導株のインデックスよりも，平均すると，とびぬけて値上がりする見込みのある特殊銘柄を選択する能力を前提としている．……これは，何らかの理由で，短期的見地からはそれらが流行遅れで非常に脆弱に見えるときに，その本来の価値に基づいてそれらを買うことを意味する」(CW 12, 100-1)．1937-8 年の株式恐慌を通じて，ケインズは——おそらくはあまりにも楽観的に——彼の哲学がカレッジの投資および自分の投資の双方の価値を比較的安定に保つのに役立つと信じていた[7]．

　ケインズは 1913 年から 1945 年まで王立経済学会の書記であった．オースティン・ロビンソンによると，「〔彼は〕それを運営し，彼が行なったことと彼が行なおうとして提案したことを報告した．会議は彼の活動を認証するのに役立った」(Robinson 1990, 166)．最後に，大切なことであるが，彼は「アーツ・シアター」(芸術劇場) により，ケンブリッジの都市景観に足跡を残した．この劇場は彼が，その建設および運営のあらゆる細部までを個人的に監督しながら，1935 年に建てたものである．

　生涯の最後の 10 年間はケンブリッジで過ごす時間は少なかった．1937 年以降，彼は重病であったが，1940 年以降は財務省のために働き，この期間中，合衆国でのひとときをのぞけば，ほとんどをロンドンかティルトンの邸宅で過ごした．当初の予定は変更を余儀なくされ，病気の数カ月の間，あらゆる問題——特にカレッジの財務や大学の業務——はカーンに引き渡されねばならなかった．しかしながら，彼は大学生活との結びつきを緩める用意はできていたけれども，カレッジとの関係は保つことを願っていた．1942 年にジョーン・ロビンソンはケインズに，ケンブリッジ大学マーシャル経済学講座 (Chair) をピグーから引き継ぐ旨の提案があることを知らせた．ケインズは，戦後はずっとケンブリッジに滞在することはできないだろうと判断して，そのような可能性を考慮することを拒否した (Joan Robinson から JMK へ．1942 年 12 月 9 日．JMK UA/5/6, 19-20)．そして 1944 年 3 月にケインズはカーン宛てに書いている．「……できる以上に長く政府内に留まるつもりはありません．私が

実際に楽しめる——それがないならば残念に思う——カレッジの仕事がたくさんあります」(JMK から RFK へ．1944 年 3 月 9 日．RFK 13/57, 485)．

残念ながら，彼はあと 2 年しか生きられず，そのほとんどを，イギリスの権益を守り，新しい国際経済秩序を考案する必死の努力に費やした．彼がケンブリッジの生活に戻ってくることはけっしてなかった．

3. ケインズとケンブリッジの経済学者

ケインズの 2 つの主要著作『確率論』(CW 8)(1921 年)と『雇用・利子および貨幣の一般理論』(CW 7)(1936 年)のあいだに思想的連続性があるかどうかについては，経済学者のあいだに論争がある[8]．刊行年に 15 年の開きがあり，この間にケインズは少なくとももう一冊の画期的業績——『貨幣論』(CW 5-6)(1930 年)——を生み出している．それに加えて『貨幣改革論』(CW 4)(1923 年)や，2 つの論集『説得論集』(CW 9)(1931 年)と『人物評伝』(CW 10)(1933 年)もある——これらは彼の多種多様な資質(賢さ，学識，文才)を示す良い例である．哲学的および方法論的には，彼は期待と慣習という 2 本の柱に基礎を置く人間行動に対するアプローチに忠実であり続けた．蓋然性についての彼の概念は「ありそうな結果に基づいて判断される行動」に手がかりを与える(Clarke 1998, 18)．このアプローチはまた，いかにして意見が形成され，いかにしてそれらが，説得および巧妙に設計された制度の複合効果を通じて変形され得るのかを理解する鍵を与えてくれる．彼が T.S. エリオットへの手紙で述べたように，「主要な課題は，まず知的信念を作り出し，次に知的に手段を編み出すことであります」(CW 27, 384；訳 440 頁)．

ケインズは自分のアイデアを他人に伝えることによって，それにかたちを与え仕上げていった．問題にアプローチするとき，戦略を突然切り替えるのは彼の特徴であった．多くの人が一定と考える主要な路線に沿いながら，彼の対話相手は彼のアイデアに反応し，熱情をもって彼のアイデアを肉付けしていった．これがケインズにとって「批判と会話」が非常に重要であった所以である．『一般理論』の序文で彼は次のように書いている．「驚くべきことに，人間はあまりに長く 1 人でものを考えていると，一時的にはどんなに馬鹿げたことでも

信じてしまうものである．人間の考えを形式的または実験的にはっきりと検証することがしばしば不可能である経済学（他の道徳科学と並んで）においては，とくにそうである（*CW* 7, xxiii；訳 xvii 頁．傍点は引用者）．

ケンブリッジの経済学者のなかで，ケインズの対話相手とはだれだったのだろうか[9]．明らかに，最初の対話相手は父親のジョン・ネヴィル・ケインズや師のアルフレッド・マーシャルであった．次に教え子の G.F. ショーヴや D.H. ロバートソン，そしてとりわけ R.F. カーン（ならびにその役割を自称していたジョーン・ロビンソン）がいる．彼らとの現存している書簡は約 2140 通にものぼる．それから親密な同年輩であった A.C. ピグーやピエロ・スラッファがおり，彼らとの書簡は 370 通現存している．このケンブリッジの経済学者集団間の書簡は，ケインズの生涯で総数 2885 通存在し，それ自体が研究の対象となってきた（Marcuzzo and Rosselli 2005 を参照）．ここでは，ケインズが研究を進め，学術的組織を形成し，経済学の新しいアイデアを育成していくうえで，ケインズが対話相手に及ぼした影響，翻って対話相手から受けた影響について指摘することで，その要点を述べるに留める．

『一般理論』を出版してから 6 カ月後の 1936 年 8 月 30 日，ロイ・ハロッドに宛てた手紙のなかで，ケインズは書いている．「私には同じ世代の仲間――最初期の恩師であれ，最初期の教え子であれ――がいないように思われます．しかし思想においては彼らといくらかつながらざるを得ません．彼らはそのことを非常に腹立たしいと思っています」（*CW* 14, 85）．スラッファは，師でも教え子でもなかったし，実際，厳密には同世代でもなかった．しかし経済学へのケンブリッジのアプローチはまた，スラッファの名前とも結びついている．彼は，20 世紀の残りの多くのあいだ，経済学の方向を変えた名誉をケインズが分かち合うことができた仲間の経済学者になることはなかった．スラッファの課題は，マーシャル流の需要供給分析（および限界分析）を解体し，（マルクスを含む）古典派の政治経済学に回帰することであった．ケインズはそのプロジェクトが世界に発表されるのを見るまで長生きしなかったが，けっしてそれを支持しなかったであろう．ケインズがどれほどスラッファを高く評価していたとしても，また，どれほど強くケンブリッジにスラッファがいる必要を感じていたとしても，ケインズはマーシャル流の道具を捨てることに乗り気では

第2章　ケインズとケンブリッジ

なかったであろう．そして彼はマルクスが嫌いであった．他方，スラッファがケインズにどれほど（人間的にも知的にも）好意を寄せていたとしても，彼はケインズのことを，マルクスを正しく評価したり労働者階級の問題を理解できない「気質」をもった「ブルジョア知識人」だと考えていた（P. Sraffa から R. Palme Dutt へ．1932 年 4 月 19 日．Marcuzzo 2005 を参照）．こうしてスラッファは，ジョーン・ロビンソンが当時，および後になって観察していたように[10]，「新しいアイデアに対してひそかに懐疑的」（Robinson 1978, xii）なままであり，ケインズ革命からは距離を置き，そして翻っては，それに自らの貢献を与えることはなかった．1960 年代末以降，ケインズとスラッファによって採用されたアプローチの両立性をめぐり，賛否を論じる多くの試みがなされてきた．しかし別個のものであれ，補完的なものであれ，2 人の名前はポスト・マーシャル時代におけるケンブリッジの経済学の顕著な特徴を代表している．

　『一般理論』の形成とその余波は，『一般理論』を理解し受け入れる者と，伝統を守る者とのあいだに境界線が引かれるケンブリッジの経済学における分岐点となった．当初ケインズは「インナー・サークル」，とりわけスラッファとカーンからの批判にさらされた．彼らは『貨幣論』のアプローチには深刻な欠陥があるということをケインズに有効に説き，彼を新しい軌道に向かわせることになった．大変興味深いことに，「外部」からの批判――ハイエクやロバートソンによる見解のような――は，部外者たちが「かつて抱かれていた見解」に対するケインズの攻撃に順応しておらず，同じようには耳を傾けてもらえなかった．ハロッドのような親しい支持者・賛美者でさえ，1934 年になっても貯蓄と投資のあいだの「新しい」関係について理解するのに苦労していたし（Besomi 2000 を参照），1935 年にハロッドはまだ「古典派」利子論を擁護していたのである．ケインズ自身この問題をごまかし，『貨幣論』と『一般理論』とのあいだには基本的な連続性があると自らを納得させていた．『貨幣論』から『一般理論』に至る過程を通じて，ケインズは繰り返し，『貨幣論』の分析はじつのところ『一般理論』の分析と両立するのであり，新しい議論を「はるかに正確であり有益な」（*CW* 7, 77；訳 78-79 頁）ものにしたにすぎない，と主張した．

この本が登場すると，ケンブリッジのなかで（そしてこの点については他の場所でも），ケインズに全面的に同意する人々と，誤解されているか疎んじられていると感じる人々とのあいだで線が引かれた．カーンやジョーン・ロビンソン，オースティン・ロビンソンは前者のカテゴリーに入り，ピグーやロバートソンは後者である．スラッファは沈黙を保った．重要な問題点は何だったのだろうか．

　まず第1に，方法の問題があった．ロバートソンは，一連の期間について経済変動および循環の問題に取り組んだ．毎期の最初に主要な経済変数の所与の水準が存在する．これは過去の水準の結果であり，より一般的には前期に起こったことの結果である．逆に，ケインズの短期アプローチでは，今期の貯蓄水準は今期の所得の関数であり，過去の貯蓄水準は無関係である．そして所得に対する乗数効果は即時的なものと想定された．第2に，利子率の問題があった．ロバートソンは利子率を，貸付資金の需要と供給を均衡させる価格であると考えた．これはケインズの流動性選好説とは異なる．流動性選好説では，利子率は利用可能な供給と一致する貨幣需要をもたらすのに必要な価格であると見られている．この相違を前提とすると，ロバートソンは持続的な不完全雇用状態は不可避であるというケインズのメッセージを受け入れることはできなかった（Sanfilippo 2005 を参照）．翻ってケインズは，ロバートソンと袂を分かっていると感じた．ケインズは書いている．「あなたは，いわば，母親の子宮にはい戻ろうと躍起になっています．一方，私は渇いた地面にいる犬のように体を震わせているところです」（CW 14, 164-5）．

　ピグーに対しては，政策の領域においてよりも理論の領域においてであるが，ケインズはもっと断固とした距離をとった．彼はピグーの方法論的アプローチよりもマーシャルのアプローチの味方であり，ピグーの分析方法を手厳しく批判していた G.F. ショーヴを仲間だとみなした．経済学のもつ相対的不正確性という美点をケインズが強調したことは，ピグーが同意しショーヴが反対した形式的数式化と鋭い対照をなしている．

　1930年代においてケインズとピグーのあいだで意見が食い違った主な点は，貨幣賃金の切り下げが失業を解決するか否かであった．1937年10月に，ピグーは貨幣数量説に基づいて自分の見解を述べた．すなわち，「もし賃金の切り

下げが雇用を何も変化させないならば，貨幣所得が変化する理由はありません」(*CW* 14, 256-7)．ケインズの返答は 2 人のアプローチに歩み寄りの余地を残さないものであった．「……私がいいたいのは，もし賃金を切り下げて，失業が不変であるとしても，貨幣所得が変化する理由はある，という点です」(*CW* 14, 257)．同じ日に，落胆したケインズはカーン宛てに次のように書いている．「デニス [・ロバートソン] の場合と同じで，実践のレベルではわれわれのあいだには本当にほとんど〔差は〕ないのです．どうして彼らは，自分たちの実践的結論がどうあってもそこからは出てこないような理論を主張するのでしょうか」(*CW* 14, 259)．

他方，ケインズはカーン，そしてある程度まではジョーン・ロビンソンは，自分の考えを理解してくれていると感じており，彼らとは本当に馬が合うと感じていた．1934 年 3 月，「R.F.K. [カーン] からの手ごわい一週間の個別指導」(*CW* 13, 422) の後，ケインズはジョーン・ロビンソンに熱を込めて報告している．「[カーン] は驚くべき批評家にして提案者かつ改良者です．自分の仕事を提示する相手としてこれほど役立つ人は世界の歴史のなかでもけっしていないことでしょう」(ibid.)．1935 年 12 月，『一般理論』の最終稿が印刷業者に引き渡される 3 日前，ケインズはまた彼女に対する借りを感謝している．「校正に当たって数々の労を取ってくれたことに対して大いに感謝しています．……最後の校正で，[この本は] かなり平板で陳腐に見えました．しかしあなたは私を励ましてくれましたし，カーンもそうしています．彼はクリスマスでこちらに来ています」(J.M. Keynes から J. Robinson へ．1935 年 12 月 27 日．JVR vii/240/9-10)．

境界線は，世代であったのだろうか．カーンとロビンソンは，より若く，熱狂的で彼の改宗者になりやすい傾向があったのであろうか．それとも，それはケインズが——マーシャル的伝統の守護者であった——ピグーやロバートソンから，「古典派」を無益で根本的に間違っていると拒絶する点で異端者にして偶像破壊者であるとみなされているという問題だったのであろうか．

実際には，カーンとジョーン・ロビンソンはいつも，人々がケインズの見解を知り，そして可能ならば受け入れるように説得すべく誘導していた．カーンとロビンソンは多くの意見や見解を共有していたが，彼らのケインズへの影響

とケインズの彼らへの影響は，ともに異なったかたちをとった．これは一部には，ケインズとの親密度の違い，一部には彼らの個性のゆえに，そうであった．カーンは『一般理論』の形成における旅の伴侶（Marcuzzo 2002 を参照）であり，カレッジ生活を送るうえでの親密な助手であり，大学の業務や経済問題における行動についてケインズからいつも相談されていた．理論的には，カーンは，数量説がマネタリズムの興隆期に復活したのに抗った，ケインズの流動性選好説や貨幣理論の指導者であった．ジョーン・ロビンソンは根っからの改宗者であり，後年には彼女自らが名付けた「バスタード・ケインズ主義」（bastard Keynesism）――これは完全雇用を妨げる名目物価・名目賃金の硬直性を復活させ，不確実性，期待および時間の役割を無視する――との戦いにおいて前線に立った．合意を作り出すというケインズの知性と才能の魅惑は，ただケンブリッジにいないということで近づけなかったすべての人々に，疎外感を味わわせることになった．このことは，皆がケインズとの特別の関係を求めていたということを意味する．それは，ケインズのアイデアにつねに触れ続けるということである．かつてマーシャルがそうであったのと同様に，ケインズはケンブリッジにおける経済学そのものであった．

4. ケインズとケンブリッジの経済学

　ケインズは『エコノミック・ジャーナル』に「絶大な編集上の決定権をもっており」（Moggridge 1990, 146），彼が良いと認めた経済学上の推論や議論のためのフォーラムを提供した．彼は柔軟な気質に富んでいたが，厳しい水準を設けていた．1934 年に次のように書いている．「しかしながら，私がリジェクトする論文のデメリットについては，その論文に含まれているメリットについてよりも，ずっと明確に分かっている」（Moggridge 1990, 149）．
　良い経済学者とは何なのかを，ケインズは一度ならずはっきりと要約している．この点を示すには 1 つの長い引用文で十分であろう．

　　経済学は，現代世界に当てはまるモデルを選択する技術とモデルを用いて考える科学との結合です．そうせざるを得ないのは，典型的な自然科学と

違って，経済学が適用される対象が，あまりにも多くの点において，時間を通じて均質ではないからです．モデルの目的は，半永久的にあるいは相対的に不変である諸要因を，一時的あるいは変動している諸要因――これについて考え，これが個々のケースで生じる時間系列を理解する論理的思考法を発展させるように――から分離することです．良い経済学者がまれなのは，良いモデルを選択するために「慎重な観察」を用いるという才能が――それは高度に専門化された知的技術を必要とはしませんが――きわめてまれであるように思われるからです（CW 14, 297）．

実際，マーシャルに霊感の源泉を有するが，その主な焦点が――その抵抗の書（pièce de resistance）の著者である――ケインズにあるケンブリッジ学派なるもの，あるいはよりうまくいうと，経済学のケンブリッジ的伝統なるものが存在する．彼は，そこに，ケインズ経済学と同義語であると広く考えられてきた構成要素とともに，経済学を研究するスタイルをもち込んだ．

『一般理論』に見られるように，ケインズ経済学の前提は，「われわれは完全に正確な一般化を望むことはできない」（CW 7, 247；訳245頁）というものである．なぜなら，経済システムは，経済学者が原因と結果の整ったパターンのなかで発見し命令できるような「自然の諸力」によって支配されていないからである．この想定が意味することは，経済学の仕事はむしろ，「われわれの実際に生活している種類のシステムにあって，中央当局が裁量的にコントロールしたり管理したりすることのできるような変数を選び出すことにある」（CW 7, 247；訳245頁）．ケインズ理論の内容だが，まず第1に，市場の諸力が機能して経済システムを資源の完全雇用状態に導くという「古典派の」結論を拒絶している．諸個人に自分の利益を追求させることで――スミスの「肉屋，酒屋，パン屋」の比喩とは違って――社会的善は生まれず，失業と資源の浪費が生まれる．それゆえケインズの議論はレッセ・フェールに反対する．全体としての経済的行動は個人の経済的行動と同じ結果にはならないため，個人にとって良いことでも全体にとっては良くないかもしれない．

その目標は，諸個人が活動する環境を，道徳的・合理的動機が全体としての活動の源泉になるように，変えることである．このなかで，ケインズは経済政

策の主な仕事は，非常にマーシャル的なスピリット[11]で，——他の手段やツールによっても追求されるけれども——人間本性を「変革する」ことよりも「統御する」ことであると考えた．『一般理論』の最終章で彼は次のように結論を述べている．「ゲームが規則と制限のもとで演じられるのを許すことが，賢明で思慮深い政治的手腕である」（*CW* 7, 374；訳 377 頁．傍点は引用者）．

ケインズのアプローチは，知識と無知と合理的信念のカテゴリーに基づいて，複雑さと判断を扱う経済学のような「道徳科学」のための適切な方法として選ばれている．それは概して，〔その後の〕ケインズ経済学が展開していったことと相反するものである．ケインズ経済学は，経済システムの働きの力学的描写を是認することで，複雑さの難題を切り捨てている（Fitzgibbons 2000 を参照）．

さらに，ケインズはマーシャルやピグーが支持した考えの伝統に新しい議論と力をもたらした．その考えとは，市場メカニズムに対する排他的な信頼に反対して，いくらかの国家介入を支持し，社会的厚生にとっての個人の行動の含意を追求し，誤りを認め，そして全体としての集合体のためにシステムの働きを改善する方法を示唆する，というものである．彼らの足跡を辿りながら，しかし異なる経済理論に基づいて，ケインズは，彼が福祉国家や赤字財政支出の父として描かれるようになった介入の形態を考案したのである（Buchanan and Wagner 1977 を参照）．

ケインズの著作との関連でこの主張を評価するのは本章の範囲を超えている．ここでできることは，彼の主な見解を要約することだけである．福祉国家の構造は 3 本の柱に依存する．(a) 財政政策，(b) 社会保障，そして (c) 完全雇用である．ケインズは (c) の柱に全力で取り組み，(a) と (b) には部分的に取り組んだ．政府支出は，完全雇用を維持するのに必要な総需要の水準を生み出すために，民間投資の減少と不十分な水準の消費に対抗するために十分な投資を提供するように最終決定されることになった．スキデルスキーが「ケインズはけっして情熱的な社会改革論者ではなかった」（Skidelsky 2000, 265），といっているのはおそらく正しい．確かに，彼は，社会への広範な国家介入の唱道者というよりも，少なくとも自由主義者のほうに近かった．

第 1 に，彼は社会的給付や年金を支払うために高額の税を支持することはな

かった．それらのコストは事業主が負担すべきものであった．彼は書いている．「事業主は，健康な労働者を彼に提供するのに要する総コストを支払うべきではないでしょうか．もし失業者が飢えに苦しむままに放置されるとすれば，季節的に，あるいは循環的に雇用に対する需要が再び増加するとき，事業主はどうするのでしょうか．なぜ一般の納税者が造船労働者の予備軍のために支払うべきなのでしょうか」(*CW* 27, 224；訳 254 頁)．

　第 2 に，彼は「個々のサービスのコストを，それが提供される源泉と可能なかぎり詳細に」関連付け，提供される財やサービスについて国家が納税者に説明できるようにすることを好んだ．「これが，健全な会計を維持し，効率性を測定し，節約を励行し，そしてものごとに要するコストについて公衆に適切に知らしめるための唯一の方法である」(*CW* 27, 225；訳 255 頁) と彼は信じていたからである．

　市場の力の円滑な機能に対して，ケインズは『一般理論』よりずっと前[12]から懐疑的であったが，介入の正当性は『一般理論』における，総需要不足のケースにおいて力強く論じられている．しかしながら，『一般理論』の政策的メッセージは，投資水準を維持すること，すなわち赤字財政の公共事業よりも「事業上の確信を安定化させること」(Bateman 1996: 148) であった．循環を通じての消費水準を滑らかにするために[13]彼が財政政策よりも「投資の社会化」に信頼を置いていたことは，赤字の規模に関する彼の懸念や，望ましい雇用水準をもたらす市場のインセンティブを重視していたことに表れている．彼は『一般理論』のなかで次のように書いている．「もし国家が［生産］手段の増加に向けられる総資源量と，それを所有する人々に対する基本的な報酬率を決定することができるなら，それで国家は必要なことのすべてを果たしたであろう」(*CW* 7, 378；訳 381 頁)．そして彼はいま 1 人のいわゆる福祉国家の建国の父，ウィリアム・ベヴァリッジが完全雇用を達成するための手段として消費を「管理」することを提唱していることには，完全には同意しなかった．「あなたが公共投資を民間投資の変動の平衡錘にすることを〔あなたの方法で〕どのようにして避けることができるのか，私にはまったく理解できません」(*CW* 27, 381；訳 436 頁)．

　こうして，いわゆるケインズ政策の帰結として第 2 次世界大戦以降われわれ

が経験してきたような,大規模で増大する公共支出をケインズが支持していたという含意は擁護できるものではない[14]．資本主義社会の将来についての彼の「ヴィジョン」は，経済的制約[15]から解放されることで圧倒的に大多数の人々は人生の幸福と喜びを追求できるようになるという信念に基づいていた．彼は1943年2月に上院で述べている．「私が予感で一杯になるのは，十分な物質的生活水準を提供することに物的生産性が失敗することについての恐れなどではありません．将来の真の問題は，第1に平和，国際協力ならびに国際親善の維持であり，そしてそれ以上に，良き生活の果実を産出する物的豊穣をいかに組織化するのかという深い道徳的・社会的問題であります」(CW 27, 261；訳296頁)．

5. むすび

ケインズは1946年4月21日の復活の主日（Easter Sunday）に死去した．ブレークの「エルサレム」からの一節がウェストミンスター寺院で行われた慰霊祭で読み上げられた．

　　私は知的闘争を止めない
　　我が剣も手のなかで眠ることはない
　　エルサレムを建てるまでは
　　イングランドの緑の心地よい大地に

これらの言葉は——スキデルスキーが記しているように——「産業主義の経済学を超えてユートピアを実現するために奮闘」（Skidelsky 2000, 478）し，一般に受け入れられている考え方に対する絶え間ない「知的闘争」を効果的に呼び起こそうと奮闘したケインズを回想するのにふさわしい．この点，そしていくつかの他の点で[16]，彼はケンブリッジを照らすいま1つの星であるアイザック・ニュートンに匹敵する．亡くなる2週間前の最後の覚書のなかで，トリニティ・カレッジにあるニュートンの部屋に近い彼の庭は「彼の実験室」である（CW 10, 376；訳496頁），とケインズは書いていた．ケンブリッジはケイン

ズの「実験室」であった．そこには情緒的・知的相互作用があり，価値観やライフスタイルが共有され，真理と善行がともに追求された．彼の遺灰がキングズ・カレッジの遺体安置所に眠っていないのはとても残念なことである．彼はそれを望み，遺言で指示していたのだから[17]．

注
*草稿にコメントをくれた D. ベソミ，A. カラベリ，C. グッドウィン，D. モグリッジ，N. ナルディ，T. ラファエリ，F. ランケッティ，A. ロンカリア，A. ロセッリ，E. サンフィリッポ，A. シモナッティおよび F. ヴィアネッロに感謝したい．また初出本の編者である B. ベイトマンと R. バックハウスの示唆にも感謝したい．もちろん，残された過失はすべて筆者の責任である．J.M. Keynes (JMK)，R.F. Kahn (RFK) および J. Robinson (JVR) の文書からの引用を許可してくれたケンブリッジ大学キングズ・カレッジの学寮長 (Provost) およびフェローに深く感謝する．

1) ケンブリッジでは数学トライポスを受験した者は，分類されるのではなく，順位が付けられた．上から第1位優等合格者 (senior wrangler)，第2位優等合格者 (second wrangler)，第3位優等合格者 (third wrangler) 等と指定された．マーシャルは1865年の第2位優等合格者であった．
2) Skidelsky (1983: 106-25) および Moggridge (1992: 52-81) は以下のものをあげている．「バスカヴィル・クラブ」，「ユニヴァーシティ・リベラル・クラブ」，「十人委員会」，「モラル・サイエンス・クラブ」，「ネイヴ・クラブ」，「ピット・クラブ・アペニン・ソサエティ」，「リッチモンド・シェイクスピア・ソサエティ」，「ケンブリッジ・ユニオン」(「ディベイティング・ソサエティ」)，「オスカー・ブラウニング・ポリティカル・ソサエティ」，「ローズ・ディッキンソン・ディスカッション・ソサエティ」，そしてケインズにとって最も重要であった「ソサエティ」(使徒会) である．
3) ケインズのブルームズベリー・グループへの関わりについては，Goodwin (2006) を参照．
4) ピグーはケインズが大学講師となる1920年まで支払った．
5) 彼は3つの委員会のメンバーであった．財産 (Estates)，建物 (Building) およびフェロー資格である．
6) ケインズは1919年11月に副会計官になり，1924年から1946年に亡くなるまでは正会計官であった．
7) ケインズの純資産は506,522ポンドから181,547ポンドにまで落ち込み，カレッジの純資産(「チェスト」と呼ばれる)は(1920年を100とすると)680から443にまで減少した．*CW* 12, 11-13を参照．この点を指摘してくれたモグリッジに感謝したい．
8) 連続性説への反対意見についての優れた論評として Davis (1994) を，より最近のものでは Runde and Mizuhara (2003) を参照．

9) 実際には経済学者だけが彼の対話相手だったわけではない。ケンブリッジでは、ムーア、ラムゼー、ラッセル、ヴィトゲンシュタインのような哲学者は重要な役割を演じた。残念なことに、そこには、量的にも質的にも現存する手紙のかたちでは、経済学者との類似した知的交流に相当する記録は残っていない。それゆえ、多くは間接的な証拠になるが、にもかかわらず、それらはケインズの考え方を理解するためには非常に重要である。これについては Raffaelli（2006）を参照。
10) 彼女はかつてカーンにこう書いている。「カレツキがピエロ［・スラッファ］に『一般理論』を真面目に受け止めるように誘うと思いますか」（J. Robinson から R.F. Kahn へ。1937年3月20日。RFK 13/90/2/165-6）。
11) ここで関係するものとして、『経済学原理』および『産業と商業』から引用文を2つ掲げておけば十分であろう。「人間の意思は、注意深い思索に導かれて、環境を変容することによって人間の性格を大きく変容できること、それによって、性格にとって、それゆえにまた人民大衆の精神的のみならず経済的な福祉にとって、より望ましい新しい生活状況を実現することができる」（Marshall 1920, 48；訳(1)65頁）。「人間行為についてのあらゆる研究の主要な目的の1つは、現在の諸傾向のありうべき結果を示唆することであり、それゆえ、たとえ明示的ではないとしても、暗々裡に、人類の福祉を増進できるように諸傾向の修正を示唆することである」（Marshall 1923, 7；訳(1)9頁）。
12) 「ケインズは、自由市場の自己調節的な傾向に関する正統派経済理論に対する批判を展開するよりはるか以前から、政策としてのレッセ・フェールに異議を唱えていた」（Meade 1990, 21）。
13) 「戦後の財政政策をめぐる議論は、反循環的政策手段として人的課税を用いることに対するケインズの嫌悪感を浮き彫りにした」（Dimsdale 1988, 334-5）。
14) 「政府の成長を、ケインズの信奉者たちの見解ではなく、ケインズ〔自身〕の政府の役割についての見解の論理的帰結であると主張するのはまったく適切でない」（Peacock 1993, 28）。
15) 「リベラルとして、ケインズは失業を重要な経済問題であるとみなし、ひとたびそれが解決されれば、市場資本主義は効率的な分配機能を取り戻すであろうと考えていた」（Durbin 1988, 41）。
16) ニュートンはまた「われわれの官吏のなかで最も偉大で最も有能な者の1人となった。彼は資金の投資者としても大きな成功を収め……死んだときは金持ちであった」（*CW* 10, 371；訳490頁）。
17) 彼の遺言執行人であるジョフリー・ケインズは「その指図を忘れ、遺灰をダウンズにまいた」（Moggridge 1992, 836）。

参考文献

Barr, N. (2004). *The Economics of the Welfare State*, 4th edn, Oxford: Oxford University Press.

Bateman, B.W. (1996) *Keynes's Uncertain Revolution*, Ann Arbor: University of Michigan Press.

第2章　ケインズとケンブリッジ

Besomi, D. (2000) 'On the spread of an idea: the strange case of Mr. Harrod and the multiplier'. *History of Political Economy*, 32: 347-79.

Buchanan, J.M. and Wagner, R.E. (1977) *Democracy in Deficit: The Political Legacy of Lord Keynes*, New York and London: Academic Press（深沢実・菊池威訳『赤字財政の政治経済学——ケインズの政治的遺産』文真堂，1979年）.

Clarke, P.F. (1998) *The Keynesian Revolution and Its Economic Consequences*, Cheltenham: Edward Elgar.

Davis, J.B. (ed.) (1994) *The State of Interpretation of Keynes*, Boston and London: Kluwer Academic Publisher.

Dimsdale, N.H. (1988) 'Keynes on interwar economic policy', in W. Eltis and P. Sinclair (eds) *Keynes and Economic Policy: The Relevance of the General Theory after Fifty Years*, Basingstoke: Macmillan.

Durbin, E. (1988) 'Keynes, the British Labour Party and the economics of democratic socialism', in O. F. Hamouda and S.N. Smithin (eds), *Keynes and Public Policy after Fifty Years*, Aldershot: Edward Elgar.

Fitzgibbons, A. (2000) *The Nature of Macroeconomics: Instability and Change in the Capitalist System*, Cheltenham: Edward Elgar.

Goodwin, C. (2006) 'The art of an ethical life: Keynes and Bloomsbury', in R.E. Backhouse and B.W. Bateman (eds) *The Cambridge Companion to Keynes*, Cambridge: Cambridge University Press.

Harrod, R.F. (1951) *The Life of John Maynard Keynes*. London: Macmillan（塩野谷九十九訳『ケインズ伝（上）（下）』東洋経済新報社，1967年）.

Kahn, R.F. (1984) *The Making of Keynes' General Theory*, Cambridge: Cambridge University Press（浅野栄一・地主重美訳『ケインズ『一般理論』の形成』岩波書店，1987年）.

Keynes, J.M. (1971-1989) *The Collected Writings of John Maynard Keynes* (JMK. ただし，本章では *CW* を用いている), ed. by D.E. Moggridge, London Macmillan.

CW 5, *A Treatise on Money. Part I: The Pure Theory of Money* (1930)（小泉明・長澤惟恭訳『貨幣論 I　貨幣の純粋理論』東洋経済新報社，1979年）.

CW 6, *A Treatise on Money. Part II: The Applied Theory of Money* (1930)（長澤惟恭訳『貨幣論 II　貨幣の応用理論』東洋経済新報社，1980年）.

CW 7, *The General Theory of Employment, Interest, and Money* (1936)（塩野谷祐一訳『雇用・利子および貨幣の一般理論』東洋経済新報社，1983年）.

CW 8, *A Treatise on Probability* (1921)（佐藤隆三訳『確率論』東洋経済新報社，2010年）.

CW 9, *Essays in Persuasion* (1931)（宮崎義一訳『説得論集』東洋経済新報社，1981年）.

CW 10, *Essays in Biography* (1933)（大野忠男訳『人物評伝』東洋経済新報社，1980年）.

CW 12, *Economic Articles and Correspondence. Investment and Editorial*.

CW 13, *The General Theory and After. Part I: Preparation.*
CW 14, *The General Theory and After. Part II: Defence and Development.*
CW 27, *Activities 1941-1946. Shaping the Post-War World: Employment and Commodities*（平井俊顕・立脇和夫訳『戦後世界の形成——雇用と商品』東洋経済新報社，1996年）.
Marcuzzo M.C. (2002) 'The collaboration between J.M. Keynes and R.F. Kahn from the *Treatise* to the *General Theory*', *History of Political Economy* 34: 421-47 ［本書第7章として所収］.
―――. (2005) 'Piero Sraffa at the University of Cambridge', *European Journal of the History of Economic Thought*, 12: 425-52 ［本書第3章として所収］.
Marcuzzo, M.C. and Rosselli, A. (eds) (2005) *Economists in Cambridge: A Study through Their Correspondence, 1907-1946*. London: Routledge.
Marshall, A. (1920) *Principles of Economics*, 8th edn, London: Macmillan（永澤越郎訳『経済学原理』岩波ブックサービスセンター，1985年）.
―――. (1923) *Industry and Trade*. London: Macmillan（永澤越郎訳『産業と商業』岩波ブックサービスセンター，1986年）.
Meade, J. (1990) 'The Cabinet Office Diary, 1944-46', in *The Collected Papers of James Meade*, Vol. IV, ed. by S. Howson (jointly with D.E. Moggridge), London: Unwin Hyman.
Moggridge, D.E. (1990) 'Keynes as editor', in D.J. Hey and D. Winch (eds) *A Century of Economics: 100 Years of the Royal Economic Society*, Oxford: Blackwell.
―――. (1992) *Maynard Keynes: An Economist's Biography*, London: Routledge.
Patinkin D. and Leith J.C. (eds) (1977) *Keynes, Cambridge and the General Theory*, London: Macmillan（保坂直達・菊本義治訳『ケインズ，ケムブリッジおよび『一般理論』』マグロウヒル好学社，1979年）.
Peacock, A. (1993) 'Keynes and the role of the state', in D. Crabtree and A.P. Thirlwall (eds) *Keynes and the Role of the State*, London: Macmillan.
Plumptre, A.F.W. (1947) 'Keynes in Cambridge', *Canadian Journal of Economics and Political Science* 13: 366-71.
Raffaelli, T., (2006) 'Keynes and Philosophers', in R.E. Backhouse and B.W. Bateman (eds) *The Cambridge Companion to Keynes*, Cambridge: Cambridge University Press.
Robinson, E.A.G. (1990) 'Fifty years on the Royal Economic Society Council, in D.J. Hey and D. Winch (eds) *A Century of Economics: 100 Years of the Royal Economic Society*, Oxford: Blackwell.
Robinson, J. (1978) *Contributions to Modern Economics*. Oxford: Blackwell.
Runde, J. and Mizuhara, S. (2003) *The Philosophy of Keynes's Economics: Probability, Uncertainty and Convention*, London: Routledge.
Rymes, T.K. (1989) *Keynes's Lectures, 1932-1933*, Ann Arbor: University of Michigan Press（平井俊顕訳『ケインズの講義1932-35年——代表的学生のノー

ト』東洋経済新報社，1993年).
Sanfilippo, E. (2005) 'Keynes's valuable opponent and collaborator: The Correspondence between Keynes and Robertson', in M.C. Marcuzzo and A. Rosselli (eds) *Economists in Cambridge: A Study through Their Correspondence, 1907-1946*, London: Routledge.
Skidelsky, R. (1983) *John Maynard Keynes, Vol. I: Hopes Betrayed, 1883-1920*, London: Macmillan (宮崎義一監訳・古屋隆訳『ジョン・メイナード・ケインズ——裏切られた期待 1883-1920年（Ⅰ）（Ⅱ）』東洋経済新報社，1987-92年).
―――. (1992) *John Maynard Keynes, Vol. II: The Economist as Saviour, 1920-1937*, London: Macmillan.
―――. (2000) *John Maynard Keynes, Vol. III: Fighting for Britain, 1937-1946*, London: Macmillan.

第3章

ケンブリッジ大学でのピエロ・スラッファ*

M.C. マルクッツオ

あなたは外界にとってまったくとるに足らない人だ（RFK から PS へ，1933 年 2 月 17 日；SP: C/150）．

1. スラッファとケンブリッジ大学経済学部

　本章における筆者の目的は，スラッファの論文や彼が特別な関係をもった経済学者とのあいだでやり取りした郵便物，大学の公式文書[1]から浮かび上がってくる，ケンブリッジでの大学人としてのスラッファの人物像を，特に彼が1927 年から 1965 年まで所属した政治経済学部での彼の役割との関連から再現することである．

　ケンブリッジでの大学生活は所属するカレッジに堅く結び付けられる．スラッファの場合それはキングズ・カレッジとトリニティ・カレッジであり，彼は前者ではハイ・テーブルの一員としてキャリアを開始し，その後カレッジの一員となったが，後者では彼は 1939 年にフェローに任命された．ここで再度述べれば，スラッファの生活や大学での経験という側面について，筆者は可能なかぎり現存する文書による裏付けを取りながら報告するよう努めるつもりである[2]．

　ここで注意点を 1 つ述べておく必要がある．それは，スラッファの人物像は彼の生涯における科学，文化，政治に関わる出来事との相互関係を再構築しなければ，十分な理解や解釈がなされないという点である．したがってここで筆者は，広大な絵画を埋めるために，他の断片と組み合わせる 2，3 の断片以上のものを提供するつもりはない．

以下の節では，ケンブリッジ大学でスラッファが就任したさまざまな職位についての詳細な検討が示される．

2. 講　師

スラッファがケンブリッジで講師に任命されるに至る一連の出来事はよく知られているが，基本的なステップを再度追ってみることにする．1927 年 1 月 25 日の書簡において，ケインズは特有の控え目な表現でスラッファに，ケンブリッジで教員人事の機会が与えられるとすれば，それを引き受けるつもりがあるかどうかを尋ねた（JMK から PS へ，1927 年 1 月 25 日；KP: L/S/25）．その年の 2 月および 3 月に書かれた書簡のなかで，スラッファは感謝と熱意を示してその申し出を受け入れ，たとえジェノアで教授職を与えられたとしても，イタリアでは休暇が与えられることをケインズに確約した[3]（1927 年 2 月 6, 16, 26 日の書簡；1927 年 3 月 10 日の書簡）．しかしながら，スラッファはケインズに履歴書を発送するさいに，大学副総長に届けられる志願書の作成方法について助言を求めた（PS から JMK へ，1927 年 5 月 9 日；KP: L/S/33-6）．

正式な辞令の告知は 5 月 31 日の書簡に同封されており（JMK から PS へ，1927 年 5 月 31 日；KP: L/S/37-9），そのなかでケインズは担当科目の内容についてもスラッファに助言を行い，第 1 学期の科目に「価値論」を，第 2 学期の科目に「分配論」を，そして第 3 学期の科目に彼が関心をもって取り組んでいると思われる「実際的」性質（'realistic' nature）の任意のテーマを提案した（JMK から PS へ，1927 年 5 月 31 日；KP: L/S/37-9）．ケインズは学生指導の仕事についても言及し，あまり多くの学生を引き受けすぎず，5 人からせいぜい 10 人の「特別選抜学生，可能ならば研究生」に限定すべきだとスラッファに提案した．

これに対するスラッファの返信は興味深い．というのも，彼が講義計画を作成するにつれて，何を教えるのかについて彼の当初の意図から離れたことを，それは示しているからである．以下の節ではこの側面をより明確にしていくつもりである．

「分配論について断片的で錯綜した考え」しかもっていないという理由でそ

のコースを受けもつという考えを拒否したものの，スラッファはケインズに価値論の講座を2部に分割し，第1学期を供給理論（ないし「生産理論の問題」）に当て「価値に関連する生産理論の側面」に取り組むこととし，第2学期に「需要サイド，とりわけ交換に特有の問題を扱う」ことを提案した（PSから JMK へ，1927年6月5日；*KP*: L/S/40-1）．

第3学期に担当する「実際的」なコースについて，スラッファは大陸欧州のシステムにおける銀行と産業の関係を科目として提案した．

スラッファ文書のなかにある覚書きやメモから判明することだが，3つの学期にわたる講座についての科目の選択は，「すでに集められた若干の資料がある」という事実によって動機付けられた（Rosselli 2005を参照）．スラッファとケインズのあいだで続いた現存する書簡のやり取りから，スラッファが到着してからのケンブリッジでの最初の数カ月についてわれわれは何も知ることができないが，ケインズによるリディア宛ての書簡のなかの話やジョーン・ロビンソンによるオースティン・ロビンソン宛て書簡における話のなかに，われわれは生き生きとした印象をいくつか見出すことができる[4]．

1928年1月，スラッファはケインズに草稿を書いてもらったに違いない2通の書簡を送り，担当する講義の開始時期を，当初は第2学期まで，その後翌年度まで延期することを請願した．これらの書簡の興味深い点は，この延期の言い訳としてスラッファが申し出た理由にある．1月11日と日付が書かれ，大学理事会の書記宛てに出された1通目で，スラッファは以下のような理由から担当科目を開講する準備がまだ整えられていないと説明した．その理由とは，数回分の講義を準備した後，選んだ科目が「まったく不適切」であることに気がついたから，さらに自らの研究に没頭しすぎたため他のことがらに関心を向けられなくなったため，そして「言葉の壁」（*SP*: B9/1）があるため，というものだった．もし全体委員会が彼の延期要請を承認するのが妥当であると考えない場合——このことは1年分の給料を断念し，すでに受け取っていた前払い金を返還することを意味するのだが——スラッファは退職することも考えている，と明言している．1月14日付の2通目はピグーに宛てられたもので，自身の研究の進捗状況に関係なく翌年度には教育業務に戻ることを固く約束したものだった[5]．もし彼を阻害している困難を彼が近い将来に克服できないこと

が分かれば，何か他の科目を教える用意がある，とスラッファは保証した．必要があれば，彼は価値論と関係ない何らかの科目を教えるだろうし，そのあいだに彼は価値論の準備をするだろう（*SP*: B9/1），と．

1927 年の秋，ケインズのもともとの提案に基づき立案された講義の準備は，彼の研究の変化に直面した（Garegnani 2005 を参照のこと）．その準備は，その年の夏から秋にかけて明らかになりつつあった彼の研究の変化と衝突し，明らかに彼の講義案作成を阻止することになったように思われる．しかしながら，同時に，スラッファはその当時，彼の研究がとっていた新たな方向を考慮に入れつつ，ケンブリッジでの教育ポストを守ることに関心があったという証拠を，われわれはもっている．

申し出された理由は，ケインズから受けた権威のある支持もあって，延期の許可を得るには十分であった．それにもかかわらず，スラッファは 3 年後の 1931 年 9 月 30 日を最後に講師職から退いた[6]．学部は彼を辞職させるのを渋った．1933 年 5 月 22 日，学部教授会は協議を行い，スラッファに新たな講師職を与えるか，あるいは彼を研究副室長に任命するか——1935 年に実際に就任することになった——を大学に要請した（*MFB*: V. 117: 142(6)）．しかしスラッファは，戦時中の短期の講座をのぞけば，2 度と大学での講座を受けもつことはなく，学部主催の「著名な経済学者たち」に当てられたシリーズのなかで 1942 年にリカードウに関する講義をするように，とのピグーの依頼でさえ回避した（Marcuzzo 1986, 49-50 を参照）．次に，スラッファがケンブリッジで受けもったコースの内容をより詳細に見ていくことにする．

3. 講　義

3.1 上級価値論

上級価値論の講座は，2 度告知され[7] 2 度とも休講になった[8]のだが，1928-9 年度のミカエルマス学期とレント学期に，キングズ・カレッジで毎週火曜と木曜の正午から[9]，経済学トライポス（優等卒業試験）の Part II として改めて設けされた．この講座は 1929-30 年度のミカエルマス学期とレント学期，そして 1931 年のレント学期に繰り返し開講されたが，スラッファはリカードウ著

作集を出版するための編集をするよう王立経済学会から要請され，1930-1 年度のミカエルマス学期で暇を取った．

　これらの講座のうち，約 220 ページの草稿に相当するスラッファの覚書が残されている．そのうちおおよそ 3 分の 2 が生産と分配の理論に取り組んだもので，残りの 3 分の 1 が需要理論や競争形態を扱ったものである（*SP*: D2/4）．

　スラッファは価値論を「歴史的に」サーベイし，生産費用の概念がどのようにして古典派の実質費用（「必需品」(necessaries)）理論の意味から，限界主義理論における努力，犠牲，あるいは節制の意味へと展開したのかを示すことから始めた．これら 2 つの生産費用に関する構想は，次の 2 つの異なる分配理論を含意している．古典派経済学者は，利潤が必需品に対する剰余原理（the principle of surplus on necessary commodities）に基づき決定されるとする．他方，限界主義者は，それが生産に対する資本の「貢献」に基づき決定される最終生産物の分け前（quota）であるとみなす．これら 2 つの構想はまた次のような政治経済学の考え方の相違を含意する．すなわち，古典派にとって政治経済学は経済規模（economic magnitudes）の測定に基づく科学なのであり，限界主義者にとってそれは経済活動の動機付けに基づいた科学なのである．

　この主張を例証するためにスラッファはペティ，重農主義者，スミス，リカードウおよびマルクスの経済思想を再検証し，シーニアー（Senior. ナッソー・ウィリアム・シーニアー），ジョン・スチュアート・ミル，ケアンズ（Cairnes. ジョン・エリオット・ケアンズ）およびセイの影響下で価値論の意味がどのように移り変わり，最終的にオーストリア学派や P.H. ウィックスティードの手によってどのように全面的な変質を果たしたのかを検討した．

　講座の最終部では，スラッファ自身が認めていたように，「論理的計画（logical scheme）」には沿わず，需要曲線の背後にある仮説，一般均衡論，独占や不完全競争といった「特殊」ケース，そして国際貿易といったやや性質の異なる問題が扱われた．スラッファは，部分均衡論に対立するものとしての一般均衡論が光を当てている，経済体系の相互依存に基づく分析の重要性を強調することで，講座を締めくくった．

3.2 欧州大陸の銀行業

スラッファにとって2年目のケンブリッジ大学の講師時代，やや予告期間は短かったが，『(ケンブリッジ大学) リポーター』誌上で告知された[10]この講座は，1929年と1930年のイースター学期[11] (Easter Term：古い大学では，以前はイースターから聖霊降臨節までの約6週間の学期，現在はトリニティ学期 [Trinity term]（第3学期）のなかに含まれる) に開講された．スラッファ文書のなかに，この講義に関する原稿や新聞の切り抜き，書誌的注釈を含んだフォルダーが存在する．

スラッファは，最も重要かつ最も代表的なケースを構成するものとしてドイツの銀行を参照しつつ，このテーマの一側面，すなわち産業の資金調達とそれが銀行システムに与える影響についてのみ取り上げることを指摘し，この講座を担当した．

スラッファは欧州大陸の銀行を英国の銀行と区別する特徴，すなわち，英国において商業銀行や手形引受業者，手形仲買人，発券銀行によって別々に行われている業務を大陸の銀行はすべて行っているという意味での専門化の欠如に焦点を当てることから始めた．検討された2つ目の側面は英国の決済システムの特徴であったが，それは産業革命以来大きな進歩を遂げており，為替手形や小切手の活用により1844年のピール銀行条例によって認可された銀行券発券の制限の回避につながっていた．理論的な観点では，スラッファは彼が1925年にイタリア語に翻訳した『貨幣改革論』におけるケインズのアプローチに近いものを採用した．

> ……もし銀行券に代わるものが何も存在していなかったならば，過去100年間の産業の成長は物価の極端な下落を必要としたことであろう．なぜなら現実に一定量に保たれた通貨が途方もなく多大な業務を果たさなければならなかったであろうからである．そして，翻って，銀行券の増加がインフレや通貨の減価を引き起こす［という事実はさておき］……物価の下落は産業の成長を遅らせたであろう (*SP*: D2/5 6-7)．

最後になるが，われわれは概略のかたちで金融活動と商品の両方に関係する

流動性の概念についての若干の考察を見つけることができる．スラッファは続く数カ月にわたり，ハイエクとの議論のなかでそれらを詳しく述べることになった．

3.3 産　業

スラッファ文書には，トライポスの予備試験（Preliminaries）ならびに Part II 向けの，産業についての講座に関連するきわめて多数の新聞の切り抜きや索引用カードに加えて講義ノートも含まれている．そこには，スラッファによる次のような注釈が認められる．すなわち，「1941 年レント学期：8 回の講義，1941 年イースター学期：2 回の講義，1942 年レント学期：8 回の講義，1943 年レント学期」(*SP*: D2/812)[12]．

これらの講義は，個人企業が株式会社（joint stock company）へ変容することから生じる産業における所有と支配の分離を分析することを中心課題とした．その講座で採用されたアプローチは，次の冒頭に出された質問に反映されている．その質問とは，「巨大な株式会社はだれのために経営されているのか．すなわち，株主のためか，所有者のためか，それとも支配しているグループのためか」(*SP*: D2/8 43)．スラッファの解答は，イデオロギーは株式会社を自立した存在，すなわち独立し独自の目的をもった存在であるとみなすが，当事者達は対立する権益をもっている，というものである．彼の分析は，大産業の支配が生産を組織化する人物から金融的側面を支配する人々にシフト——「株価操作の技術が生産の効率性よりも重要になってきた」(*SP*: D2/8 44) という趣旨——していると見ている．

スラッファは，投機や金融市場の無秩序を抑える狙いでニューディール政策中に米国でとられた措置（1933 年の銀行法，1933 年の証券法，1934 年の証券取引法）を評価することで講座を終えた．金融市場に秩序をもたせるために制度の変革がいかに有効であるかという点に関する彼の評価は，以下のように明らかに冷淡であった．すなわち「賭け事の額は法律上の制限にではなくむしろ公衆の意向に依存する．米国において投機が減少したのは，ニューディール改革によるのと同じくらい「1929 年の失望」によっているのかもしれない．それ以来大がかりな強気相場はけっして起こってはいない」(*SP*: D2/8 56-7)．

4. 2人の特別な生徒

　1928年に上級価値論の講座を受講したもののなかでは，リチャード・カーンとジョーン・ロビンソンの名前が群を抜いている．2人はそれぞれ1927年と1925年にトライポスに合格していたが，その急進的で新鮮な内容により講義への出席に駆り立てられた（Robinson 1977, 26; 1990, 3）．カーンとロビンソンへのスラッファの影響は実際大きく，アプローチや結論はスラッファが意図したことや彼の枠組から程遠いものとなったが，2人が自身の研究（それぞれ『短期の経済学』と『不完全競争の経済学』）に対する出発点として不完全競争の仮定を採用するほどであった．

　1926年の論文や講義ノートのなかで，スラッファはなぜ完全競争の仮定は放棄されるべきかについて2つの理由を提示した．第1の理由は，この仮定に基づき構築された理論が論理的に欠陥をもっているというものであり，第2の理由は，この仮定が基づくところの行動の記述が実際の事実と一致していないというものであった．問題となる理論はマーシャルやピグーのものであり，彼らは企業（そして産業）の拡張がコスト逓増のために限界に達する状況として競争を解釈した．しかしながらスラッファが提唱したように，産業を独占の集合体であるとみなすならば，拡張を制約するのはコストの逓増ではなく需要水準にあるという，実業家も認める事実を，われわれは正しく理解できるであろう．

　カーンはスラッファの講座を受講しながら，学位論文（フェローのポストを勝ち取るために必要な論文）を執筆し始めた．彼は，（1929年に完成したものの英語版が公刊されたのが1989年である）『短期の経済学』の序文のなかで，1926年の論文ならびにその学位論文の1つの章に対する批判的意見やコメントの双方により，スラッファに謝意を表している（Kahn 1989, x）．カーンは不完全競争の仮定を使い，低い需要水準では限界費用に等しくなるように価格は下落せず，生産水準は完全雇用に対応する水準以下に低下することを説明した．それにもかかわらず，不完全競争における価格水準と独占状況でのそれを比較するならば，彼の解はスラッファの解とは一致しない．カーンは彼の分析の基

礎を特殊な需要曲線に置き，いわゆる「屈折需要曲線」の場合と同様に，価格や生産に関するさまざまな意思決定に対する他の企業の反応に関して各企業が行う「推測」の尺度として，その傾きは解釈されるものとした．需要曲線の傾きは，行動を推測すべき競争相手が存在しない独占の場合にはより小さくなるので，対照的に各企業が他の企業の反応を考慮しなければならない不完全競争の場合よりも価格は高くなるのである．

1926年の論文や講義のなかでスラッファは，もし同様の企業が同様の立場に置かれているならば，そのとき均衡価格は，この産業が一社の独占企業のみによって支配されている場合に実現するのとまったく同じになるだろうという，異なった結論に達していた．ここでの彼の分析は，1企業が価格を引き上げるならば，すべての企業も同様に反応するという仮定に基づいている．特定の企業の産出物を好む消費者は，価格の上昇にもかかわらず，代替財となりそうな財の価格も同様に上昇しているため，この企業から財を購入し続けるであろう．よって価格の上限は，独占の場合とまったく同様に，その企業の産出物を依然として購入する用意があり，市場から退出していない消費者の数によって与えられる．

アプローチの相違は，需要曲線やその弾力性に与えられる役割にある．すなわち，カーンはそれが企業の戦略的相互作用を表すものとみなすのに対し，スラッファにとってその曲線は——仮に本当に存在するとしてであるが——単に消費者の選好を表すだけである．

『不完全競争の経済学』（Robinson 1933）において，カーンよりもはるかに明確なかたちで，ジョーン・ロビンソンはスラッファから手がかりを得て，「完全な」タイプが特殊ケースになるような競争の一般理論を構築している．個別企業や産業の平均費用，限界費用および収入曲線を用いながら，ロビンソンは実際に直面するすべての事例を需要と供給の2つの曲線で表すことが可能であることを証明しようとする．すなわち，需要曲線において消費者行動のケースが弾性値で表され，供給曲線において費用のパターンがその傾きで表される，といった具合である．スラッファとは対照的に，ロビンソンはマーシャルの理論を再定式化しており，その公準を棄却するどころか，実際に擁護している．したがって，1931年から1933年にかけてロビンソンとスラッファのあいだで

交わされた手紙のやり取りが，折り合いをつけることが不可能なまでの「意見の食い違い」を示しているのは驚くべきことではない（Rosselli 2001 を参照）．

　カーンやロビンソンとスラッファの関係はめいめいの人生を通じて続き（スラッファとロビンソンは 1983 年にそれほど日を置かずに死去したのにたいし，カーンは 1989 年に死去した），個人的および職業上の出来事や環境を共有した経験に応じて，その関係は高低さまざまなニュアンスを色濃く帯びている．しかしながら 3 人がとらなかった方向は，ロビンソンや特にカーンがケインズと結んだ双方向的な関係のような，経済理論の水準での知的交流であった．2 人の「特別な」生徒はスラッファの学術的な課題に無関係なままであった（Marcuzzo 2001）．ひとたびその課題が『商品による商品の生産』の公刊によって完全に明確なかたちをとると，ロビンソンのみが最終的にその真価を認めるに至ったのである．もっとも，彼女はそれを理解できたことをスラッファに納得させることはけっしてできなかった[13]．

5. 研究副室長（Assistant Director of Research）

　1933 年 11 月，学部教授会は，先ほど見たように同年 5 月にすでにこの件に関する審議をしていたのだが，スラッファに与えるための研究副室長[14]というポストの創設を要請する報告書を大学理事会に送った（MFB（学部教授会議事録）: V. 158(3), 1933 年 11 月 27 日）．回答はけっして迅速なものとはいえず，4 カ月後に学部評議会は承認を促すために再度要請を出した（MFB: V. 172(11), 1934 年 3 月 12 日）．

　講師職やフェロー職の場合がそうであったように，研究副所長の職位はスラッファを再びそれを引き受けるか，現職に留まるかで悩ませ，またマーシャル図書館の司書[15]としての職を同時に続けたいがゆえに，そして，さらには学生を受けもつ規定の時間割をもちたくないがゆえに，彼を迷わせることになった．

　ここでもケインズが割って入り，ピグー宛てに送る書簡の草稿を用意し，スラッファがその役職に関心を示すにもかかわらず，なぜ「時間に縛られて」勤務することに関心を示していないのかを説明したが（JMK から PS へ，1935 年 3 月 10 日；SP: B9/3），ケインズ自身の我慢は限界に達しようとしていた[16]．

しかしながら，再び，ケインズはスラッファの言い分をピグーに納得させ，大学理事会の書記はきわめて外交辞令的な言い回しでスラッファ宛てに書簡を送付した[17]．

ここで重要な役割を果たしたのはロバートソンであり，彼は調停者として振る舞いつつ，その役職に伴う条件を受け入れるようスラッファを説得することに格別の骨を折った（DHR から PS へ，1935 年 5 月 1 日; *SP*: B9/3/2）．どの学部学生を研究生とみなすべきか，どこで何時間スラッファは学生の「相手をする」べきかといった争いのもとを軽くするために，ロバートソンは巧みな手口の皮肉を口にすることもあった[18]．結局のところ，学部長がスラッファ宛てに出した公式の書簡から判明するように，ロバートソンが提示した条件で合意がなされた[19]（J.T. ソーンダースから PS へ，1935 年 5 月 3 日，*SP*: B9/3）．

そのとき発効した規定によれば，研究副室長の役職は 1 年単位でしか授けられないものであった．それゆえ，研究副室長の職位は講師の役割と同等で，五年ごとに更新されるべきであると理事会側に説得するのはケインズに委ねられた[20]．その問題を解決するのに数年を要したが，スラッファは 1935 年から 1963 年までこの役職に就き，その後 1965 年に退職するまで准教授であった．

スラッファが担当した研究生のための演習における 2 つの興味深いエピソードは，ケンブリッジの将来有望な経済学者たちの研究を指導したり訓練したりすることをケインズがいかにスラッファに期待していたのかを示している．それと同時に，それらのエピソードは，ケインズ自身がどれほど，同僚や弟子，そして学生から得ようと努めた批評，提案および，刺激を生きがいにして勤務していたのかを示している．スラッファと異なり，ケインズは学術的な仲間を必要とし，その仲間に関与し相互に交流し，そのなかで行動したのである．

1937 年 10 月 18 日付の書簡のなかで，ケインズは学生たちに問題を 1 つ提示するようスラッファに依頼した．その問題とは，1919 年から 1935 年までのあいだ，米国の所得に占める賃金や給料の分配分が，物価や賃金が大きな変動を経験したにもかかわらず，ほぼ 66% とかなり落ち着いたものであったという事実をどのように説明できるのか，さらには，ほぼ類似の比率が他国の統計からも出てくるのはなぜなのか，というものであった．ケインズは，データが本当に信頼できるものかどうか，そしてその説明がどのようなものかを確かめ

るために，学生に「智恵を絞」らせるようスラッファに依頼した（JMK から PS へ，1937 年 10 月 18 日，*KP*: UA/5/4/13-4）．スラッファは即座に，そして熱意を込めて返信を出し，「私はそれに対するマルクス的な解答が存在すると思うが，限界主義的なものは思いつくことができない」と回答した（PS から JMK へ，1937 年 10 月 20 日；*KP*: PP/64/8-9）．

最初の解答は——ケンブリッジにいるあいだスラッファの演習に出ていた——カレツキ[21]から出されたが，それは翌年 4 月に刊行された論文のなかに見られる（Kalecki 1938）．彼は景気循環のなかで実質賃金が一定となるのを説明するためには，競争度一定や収穫逓減といったケインズが維持してきた仮説のどちらかの放棄が必要であることを示した．この問題に対する第 2 の解答もスラッファの演習の参加者である J.T. ダンロップから提示されたが，彼はその研究について，とりわけスラッファやカレツキと議論を交わしたことをケインズに送付して知らせた（Keynes 1979, 285）．ダンロップは，ケインズの議論とは逆に，実質賃金と貨幣賃金は反対方向に動かず同じ方向に動くことを主張した．当時ケンブリッジにたまたま在籍していた別の研究生，L. ターシスも同じ結論に達した．どちらの場合も，ケインズの命題が実証的検証を欠いているのは，収穫逓減や競争度一定といった非現実的な仮説に起因している，と彼らは主張した．ケインズは『エコノミック・ジャーナル』誌に両者の論文を掲載し（Dunlop 1938; Tarshis 1939），自らが限界費用逓増の仮説を維持するという誤りを犯してきたこと[22]を認めた．

ケインズは 1937 年 10 月 25 日付の書簡で，研究生に提示するための 2 つ目の問題をスラッファに送り，ホートレーがケインズと反対の立場として最近言及したように，伝統的理論は「貯蓄と投資が等しくならないことはあり得ないなどとはけっして主張しておらず」，「その不一致は均衡と矛盾している」とのみ主張しているとみなすのが「歴史的に正しい」かどうかを尋ねた（JMK から PS へ，1937 年 10 月 25 日；*KP*: EJ/1/4/204）．

スラッファによる解答は，それが『一般理論』でなく『貨幣論』に言及しているという理由で興味深いし，同時に，貯蓄行動と投資行動の区別が限界理論とともに，しかも比較的最近になって登場してきたということを示唆しているように思われる[23]．言い換えれば，スラッファは以下の点でケインズが『一般

理論』において軽率であったかもしれないとほのめかしているように思われる．すなわち，貯蓄と投資が恒等関係にあることからその等号は実際には得られるのであって，均衡をもたらす調整メカニズムから導き出されるわけではないとする古典派の政治経済学の場合のように，「古典派理論」という1つの見出しのもとで，利子率のような調整メカニズムが存在しようが，存在しまいが，セイ法則を弁護した人々を一緒にしてしまっている（Garegnani 1979 を参照）．不運なことに，学生が何かしら反応を示したという証拠は残されていないが，このことは経済理論の歴史に関心を抱く学生がそれほど多くなかったという事実を裏付けるのかもしれない．

6. 学位選考委員会（Degree Committee）の一員

スラッファは 1935 年 6 月に学位選考委員に選任され，続く 10 月には委員長に任命され，その後退職するまで毎年再選された[24]．この委員会が対処する職務——時とともに徐々に変化したのは当然であるが——は，研究生の入学許可や，どの学位（博士，理学修士，文学修士，経済学ディプロマ）[25]を受けるべきかの決定，学位論文のテーマと指導教員の選択およびその変更，そしてどの学位を授けるべきかの最終決定を含んでいた[26]．

スラッファはその委員会のなかでも大変勤勉な一員であり，病気休暇（1952 年のミカエルマス学期）やサバティカル（1954 年から 55 年，1962 年から 63 年），そして例えば戦争が終わったばかりでイタリアからの復路便で座席を見つけ損ねた 1945 年 10 月のようなめったに起こらない場合（ピエロ・スラッファ，個人ファイル，ケンブリッジ大学図書館）をのぞけば，彼が委員会に費やした 30 年間のなかで欠席したことはほとんどなかった[27]．しかしながら，スラッファは非常に限られた数の学生の指導しか引き受けず，当初スラッファに割り当てられた学生の大部分が 1 学期，ないしせいぜい 1 年も経つと別の指導教員のもとに移っていったものである．スラッファの研究指導を受けた学生の総数は 15 人かそこらであり，彼の指導のもとで学位論文を完成させたのはそのうち 1 人だけ（G.L.S. タッカー）であったように思われる（*MDC*: 1953 年 5 月 25 日）．しかしながら，この期間に 70 人弱の学生が経済学の博士号を取

得したが，そのほとんどは戦後すぐの時代であったこともまた心に留めておくべきである．

スラッファの控えめな「公的」態度は誤解をもたらすかもしれない．実際，彼はきわめて多くの学生らが選んだ研究の方向性に多大な影響を及ぼしたが，彼らはかなりの程度，おそらくは何よりもまず，スラッファがそこにいるという理由でケンブリッジに魅力を感じたのであって，特に最後の数年間，そして彼が退職してしまったときですらそうだったのである．

7. 試験官（Examiner）

われわれは，スラッファが試験での学生評価にどのように取りかかったかを示す証拠をいくつかもっている．一方で，彼が講座のために準備した試験問題が存在し，他方でスラッファが試験官委員会に入っていることが分かるトライポス試験に関する報告書がいくつか存在するのである．『（ケンブリッジ大学）リポーター』誌によると，スラッファが試験官を務めたのは 1931 年の Part II，1937 年の予備試験，そして戦時中の 1940 年から 44 年における定期的なトライポス試験であった．トライポス試験の科目や中身が部分的に修正された 1960 年代まで，試験はさまざまな科目，すなわち必修（4 科目ないし 5 科目）と選択（1 科目ないし 2 科目）の答案を提出することで構成されていた．Part I の科目に関しては，初級経済理論 I，初級経済理論 II，経済構造，社会問題，経済史，小論文であった．予備試験の科目は，経済原論，産業・労働・貨幣(1)，現代経済史，産業・労働・貨幣(2)であった．Part II に関しては，小論文，経済原論，産業・労働・貨幣，政治原論が必修科目であり，統計学，財政，国際法，および経済史の諸側面が選択科目であった．

スラッファ文書には何年分かの試験報告書が含まれており[28]，得点が付けられたり，場合によっては鉛筆でコメントが書き込まれているものもある[29]．スラッファを知る者ならば驚くことではないが，彼は試験官として神経質すぎるほどであり，各学生について極端なまでに精密で異なった評価を与えるほど，事実上連続的な得点を与えた．彼はまた，可能なかぎり違いのある判定をもち込んだ．それは例えば，相対的な判断材料となる＋や－をつけた α，β，γ，

δ といった単純なものではなく，下付き添え字の 1 や 2（例えば＋と－のあいだに，さらなる区別をつけた $\beta_1 e \beta_2$），$\gamma\delta$ や $\gamma\beta_2$ の組み合わせ，そして疑問符「?」さえ付けて評価を出したのである．

8. 学部教授会の一員

任命委員会[30]や講義リスト委員会[31]を有する学部教授会は，学部運営の意思決定を行う中枢であった．その構成員は，政治経済学や産業関係論，そして後には経済学の教授，学部選出委員，大学評議会選出委員，そして選抜委員を含んでいた．スラッファは 1939 年に推挙され（*MFB* V. 119 52(3)，1939 年 1 月 30 日），1940 年に選出された後，1956 年まで学部教授会に留まった．

ここで再び，スラッファは彼特有のやり方でこの指名に反応した．それは次のようなものである．「不意に私を学部教授会の一員にしたのは遺憾です．すべての話を辛抱して聞かなければならないのは恐ろしいことです．しかし幸運なことに，ピグーは有能な学部長であり，つまらない話を許しはしないでしょう」（PS から JVR へ，1939 年 1 月 31 日，*JRP*: JVR/vii/431/25-6）．経済学部が，スラッファがそこに参加してから退職するまでのあいだに非常に大きな変化を遂げていたことは明らかであった．スラッファがケンブリッジにやって来た 1927 年に，教授は 1 名しかおらず（ピグー），准教授はゼロ，講師は 9 名であった．彼が研究副室長になった 1935 年になると，ピグーが唯一の教授であることに変わりはなかったが，ロバートソンが准教授となり，12 名の講師と学部助講師が 1 名在職していた．

1945 年に戦争が終わるまでに，ロバートソンは教授となりショーヴは准教授となっていたが，講師の数は 10 名に削減され，学部助講師は依然として 1 名のままであった．10 年後の 1955 年には，教授の人数は 3 名に増えた（政治経済学の元からの講座はもちろんのこと，経済学に新たに 2 名の教授が在職，それぞれ，1950 年に就任したオースティン・ロビンソンと 1951 年に就任したカーンであった）．そして准教授 2 名（ジョーン・ロビンソンと N. カルドア）と 19 名の講師が在職していた．最後に，スラッファが 1965 年に退職したとき，学部には 3 名の教授（経済学のカーンとジョーン・ロビンソン，政治経済学の

J. ミード）と，3名の准教授（D. チャンパーナウン，M.H. ドッブ，カルドア），22名の講師が在職しており，多くは期限付契約であった．

議事録から判断するかぎりでは，スラッファは昇格や新規採用に関する学術的決定において控え目ながら影響力を行使していたようである．このことに関する公式の文書はほとんど存在しない[32]ものの，彼が最も親密な同僚と交わした書簡のなかに豊富な証拠が存在する．例えば，ロバートソンが教授になり准教授の地位が空席となった1944年にショーヴ[33]をその地位に任命する決定を下したのはスラッファであったが，1945年にカルドアに講師職を与えようという彼の提案は承認されなかったことなどをわれわれは知っている[34]．スラッファは応用経済学科の創設に伴い，カレツキに常設の適職を見つけようとして重要な役割も果たしたのだが，次節でこの点について見ることにする．

9. 応用経済学科

ある有名な一節のなかで，ジョーン・ロビンソンは1936年にケンブリッジでカレツキと初めて出会ったときのことを「ピランデルロ（訳者注―― 1867-1936；イタリアの劇作家，小説家，詩人で1934年にノーベル文学賞を受賞）の芝居のようだ」と評した．そして次のように述べた．「［カレツキは］われわれの真新しい考え方に完全に精通しており，さらにケインズの奇抜な発想のいくつかを自ら考え出していた．［……］私は，論じているのが私なのか彼なのかが分からないほどであった」（Robinson 1979: 186）．それでカレツキはケインズと知り合いになったのだが，ケインズは，カレツキの政治的立場や学歴，気質をどれも共有せず，十分な思いやりの姿勢も示さなかった．ケインズは，カーン（RFKからJMKへ，1938年1月27日，*RKP*: RFK 13/57/285）やロビンソンによって，当時給料にも将来展望にも恵まれていなかったカレツキのために職を探すよう説得された．カレツキは1937年末にケンブリッジへ移り，1938年の最初の6カ月間，研究助成金を提供された．同じころ，学部によって支援される新しいプロジェクト構想が具体化しつつあった．

同年5月（*MFB*: V.119, 20(1.v), 1938年5月30日），オースティン・ロビンソン，スラッファおよびチャンパーナウンからなる委員会が，資金助成の行

われる研究計画についてピグーに助言を与えるために設置された．報告書はその後2,3カ月経ってから発表され，1930年から35年までの期間にわたる英国の主要な経済指標に関する統計的調査が提案された．この狙いは，産業や販売，生産，価格などの指数，雇用量，輸出入に関し年平均値の系列を構築することであった．

こうして主要費用，売上および産出量に関する国立経済社会研究所のケンブリッジ研究計画が，ケインズを委員長におき，オースティン・ロビンソン，カーン，カレツキ，スラッファからなる委員会の監督のもとで誕生した．最初の年の終わり頃，カレツキは，スラッファの演習に出席していたシュー（Hsu）とテュー（Tew）という2人の研究生の協力も得て，研究の主要な成果を，単一産業の個別ならびに全体報告書の形式で提出した（*RKP*: RFK 5/1/83-6）．これらの報告書は，用いられた方法に反対したケインズやカーン，ロビンソンから厳しい批判を浴びたが，スラッファの反応については何の証拠も残っていない．カレツキは職を退くことで応酬し[35]，これを最後にケンブリッジへ背を向け，おそらくスラッファの支援もあったと思われるが，1939年の晩夏にはオックスフォードへ発っていった（*SP*: C 152/1）．

しかしながらそうこうしているうちに，学部教授会は応用経済学科創設の決定に至り（*MFB*: 1939年6月5日），大学理事会は1939年12月9日付の大学評議会決定によりその設立を正式に許可した．学科はスラッファを含む6人の運営委員会によって運営されることになった．1945年，運営委員会は学科長を任命することを決めた．スラッファ自身は，その職位が大学によって正式に作られる前にリチャード・ストーンに書簡を送り，その職に興味があるかどうか尋ねた（PSからRSへ，1944年11月27日，*RKP*: *RSP* 4/10）．ストーンは快諾することを明確にし，翌年の2月にスラッファはストーンを数日間トリニティ・カレッジへ招待し，その件についてさらに意見を交わした．しかしながらその面会の後，その役職の定義や詳細を論じる書簡のやり取り——それはストーンが最終的に就任するまでに2，3カ月続いた——は，スラッファが1947年まで運営委員会に在任したにもかかわらず，（当時，学部教授会書記であった）ドッブによって完全に引き継がれた．

10. 政治経済学，産業関係論，経済学の教授の選挙人（Elector）

　スラッファは 1939 年，政治経済学と産業関係論の教授の選挙人に任命された．その後その地位は定期的に更新されたが，1949 年と 1950 年に設立された経済学の新教授の選挙人も務めながら，1966 年までその役職に就いた．

　すでに見たように，1927 年から 1944 年まで経済学の教授は 1 名だけだったが，スラッファが退職するまでにはその数は 3 名まで増加した．さらに，それは大学での経歴の頂点での終身採用に関わる問題であるため，新規教授の選出は例外的な出来事であった．したがって，選挙人に名を連ねることは大学での実際の学術的影響力以上に威信や権威を認められることに他ならなかった．

　スラッファは，概して少数派の立場ではあったが，或る特別な機会に，自身が学術的世界において相当重要な，人目を引く役割を演じた．

　実際，彼は，1950 年に当時インドの首相であったネルー師がテッダー卿（アイゼンハワーに次ぐ副司令官であった空軍高級将校）に対抗して大学の総長に立候補したことに対し，積極的な支援を行った．そればかりか，A.S. ベシコビッチ，E.M. フォースター，E. ホブズボームそして J. ニーダムといった高名な人物たちとともに，彼はその立候補を提案し，選挙運動に寄付を行なった．しかしながら，ネルーは候補を降り，テッダー卿が選出された．

　選挙前日に『スペクテイター』誌が発表し，スラッファが切り抜いて保存した論評は，当時の雰囲気を十分すぎるほど呼び起こす．その論評とは次のものである．

> ネルー師の支持者は［……］その大部分が左翼思想をもつ若い男性である．［……］さらに，インドがそのうち英連邦から完全に独立するかもしれないという可能性は無視しえない．しかしながらケンブリッジが，外国人の総長をもちたいと願うことはほとんどないであろう（*SP*: B9/8）．

　この種の「外国人」としてのアイデンティティは，おそらく他のさまざまな要因とともに，スラッファがケンブリッジ大学で孤立した立場にあったことを

理解するのに役立つ．選択だけでなく個人的境遇もそうだったのである[36]．

11. キングズ・カレッジのメンバーとして

　ケンブリッジでは，カレッジの社会生活は，学者としての生活に不可欠なものであった．カレッジの「ハイ・テーブル」——伝統的に学生たちのテーブルよりも一段高い位置に設置されているためにそう呼ばれる——でのフェローや招待客との会食は，大変権威のある学者やケンブリッジに短期訪問している学者にたいする感謝や尊敬の証と考えられていた．スラッファは，1927年の来訪時にキングズの「ハイ・テーブル」のメンバーになり，1930年にはカレッジのメンバーになった（キングズ・カレッジ評議会議事録，KCGB/5/1/10，1930年5月17日）．

　キングズは経済学の研究では最も有名なカレッジであった．というのも，ケインズ，ピグー，クラッパム，ラムゼー，ショーヴ，カーンといった力量のあるフェローの存在を誇りとしていたからである．だが，その分野に取り組む学生は実際わずかでしかなかった．1927年から1931年にかけて——スラッファがそこで教えていた期間である——キングズでは全部でたった31人の学生が経済学トライポスに合格し，1939年まで平均してずっとそれより高いということはほとんどはなく，その年には合格者はわずか10人であった．

　残念ながら，われわれは，スラッファのキングズにおける生活について，ケインズがリディアに送った少しばかりの情報（JMKからLLKへ，1930年6月1日，*KP*: PP/45/190/4/236-7；JMKからLLKへ，1934年6月18日，*KP*: PP/45/190/6/163-4）と，スラッファが住むことになった聖エドワード通りの，大学が所有するアパートの家賃についての書類以外は，何の記録ももち合わせていない[37]．

　たとえ証拠だてる記録がないとしても，当時のキングズの環境は，ブルームズベリーやさまざまの討論ソサエティの影響下にあり（「アポッスル」も含めて），スラッファの世界や生活習慣からはおよそかけ離れたものであったに違いないことは，想像がつく．スラッファの心の中の，そして関わりのある存在は，そのほとんどが，グラムシやマッティオリとの友情，そして母親や父親と

の強い絆によって構成されており，彼が急に入り込んだ雰囲気とは異なる領域を占めていた．ブルームズベリーの文化は，その型破りな気質や概してイギリス的偏狭性から，スラッファの，依然としてブルジョア的道徳規範に強く裏打ちされていたとはいえ，政治的で国際的な教養とはほど遠いものであった．

　最後に，スラッファのマルクス主義と，彼のイギリス的環境のなかでそれがどのくらい大きく表れたのかという問題がある．ケンブリッジではマルクス主義の流行は，1930年代において，とりわけキングズとトリニティの優秀な学生たちのあいだで頂点に達し（Carter 2001を参照），ケインズはそれについて「学生たちの心にしつこく付きまとう新たな正統派」という烙印を押した（Skidelsky 1992: 523）[38]．

　実際，ケインズはマルクスを非難してスラッファに次のように書き送った：

> 私はマルクスの著作に少しばかり取り組んでみましたが，あなたがそれらに見出すものや，私が見出すとあなたが期待するものに私はすっかり閉口してしまったと断言します！　理性のある人間にとって何らかの考えられる興味のある文章を1行たりとも見出せませんでした．次回の休暇のため，説得力のある本をお願いします（JMKからPSへ，1932年4月5日，*SP*: 03/11: 65 53）．

　われわれが知る事実から，スラッファは多くの場合において，ケインズの挑戦に応じないようにしたことが分かる[39]．実際，マルクス主義にたいする支持についてのスラッファの控えめの態度は，M. ドッブをのぞいては，ケンブリッジ大学の共産主義の活動家や支持者たちとの関係，接触，あるいは日常の関係を，確証，あるいは否認する証拠に乏しいことと符合している[40]．それが，もちろん「タニアへの手紙」（Sraffa 1991）によって明らかにされた証拠を別にするとすれば，これまで再構成ができていないスラッファの生涯の一側面である．この手紙をケンブリッジの経済学者たちとの文通の観点から読んでみると，スラッファがこうした面でいかに多くの「二重生活」を送っていたか，そしてまた，彼が他にはいかんともしがたかったことが分かるのである[41]．

12. トリニティ・カレッジのフェローとして

トリニティ——ケンブリッジのカレッジのなかで最も権威のある[42]——の年報は，カレッジの生活における主な行事やメンバーの活動について紹介している．しかしながら，これらの年報にはスラッファについてほとんど何も語られていない．彼のカレッジへの登録が1930年[43]と記録されている号はあるが，そこでは，1939年10月になってスラッファのフェローへの推挙が経済学講師の推薦とともにようやくなされたことについて，何の言及もないのである．それ以後の年について，研究副室長の役職への任命が更新されるたびに，それへの言及はあったものの，大学の役職や名誉職，カレッジの公職，学術的名誉，その他役職や名誉職の欄に出て来たことはほとんどなかった．言及があったのは，1954年の英国アカデミーのフェローへの推挙，1961年のスウェーデン王立科学アカデミーからのソーダーストロム賞の授与，そして1964年に准教授に選出された時，である．

1984年，トリニティの学寮長が，例年の講演にあたって，前年に亡くなった3人のフェローを追悼したとき，彼はスラッファ，ジョーン・ロビンソン，そしてアーサー・シェアクリフ（工学部学部長）を同列に並べて，「お三方は皆，それぞれまったく異なった方法によってですが，本校の知的生活に対して重要な貢献をなさいました」としかいうべき言葉を見出せなかった．年報に掲載されたスラッファの死亡記事は，最も著名なフェローの場合，慣例になっているような，特別に書かれたものなどではなく，『タイムズ』からの転載であった．

したがって，われわれは，スラッファは学内においてさえも，孤高の，隠遁した人物であった，と結論付けるべきなのだろうか？ もちろん，（例えば，キングズのケインズやカーンのように）他のカレッジのフェローや経済学者とは違って，スラッファは何の公式の役職に就くこともなかったが，A.S. ヴェスコビッチ，ヴィトゲンシュタイン，ドッブ，ロバートソン，D. チャンパーナウン，A. セン，そして R. ニールドを含む，トリニティのさまざまなフェローたちと重要で特別な関係を築いたのである．実際，カルドアによれば，スラ

ッファは現実にニールドの（フェローへの）選出にあたって，決定的な役割を演じた（NK to PS, 1956年8月19日, *SP*: C/151）.

スラッファにとって評議員を受け入れることは，確かに容易な決断ではなかった．いまや，以前よりずっと数多くの理由ゆえに何らかの出口を探すことに駆られ，その任命に付される重要性にたいし尊大な態度をとりながら，ドッブが（役職の任命から）見送られることを懸念し，同時にだれもが説明がつかないと思うような拒絶を説明することの困難さに直面した．しかしながら，結局，スラッファは受け入れ，母親の死後，彼の居場所はカレッジになった．

スラッファの晩年は，トリニティに対してくすぶり続けた憤りによって特徴付けられる．1976年の上級会計官に宛てた，実際には送られなかった手紙で，下級会計係による，カレッジでの彼の勘定を清算されたし，という素っ気ない要求に対する返答に答えて，「私は，大いにトリニティに利益となる旨の私の遺言を焼却しました．私のすべてのお金はイタリアの法律に従って私のあまたの親類に渡るでしょう．これはトリニティにとっては少しも良い取引ではないでしょう！」（*SP*: B11/5）．彼が実際に送った手紙は，そのような可能性をほのめかしただけの，幾分穏やかなものであった．「私はトリニティの利益になりたいという私の遺言をしまっていたのですが，それが見当たりません！ もしかしてそれをあなたに託しましたでしょうか？」（*SP*: B11/5）．周知のように，結局はトリニティが，彼の文書や膨大な図書を含めて彼の遺産を相続したのである．

13. ケンブリッジの経済学者たちとの関係

ごく自然なことだが，スラッファはケンブリッジのさまざま経済学者と社会的および専門家としての関係をもち，また幾人かとは非常に親密で，個人的な信頼関係を築いていた．ここでわれわれは，スラッファが定期的に，また大変な親しみをもって会うのをつねとしていた人々について語っていく．ほとんどの場合，「友情関係」について語るのは，大げさかもしれない．

通常，人間関係は非対称性によって特徴付けられる．それはめったに同一の立場に立つことはなく，異なった度合の相互理解や興味を反映している．これ

は，とくに複雑な人格において然りである．スラッファの場合がそうであり，彼の感情，思想や愛情を読み解くのは困難である．

最も重要な関係はもちろんケインズとの関係であった．確かにドッブ，ロバートソン，カルドア，ジョーン・ロビンソン，そしてカーンもまたケンブリッジにおける彼の生活に重要な役を演じはしたのであるが，ここは，スラッファとこうした人々を結び付けていた複雑な人間的，知的，そして専門上の関係のすべてに踏み込むような場ではないので，私は，資料として現存する往復書簡（Marcuzzo and Rosselli 2005 を見よ）に基づきつつ，説明を2つの例——ケインズとの関係およびカルドアとの関係——に限定しようと思う．

スラッファがケンブリッジに到着した後の，1928年から1931年にかけてのケインズとスラッファの往復書簡の主な話題はリカードウの編集についてであった．1931年には，部分的には「サーカス」内での議論から出てきた『貨幣論』への若干のコメントが見られた．1932年には，ハイエクとの論争や，ケインズから，マルサスについての彼の研究を執筆しているときに，スラッファへ助勢の要請があった．スラッファは，豊かな情報源であった．彼の手紙の1つにはまた人懐こい魅力が含まれている．「私のデヴィッド（・リカードウ）をあまりいじめないでください」（PSからJMKへ，1932年12月20日；*KP*: B/1/37-9）．1933年から1935年にかけて，スラッファは最悪の個人的危機を経験しており，手紙の数は減少し，経済理論についての議論はあまり見られず，『一般理論』についてはほとんど何もなかった．しかし，1936年を通じ，ケインズはリカードウの編集をやり遂げるようスラッファに圧力をかけ続け，1937年になると，ヒュームの編集についての膨大な書簡が交わされた．ケインズは，1938年には，スラッファにリカードウの仕事に集中するよう再び圧力をかけ，同時に『一般理論』のフランス語への翻訳の校閲とイタリア語版について交渉を始めるに当たって助けを求めた．ケインズは，1939年に，スラッファのリカードウの「地金論争のパンフレット」への序文にコメントを寄せた．1940年になってもち上がった大きな問題は，スラッファのマン島への拘留であった．この時点で，1941年の，リカードウの編集についての何通かの手紙を別にすれば，書簡のやり取りは中断される．そして再び1943年に，出版に関わるさまざまな問題についての議論とともに始められた——いまや明ら

かに緊急の問題として．そして間もなく，ミル宛てのリカードウの手紙が遂に見つかったことが，ケインズに突然伝えられた（PS から JMK へ，1943 年 7 月 5 日；*KP*: L/S/95-8）．その後の日々，手紙を回収するためのアイルランドへの旅程において，往復書簡は日を追うごとに厚く，そして速くなった．そして結局はその費用はケインズに向けられることになった．発見された文書はあらゆる予想を超えるものであった（PS から JMK へ，1943 年 9 月 4 日；*REP*: RES/10/2/1）．これらの手紙の最後の 2 通はケインズの死のちょうど 2 週間前の日付になっている．1 番目の手紙で，スラッファは，『一般理論』のイタリア語訳の最新状況をケインズに知らせている．2 番目の手紙では，ケインズがアメリカ合衆国からの帰途について記している．その間ケインズは，議会でのブレトンウッズ合意の擁護について考えを練っていた．

　われわれは，スラッファとケインズの関係をどのように特徴付けるべきなのだろうか？　ケインズに関するかぎり，スラッファに対する，「私の最も親しい友人の 1 人」[44] とする彼の高い評価にわれわれは信を置くことができる．それは非常に特別な場でなされたが，おそらく真実とそれほどかけ離れていない評価である．しかしながら，スラッファについては，彼とケインズとの関係を説明するのは，その明らかな重要性を際立たせることは別にして，容易ではない（Ranchetti 2005 を参照）．

　すでに見たように，スラッファは，結局は，彼の仕事や経済理論全般について，ケンブリッジの経済学者たちやケインズ——あまりにも早く亡くなったのでスラッファの理論的プロジェクトの完成を見ることができなかった——とさえ議論するのを止めてしまった．実際，スラッファと最も親しい経済学者たちが，ケンブリッジでの彼の学問的生活のすべてを注ぎ込んだ仕事を最終的に見ることができたのは，ようやく 1960 年に出版された，『商品による商品の生産』によってであった．それは，『リカードウ全集』の編集とハイエクとの論争を別にすれば，彼がケンブリッジに呼ばれるきっかけとなった 1926 年論文以来の彼の学問的業績を証明するただ 1 つの出版であった．いよいよわれわれが考察することを選んだ 2 番目の問題に進もう．

　カルドアはスラッファを「同類の精神」と呼び，「友情についての類い稀なる能力」をもつ者と評価した（Kaldor 1985, 615）にもかかわらず，スラッファ

は，彼自身の仕事について沈黙を守ることにおいて，カルドアに対しても例外ではなかった．そしてスラッファがカルドアに，リカードウについての研究をどのように進めるべきかを説明するのに3時間をかけたときも，それは「ピエロが私に経済学の問題について語った，きわめて稀な機会の1つであった．(……) 彼は自分の考えについて非常に頑固で，長年，私，いやそのことについては他の誰にもそれが正確には何であるのかを語ろうとはしなかった．彼は，もちろん，一般的な言葉で，彼の研究していることについては語ったが，価値の理論の分野における彼の独自の考えについては語らなかった」(Marcuzzo 1986, 50).

カルドアも，スラッファが自分について抱いている見解についてはそれほど自信はなかった．それは，「「ロバートソンが，君の北京での講義や君の本に強く賛同していたよ」とスラッファから聞いた」と書いて寄こしたカーンに対する手紙から分かるのである（RFK から NK へ，1956年7月17日，*NKP*: 3/17/3/49）．カルドアはその手紙に一抹の不安をもって答えている．「だが，君は，ピエロがそれらすべてについてどう思っているのかを伝えていないね．両者から賛同を得るというのはあり得ないよ」（NK から RFK へ，23 July 1956, *NKP*: 3/17/3/49）．

最終的に，学部で，一方でカルドアの側と，他方でジョーン・ロビンソンとカーンとの側で結局は亀裂が生じたとき，カルドアはスラッファから「共感」を得られると望んだが[45]，スラッファはカルドアに公に味方しようとせず，問題全体から距離を置いたのであった．

14. スラッファと学界

われわれはしたがって，スラッファのケンブリッジ大学との関係は，複雑で矛盾に満ちていながらも濃密であったし，それはスラッファが一般的に学界ともった曖昧な関わりという，広い文脈のなかで検討すべきである，と結論付けてよいであろう．初めに，われわれは，スラッファの学者としての経歴は大変な栄誉に特徴付けられるが，一方で，まだ非常に若かったスラッファに与えられた教授職から，彼の最初の大変名誉あるケンブリッジでの任命，続いてのそ

の職の喪失，そして終わることのない，ケンブリッジに留まるべきか，イタリアに戻るべきかについての，永遠の心の揺れに至る，大いなる不安定さによっても特徴付けられることを念頭に置くべきである．

1931 年から 1935 年まで，スラッファはケンブリッジ大学のいかなる「公職」にも就いていなかった．スラッファは講師の職を退いた後はマーシャル図書館の図書館員でしかなかったし（MFB: V.117, 46(1)，1931 年 5 月 4 日），その 1 年後には再びその職も投げ出してしまう．というのもおそらくケンブリッジを去ってロックフェラー財団の奨学金を利用する目的があったからであるが，結局はそうすることはなかった（Naldi 2005 を参照）．彼は 1935 年の 6 月からは名誉図書館員に，そして 1935 年 10 月からは図書館員に任命された．同年，彼は研究副所長の職を受け入れ，その後 30 年間その地位に留まり続けた．

1950 年の初め ── 1944 年 9 月 7 日に制定された，ファシズムへの宣誓を拒否した教授たちに関する法を根拠に，スラッファがイタリアの大学に再び受け入れられたとき ──，スラッファは，カリアリ大学での仕事への復帰義務がずっとつきまとうのを感じた．特に，彼の講義が絶対に必要であると再確認した 1954 年の学部審議の後はそうであった．彼は 1956 年にはブレシアーニートゥローニ社を通じてジェノバ大学によって用意された非常に寛大な条件 ── ケンブリッジでほとんどの時間を過ごすことが許されるという条件 ── での教授職の申出を断った．彼は，「外国で教授することを外務省に任命された」という地位を維持できるよう，（当時イタリアの大統領であった）セーニに懇願し，また外務省や文部省，またロンドンのイタリア大使館やイタリア文化会館と多くの手紙をやり取りした．彼は，その願いが 1970 年の 2 月にようやく受け入れられることになったと知らされるまで，待たねばならなかったのである（SP: B16/1）．

2 番目の問題は，どの組織に属しているかについてスラッファが出会った困難である．当時，すべてのなかで最も権威ある職の 1 つを受け入れ，トリニティのフェローになるという問題について，スラッファはジョーン・ロビンソンに宛てた手紙で強く反応し，次のように鮮やかに描写した．「ケンブリッジのフェローの地位に対する，ある人々の態度にはうんざりだ．それを獲得したい

ある人々の無分別な欲望や，その地位にいるある人々の馬鹿げた自惚れなどだ．これは，他の人々の，私の大嫌いな1つである称号などに対する他の人々の態度に相通じるものだよ」(PSからJVRへ，1939年2月15日；*JRP*: vii/431/27-32).

3番目の問題は，公的な地位をもつ人々にとっては必要な条件となる，「多数派の一員」であることで経験した居心地の悪さであった．すでに見たように，彼は，経済学者の集団および彼を良く知る人々のなかでは，大変な栄誉と権威を享受していたが，ケンブリッジ大学のなかでは，彼の経歴——退職の2年前にようやく准教授になった——と，彼が就いた職位という点から見ると，彼の評価はどちらかといえば，低いままであった．彼は，大学では学部における選挙で選ばれた任命を別にすれば，何の栄誉ある地位にも就かなかった．彼は学部では大きな権威を有していたが，けっして指導的な地位を得ることはなかった．学生に対しては，同僚に対するのと同様に，その関係は大いに影響を与えるものであったが，教育と指導の双方において，彼の態度は，彼の役割に心から取り組んでいたというよりは，否定的なものとして評価されるものであった．

このことは，スラッファのケンブリッジでの学術的生活における曖昧な地位，多くの面で，けっして全面的には融和されず，そうしようとするいかなる大きな意思も有しない，永遠の亡命者という立場と，どれほど関係していたのであろうか (Naldi 2005を参照)．スラッファの学術的生活に対する曖昧な態度は，ケンブリッジとイタリアでの要職を断るまでに至るも，けっして2つの大学との関係を断ち切るまでには至らなかった．この優柔不断さは，どの程度，イタリアとケンブリッジの双方における彼の不安定な立場の結果であったのだろうか？ そのうちのどれほどが外的環境によるもので，どれほどが何らかの個人的葛藤によるものなのか．そして，翻って，政治，文化や，本の蒐集癖といった他の趣味や情熱が，これらの葛藤の，そしてこれらの個人的な衝動的行動において，どのような役割が演じられたのであろうか．

これらの問いに答えようとするいかなる試みも，スラッファという捉まえどころのない人物の全体的なモザイクを継ぎ合わせるという作業を，必然的に伴うだろう．そしてすでに述べたように，この研究は，その像のほんの一部を示そうとしたものである．

第 3 章　ケンブリッジ大学でのピエロ・スラッファ

注

* 本章はイタリア語で発表された論文（Marcuzzo 2004）に加筆修正を加えたものである．ジャンカルロ・デ・ヴィーヴォ，ブライアン・マッギネス，ネリオ・ナルディ，ファビオ・ランケッティ，アレッサンドロ・ロンカリア，アナリーザ・ロセッリ，ジョルダーノ・シヴィーニ，セルジオ・スティーブ，そして 2 名の匿名のレフェリーに対し，その批評や提案に対し謝意を表したい．もちろん最終的な責任は筆者だけが負っている．筆者は，研究を手伝ってくれたことに対しアレックス・ソーンダースに，また，J.M. ケインズや J. ロビンソンの未発表資料からの引用を許可してくれたことに対し，ケンブリッジ大学キングズ・カレッジの学寮長やフェローに対し，最後にスラッファの未発表資料からの引用を許可してくれたことに対し，ピエランジェロ・ガレニャーニに謝意を表する．

以下の略語が本章では使われる．すなわち

ACP：ピグー
DHR：ロバートソン
EAGR：オースティン・ロビンソン
GS：ショーヴ
JMK：ケインズ
JVR：ジョーン・ロビンソン
LLK：リディア・ケインズ
MHD：ドッブ
NK：カルドア
RFK：カーン
PS：スラッファ

ARP：ケンブリッジ大学マーシャル図書館所蔵のオースティン・ロビンソン文書，
DRP：ケンブリッジ大学トリニティ・カレッジ所蔵のロバートソン文書，
JRP：ケンブリッジ大学キングズ・カレッジ所蔵のジョーン・ロビンソン文書，
KP：ケンブリッジ大学キングズ・カレッジ所蔵のケインズ文書，
RKP：ケンブリッジ大学キングズ・カレッジ所蔵のカーン文書，
REP：ロンドン大英図書館所蔵の王立経済学会文書，
RSP：ケンブリッジ大学キングズ・カレッジ所蔵のストーン文書，
SP：ケンブリッジ大学トリニティ・カレッジ所蔵のスラッファ文書

である．

1) 『ケンブリッジ大学リポーター』誌（以下『リポーター』誌と表記）内で発表されているか，あるいは学部教授会の議事録（*MFB*）ないし学位選考委員会の議事録（*MDC*）のなかに見出される．

2) スラッファの研究，思想そして影響力に関する包括的な評価については，Roncaglia（2000）を参照せよ．
3) 実際には，スラッファは「健康上の理由で」1カ月の休暇を申し出た後，1927年にイタリアを去った．ケンブリッジに着くと，彼は「学問上の」(scientific)理由で1年の休暇を要求した．これは，イタリア教育省から報告を受け取ったカリアリ大学学長（Rector）の叱責を買った（1928年2月18日，*SP*: B7/4/1所収）．この書簡に注意を向けてくれたN. ナルディに謝意を表したい．
4) 「スラッファはここでは落ち着いているが，講義には極度に緊張している．彼は昨日私に，突然病気になり，逃げ出すことができないかと尋ねたほどだ」（JMKからLLKへ，1927年10月9日；*KP*: PP/45/190/3/233）．「土曜日，私はスラッファと研究のことで長時間話し合いをした．それは大変興味深く独創的だ．しかし講義で彼の学生たちがそれを理解できるかどうかは分からない．……私が，その考えには素晴らしいものがあると思うといって以来，［彼は］自分の考えについて大変な知的興奮状態に陥り，その考えを一日中考えながら部屋のあちこちを非常に速いテンポで歩き回っている．彼はそれらを書き留めることができない．というのは，彼はそれらについて考えるや否や，再び歩き始めるに違いないから」（JMKからLLKへ，1927年11月28日；*KP*: PP/45/190/3/268-9）．「キングズの才能溢れるイタリア人は講義をしなければならないとなるとノイローゼになってしまい，もし頻繁にそうなるならば，講義を諦めねばねばならないかもしれない」（JVRからEAGRへ，1928年10月，*ARP*: Box 6）．「風変わりなスラッファは結局のところ，何とか講義を行なったわ」（JVRからEAGRへ，1928年10月，*ARP*: Box 6）．

「ピエロは時間どおりに姿を現わし，明日講義を行う予定であった．――彼は上機嫌に話しながら，ホールで私の隣に着席し，そしてその後談話室にやって来た．それから彼はテーブルから立ち上がり，夕食をすべてお盆にのせて運んだのだが，ほとんど気を失い，まったく脈もない状態で床に倒れたので，ブランデーが注がれた．――結局，明日，彼は講義をしないだろう．私は（再度）通知をする必要があるだろう」（JMKからLLKへ，1929年1月16日，*KP*: PP/45/190/4/103-4）．
5) 延期要請へのピグーの反応は，次のとおり明確に否定的なものだった．「私はあなたが決断を再考してくれることを切に望みます．私は，2度も講義を延期して講師職を続けることを許すのは不可能だと思います」（ACPからPSへ，*SP*: C239/2）．
6) 1931年11月1日，イタリア人の大学教授にファシズムへの忠誠を誓うよう命じる新しい法律が施行されたとき，スラッファはカリアリ大学での政治経済の教授を辞し，大学も辞めたということは言及されるべきである．
7) 1927年10月4日，その講座はアーツ・スクールでその年のミカエルマス学期とレント学期のあいだ，火曜と木曜の11時にPart II向けに組まれたものであった．1月16日には，それは，レント・イースター学期のあいだ，キングズで月曜と土曜の12時に開講されると発表された．
8) 1927年10月18日付．「スラッファ氏の上級価値論の講義はレント学期まで延期」（『リポーター』誌，p.167），1928年1月17日付．「スラッファ氏の講義は開講予定なし」（『リポーター』誌，p.549）．

第 3 章　ケンブリッジ大学でのピエロ・スラッファ　　　　　　　　　　95

9)　もっとも，1927 年 6 月 28 日の公示では，月曜と水曜が開講日に当てられている．
10)　1929 年 4 月 18 日付の『リポーター』誌によると，それは 1929 年イースター学期の月曜と土曜の 12 時に開講される講座のなかに位置付けられており，開講日については後日知らされるだろう，と指摘されている．
11)　1929 年 6 月 27 日，10 月 10 日付および 1930 年 3 月 25 日付の『リポーター』誌において，時間や場所は指定されていないものの 1930 年のイースター学期に講座が行われることが通知された．スラッファは 1930 年のミカエルマス学期に休暇をとっており，「上級価値論」の講座は 1931 年のレント学期とイースター学期に移された．また「欧州大陸での銀行業」の講義は 1929 年と 1930 年にのみ行われた．
12)　1941 年 4 月 16 日付の『リポーター』誌では，その講座は 1941 年のレント学期とイースター学期のあいだ，土曜 12 時に開講されると通知されたが，10 月 3 日号はそれをレント学期の土曜 11 時のみの開講であると告げた．同じことが次に示す四回の発表で繰り返された．すなわち，1942 年 4 月 17 日，1942 年 10 月 2 日，1943 年 1 月 11 日，1943 年 4 月 16 日の 4 回である．以上のことは，その 3 年間でスラッファはイースター学期に 1 度だけ講座を開いたことを意味する．
13)　『商品による商品の生産』公刊後にジョーン・ロビンソンからスラッファへ送られた書簡は，この数年間にわたり発展してきた 2 人の関係の特徴をおそらく他の何よりもうまく示している．その書簡とは次のものである．「親愛なるピエロへ．過去 10 年間私がやってきた研究のすべてはあなたの影響を非常に受けてきました．以前交わした会話も序文もともにそうです．私が気が変になろうとしたとき，私が目のくらむ閃光のなかで見えた考えはあなたのものでした．というのも，その考えはリカードウのコーン経済のかたちで私の頭に思い浮かんだからです．しかしそれは時間に関連付けられており，いまでは，あなたの観点とはまったくあい容れないように思われます（私にはそれは完全にフィットするように思われるのですが）．世俗的な成功はまったくさておき，私は大変愉快でした．私はあなたに深い感謝の意を表します．あなたがそれを拒否するという事実は，このことにはまったく影響を与えません」（JVR から PS へ，1960 年 6 月 18 日，*SP*: D3/12/111/340-1）．
14)　これは，大学職員のあいだで慣例となっている，1 級レベル（研究生）の後に続く学生の研究を監督するという正式な職位であった．スラッファは 1950 年代中頃まで唯一の経済学研究副室長であった．
15)　スラッファは 1935 年 6 月 1 日から名誉図書館司書に任命され（*MFB*: V.52(4)，1935 年 5 月 20 日），同年 10 月 1 日から図書館司書に任命された．実際には，1931 年 5 月に講師を辞めた後，彼は 1 年間その職にすでに就いていたのだった．
16)　「ピエロは敗北主義的な雰囲気を大きく漂わせ，本当はそのまま留まりたいのだが，諦めてケンブリッジを去りたがっており，私が彼のためその地位を守ることに，関心を示さないだろう．ルードヴィヒ［・ヴィトゲンシュタイン］でさえ，彼はうるさい子供のようだといっている．しかし彼は単に，どこか奇妙で優柔不断な強烈な直感（unresolved pupik feeling）のもち主にすぎない」［'pupik' はロシア語に起源をもつ語であり「gut」（直感）と訳されるだろう．ジョーン・ホールの提示に筆者は感謝する．］（JMK から LLK へ，1935 年 3 月 4 日，*KP*: PP/45/190/ 7/28-9）．「ピエロは

いまだに面倒をかけ続けており，覚悟を決めてはいないだろう．彼はケンブリッジでの生活が彼の精神力を弱らせており，再び荒涼とした世界に身を投じねばならないと考えている！」(JMK から LLK へ，1935 年 3 月 10 日，*KP*: PP/45/190/7/31-2).

17) 「大学理事会は本日午後，経済研究副室長の職位を検討し，大学側に新設するよう勧告しました．貴職がピグー教授に書いた書簡から，貴職がこの職への任命を引き受けることに若干の懸念を抱いているかもしれないことを理事会は理解しております．理事会は何らかの誤解を生じていたかもしれない可能性があると考えており，直接貴殿と会うよう私に求めてきました」(J.T. ソーンダースから PS へ，1935 年 3 月 13 日，*SP*: B9/3).

18) 「若い男性たちが 1 つの無益な旅によってすら，どれほど容易に不快になるか，そしてどれほどうまく擬人化するか，あなたはご存知でしょう．「ピグー教授はいつも湖水地方にいるように見え，ヒルトン教授はいつも放送しているように見える．スラッファ氏はいつもベッドで横になっているか，ブルガリア人の教授たちとチェスで遊んだり，おしゃべりをしたりしているように見える」(前掲書).

19) 「ピエロは最後の瞬間に署名し，仕事を引き受けるだろう．それですべてが終わる．何とも手のかかる奴だ」(JMK から LLK へ，1935 年 3 月 11 日，*KP*: PP/45/190/7/31-2).

20) 研究副室長には講師と同じ在職権をあてがってはどうかとのケインズによる当初の学部評議会への提案は，5 票対 3 票で却下された (*MFB*: V. 119 38(ii)，1938 年 11 月 7 日).

21) Kalecki (1990, 506) における編者注を参照せよ．

22) 1938 年 12 月 10 日付のターシス宛て書簡のなかでケインズは次のように書いた．すなわち「貨幣賃金が上昇しているとき実質賃金が下落するのが通常である，ということで私が間違ってしまったことは明らかである．どのようにして私がそうした間違いに至ったのかについて，2, 3 の説明があるが，そのどれが正しいのか私にはあまり明確ではない」(*KP*：EJ 1/5)．この点に関するより詳しい扱いについては，Marcuzzo (1993) を参照せよ．

23) 「ホートリーに関してですが，あなたは『貨幣論』の i/171n においてその問題を解決しているように思われます．S と I の区別という考え方は，ミーゼス以前には知られていなかったとあなたが述べたことの正しさについて，私は疑いをもっていません．あなたは何人かの先駆者を見落としていたかもしれませんが，「旧式の正統派」がそのことに気づいていなかったということに疑問の余地はありません．実際，私は「投資」の意味が最近変わったと考えています．以前の意味は証券取引所投資であり，それは依然として「投資家」を含意しています」(PS から JMK へ，1937 年 10 月 26 日，*KP*: EJ/1/4/205).

24) 学位選考委員会は以下の構成員からなった．すなわち，政治経済学および産業関係の教授陣（そして戦後は，経済学の教授も），学部教授会で選出された者，大学評議会が推薦した者，および選出された者，そして国際法，政治学，経済史，つまりトライポスの選択科目の教授陣，である．

25) 大学院の 3 つの学位のことであり，文学修士，理学修士，博士，および後年には経

済学ディプロマである．

26) 国籍や学位水準，学位授与資格者の構成の変化にしたがって，ケンブリッジ大学の大学院生の数は，年々変化した．その多くは，成果が不十分であると判断されたか，研究を終わらせていなかったという理由で，学位を得られなかった．フローとストックのデータがここでは役立つかもしれない．例えば，政治経済学部の場合，1935年に博士課程に3名の志望者が入学を許可され，文学修士には1名で，3名はまだ研究生（すなわち学位水準がさだかでない学生）であった．10年後の1945年には，22名の新規の研究生が入学を許可され，博士には10名の志望者が，そしてディプロマには1名がいた．1950年までには入学が認められた新規学生数は37名にのぼり，博士に20名の志望者，理学修士に1名であった．そしてスラッファが退職を迎える少し前の1963年には，博士志望者として入学が認められた学生数は66名にのぼった．

27) 委員会は年平均3，4回開催された．

28) 1937年イースター学期の経済学予備試験，1940年経済学トライポスPart IIの全論文，1941年経済学トライポスPart IIの全論文，1942年経済学トライポスPart I理論Iでは単一論文，1942年経済学トライポスPart I構造（Structure）では単一論文，1942年経済学トライポスPart IIの全論文，1942年経済学トライポスPart Iの全論文（aggregate of papers），1943年経済学トライポスPart IIと予備試験の全論文，1944年（訳者注——原文では1943年となっているが1944年の誤りと思われる）経済学トライポスPart IIと予備試験の全論文（*SP*: B9/6）．

29) 例えば1942年トライポスPart Iの理論Iの論文のなかに，われわれは数多くの学生に対する次のような所見を見い出す．「誤りが多いが，けっして愚鈍ではない」，「きわめて愚鈍である」，「独創的な考えである」，「非常に冗長だが，よく分かっており，つねに正しく理解している」（*SP*: B9/6）．

30) 任命委員会は大学副総長，学部長，教授会や大学理事会が推薦する人物らを含む組織体で，任命に責任を負い，さまざまな学術的職位を扱っていた．スラッファは1941年から1946年までその一員であった．

31) この委員会は年毎に開講される講義の一覧や時間割を作成するという業務を担った．スラッファは1944年にその一員となった（MFB V. 119, 258(5)，1944年1月31日）．

32) 例えば，1944年10月の経済学部における講師人事に対して志願者（26名）の応募書類や推薦状を含むファイルには，スラッファの意見が分かったかもしれない彼の所見や傍注が見られない（*SP*: B9/7）．さらに，推薦はしばしば個人情報に関わるので，その記録へのアクセスは制限されている．現在1948の記録のみが閲覧可能であり，大学図書館に保管されている．

33) 「スラッファ氏が発議し，ギルボーが支持した後，以前D.H.ロバートソン氏のために創設された経済学の准教授の職はキングズ・カレッジのG.F.ショーヴのために存続されるべきであると大学理事会に要望することが，満場一致で同意された」（*MFB*: V. 120: 290(i)，1944年6月5日）．

34) 「欠員となっている経済学の講師職に関する議論が行われた．空席となっている経済学の講師職はロンドン・スクール・オブ・エコノミクスのN.カルドア氏に与えら

れるべきだとスラッファ氏が動議――これはブレイスウェイト氏によって支持された――を出した．投票の結果，この動議は4票対2票で否決された［反対者はロバートソン，ショーヴ，フェイ，ロウ］（*MFB*: V. 120: 351(5)，1945年5月7日）．

35) この件に関する書簡のやり取りは *RKP* のなかに見られる（*RKP*: 5/1/146-169）．

36) この境遇は，パシネッティの伝記的図書目録研究『ピエロ・スラッファ――ケンブリッジのイタリア人経済学者』（Pasinetti 1985）のなかでうまく要約されている．

37) カーンは会計官だったとき，ついにはスラッファと家賃の条件に付いて些細な議論に巻き込まれ，痛烈な意見で応酬している．「カレッジは，あなたがお取りになっている態度はけっして利己心によって動かされているのではなく，ただ純粋に会計官にできるかぎりの不快感を引き起こしたいとする願望によってなされているものだ，と完全に認識しております」（RFKからPSへ，1937年6月1日，*SP*: B/10/2-3）．

38) われわれは，ケインズがマルクス主義とマルクスに対して棍棒を振りあげた多くの場合を知っている．その1つに，彼は，マルクス主義は「古くさいリカードウ氏のつまらない誤りのうえに構築されている」と述べたり，別の機会では，彼の本（『一般理論』）の刊行後，「マルクス主義のリカードウ的基礎はうちくだかれるであろう」といったと伝えられている（Skidelsky 1992, 517; 520）．

39) スラッファは，1938年10月28日に行われた「政治経済クラブ」の会合で，ケインズが，マルクス主義は「複雑きわまりない呪文であり，その唯一の価値はその支離滅裂さだ」と宣言するのを聴いて，以降，沈黙を守り，路上でも口をつぐんだように思われる（Skidelsky 1992, 523）．しかしながら，1932年から35年にかけてケンブリッジで経済学を学んだロジャー・サイモンは，1960年代後半にスラッファに次のような手紙を出した．「私は1932年から35年にかけてケンブリッジ大学で経済学を学んだが，私の気に入っている記憶の1つは，ケインズの政治経済クラブの会合で，あなたが猛烈な攻撃に対してマルクスの『資本論』を擁護したことです」（*SP*: C 291）．

40) R. パーム・ダット（R. Palme Dutt）――イギリス共産党の創設者――に宛てた手紙で，スラッファは，ケインズの判断を次のように批評している．「興味深いのは，もちろんK（ケインズ）の個人的な事例ではありません（実際，それはまったく個人的などではなく，イギリスのすべての経済学者やほとんどの知識人が同じように反応するに違いありません）し，ブルジョア的知識人全体の事例でもありません．私が当惑する問いは次の点です．すなわち，イギリスの労働者階級に与えられる知的で文学的食糧は，学校教育，新聞，小説，説教，通俗的科学，映画，政治的および労働組合的演説などのかたちで，ケインズのような精神構造をもった人々によって，完全に提供されているという点です．そしてもし彼らがそのような「文化」で始めるなら，何らかの「仲介役」なくして彼らは，どのように直接マルクスに進めましょうか．そしてこうした「仲介役」を提供するために何かがなされているでしょうか」（PSからR. Palme Duttへ，1932年4月19日，マンチェスターにある労働史国立博物館所蔵）．この手紙に私の関心を向けさせてくれたN. ナルディに感謝する．

41) もちろん，その頃，スラッファは，絶え間ない警察やOVRA（ファシストの秘密警察）による監視下で現実的な危機から自らを守らなければならなかった，という点

は忘れてはならない.
42) 「その期間 [1870-1990] にわたって，トリニティは紛れもない巨人であった……その学問的な傑出さはそれを大学のなかの大学にした」(Brooke 1993, 69).
43) 現在のトリニティの文書係である J. スミスによれば，この部分はおそらく書き間違いで，この (30 の) ゼロは 9 であろう (すなわち 1939 年)，とのことである．しかしながら，1930 年にキングズのメンバーとなったスラッファは，当然の権利で，大学を統治するリージェント・ハウスのメンバーにもなったわけで，その日付はこのことに関係しているのかもしれない．
44) 1940 年の 7 月 5 日の内務省宛ての手紙で，スラッファがマン島での抑留状態から解放されることを促しながら，そのように書かれていた．
45) ロビンソンが『資本蓄積論』を出版した直後の，1956 年 8 月 19 日のジュネーヴからの手紙で，カルドアは，次学期にケンブリッジには戻りたくない，と書いた．というのも「ジョーンの本がいかに素晴らしいか，そしてこれからはすべてが大きく変わるに違いないと，ジョーンやカーンに威張り散らかされるのにはとても耐えられない!」(*SP*: C/151) から．

参考文献

Bellofiore, R. and Poitier, J.P. (1998). Piero Sraffa: nuovi elementi sulla biografia e sulla ricezione di *Produzione di merci* in Italia, *Il Pensiero Economico Italiano*, VI: 55-104.

Brooke, C.N.L. (1993). *A History of the University of Cambridge*, vol. IV, 1870-1990. Cambridge: Cambridge University Press.

Carter, M. (2001). *Anthony Blunt. His Lives*. London: Macmillan.

Dunlop, J.T. (1938). The movement of real and money wages. *Economic Journal*, 48: 412-34.

Garegnani, P. (1979). Note su consumi, investimenti e domanda effettiva. In *Valore e domanda effettiva*. Torino: Einaudi.

―――― (2004). Di una svolta nella posizione teorica e nella interpretazione dei classici. In *Sraffa Negli Anni 20, Atti del Convegno Piero Sraffa*. Roma: Accademia Nazionale dei Lincei.

―――― (2005). On a turning point in Sraffa's theoretical position and interpretation of the Classical economists in the late 1920s. *The European Journal of the History of Economic Thought*, 12: 453-90.

Kahn, R.F. (1989). *The Economics of the Short Period*. London: Macmillan.

Kaldor, N. (1985). Piero Sraffa 1898-1983. *Proceedings of the British Academy*. London: Oxford University Press.

Kalecki, M. (1938). The determinants of distribution of the national income. *Econometrica*, 6: 97-112.

―――― (1990). Capitalism. Business cycles and full employment. In J. Osiatynski (ed.), *Collected Works*. Oxford: Clarendon Press.

Keynes, J.M. (1979). *The General Theory and after. A supplement*. In D. Moggridge (ed.), *The Collected Writings of John Maynard Keynes*. vol. XXIX. London: Macmillan.

Marcuzzo, M.C. (a cura di) (1986). N. Kaldor, *Ricordi di un Economista*. Milano: Garzanti.

―――― (1993). La relazione salari-occupazione tra rigidità reali e rigidità nominali, *Economia Politica*, 10: 439-63.

―――― (2001). Sraffa and Cambridge Economics, 1928-1931. In T. Cozzi and R. Marchionatti (eds), *Piero Sraffa's Political Economy. A Centenary Estimate*. London: Routledge ［本書第10章として所収］.

―――― (2004). Sraffa all'Università di Cambridge. In *Atti del Convegno Piero Sraffa* Roma: Accademia Nazionale dei Lincei.

Marcuzzo, M.C. and Rosselli, A. (eds) (2005). *Economists in Cambridge. A Study Through their Correspondence, 1907-1946*. London: Routledge.

Naldi, N. (2005). Piero Sraffa: emigration and scientific activity (1921-45). *The European Journal of the History of Economic Thought*, 12: 379-402.

Pasinetti, L. (1985). In memoria di Piero Sraffa: economista italiano a Cambridge, *Economia Politica*, 2: 315-32.

Ranchetti, F. (2005). Communication and intellectual integrity. The correspondence between Keynes and Sraffa. In M.C. Marcuzzo and A. Rosselli (eds), *Economists in Cambridge. A Study Through their Correspondence, 1907-1946*. London: Routledge.

Robinson, E.A.G. (1977). Keynes and his Cambridge colleagues. In D. Patinkin and J. C. Leith (eds), *Keynes, Cambridge and the General Theory*. London: Macmillan.

―――― (1990). Cambridge economists in the post-Marshallian period. In R. McWilliams-Tullberg (ed.), *Alfred Marshall in Retrospect*. Aldershot: Elgar.

Robinson, J. (1933). *The Economics of Imperfect Competition*. London: Macmillan (加藤泰男訳『不完全競争の経済学』文雅堂銀行研究社, 1956年).

―――― (1979). *Collected Economic Papers*, vol. V. Oxford: Blackwell.

Roncaglia, A. (2000). *Piero Sraffa. His life, Thought and Cultural Heritage*. London: Routledge.

Rosselli, A. (2001). Sraffa and Joan Robinson. In M.C. Marcuzzo (ed.), *Economists in Cambridge. The letters between Kahn, Keynes, Harrod, J. Robinson, Sraffa, Kaldor and Hayek, 1921-1946*, Discussion Paper, n. 37. Dipartimento di Scienze Economiche, Università di Roma 'La Sapienza'.

―――― (2005). Sraffa and the Marshallian tradition. *The European Journal of the History of Economic Thought*, 12: 403-23.

Skidelsky, R. (1992). *John Maynard Keynes. The Economist as Saviour 1920-1937*. London: Macmillan.

Sraffa, P. (1991). *Lettere a Tania per Gramsci*. Roma: Editori Riuniti.

Tarshis, L. (1939). Changes in real and money wages. *Economic Journal*, 49: 535-50.

第4章

ケンブリッジでの著作の序文に隠れている，かの捉えにくい人物
― リチャード・カーンの貢献についての評価*―

M.C. マルクッツォ

1. はじめに

リチャード・カーンの思想の特定の側面や全体的な枠組についてはすでに幾多の文献があるとはいえ，彼の生涯と業績についての完全な伝記研究は，まだ出版されていない[1]。本章もまた，範囲が限られており，カーンの業績が置かれた文脈を再構成することに資するだけである。文脈を再構成することによって私が意味するのは，著者の思想が進展した専門家および人的関係のネットワークに光を当て，彼が解と答えを追究した問題や設問に焦点を合わせることである。私はまた，未公刊の資料や書簡にも頼って，こうした証拠の断片を残らず利用したが，これらは，カーンによるこれらのテクストを，われわれの現在の研究の文脈のなかにというよりも，むしろそれらの特定の文脈のなかに位置付けるのに役立つ。これは，現代の経済理論や政策に対するそれらの重要性をいささかも減じることではない。それは，それらを現代の経済理論の関連する言葉や基準と関係させることなく，それらが書かれた当時にもっていた重要性を評価することなのである。

本章は，取り組んだ問題に応じて5つの節で構成されている。概して，各パートにおけるテクストはそれらが書かれた年代順に提示されているが，この方法は，読者が，時間とともにカーンの考えの発展にしたがう助けになるのみならず，全体としての彼の接近法の驚くべき一貫性を正しく認識する助けになるであろう。

2. 競争の理論：市場の不完全性と企業者行動

　不完全競争の理論を発展させるうえでのカーンの役割は，寡占理論にとってそれがもつ含意とともに，何ら正当に認識されているようには思われない．マーシャルの矛盾から抜け出す道として1926年論文においてスラッファによりなされた次の示唆，「自由競争の道を放棄してこれと反対方向，すなわち独占に向かうこと」(Sraffa 1926, 542) は，実際に，最初，当時23歳のカーンによって取り上げられた．彼は，それを自分の初期の研究活動の中心に置いたのである．1928-29年度の学年に，カーンはスラッファの講義（「上級価値論」，PS D2/4）に出席したが，そこでは，市場の不完全性は1926年論文とほとんど同じ線に沿って講義された．同じ年に，カーンはG.F.ショーヴが行った「経済理論」講座[2]に出席したが，これはそのかなりの部分が市場の不完全性に当てられていた．

　それゆえに，カーンが1928年10月と1929年12月のあいだに執筆したフェロー資格論文への序文がこの2人の経済学者への大いなる謝辞を含んでいたことは，驚くには及ばない．また，一部はそれがほぼ50年にもわたって[3]未公刊の状態にあったという事実と，一部は『短期の経済学』というタイトルが市場の不完全性への明示的な言及をしていなかったという事実のために，フェロー資格論文が不完全競争理論の誕生に対するカーンの貢献の十分な重要性を明らかにすることに失敗したことも，実際，驚くには及ばない．

　定着した教科書的伝統においては，ジョーン・ロビンソンとエドワード・チェンバリンが，一般的にはこの特定の分析の系統を立ち上げたとして評価されている．さらに，ジョーン・ロビンソンは『不完全競争の経済学』の草稿を執筆するに当たってカーンと密接な協力関係があったというのに，彼女はカーンのフェロー資格論文を1933年1月，言い換えれば彼女の本がまだ草稿段階にあったときに初めて読んだのである（JVRからRFKへ，1933年1月24日付，RFK 13/90/1/75を参照）[4]．はたまた，カーンはチェンバリンと文通しており，1930年以来，彼に対してはフェロー資格論文の複占に関する部分をみせていたのである[5]．カーンとの討論は『独占的競争の理論』の出版を目前にした

1933年2月，カーンがハーヴァードを訪問しているときにも再び行われた[6]．

フェロー資格論文の主な関心は次のことを説明することにある．すなわち，なぜ，不況下においてある産業に属するすべての企業が，工場を何日かは閉鎖しその他の日はフル操業するというように，パートタイムで操業するのか，そして，なぜ，完全競争で期待されるように，（最も効率の低い）企業のなかに，その他の（最も効率的な）企業が能力一杯に操業し続けるなかで，工場を閉鎖しなければならないものがないのか，ということ，これである．カーンの説明の核心は準固定費用と主要費用（すなわち，総費用と準固定費用の差）についての分析にあるが，これらは短期で重要な費用である．もし諸企業が全力で限られた日数のあいだ操業する（その他の日々は工場を閉鎖する）ならば——それは1920年代の不況下でのイギリス綿工業の事例なのだが——このことは，それが利潤を最大化するか，損失を最小化する最も有利な方法であるということを意味するに違いない．そして翻ってこのことは，平均主要費用が特定の傾向，すなわち完全生産能力に対応する点までは一定であるという傾向に従い，その点では無限大になる，ということを意味する．しかしながら，もし完全競争の仮説，すなわち企業にとって完全に弾力的な需要曲線の仮説と，逆L字型をした短期の平均（および限界）主要費用曲線の仮説を採るならば，その場合には価格と，単一企業によって生産される数量とは，その工場の完全操業の水準に対応して決定される．他方，もし不完全競争の仮説を導入するならば——すなわち，各企業はそれぞれの特定の市場に直面しており，右下がりの個別需要曲線となるならば——その場合には均衡生産水準は完全操業水準以下となり得るのである．

しかしながら，どの点でフェロー資格論文は革新的な貢献を示しているのであろうか．

『経済学原理』のなかで，マーシャルは独占均衡（Marshall 1961, 704），すなわち，需給曲線のあいだの最大の価格差に生産量水準を掛け合わせた点の決定問題に取り組んだ．マーシャルの解決策は限界費用と限界収益の均等から導かれる解決策と異なるところはなかったが，こうした用語で定式化されてはいなかった．限界収益の定義は，1920年代末期から1930年代初期のあいだにさまざまな著者が独立に思いついたのである．さらに，マーシャルは，企業の需要

弾力性に対するライバル企業の行動の効果にも，あるいはライバル企業の行動に対するある企業の価格政策の効果にも，思い切って深く踏み込むようなことはしなかった．複占に関するクールノーとエッジワースの著作にもかかわらず，フェロー資格論文が執筆されていた時点では，この問題に対する決定的な解決策にはまだ到達しておらず，不完全競争の一般的な分析に統合されてはいなかった．

また，実際，フェロー資格論文は限界収益の定義も提案していないが，寡占市場に関する過去の文献からそれを読み取るうえで特別に興味深い2つの側面が存在する．最初のものはカーンの発案であり，需要曲線と平均単位費用曲線を線型と仮定して，「消滅係数」(annihilation coefficient) を通じて市場の不完全性の程度を測る方法である．これは，その後「独占度」として知られることになった尺度と，分析的には同一のものである．

2つ目の興味深い側面は，企業の1つが価格を改定したとき，諸企業の需要曲線に対する効果に採られた接近法である．1つの節全体がこの問題に捧げられており，ここでカーンはまた，スラッファが1926年論文で到達していた結論——それは，不完全市場，すなわち多くの企業が存在しながら，それぞれが自らの個別市場を抱えており，したがってその製品に対して右下がりの需要曲線をもっているような市場においては，最終的な均衡価格は，もし市場が単一企業によって完全に支配されているならば到達するような価格である，というもの——を批判している．カーンは彼の論点を，個別需要曲線の勾配は各企業が他の企業の行動に対して行う推測を反映しているというアイデアに基づいて論じている．カーンが示したことは，推測についての仮説がどのようなものであろうとも，個別需要曲線と市場の需要曲線とのあいだの関係は，独占価格では均衡をもたらすことがけっしてないようなものであるが，しかしより低い価格で，したがって同じ技術的な条件の下で独占者によって選択されていたであろうより大きな数量で，均衡をもたらすことになる，というものである (Kahn 1989, 117 を参照)．

フェロー資格論文について詳細に検討してきたが，それは，この業績が，完全競争の仮定がいったん放棄されると生じる2つの基本的な問題を，十分な明確さをもって明らかにしているからである．すなわち，(1)もし企業がもはや

完全競争の価格にしたがわないで，彼ら自身で決定するならば，彼らはどのようにして他の企業の行動を斟酌するのだろうか．(2)利潤最大化の追求は企業行動を叙述するうえで最良の方法だろうか．

カーンによる3篇の論文，「不完全競争と限界原理」(Kahn 1932)，「複占の問題」(Kahn 1937)，および「価格メカニズムにおけるオックスフォード調査」(Kahn 1952a) は，この主題に関して展開したカーンの思考および同時代の文献の進化における段階的ステージを表している．しかし，それらに共通しているのは，これら2つの質問に答えるうえでの同じ接近法である．

最初の論文は未公刊であるが，これに関して，われわれは，カーンが，1932年12月に始まり1933年4月に終わったアメリカへの旅行に携えていったことを知っている．特定の詳細な証拠に基づいて，この草稿の完成日が彼の出発日の2-3週間前であることが分かるが[7]，それがいつ開始されたのかを決めることはそう簡単ではない[8]．この論文は，明らかに「トランピントン・ストリート学派」での議論から生まれた仕事の成果である．これは，1928年末にインドから帰国したジョーンとオースティン・ロビンソンがケンブリッジに居を構えた通りの名から冗談半分に名付けられたもので，カーンはここを頻繁に訪れていた[9]．そこでの議論は明らかにスラッファによるマーシャル理論の批判によって刺激されていたが，同時に，ケインズの『貨幣論』の含意とも関係があった．それは，後に見るように，「サーカス」が行った会合の主題であった．

カーンは1932年12月にマジェスティック号でアメリカに向けて出航したが，その際，この論文を携えており，それは上記の議論の個所を要約したものであったに相違なかった．それまで2年にわたって，カーンはジョーン・ロビンソンとともに，『不完全競争の経済学』の素案を作っているときに生じたさまざまな問題に懸命に取り組んできていた．このテクストにより提起された主要な分析上の発見，すなわち，平均収入曲線と平均費用曲線の接点，および限界収入が限界費用と交わる点により与えられる均衡の「二重条件」は，すでに論文(Robinson 1932)のなかに示されていたものであり，1932年に『エコノミック・ジャーナル』誌上に公刊された（そして，後に著書に収められた）が，これは「カーンの定理」として知られることになった[10]．

カーンは自分の論文をアメリカでのさまざまなコンファレンスで発表し，ま

た『クォータリー・ジャーナル・オブ・エコノミックス』誌上での刊行を求めてタウシッグ宛てに送った．しかしながら，この論文は受け容れられなかった．カーンの手紙からは，彼らしく控えめに反応し，刊行されるべくさらなる試みはなされなかったことが明らかになるのだが，この手紙は，とりわけアメリカの状況と，そこにおける学究生活の諸相の特別に興味深い話を提供している[11]．

しかしながら，数年後，彼は「複占の問題」と題する1篇の論文を刊行することを決意したが，この論文はついには，このテーマにおける1つの古典となるものであり，ケインズから「この論文は見事な作品だと思う」と賞賛された（JMKからRFKへ，1935年1月1日付，RFK 13/57/122）．この論文においては，フェロー資格論文と違って，数学的な分析道具はまったく用いられていない．そして，1人の独占者の行為（action）がもう1人の反応（behaviour）に対して及ぼす効果，したがって各企業のあらゆる行動（move）に暗に含まれている戦略の役割についての込み入った議論全体はこうした支援なしに開始されている．このことはこの種の文献の大部分からこの論文を際立たせており，しかもより最近のものからはこれを最も決定的に際立たせている側面である．

周知のように，カーンは「屈折需要曲線」の発案者の1人であり，一般的に「推測」を，複占あるいはもっと幅広くいえば寡占市場において生み出される価格と数量の分析に対して弾力性の値のかたちで，需要曲線に導入した．非完全市場における価格形成の理論に対するカーンの接近法を，他にも増して特徴付けるものは，分析が基礎を置く1つの確実な規則として利潤最大化仮説を維持していることである．伝統的な限界分析とは対照的に，カーンは，最初の未公刊論文以降，絶えず，企業による最大利潤の追求仮説を，企業家側の限界計算への依存はいうまでもなく，最適化の合理性をはっきり示すものというよりも，むしろ「試行錯誤」の方法に等しいものと解釈し続けてきた[12]．しかし，さらに，限界分析に基礎を置く接近法に代るものからも自ら一線を画しながら，カーンは記述的なタイプの価格形成メカニズムの説明や，あるいは非「合理的」行動仮説に基づく説明も，けっして受け容れなかった（Marcuzzo and Sanfilippo 2007，および本書第15章を参照）．これらは，もしわれわれが，1939年のホール＝ヒッチの論文（1939）にまでさかのぼる「企業家の有言実行［原理］」に基づく価格形成理論に関してカーンが採った鋭く批判的な立場

を理解しようとするならば，心に留めなければならないすべての要因である．

理論的な視点からの，（かなり一定の）主要費用への（かなり一定の）マーク・アップに基礎をおく価格形成理論を支持して完全競争理論と利潤最大化仮説の理論を放棄するよう主導的に提唱したのは，ミハウ・カレツキであった．彼は，数多くのイギリス産業における価格，売上，それに費用の研究に続いて，自らの理論を形成した．そして，1936年夏の最初の出会いから彼の能力に印象付けられ，ジョーン・ロビンソンが述べたように，「彼のことを吹聴して歩く」役割を自ら引き受けたのは彼女であった（Robinson 1979a, 186）．カレツキはその後1937年の末にケンブリッジに移り，ケインズの周辺のグループは彼の研究にとって必要な資金を見つけ出した．1938年の末に「主要費用，売上，および産出の経済的・社会的研究に関する国立経済社会研究所のケンブリッジ研究計画」が設立され，これがカレツキにケンブリッジでの職を与えたのである[13]．ケンブリッジ滞在第1年目の末に，カレツキは，主要な研究上の発見を，考察対象とした産業に関する個別報告（シュー（Hsu）とテュー（Tew）と共同で）のかたちと，全般的研究の「結論の暫定的要約」のかたちで発表した（RFK 5/1/83-86）．これらの報告は，J. ロビンソン（RFK 5/1/142-144），およびとりわけカーン（1939年7月10日付のカーンからM. カレツキへ（RFK 5/1/149-158）および1939年7月11日付（RFK 5/1/159-162））により，カレツキが採用した方法論に反対するいくつかのかなり批判的なコメントを受けた．カレツキは即座に辞任して，1939年夏の終わりにはケンブリッジを去ったが，同時に，彼に向けられた批判に対して，1つ1つの点に渡って回答した（RFK 5/1/163-169）[14]．このあと「マーク・アップ価格付け」を採用したロビンソンと違って[15]，カーンは，50年後においても，これには大反対のままであった．

> 私は，水平の短期供給曲線の概念は誇張されていると考えている．私は，固定的な評価増しマージンについてのワイン・ゴッドリー（Wynne Godley）の考え方にはまったく賛成できない．このマージンの大きさは何が決めるのだろうか．しかも，もちろん，これは企業のあいだで，主要費用の差に応じて変化するのである（カーンからR. マリスへ，1987年5月

2 日付,Marris 1991, 184 所収).

3. 雇用理論:ケインズの接近法とケインズとの関係

あらゆるアカデミックな経済学者のなかで,1930 年から 1946 年のケインズの死去に至るまで,彼と最も親密だったのはカーンであった.最初は,カーン自身想起するように,個人指導を受けるため,彼は他の 3 人のキングズの学生とともに,隔週でケインズに会っていた.しかし,個人指導のために彼が書いたレポートはケインズに賞賛の所見を書かせることになり,カーンがいかに並外れた学生であるかを示すまで,長くはかからなかった[16].一度,試験の直前に,ケインズは妻に次のように書いた.「きのう,お気に入りの学生のカーンが,いままでに学生から受け取ったなかで最良の解答の 1 つを書いてきました.彼が第 1 等を取るのは間違いありません」(ケインズからリディアへ,1928 年 4 月 28 日付,JMK PP/45/190/4).実際,カーンは期待に応えて,1928 年の経済学トライポスで最高位(第 1 等)になった.しかし,キングズのフェローとしての地位を競うための資格請求論文の主題を選ぶ段になると,ケインズは 1 つの(ミッドランド銀行の貨幣統計の利用が必要となる)主題を示唆したが,それは実行不可能であることが分かった(銀行はそれを公に貸し出すことを認める気持ちはなかった).そういうわけで,ショーヴとスラッファに促されて,カーンが,所与の産業における企業が不況局面に反応する仕方を,費用の型と,その企業が操業している市場の型との分析を通して調査して,「短期の経済学」に取り組みたいと提示したとき,ケインズは親切心から彼に綿工業の統計を提供したものの,この問題に大きな関心を示すことはなかった.しかしながら,実際に,ほぼ 50 年後にカーンが書くことになったように,「彼も私も,短期に関する私の研究が後にケインズ自身の思考の発展に影響を与えることになろうとは,みじんも考えなかった」(Kahn 1989, xi).

ケインズとの協同作業は 1930 年 3 月にカーンがキングズのフェローに選出されて初めて再開された.ケインズは再び熱意を燃やし,カーンへの祝福の手紙のなかで次のように書いた.「選考は簡単に,そして疑問の余地なく済みました.だれもがこれは飛び抜けて卓越した論文だと認識しました」(ケインズ

からカーンへ，1930 年 3 月 16 日付，RFK 13/57/3).

　カーンが「ケンブリッジ『サーカス』」(Kahn 1985) と題する論文のなかで想起したように，『一般理論』の出版に，そしてより広くいえば「ケインズ革命」につながる，アイデアの交換と一連の議論が始まったのは，この数カ月のことであった．カーンと「サーカス」，言い換えれば，カーンの他にミード，スラッファ，ジョーンとオースティン・ロビンソンを含むグループが果たした役割の正確な特性については，文献のなかでは鋭く対照的な見解に分かれている[17]．カーンの論文は重要な証拠を提供しているが，それは，年次的にみると，かの数カ月間に沸騰した議論について彼が残した最後の説明である．

　他方，いわゆる「乗数」論文，すなわち「国内投資の失業に対する関係」(1931) と題された論文の重要性についてはほとんど疑う余地はない．これは 1930 年夏，チロルでの休暇中の 8 月に起草されたが (Kahn 1984, 91；訳 140 頁)[18]，それから 1931 年初めの何カ月かのあいだにかけて執筆され，その年の 6 月に刊行された．乗数論文の重要性は，需要の増加（この特定の事例では，道路建設における公共投資）を所与として，物価水準と集計した数量のどちらか（または 2 つの組み合わせ）が増加する条件を分析するための方法を提供している点にある．カーンはつねに，自分の役割はケインズを助けて，最終的には貨幣数量説の「締め付け」を振り払い，基本的な分析道具，すなわち総供給曲線をもって，これに代わる接近法に貢献することであると主張していた[19]．それにもかかわらず，カーン自身が後に認めたように，「古典派の」接近法に代る接近法の定式化はまだ未熟であり，その限界は，「乗数」の基本的な含意，すなわち貯蓄と投資の必然的な均等を明らかにすることに失敗していたことであった (Kahn 1984, 99)．カーンは，この困難を，乗数論文が『貨幣論』において採用された貯蓄と所得の定義を参照枠組みとして採用したという事実のためと考えた．こうした特殊な定義は捨て去るべきだということが明らかになったのは，有効需要の原理が「発見」された後のことであった．

　乗数論文において，カーンは，短期の条件における集計的な消費財の供給と需要のタームで，全般的な生産に対する投資増加の効果の研究に取りかかった．実際，こうしたやり方は，1929 年にさかのぼるが，公共事業政策を経済不況からの脱出策として「ロイド・ジョージはそれをなし得るか」においてケイン

ズが行った提案を評価するのにふさわしい条件であった．もし需要の水準が高ければ，そのときは生産能力はすでに十分に利用されているだろうから，それ以上利用すれば，費用と，したがって物価の上昇を招くであろう．しかし，他方，もし需要の水準が低ければ，そのときは工場設備は大部分遊休状態にあり，したがって生産は，何か感知し得るほどの単位費用と物価の上昇を伴うことなく，引き上げることができるであろう．

　それゆえに，決定的な点は，短期において企業にとっての費用がとるかたちである．すでに見てきたように，さまざまな費用の型とその傾向についての研究は，フェロー資格論文の分析において中心的な位置を占めていた．特に，綿工業の企業は週のうち数日間工場を閉鎖し，残りの日々はフルタイムで操業するが，こうした行動を説明しようとして，カーンは平均費用曲線が逆L字型を取るものと考えていた．それゆえに，われわれは，カーンが乗数論文を執筆していたときには，彼は消費財の総供給曲線を構築するために必要な費用曲線の正しいかたちを決定するためのそれ以前に獲得した知識を利用した，と想定しても十分よいかもしれない．にもかかわらず，乗数論文は費用が一定であるかなりの期間を想定しているが，それらが逆L字型を取るという仮説は消滅したように思われる．この仮説の放棄は，［キングズの］フェローシップ授与委員会のメンバーとしての報告書——カーンはその直後，これを読むことができた——のなかでそれについて書かれたピグーの批判的な所見により，おそらくは影響されたことであろう[20]．

　逆L字型曲線の重要性は，すでに見たように，それが，カーンがフェロー資格論文のなかに不完全競争の仮説を導入することを必要にしたという事実にある．他方，もし仮定された右上りの費用曲線の型が保持されるならば，完全競争の仮説を放棄する必要は，もはやまったくない．

　もちろん，『一般理論』において，ケインズは，短期の限界費用曲線は逓増的であり[21]，競争の程度は所与であり，企業の行動は利潤最大化によって導かれる，という伝統的な仮説を受け入れた．失業に対してケインズ的な処方箋を適用する場合の最も重要な帰結は，需要は増加するたびに——もし費用が増加し企業が利潤を最大化しなければならないとすれば——，物価の上昇を必要とする，ということであった．もし貨幣賃金が所与ならば，その場合は物価上昇

は実質賃金の引き下げを意味するのであり，雇用の増加は実質賃金の引き下げという犠牲を払って初めて達成され得る．ケインズの接近法では，因果関係は雇用の増加から賃金の引き下げへという方向に向かうのであり，その逆ではない．だがそれでもなお，賃金と雇用のあいだの相反関係の存在を認めたことにより，ケインズのメッセージは歪められて完全に異なる理論的な枠組のなかに組み込まれる危険に曝された．カーンは，「正常な…条件のもとでは」「限界費用曲線は非常に急激に上昇している」(Kahn 1989, 87) という考えをケインズに提案したことと，そのことが招いたすべての帰結についての責任を認めた．Kahn (1975) を見れば分かるように，ケインズを導いて実質賃金の趨勢という問題に戻した功績は，ケンブリッジの2人の研究生，J. ダンロップとL. ターシスに帰せられる．もっとも，カレツキはケンブリッジで過ごした2年間，つねに，限界費用一定の仮定をおいて研究し，その理論的業績はDunlop (1938) とTarshis (1939) の実証研究の基礎を築いたのであるが，彼によって達成された発見への言及はまったくない．

にもかかわらず，この機会にもその他のいかなる機会においても，カーンは，ケインズが完全競争と利潤最大化の仮説を受け容れたという事実を嘆くことはなかった．彼は，前者については単純化のために行われたものだと論じ，後者については，独占度または一定のマーク・アップに基づいた二者択一的な仮説は現実の理論的説明というよりはむしろ同義反復もしくは仮定であると確信して，弁明した．

『一般理論』の出版に先立つ数年間におけるカーンとケインズとのあいだの共同研究は非常に密接であった．しかし，「ケインズ派が見た失業」(1976a) を見ても分かるように，ジョーン・ロビンソンとカーンはその当時ケインズと最も親密な人たちだったが，彼らもまた，最初から，ある点においてはケインズが追究した方向には向かわない線に沿って進んでいた．ケインズの思考をある重要な点で方向付ける主導的な役割を果たしたのは明らかにカーンであったが，全般的に見れば，『一般理論』が形成されたのは，「サーカス」の議論と，その後の数カ月にわたって継続的に行なわれた討論を通じてのことであった．

1932年の「トランピントン・ストリート学派」のマニフェスト――これにカーン，オースティンおよびジョーン・ロビンソンが署名している――が果た

した役割に言及してもよい．これは投資の変化は生産水準の同じ方向への変化をもたらすという命題を証明するために，ケインズが「需要と供給の方法」を，彼がそれまで利用していた利潤メカニズムの方法よりも有益に適用することができたという示唆を含んでいる．そして実際，1932年の末までには，均衡に向けた調整メカニズムを叙述するさいに，ケインズが総需要曲線と総供給曲線とを使い始めたことが分かるのである（Marcuzzo 2002a．本書第7章を参照）．

ケインズとカーンのあいだの1931年から1935年（『一般理論』はこの年の12月に完成した）のあいだのおびただしい量の手紙は，そのうちのいくつかはいまだに出版されていないものの，カーンがより正確な定義と，より厳格な証明の必要性を主張していることを示している．例えば，彼は1935年9月に，貯蓄と投資とのあいだの必然的な均等（equality）が証明される方法に関して，ゲラの第2刷に口を挟んだ[22]．そしてこの場合にもまた，ゲラの最終刷（CWK VII, 63）を第2刷（CWK XIII, 424）と比較すると分かるように，ケインズはカーンの意見を受け容れた．論文「ケインズ派が見た失業」（1976a）において，カーンはまた，ケインズが非自発的失業を定義した方法について不満を表明しているが，実際，極言すれば，『一般理論』の第2章はつねに彼の興味をまったく引かなかった．それどころか，この特定のテーマに関して，カーンはむしろジョーン・ロビンソンが書いた論文のほうに言及している．彼女はこれを『一般理論』と同時期に書いたのだが（Robinson 1937），ケインズの著書が印刷されるのを待って，それを出版させた．

『一般理論』が執筆されていたこの数カ月の雰囲気は，革新的な理論上の変化が大いに期待されていたのであり，「若手のケインズ派」はケインズ自身よりもおそらく確信をもっていたのだが，その事実を確証する幾多の証拠が存在する[23]．「ケインズ革命」は『一般理論』とだけ関連をもつようになるのだが，その実際の特性について，ケインズは［彼らに比べて］ずっと慎重であった．事実，彼はそれを『貨幣論』に関連させて考えており，さまざまな文脈において，彼の発言は継続性を示す傾向がみられた[24]．

これらの論文と『『一般理論』の形成』のなかで，カーンは，『一般理論』が『貨幣論』から分離した諸点を示すうえで，きわめてはっきりした立場を取った．その諸点とは何よりも，貨幣数量説を最終的に放棄したことと，投資と貯

蓄とのあいだの因果関係を理解したことにあった，というものである．しかしながら，ロビンソンとは異なって，彼は，ケインズ的な接近法の重要性は『一般理論』だけにあるとは考えられないという信念のもち主であったように思われる．

周知のように，ケインズは1937年4月に重態に陥ったが，それからほとんど間を置くことなく，戦争を予感させる状況と，ついに起こった戦火の勃発に没頭するようになった．ケインズが学究生活を休むことにより，カーンの双肩にかかってきた新たな責任を考えると，このことは彼らの協力関係の新しい段階の始まりを示すものであった．

4. 厚生経済学

数学者のフェリックス・クライン (Felix Klein) は，「この範疇に属する人々の際立った長所は，彼らの論理的かつ批判的な能力，すなわち，正確な定義を鍛え上げてそれから厳密な推論を導き出す能力にある」ということを説明するために，「論理的」を「形式主義者」および「直感主義者」から区別したのだが，カーンの論理的な能力は，その意味において，ことに鋭かった[25]．

「理想的産出量に関する若干の覚書」(1935) と「関税と交易条件」(1947) の2篇の論文は，おそらくその他の論文よりも，カーンの非凡な論理的能力——それはまた限界と同じであったかもしれないが——を露わにしている．ケインズと違って，カーンは説得のための技術として修辞学の利用に精通しており，彼の議論を組み立てるためだけではなく，それを防御するためにも，つねに演繹的推理を好んで用いた．おそらく［研究の］範囲がさらに遠くまで拡大していくことからカーンを押し留めたのは，微に入り細をうがつ正確さへのこの執念であった．

ジョーン・ロビンソンはたぶん他のだれよりもカーンをよく知っていたであろうが，彼の「完璧主義」について，これまでに出版された彼の唯一の選集のイタリア語版 (Kahn 1976e) への1976年の序文で次のように説明した——「彼の名前に結び付けられる誤りがあるかもしれないということを，彼は非常に嫌悪した」(JVR i/8/7)．これはまた，大部分，カーンがなぜ他人への援助にか

くも例外的に寛大であり，自分自身の責任で出版することにたいして例外的に渋ったのか，ということでもある．1934年9月にケインズは立ち入って，今日では予言的と思われる言葉を添えて，カーンに彼のフェロー資格論文で発見したことの一部を出版するよう働きかけた．

> 君は，自分自身の仕事をしないで，つねにだれか他人のために仕事をしているが，そういう習慣が身に着いてはいけない．まず第1に，君は無意識のうちに（あるいは意識して），君自身そのことでひどくいらついており，そして第2に，君の生涯を通じて，だれかによって出版された何らかの功績のすべてについて，君は栄誉を担うことで終わるだろう！（ケインズからカーンへ，1934年8月13日付，RFK 13/57/58）

産出の理想的水準に関する論文で，カーンの論理的かつ演繹的な熟練は，次のことを示すことに応用されている．すなわち，自由放任の条件下で採用された経路から，課税と補助金という道具を応用しながら諸資源を再配分することによって，共同体に生ずる便益を計測することは実際に可能であること，これである．この目的のために，彼はあらゆるマーシャル＝ピグー流の道具を活用したが，これは，生産要素の限界生産力のさまざまな尺度とともに，不完全競争の事例にそれを拡張するために，内部経済と外部経済の双方を考慮に入れている．この論文は『一般理論』の草稿が執筆されているのと，事実上同時期に執筆されたが，フェロー資格論文とともに始まった研究の方向に沿って進んだように見える．その方向は，ロビンソンによって『不完全競争の経済学』においてさらに追究されることになり，同書は市場に任された資源配分の非効率性の事例と，それゆえに［政府の］介入が取り得る望ましい方向を証明することを目指した（ロビンソンはその後この研究方向を拒絶するのであるが）．この論文をケインズに提出しながら，カーンは自分の意図を説明した．それは，『厚生経済学』におけるピグーの発見は応用が非常に限られており，特に失業の問題に関してそうである，ということを示すことであった[26]．

関税と為替レートに関する論文は，完全に異なる状況下で書かれたものではあるが，これもまた，戦時統制を経験した後，市場メカニズムへの介入，すな

わち，この事例では輸入関税の導入，の利益を測る練習問題である．その一方で，カーンは，戦争と，それに続く再建により提起された特殊で猛烈に困難ではあるが，魅力のある諸問題に取り組むよう立案された経済政策の（単なる考案者としてではなく）管理者として，非常に多くの経験を習得していたのである[27]．

5. 国内および国際貨幣理論：制度の役割

イギリスは1939年9月3日に宣戦を布告した．戦争が続くあいだ，カーンは財務省により文官として雇用されるべきだというのがケインズの意図であったが，当初，この考え方は非常に多くの抵抗に遭った．というのは，カーンはケインズと親密すぎると考えられていたが，その当時ケインズはかなり疑惑の目で見られていたからである（Kahn 1988, 28 を参照）．結局，カーンは商務省に地位をあてがわれ，彼はそこで1939年12月に仕事を開始した[28]．彼が後に思い起こすことになったように，雇われた数カ月後に，彼が貨幣問題には関わらないという条件付きでかろうじて財務省がその指名に同意していたことを知ったのである．「財務省は（ホレイス・ウィルソン（Sir Horace Wilson）卿の，ではなく，省の役人のかたちで）私を任命するに当たって，通貨問題にけっして関わらないという条件付きでのみ同意しました！」（カーンからケインズへ，1940年6月30日付，JMK W/3/302）．ケインズは皮肉たっぷりの言葉で返答した．「あらゆる問題は通貨問題であるか，何も通貨問題ではないかのどちらかだよ．だから，君は後者の解釈を採ったらどうかね」（ケインズからカーンへ，1940年7月3日付，RFK 13/57/467）．

論文「流動性選好に関する若干の覚書」は1954年に執筆されたが，財務省の見立てが間違っていなかったことを示している．というのは，カーンが採った立場は，彼を正統派貨幣理論から完全に区別するほどきわめて独創的なものであった．2-3年後に彼がラドクリフ委員会で証言したとき，ケインズ派の貨幣的接近法がその複雑さと独創性をもって出現し，その全体像がより明らかなものになった．

マルコ・ダルディ（Dardi 1990, 1994）は，カーンの不確実性概念と意思決定

機構における見解の役割に照らして，この論文のなかで記述された貨幣理論についてのきわめて明快な解釈を提案した．すでに見たように，最大利潤の追求として定義される企業者行動の記述でもそうであるが，カーンは合理性の側面をつねに強調したが，それはあり得る代替物とすでに知られている代替物のあいだでの選択を最適化するものと見るよりも，むしろ，「試行錯誤」の方法のなかに見られるものであった．この「合理性」は，多かれ少なかれ完全な市場における競争的メカニズムの「アメ」と「ムチ」を基礎に，試行錯誤の作業を通じて追求されたものである．

　貨幣市場の事例では，われわれはより一層錯綜した状況に直面しているように見える．というのは，個人投資家は，貨幣の代わりとして証券を購入するか，売却するか，あるいは保有するかということに関して，つねに2つの見解をもっているからである．これを第1級［の見解］（最良の推定）と第2級［の見解］（確信）とに区別することにしよう．第1級の見解，すなわち，証券価格の将来の傾向についての一種の予測に従って強気であるか弱気であるかということは，たどる経路を指し示すものといえるかもしれないが，第2級の見解は予測を不確実性のなかに包み込む疑念である．ダルディが述べたように，

　　カーンの接近法では，選ばれたポジションは個人の選好における極大点であると人は想定するかもしれないが，これは必ずしも，この環境下で実行可能なすべての非極大のポジションを凌駕するものではない．……個人は，彼らがいるポジションから，他の実行可能なポジションに興味を示さないのだが，この事実は，もし彼らがこうしたポジションのうちの1つにいるならば，彼らは実際にいるポジションに向かって移動したがっているということを意味するものではない．われわれがいえるのは，彼らは現に保有している資産構成を保持することを選好するということであり，彼らが選好する資産構成を有しているということではない，ということである（Dardi 1994, 96）[29]．

　本質的に，カーンの貨幣理論は，ある行動（または効用）関数の同定に基づいて［いくつかの］ポジションのなかから（最適解を）選ぶというものではな

く，諸個人を「分割された最善の推測と不確実性として」(ibid.) 代表させている．より一般的にいえば，流動性選好理論に対するカーンの接近方法[30]は——おそらくはケインズよりも過激な程度において[31]——望ましい目標に対応する事態を実際にもたらすさいに貨幣政策において経験される困難に基づいていた．

カーンはまた，第2次世界大戦の余波のなかで生まれた新しい国際通貨制度の構想と実行を再構築しながら，重要な論文によって貢献した国際通貨問題にも関わった．彼の論文「国際通貨基金の歴史的起源」(1976b)，「貿易と為替に関する国際的規制」(1952b)，および「国際通貨組織」(1973) は，これらの機関が，通貨と貿易の問題におけるように（しかし，後に見るように労働市場でも），個々の最適化行動関数が直接的には関与しない市場において道徳的な行動と見解を生み出しながら，彼らの仕事を成し遂げる能力をカーンがどのように評価していたのかについての例を提供している．仮説的な最大利潤や最大効用の個人的な追求が，つねに社会にとっても，あるいは実際，長期的には個人にとっても，最適な結果をもたらすことができないとすれば，こうした市場における機関の役割は，共同体の視点から「道徳的」といえるような，意思決定が到達される正しい条件を創り出すことであるべきである．

政治と機関に関するカーンのヴィジョンは，学究生活という相対的に安全に隔離された場所で発展したが，それはまた，巨大組織への経済アドバイザーとして，および専門管理者としての具体的な経験を通して創り上げられた．1941年10月に，カーンはカイロに赴き，中東供給センターで，初めは経済アドバイザーとして，その後は副事務局長としての地位に就いた．このセンターの仕事は，異なる行政機構と独立した通貨制度をもつ中東における多くの政府と協力して，情報を収集し，この地域における輸入優先事項についての解決策を提案することであった[32]．1943年1月にロンドンに戻ると，カーンは補給省で原料の価格と数量についての戦後の諸条件を研究する仕事に1年間を費やした．この最後の期間にケインズとの協力関係は再び非常に緊密となり，2人は原料の緩衝在庫計画とスターリング地域に影響を及ぼす諸問題について研究した．

1950年代には，カーンは緩衝在庫に関するモノグラフの執筆を開始したが，これは完成を見なかった[33]．このなかで，彼は一次産品価格の変動を防止する

ため，国際的な緩衝在庫機関の設立を提唱した．この機関は，原料価格の決定が，割当制度のもとにおけるのと違って，「交渉力の強さの問題ではなく，科学的研究と専門家の経験に基礎を置く判断の問題」であるように，専門家によって管理されることになっていた．

カーンは数年後に，範囲を広げて国際決済制度の組織面に戻ることになり，1965年から69年までUNCTADの専門家チームの一員として働いた．彼は4つの報告書の執筆作業に参加したが，これらは，発展途上国と先進国の双方にとっての経済成長の必要性に対処するための国際通貨制度の改革に関する仕事を伴うものであった．

6. 賃金とインフレーション

1970年代に，カーンは，マネタリズムならびにわれわれが極端なケインズ主義とでも定義できるものの双方に対抗して彼が寄せ集めることができるあらゆる防備を配置するために，ケインズの貢献とケインズ的接近法の特徴を再考する義務があると考えた．

彼の論文「賃金の動きとマネタリズムに関する見解」(1976d)，「エルティス氏とケインズ派」(1977)，および「インフレーション——1ケインジアンの見解」(1976c)は，ケインズ的思考の主導権の潮流の向きが変わりつつあり，そして戦後けっして到達しなかったようなインフレの水準によって西側経済が打撃を受けていたときに執筆された．カーンの反論は，時々痛烈さを増したが，一方では政治家と労働組合の運動家に向けられた．彼らはどちらも貨幣賃金の上昇を食い止めるのに失敗した「無責任な」行動について有罪であるとされた．また他方においては，新しく支配的になった理論である「マネタリズム」——それは，どう見てもケインズ以前の接近法の復活に等しかった——に対して向けられた．あるいは，ケインズ自身も完全には非難を免れなかった．彼は，高い雇用水準を25年も続けた経済においては，貨幣賃金が手に負えないほどに増加するという見通し——このことは貨幣賃金の上昇圧力を阻止できる制度的な仕組みを創造する必要性を示唆している——に然るべき重要性を与えなかったとして非難されたのである．

もしわれわれがこれらの論文をそれらの歴史的文脈に置くとすれば，カーンが直面していた制度のある特徴を心に留めておかなければならない[34]．1960年代のなかばには，賃金・給与決定の制度的メカニズムは3つの道具から成り立っていた．最初の，そして最も重要なものは，労使の代表者間の団体交渉であった．これは事実上，産業ならびに専門的組織の全体に妥当するものであった[35]．労働組合会議（TUC）は政治的な代表として責任を担っていた．2番目の道具は1945年の賃金審議会法（Wages Council Acts）により制度化されたもので，立法上の規制から成り立っており，主として農業，ケータリング，それにさまざまな特殊な部門に適用されるものであった．賃金委員会もしくは賃金審議会は，独立といわれる一定数の「公平な」構成員とともに，労使同数の代表者で構成されていた（Wootton 1964, 82）．3番目の道具は労働省によって設定された仲裁裁判所による裁定であり，これには団体交渉が決裂したときに「最後の裁定」をくだす仕事があった．1970年代の終わりまでに，団体交渉はブルーカラー労働者の約80パーセントと，ホワイトカラー労働者の約50パーセントにまで拡大した．賃金審議会と「準」団体交渉のためのその他の同様の制度は，その他のホワイトカラー労働者のかなりの部分をカバーしていた．実際，組合に組織されていないホワイトカラーの部分の賃金は，事実上，集団的に決定されたのである（Nickell and Andrews 1983, 183を参照）．それにもかかわらず，戦後の期間を通じて，企業により，あるいは個人部門のレベルで実際に支払われる賃金を決定するさいの全国交渉の役割は，着実に低下していった．実際，「賃金ドリフト」，すなわち実際に支払われる賃金と全国レベルで交渉された賃金との差は，結局，1964年から1970年にかけてのハロルド・ウィルソン内閣の所得政策の土台を壊したのである．1970年6月の総選挙が保守党を政権に復帰させたとき，彼らは所得政策を適用しないという固い決意を述べた．この決定は次の労働党内閣によっても是認された．彼らは1974年に選ばれると，社会の一部に好まれる1つの解決策として，所得政策をじっくり検討するに留めることを宣言した（Dawkins 1980: 60を参照）．こうして，カーンが言及している，1970年代なかばの「社会契約」として知られるものが登場した．本質的に，これは労働組合の指導者（運輸ならびに一般労働者組合のジャック・ジョーンズ（Jack Jones）が特に決定的な役割を演じた）と労働党

政府の合意であり，労働組合により好まれた社会政策と引き替えに交渉中の賃金の傾向に歯止めを掛けるのを助けた．

カーンは，政府目標としての所得政策の弱体化と，実際には完全雇用の弱体化が生じているという背景のなかで，これらの論文を執筆した．事実，1979年にマーガレット・サッチャーが首相になると，政府は，戦後初めて完全雇用の目標を宣言するのを止めた．政策の背後にあるマネタリストの哲学によれば，これは需要を支える政策によって政府が直接的に追求し得る目標ではないからであった．

租税負担が重いうえに公共部門の要求があるなかで，政府が目指していたのは，公共支出の削減と市場メカニズムの回復であった．雇用を間接的に押し上げると想定されたのは，こうしたメカニズムであった．貨幣供給量の成長率を引き下げることによって，上記の目標に加えて，インフレ率の引き下げも達成されるはずであった．そして，カーンは最後まで，理論経済学者として，学者ならびに上院議員として，マネタリズムの「神秘性」を破壊し，これに代る制度的な枠組を「ケインズ的な」基礎のうえに築くことに，その努力を捧げることになった．現下の経済危機にあって，彼の議論はいつまでも意義を失わず説得的と見られ，再び取り上げられるようになっている．

注
* 本章は Marcuzzo（1999）の新しい題名を付けた改訂版である．私はこれを最近の文献に照らして最新のものに改めた．この論文はまた，Gherke, C., Salvadori, N., Steedman, I. and Sturn, R. (eds), *Classical Political Economy and Modern Theory*, Abingdon: Routledge（2011）にも収められている．未公刊資料への言及は，以下の各文書にしたがっている．JMK（ケインズ），JVR（ジョーン・ロビンソン），RFK（カーン）（以上，King's College, Cambridge）．PS（スラッファ）（Trinity College, Cambridge）．題名として採用の引用文は，Kahn（1976e）のイタリア語版へのジョーン・ロビンソンの序文で，サミュエルソンによるものとされている（JVR i/8/1）．

1) Robinson (1976), Dardi (1983), Newman (1986), Pasinetti (1987), Maneschi (1988), Becattini (1989), Brahmananda (1990), Dardi (1990), Harcourt (1991), Mongiovi (1991), Marris (1991, 1992), Pasinetti (1991, 1994), Dardi (1994), Goodwin (1994), Harcourt (1994), Moggridge (1994), O'Shaughnessy (1994), Palma (1994), Samuelson (1994), Marcuzzo (1996, 2002a, 2002b, 2003, 2004, 2005), Marcuzzo and Sanfilippo

(2007), Pasinetti (2007), Marcuzzo and Rosselli (2008), Aslanbeigui and Oakes (2009, 2011), Chandavarkar (2009), Cardim de Carvalho (2010), Fantacci *et al.* (2010), Fantacci *et al.* (2012).

2) ショーヴの講義の残された証拠は，1928-1929 年度の学年における，彼の学生の 1 人であるジョン・ソルトマーシュ (John Saltmarsh) によって取られたノートである．それらはカーン文書のなかに保存されている．ショーヴの貢献についての評価は Rosselli (2005a) を参照．

3) フェロー資格論文は最初 1983 年にイタリア語で M. ダルディの序文を付して出版され，次に 1989 年に英語で出版された．Aslanbeigui and Oakes (2009) は，「ロビンソンの介入と，それに続くこの分野での研究の急増により，カーンのフェロー資格論文はオリジナルのモノグラフとしては公刊の価値がなくなった」という疑わしい説明を提示している．

4) 『不完全競争の経済学』の執筆における RFK と JVR のあいだの協力関係の詳細で学問的な再構成については，Rosselli (2005b) を参照．挑発的な再構成は Aslanbeigui and Oakes (2009) により提供されている．

5) E. チェンバリンから RFK への 1930 年 8 月 3 日付 (RFK 1/13/19-24)，および 1930 年 9 月 12 日付の手紙 (RFK 1/13/25) と Chamberlin (1961, 513n) を参照．

6) RFK から JVR へ，1933 年 2 月 9 日付：「私はチェンバリンと昼食を取っていますが，独占的競争に関する彼の本はちょうど出版，いや実際，この 2 日のうちに出版されようとしています」(RFK 13/90/1/100)．また興味深いのは，JVR から RFK への 1933 年 3 月 3 日付の手紙で，この頃の不完全競争論の「発見」の偶然の一致に言及している．

> チェンバリンの本が出ました．ピエロ [・スラッファ] がいうように，非常に競争力のある独占的な本です．私自身，いかなる基本的な感情もなく偶然の一致点を楽しんでいますが，それを徹底的に読んではならないでしょう．さもないと，[『不完全競争の経済学』の] 脚注に入れようとする誘惑が大きくなりすぎることでしょう (RFK 13/90/1/169)．

7) テクストは『独占の理論』という題名の J. ロビンソンの本に言及している．題名が最終的な『不完全競争の経済学』に変更されたのは，ようやく 1933 年 1 月になってからのことであった (RFK 13/90/1/74 所収のロビンソンからカーンへの 1933 年 1 月 23 日付の手紙を参照)．

8) フェロー資格論文は 1929 年 12 月に完成し，その後直ちにカーンは『貨幣論』に関するケインズとの共同作業を開始した．これは 1930 年 10 月に出版された．出版に続く数カ月のあいだに，カーンは討論と，ケインズによって提起された諸問題の徹底的な検討に没頭したが，それは『貨幣論』においてのみならず，「ロイド・ジョージはそれをなし得るか」においてもそうであった．同じ時期に，カーンはフェロー資格論文と同じ題名で計画していた本についての作業を開始した．しかしながら，これは完成されないままであった．問題の論文は，未完成の本の第 7 章になるはずのものを基

礎に練り上げられた．Marcuzzo（1996）を参照．
9) ジョーン・ロビンソンがカーンに 1933 年 2 月 11 日付の手紙のなかで書いたのは，この論文に関係していた．「オースティン［・ロビンソン］はまだそれをちらっと見ただけですが，それがトランピントン・ストリート学派の初めてのマニフェストとして出版されることに非常に熱心です（原稿を読んだあと，彼はこの考えを繰り返しています）」（RFK 13/90/1/116）．
10) 「需要曲線と利潤極大化企業の平均費用曲線とが接してちょうど損益が等しくなる条件のことを，シュンペーターは 1930 年代のハーヴァードの講義で，よく「カーンの定理」と呼んでいた」（Samuelson 1994, 54n）．
11) RFK から JVR へ，1933 年 3 月 3 日付．「タウシッグは非常にきっぱりと，私の論文「不完全競争と限界原理」を拒絶しました．私はこれを勧めるのにできるかぎりのことをしたのですが」（RFK 2/5/43-4）．
12) 企業家の行動を記述するために「試行錯誤」法の考え方を合理性のそれと結び付けることは，「温和な限界主義」と特徴付けられている．Mongin（1991）を参照．
13) ケインズを議長とする委員会の構成員は，オースティン・ロビンソン，カーン，カレツキ，チャンパーナウン（D.G. Champernowne），それにスラッファであった．
14) RFK 5/1/146-7 所収の，M. カレツキからカーンへの 1939 年 6 月 9 日付の手紙．Kalecki（1991, 524）における編集者注と Marcuzzo and Sanfilippo（2007）も参照．
15) カレツキの独占度の有用性についての若干の非常に批判的な所見をもつ 1939 年 7 月の J. ロビンソンの覚書において明らかにされた立場と，ケインズの価格形成理論よりもカレツキのそれの方が優れているという J. ロビンソンの後の所見を，比較することは興味深い．

　　独占度は「それ自体の問題」ではない．それは，例えば次のものに依存している．すなわち，1)市場の不完全性，2)市場における企業の数――これは(a)技術的条件（たぶん鉄鋼業においては重要），(b)産業の過去直近の歴史とともに変化するかもしれない．3)計画的な独占合意，4)貿易の暗黙の合意と慣習――これは好不況とともに変わるだろう．5)最近の賃金の変化，6)全体としての商品に対する需要の状態，これである．かくして，「独占度に変化」があったと述べることは，けっして現実に起こったことの最終的な説明ではない．その他の変化，例えば需要の変化に直面して不変の独占度を期待することは，しばしば筋の通らないことである（RFK 5/1/138）．

16) 2, 3 の例を取り上げると，1927 年 11 月 4 日付のカーンの小論文の余白に，ケインズは次のように書いた．「君は本当に経済学の才能があると思う」（RFK 3/3/434）．同様に，1928 年 4 月 27 日に彼は次のように書いた．「非常に優れている――ほとんど完璧な答えだ」（RFK 3/3/331）．
17) 「サーカス」の役割については，例えば Pasinetti（1991），Robinson（1994），Marcuzzo（2002a），Skidelsky（1992），Moggridge（1992; 1994）を参照．

18) カーン文書のなかには，この論文からの抜刷があるが，ここには身元不詳のエドガー（Edgar）なる人物に対する次のような献辞がある．「1930 年 8 月にチロルで，それに 1931 年 3 月にサリーでいただいた協力と刺激への著者の心からの感謝を込めて」(RFK 13/127)．
19) Marris (1991, 184) 所収の RFK からマリスへの 1987 年 5 月 2 日付の手紙を参照．「メイナード（ケインズ）は私から資本財と消費財の供給曲線のタームで考えるという着想を引き出した．」また，カーンから D. パティンキンへの 1978 年 10 月 11 日付の手紙も参照．「私は，価値の理論を『一般理論』のなかに全体としての供給曲線の概念のかたちでもち込んだということと，これが主要な貢献だったと主張したい」(Patinkin 1993, 659)．
20) 「示唆されること［は］，典型的な企業の短期の供給曲線はこうしたものだと合理的に想定してよく，(最初のわずかな数量を上回る) 産出量水準全部にわたって，単位当たりの平均主要費用は実質的にいわゆる「能力産出量」が達成されるまで同じであり，これを越えると，いかに高かろうが費用をかけることで短期においてこれを超える産出量を手に入れることは一切できない，ということである．さて，カーンの議論は，私の知るかぎり，この結論を支持していない．さらに，この結論自体，明らかに事実と一致していない．実際，たぶん，多くの産業で，典型的な企業にとっては，単位当たりの平均主要費用がほぼ一定であるかなりの範囲の産出量が存在するだろう．しかし，この費用が無限に跳ね上がる点が突然来ると想定するのは奇妙なことである．もし「能力産出量」によって最大可能な産出量を意味するとすれば，平均主要費用はその産出量に到達する以前に急激に上昇してしまっていることだろう．もし，最適な産出量を平均主要費用プラス共通費用が最低である産出量という意味に取るならば，その産出量を超過した直後に平均主要費用が無限にまで上昇しないということは確かである．そのあとの数節では，カーンの逆 L 字型の供給曲線は実際にはしばしば実現しないが，幸運にも彼の議論の主旨はそれらとは別に妥当する，ということをカーンがよく意識していたことが分かる．しかし，それにもかかわらず，彼がそれら［逆 L 字型の供給曲線］に，その形式的分析の中心的な場所を与えていることは，思うに不幸なことである」(RFK 2/8/4)．
21) 周知のように，ケインズはこの仮説を維持したことの責任をカーンに帰している (Keynes 1939. CWK VII, 399-400)．労働の限界生産力逓減についての新古典派の説明からのケインズの乖離については，Marcuzzo (1993, 445-446) を参照．
22) 1935 年 10 月のケインズ宛ての手紙のなかで，カーンは次のように書いた．

> 私は，あなたが貯蓄と投資は「同じものの違う名前」だといっているのを好みません．それらは別物です（それが要点です）．それらは確実に異なる行為ですが，大きさは等しいのです．私は依然として，使用者費用等に取り組むことができない人々にとって適切な，貯蓄＝投資という単純な証明は必要とされるという意見をもっています．それは，ただ単に単純さのためだけではなく，あなたの作品すべてがあなたの特別の定義に依存しているという露骨な反論を防ぐために必要なのです．所得がどのように定義されるとしても，次のことを述べることの何が間違っている

第4章　ケンブリッジでの著作の序文に隠れている,かの捉えにくい人物　125

でしょうか.

　　所得＝産出量の価値＝消費＋投資
　　また　所得＝消費＋貯蓄
　　∴貯蓄＝投資

この真理はあまりにも重要すぎて(そのうえほとんど認識されていません),巧妙な定義の霧のなかに隠すことができないのです(CWK XIII, 637).

23)　ジョーン・ロビンソンはこのあと,次のことを認めるところまで行った.「私たちがケインズに,彼の革命のポイントは本当は何だったのかということを理解させるうえでいくつかの問題を抱えていた時期があった」(Robinson 1979b, 170).
24)　一例として,『一般理論』からの次の引用をあげれば十分である.

『貨幣論』においては,そこで定義された意味における投資の貯蓄を超過する額の変化という概念が,利潤の変化を取り扱う手段であった.もっとも,私は同書においては,期待された結果と実現された結果とを明確に区別することをしなかった.[注:「そこでの私の方法は,今期に実現された利潤が,今期の利潤期待値を決定するとみなすものであった.」]私はそこでは,投資が貯蓄を超過する額の変化が産出量の変化を支配する原動力であると論じた.したがって,新しい議論は,(現在の私の考えによれば)はるかに正確であり有益であるけれども,本質的には古い議論の発展にすぎない.(CWK VII, 77-8)

『貨幣論』と『一般理論』のあいだの連続性の問題に関しては,Marcuzzo (2002b),およびわずかに異なる解釈としてはPasinetti (2007) を参照.
25)　「「形式主義者」は,アルゴリズムを見つけて,形式的な視点から与えられた問題を解く卓越した才能に恵まれた数学者である.最後に,「直感主義者」は,……数学のすべての部門において,……幾何学的直感に特別の重要性を付与している人々である」(Weintraub 1998, 1841-1842).
26)　「また,失業が『厚生経済学』の方法を無効にするという意味についての,すなわち,失業者の存在が使用されざる土地の存在とはどのような意味で異なるのかについての,短い論文があっても良いのかもしれません」(カーンからケインズへ,1934年8月9日付, JMK L/K/77-8).
27)　ケンブリッジにおいて博士号の学位論文として執筆され,後に出版されたDe Graaf (1957) の古典的モノグラフの出発点を構成していたものは,(著者が序文で述べているように)カーンによる細かい点にまで注意を払った個人指導やアドバイスとならんで,まさに,カーンによるこれら2篇の論文そのものであった.厚生経済学に対するカーンの貢献については,Pasinetti (1991) およびSamuelson (1994) を参照.
28)　商務省は膨大な領域の管理業務を有していた.開戦時には,消費財全体のわずか

10パーセントが国内で生産されていた．商務省の最初の仕事は，軍事目的のための船舶ならびに自由な資源の余地を作り出すために，消費財に対する需要を削減する方策を見つけることであった．唯一の解決策は食糧と衣料品に直接配給制を導入することだということが，直ちに明らかになった．カーンは採択された配給計画——点数制を採用している——の立案者の１人であったが，このアイデアはドイツの報道を読んで彼の頭に浮かんだものである（Kahn 1988, 38-40 を参照）．

29) ダルディのより一般的な論点は，カーンの分析に暗に含まれている資産ポジションに対する選好順序は部分的なものにすぎず，完全な順序ではない，というものである．
30) カーンの立場に関する最近の評価については，Cardim de Carvalho（2010）を参照．
31) しかしながら，金融市場に対する投機家の行動に関するケインズの考え方の再構築については，Carabelli（1995）を参照．
32) 中東供給センターは，「戦時におけるイギリスの実験のうちで最も野心的で成功したものの１つ」（Beherens 1955, 227）と記述されている．
33) カーンの論文は，戦争直後の時期に書かれた緩衝在庫に関する１点のモノグラフといくつかの未公刊論文の両方を含んでいるが，このなかでカーンは，原料の規制のための国内および国際的機関による協調介入を要求している．詳細な分析については，Fantacci et al.（2012）を参照．
34) この再構築は，Kahn（1988）における私の編集者覚書から引き出されている．
35) 1959 年に，イギリスには 651 もの労働組合があった．もっともその数はそれ以降次第に減少した（例えば 1976 年には，それらは 493 になった．Smith 1980, 96 を参照）．

参考文献

Aslanbeigui, N. and Oakes, G. (2009) *The Provocative Joan Robinson: The Making of a Cambridge Economist*, Durham: Duke University Press.
——— (2011) 'Richard Kahn's fellowship dissertation: The fate of "The Economics of the Short Period"', *European Journal for the History of Economic Thought*, 18 (3): 381-405.
Becattini, G. (1989) 'Richard Ferdinand Kahn', *Il Ponte*, 48: 149-151.
Beherens, C.B.A. (1955) *Merchant Shipping and the Demands of War*, London: HMSO.
Brahmananda, P.R. (1990) 'R.F. Kahn (1905-1989)', *Indian Economic Journal*, 37: 1-11.
Carabelli, A. (1995) 'Speculazione e ragionevolezza. Una interpretazione di Keynes per una teoria della razionalità diversa da quella bayesiana', paper presented to the Società degli Economisti Florence.
Cardim de Carvalho, F.J. (2010) 'Uncertainty and money: Keynes, Tobin and Kahn and the disappearance of the precautionary demand for money from liquidity preference theory', *Cambridge Journal of Economics*, 34: 709-725.

第4章　ケンブリッジでの著作の序文に隠れている，かの捉えにくい人物　127

Chamberlin, E. (1961) 'The origin and early development of monopolistic competition theory', *Quarterly Journal of Economics*, 75: 515-543.

Chandavarkar, A. (2009) 'The unexplored Richard Kahn', in *The Unexplored Keynes and Other Essays*, New Delhi: Academic Foundation.

Dardi, M. (1983) 'Introduction', in R.F. Kahn, *L'economia del breve periodo*, Torino: Boringhieri.

―――― (1990) 'Richard Kahn', *Studi Economici*, 41: 3-85.

―――― (1994) 'Kahn's theory of liquidity preference and monetary policy', *Cambridge Journal of Economics*, 18: 91-106.

Dawkins, P.J. (1980) 'Incomes policy', in W.P.J. Maunder (ed.), *The British Economy in the 1970s*, London: Heinemann Educational Books.

De Graaf, J. (1957) *Theoretical Welfare Economics*, Cambridge: Cambridge University Press.

Dunlop, J.T. (1938) 'The movement of real and money wages', *Economic Journal*, 48: 413-434.

―――― (1939) 'Price flexibility and the "degree of monopoly"', *Quarterly Journal of Economics*, 53: 522-534.

Fantacci, L., Marcuzzo, M.C. and Sanfilippo, E. (2010) 'Speculation in commodities: Keynes's practical acquaintance with future markets', *Journal for the History of Economic Thought*, 32: 397-418.

Fantacci, L., Marcuzzo, M.C, Rosselli, A. and Sanfilippo, E. (2012), 'Speculation and buffer stocks: The legacy of Keynes and Kahn', *European Journal for the History of Economic Thought*, 19: 453-473.

Goodwin, R.M. (1994) 'Kahn and economic dynamics', *Cambridge Journal of Economics*, 18: 73-76.

Hall, R.L. and Hitch, C.J. (1939) 'Price theory and business behaviour', *Oxford Economic Papers*, 2: 12-45.

Harcourt, G.C. (1991) 'R.F. Kahn: A tribute', *Banca Nazionale del Lavoro Quarterly Review*, 45: 15-30.

―――― (1994) 'Kahn and Keynes and the making of *The General Theory*', *Cambridge Journal of Economics*, 18: 11-24.

Kahn, R.F. (1931) 'The relation of home investment to unemployment', *Economic Journal*, 41: 173-198.

―――― (1932) 'Imperfect competition and the marginal principle', unpublished article, in Kahn papers, King's College, Cambridge; Italian trans, in R.F. Kahn (1999) *Concorrenza, occupazione e moneta*, ed. M.C. Marcuzzo, Bologna: Il Mulino.

―――― (1935) 'Some notes on ideal output', *Economic Journal*, 45: 1-35.

―――― (1937) 'The problem of duopoly', *Economic Journal*, 47: 1-20.

―――― (1947) 'Tariffs and the terms of trade', *Review of Economic Studies*, 15: 14

―19.
―――― (1952a) 'Review of T. Wilson and P.W.S. Andrews (eds.), *Oxford Studies in the Price Mechanism* (1951)', *Economic Journal*, 62: 119-130.
―――― (1952b) 'International regulation of trade and exchanges', in *Banking and Foreign Trade: Lectures*, London: Institute of Bankers, European Publications.
―――― (1954) 'Some notes on liquidity preference', *Manchester School of Economic and Social Studies*, 22: 229-257.
―――― (1972) *Selected Essays on Employment and Growth*, Cambridge: Cambridge University Press (浅野栄一・袴田兆彦訳『雇用と成長』日本経済評論社, 1983 年).
―――― (1973) 'The international monetary system', *American Economic Review*, 63: 181-188.
―――― (1975) 'On re-reading Keynes', Fourth Keynes Lecture in Economics, 6 Nov., *Proceedings of the British Academy* 60: 361-392.
―――― (1976a) 'Unemployment as seen by the Keynesians', in G.D.N. Worswick (ed.), *The Concept and Measurement of Involuntary Unemployment*, London: Allen & Unwin.
―――― (1976b) 'Historical origins of the International Monetary Fund', in A.P. Thirlwall (ed.), *Keynes and International Monetary Relations*, London: Macmillan.
―――― (1976c) 'Inflation―a Keynesian view', *Scottish Journal of Political Economy*, 23: 11-16.
―――― (1976d) 'Thoughts on the behaviour of wages and monetarism', *Lloyds Bank Review*, 46: 1-11.
―――― (1976e) *L'occupazione e la crescita*, Torino: Einaudi.
―――― (1977) 'Mr. Eltis and the Keynesians', *Lloyds Bank Review*, 47: 1-13.
―――― (1984) *The Making of Keynes's General Theory*, Cambridge: Cambridge University Press (浅野栄一・地主重美 訳『ケインズ『一般理論』の形成』岩波書店, 1987 年).
―――― (1985) 'The Cambridge Circus', in G.C. Harcourt (ed.), *Keynes and His Contemporaries*, London: Macmillan.
―――― (1988) *Un discepolo di Keynes*, ed. M.C. Marcuzzo, Milano: Garzanti.
―――― (1989) *The Economics of the Short Period*, London; Macmillan.
―――― (1999) *Concorrenza, occupazione e moneta*, ed. M.C. Marcuzzo, Bologna: Il Mulino.
Kalecki, M. (1991) *Collected Works*, vol. II: *Capitalism. Economic Dynamics*, ed. J. Osiatynski, Oxford: Clarendon Press.
Keynes, J.M. (1971-1989) *The Collected Writings of John Maynard Keynes* (CWK), ed. D.E. Moggridge, London: Macmillan; CWK VII, *The General Theory of Employment, Interest and Money* (塩野谷祐一訳『雇用・利子および貨幣の一般理論』東

第4章 ケンブリッジでの著作の序文に隠れている,かの捉えにくい人物 129

洋経済新報社, 1983 年); CWK X, *Essays in Persuasion* (宮崎義一訳『説得論集』東洋経済新報社, 1980 年); CWK XIII, *The General Theory and After. Part I: Preparation*.
——— (1929) 'Can Lloyd George do it?' reprinted in CWK IX.
——— (1939) 'Relative movements of real wages and output', *Economic Journal*, 49: 34-51; as reprinted in CWK VII.
Maneschi, A. (1988) 'The place of Lord Kahn's *The Economics of the Short Period* in the theory of imperfect competition', *History of Political Economy*, 20: 113-118.
Marcuzzo, M.C. (1993) 'La relazione salari-occupazione tra rigidità reali e rigidità nominali', *Economia Politica*, 10: 439-463.
——— (1996) 'Joan Robinson and Richard Kahn: The origin of short-period analysis', in M.C. Marcuzzo, L. Pasinetti and A. Roncaglia (eds), *The Economics of Joan Robinson*, London and New York: Routledge.
——— (1999) 'Introduzione', in R.F. Kahn, *Concorrenza, occupazione e moneta*, Bologna: Il Mulino.
——— (2002a) 'The collaboration between J.M. Keynes and R.F. Kahn from the *Treatise* to the *General Theory*', *History of Political Economy*, 34: 421-447; reprinted as chapter 7 of the present volume.
——— (2002b) 'From the fundamental equations to effective demand: "Natural evolution" or "change of view"?', in P. Arestis, M. Desai and S. Dow (eds), *Methodology, Microeconomics and Keynes: Essays in Honour of Victoria Chick*, vol. II, London: Taylor & Francis.
——— (2003) 'The "first" imperfect competition revolution', in J.E. Biddle, J.B. Davis and W.J. Samuels (eds), *A Companion to the History of Economic Thought*, Oxford: Blackwell; reprinted as chapter 14 of the present volume.
——— (2004) 'From market "imperfections" to market "failures": Some Cambridge challenges to laissez-faire', *Annals of the Society for the History of Economic Thought*, 45: 1-10; reprinted as chapter 11 of the present volume.
——— (2005) 'Keynes and his favourite pupil: The correspondence between Keynes and Kahn', in M.C. Marcuzzo and A. Rosselli (eds), *Economists in Cambridge: A Study through Their Correspondence, 1907-1946*, London and New York: Routledge.
Marcuzzo, M.C. and Rosselli, A. (2008) 'The Cambridge Keynesians: Kahn, J. Robinson and Kaldor', in R. Leeson (ed), *The Keynesian Tradition*, London: Palgrave Macmillan.
Marcuzzo, M.C. and Sanfilippo, E. (2007) 'Profit maximization in the Cambridge tradition of economies', in M. Forstater, G. Mongiovi and S. Pressman (eds), *Post Keynesian Macroeconomics: Essays in Honour of Ingrid Rima*, London and New York: Routledge; reprinted as chapter 15 of the present volume.
Marris, R. (1991) *Reconstructing Keynesian Economics with Imperfect Competition*,

Aldershot: Elgar.
―――― (1992) 'R.F. Kahn's fellowship dissertations: A missing link in the history of economic thought', *Economic Journal*, 102: 1235-1243.
Marshall, A. (1961) *Principles of Economics*, 9th edn, London: Macmillan.
Moggridge, D.E. (1992) *Maynard Keynes: An Economist's Biography*, London: Routledge.
―――― (1994) 'Richard Kahn as an historian of economics', *Cambridge Journal of Economics*, 18: 107-116.
Mongin, P. (1991) 'The early full-cost debate and the problem of empirically testing profit maximization', *Journal of Post Keynesian Economics*, 13: 236-251.
Mongiovi, G. (1991) 'Review of *The Economics of the Short Period*', *Eastern Economic Journal*, 17: 381-383.
Newman, P. (1986) 'Review of R.F. Kahn, *The Economics of the Short Period*', *Contributions to Political Economy* 5: 113-118.
Nickell, S.J. and Andrews, M. (1983) 'Unions, real wages and employment in Britain 1951-1979', in *Oxford Economic Papers*, 35, Supplement, *The Causes of Unemployment*: 183-206.
O'Shaughnessy, T.J. (1994) 'Kahn on the economics of the short period', *Cambridge Journal of Economics*, 18: 41-54.
Palma, G. (1994) 'Kahn on buffer stock', *Cambridge Journal of Economics*, 18: 117-127.
Pasinetti, L. (1987) 'Kahn, R.F.', in J. Eatwell, M. Milgate and P. Newman (eds), *The New Palgrave: A Dictionary of Economics*, vol. III, London: Macmillan.
―――― (1991) 'Richard Ferdinand Kahn: 1905-1989', *Proceedings of the British Academy*, 76: 423-444.
―――― (1994) 'Richard Kahn, 10 August 1905 - 6 June 1989', *Cambridge Journal of Economics, 18: 3-6*.
―――― (2007) *Keynes and the Cambridge Keynesians: A 'Revolution in Economics' to be Accomplished*, Cambridge: Cambridge University Press.
Patinkin, D. (1993) 'On the chronology of the *General Theory*', *Economic Journal*, 103: 647-663.
Robinson, E.A.G. (1994) 'Richard Kahn in the 1930s', *Cambridge Journal of Economics*, 18: 7-10.
Robinson, J. (1932) 'Imperfect competition and falling supply price', *Economic Journal*, 42: 544-554.
―――― (1937) *Essays in the Theory of Employment*, Oxford: Blackwell (川口弘訳『ケインズ雇用理論入門（新訂版）』巌松堂出版，1974 年).
―――― (1976) 'Introduction', in R.F. Kahn, *L'occupazione e la crescita*, Torino: Einaudi.
―――― (1979a) 'Michal Kalecki', in *Collected Economic Papers*, vol. V, Oxford:

第4章 ケンブリッジでの著作の序文に隠れている，かの捉えにくい人物 131

Blackwell.
—— (1979b) 'What has become of the Keynesian Revolution', in *Collected Economic Papers*, vol. V, Oxford: Blackwell.
Rosselli, A. (2005a) 'An enduring partnership: The correspondence between Kahn and J. Robinson', in M.C. Marcuzzo and A. Rosselli (eds), *Economists in Cambridge: A Study through their Correspondence, 1907-1946*, London: Routledge.
—— (2005b) 'The defender of the Marshallian tradition: Shove and the correspondence with Kahn, J. Robinson and Sraffa', in M.C. Marcuzzo and A. Rosselli (eds), *Economists in Cambridge: A Study through Their Correspondence, 1907-1946*, London: Routledge.
Samuelson, P.A. (1994) 'Richard Kahn: His welfare economics and lifetime achievement', *Cambridge Journal of Economics*, 18: 55-72.
Skidelsky, R. (1992) *John Maynard Keynes*, vol. II: *The Economist as Saviour, 1920-1937*, London: Macmillan.
Smith, D.C. (1980) 'Trade Unions, growth and industrial disputes', in D.C. Caves and L.B. Krause (eds), *Britain's Economic Performance*, Washington: Brookings.
Sraffa, P. (1926) 'The laws of returns under competitive conditions', *Economic Journal*, 36: 535-550.
Tarshis, L. (1939) 'Changes in real and money wages', *Economic Journal*, 49: 150-154.
Weintraub, R. (1998) 'Controversy: Axiomatisches Mißverständnis', *Economic Journal*, 108: 1837-1847.
Wootton, B. (1964) *The Social Foundations of Wage Policy*, London: Allen & Unwin.

第5章
ジョーン・ロビンソンと3つのケンブリッジ革命[*]

M.C. マルクッツオ

1. はじめに

　ジョーン・ロビンソンは，ケンブリッジにおいて1930年代から1960年代のあいだに起きた経済理論における主要な3つの革命に関わっていた．すなわち，不完全競争，有効需要，資本の限界理論の批判である．これらの発展は，彼女と密接な関係にあった3人の人々，すなわち，リチャード・カーン，ジョン・メイナード・ケインズ，ピエロ・スラッファの仕事に関係している．本章では，私は，これらの革命をかたち作った人的で知的な関係の文脈において，これらの革命の相互作用に焦点を当てる[1]．

2. カーン

　カーンとジョーン・ロビンソンは，彼女が夫のオースティンに同行していったインドから帰還後の1928年後半に出会った．その当時はケンブリッジに住むという見通しはまだ不確かであった．カーンは，1930年3月にキングズ・カレッジでのフェロー資格を獲得することになる論文の執筆途上にあった．50年以上にわたって，彼らの関係はそれぞれの知的，そして感情的な人生をかたち作った．1983年8月のジョーン・ロビンソンの死後，カーンは友人への返信のなかで，以下のような言葉を述べている．「私は，ジョーンと1928年に最初に知り合って以来，われわれはともにその言葉のさまざまな意味において人生を楽しんだ」[2]．

第5章　ジョーン・ロビンソンと3つのケンブリッジ革命　　133

　現存するカーンとジョーン・ロビンソンのあいだの書簡は，1930年から1981年のあいだのカーン宛ての約1000通の書簡と，不幸にも1932年から1940年のあいだのジョーン・ロビンソン宛ての約50通の書簡から構成されている．彼の書簡のほとんどが紛失したにもかかわらず（明らかにジョーン・ロビンソンは大変な破壊者であった），残っているものは，彼らの関係の両方の側面を探求するのに十分な素材をわれわれに与えている[3]．

　実際，特に『不完全競争の経済学』についての彼らの協働の性質については多くの推測が存在しているが，それについてはほとんど書かれていない．同様に，『一般理論』の執筆においてカーンが果たした役割については多くのことがそれについて書かれているが，論争的である[4]．それゆえ，サミュエルソンが適切に述べているように，カーンは，いまだ非常に「ほとんどのケンブリッジの著作の序文の背後に隠れている捉えにくい人物」（Samuelson 1947, 159；訳 第1巻244頁）[5]と思われている．

　『不完全競争の経済学』1933年版の序文の冒頭段落において，ロビンソンはカーンの貢献に対する謝辞を記している．「[……] 私はR.F. カーン氏につねに助けてもらった．技術的な装置全体は，彼の助けによって構築され，そして主要な問題の多くは，[……] 私と同じくらい彼によっても解かれた．彼はまた，私が自分では見出せなかった多数の数学的証明にも貢献した」（Robinson 1969, xiii；訳 i 頁）．しかしながら，ケインズとの協働の場合におけるのと同様に，彼が彼女の著書の共著者であったという示唆に対し，カーンは強く反対した．彼は彼女に以下のように書いている．「あなたは私に責任があることがらを超えて非常に多くのことを私に帰している．私が行ったことは，あなたが書いたものを読むことであった．建設的な仕事（例えば，価格差別と搾取に関して）を行おうとする私の試みのほとんどは失敗に終わり，[……] 鍵を見出したのはつねにほとんどあなたであった．ものごとの計画における私の位置は明らかに，計算における誤りを直すことでした」（1933年3月30日付の書簡．RFK 13/90/1/209-10．RFKについては本書121頁注を参照）．

　実際は，不完全競争へのカーンの関心はロビンソンよりも先行していた．というのは，彼のフェロー資格論文である『短期の経済学』（1929）で示された目的の1つは，スラッファによって開始された研究の線を追究することであっ

た．すなわち，スラッファの 1926 年の論文が「完全競争の道を放棄し，反対の方向，すなわち，独占へ向かうこと」(Sraffa 1926, 542；訳 101 頁) として提示しているマーシャル的な矛盾から脱出する方法である．

　カーンのフェロー資格論文の主要な貢献は，純粋競争の仮定が放棄されたときの企業の均衡条件の決定であった．カーンは，マーシャルの「最大独占純収入」(Marshall 1920, 397；訳 105-106 頁) の標準的な定義を，すなわち，産出に独占者の供給価格と需要価格のあいだの差を乗じたものが最大である点を，市場の不完全性を測定する巧妙な方法を提供するために利用している (Marcuzzo 1994, 30-31)．論文が書かれた時期である 1928 年 10 月から 1929 年 12 月のあいだ，限界収入は無名の概念のままであった．

　彼が学位論文から書こうとし，未刊のままに終わった著書においては，不完全競争の問題は影が薄くなっている．しかしながら，学位論文と同じタイトルをもつ著書の第 7 章の一部である「限界原理」という論文において，不完全競争下の企業にとっての均衡条件は十分に展開されている (Marcuzzo 1996b を参照)．不幸にも，その論文は，カーンが 1933 年前半にハーヴァード大学を訪れているあいだに，『クォータリー・ジャーナル・オブ・エコノミックス』誌に投稿したのだが，フランク・タウシッグによって却下された[6]．

　ジョーン・ロビンソンが 1930 年後半から 1931 年前半のあいだに執筆を始めていた『不完全競争の経済学』は，その時までに，校正刷りの段階にあり，出版目前であった．オースティン・ロビンソンの再構成によると，すべては「ジョーンとリチャード・カーンのあいだの共同ゲームとして」(Patinkin and Leith 1977, 80；訳 121 頁) 始まった．しかし，ジョーン・ロビンソンは「私の悪夢」という名で呼んだが，著書の草稿作成はジョーンにとって苦痛であった．カーンとの通信は圧迫的で要求が厳しかった．なぜなら，カーンは一文ごとにチェックしたからであり，カーンはアメリカにいたので校正の最終作業は書簡によってなされた．

　カーンの学位論文の場合のように，『不完全競争の経済学』の出発点は，「独占者としての企業の概念から出発して，価値論を書き直す」(Robinson 1969, 6；訳 7-8 頁) というスラッファの提案であった．著書の目的は限界の技術をすべての市場形態に拡張することであった．この方法によって，マーシャル＝

ピグーの装置の一貫性を疑問視したスラッファによって提示された挑戦への答えを与えることを彼女は望んでいた．

マーシャル゠ピグーの装置へのスラッファの批判の中心には，競争状態において生産された個々の商品の相対価格の決定における需要と供給の仮定された対称性が存在する．この対称性は，Sraffa（1925, 317；訳 68 頁）が主張するところでは，費用における変動法則が，需要された数量との関係において，需要価格の変動法則と同じ程度の一般性をもつという条件で成り立つ．もし，費用が生産された数量に依存しない場合は，対称性は存在し得ないであろうし，商品価格は生産において必要となる経費に依存するであろう．他方で，限界革命の到来以前に優勢であった古典派理論のように，需要は生産される数量のみに影響するであろう．

「鋏の刃」が両方とも個々の商品の価格の決定において有効であるためには，需要価格と供給価格の両方が数量の関数でなければならない．それゆえ，企業が直面する U 字型平均費用曲線の仮定は，競争状態において生産される商品の右上がりの供給曲線の導出の基礎であるが，現実において優勢な費用条件の反映ではなく，むしろマーシャル的な理論が供給と需要の「対称的な力」に基づく価値論を有効にするために必要であった，というのがスラッファの主張であった．

スラッファは部分均衡アプローチの有効性と U 字型平均費用曲線の導出のために仮定された条件を疑った．第 1 の批判は，部分均衡アプローチの有効性のために必要な限定的な条件を指摘していた．すなわち，「2 つの変数しか［部分均衡は扱わないので］，1 つの商品の生産水準が変化したとき，［……］消費者の需要と他のすべての商品の生産の条件が変化しないということを仮定することが必要である」と（Sraffa 1925, 322; tr. in Panico 1991, 561；訳 76 頁）．

第 2 の批判は，U 字型平均費用曲線の根拠，すなわち，収穫逓減と収穫逓増の 2 つの「法則」に対して向けられていた．マーシャル的な装置では，2 つの法則は最初に平均費用が逓減して，それから逓増することによって効果を発揮している．逓減的費用は何らかの要素の分割不能性に帰せられる一方で，逓増的費用は希少な要素の存在に帰せられている．しかしながら，スラッファが

論じるところでは, １つの企業が逓増的費用を経験するためには, 希少な要素が産業に対して固定されていて, その企業間での配分は所与で, 企業数も固定されていることが仮定されていなければならない. この最後の条件は明らかに完全競争における自由参入の条件を侵犯している. 何らかの要素の分割不可能性による逓減の費用の場合は, また, 完全競争の仮定を侵犯している. というのは, それらはいかなる競争的企業も独占企業に変え得るからである. ここで, 企業にとって外部的で, 産業にとって内部的な大規模産業の経済性の導入のみが, 逓減的費用と完全競争が両方とも成り立つ可能性をマーシャルが維持することを可能にしているのである.

さて, これらの点が『不完全競争の経済学』においてどのように示されているのかを考察しよう.

第１に, 収穫逓増と逓減の２つの法則は, 「適切に選ばれた効率単位で描かれた生産要素の供給曲線によって」(Robinson 1969, 330；訳 422 頁) 示されている. この定式化によると, ひとたび要素の同質性の程度についての説明がなされると, 希少な要素の価格とその数量のあいだの関係は産業に対する要素供給曲線の弾力性によって捉えられる.

もし, 要素が産業においてその効率性の点で完全に同質であるならば, そのとき, 要素供給曲線は完全に弾力的である. もし, 要素が効率において同質でなければ, そのとき, 要素供給曲線は自然単位によってではなく, 効率単位によって, あるいは彼女が修正自然単位と呼ぶものによって描かれなければならない. 修正単位は要素のすべての単位を効率性の標準的な尺度, すなわち, 限界物的生産性へ還元することによって得られる.

もし, 要素が産業の視点から希少であるならば, 修正自然単位当たりの要素価格は, 大規模産業の経済性がないという条件のもとで, それがより多く使われるにつれて上昇するであろう. もし, 大規模産業の経済性が存在するならば, 諸要素の効率性は, 産出が増大するにつれてその効率性がより専門化された生産方法の採用によって増大する１つ以上の要素の分割不能な単位をさらに利用することを通じて増大し得る. このことは, １つの企業にとって, その希少性に由来する要素供給曲線への効果を相殺するかもしれない.

そして, ２つの法則は以下のように再度述べることができる. すなわち, 要

素のより多くの利用がすでに利用されている単位の効率性に対して好ましい反応をもつとき，収穫逓増が生じる．要素のより多くの利用がすでに利用されている単位の価格に対して好ましくない反応をもつとき，収穫逓減が生じる．

　商品供給曲線の導出問題に関して，需要の変化の供給価格への効果を追跡しながら，ロビンソンは時間的次元が関連していると論じている．短期では，企業の生産設備は固定され，生産費用の一部は産出とは無関係に固定されている．準長期では，生産設備は産出の変化に適応すると考えられ，すべての費用は，企業者の最低限の報酬をのぞいて，産出とともに変化するであろう．長期では，所与の商品を生産する企業の数も変化するであろう．

　短期と準長期の競争状態においては，供給曲線の構築は，費用が需要の状態から独立しているという条件のもとで（それはまさにスラッファの論点であった），何の困難も示さないといわれている[7]．すべての要素が産業に対して弾力的な供給となり，大規模産業の経済性が存在しないとき，平均費用は，産業の産出が増大するにつれて変動せず，したがって供給価格は一定である．資源が産業需要と比較して稀少であるとき，商品の供給曲線の弾力性は以下に依存する．(i)稀少要素の供給弾力性，(ii)要素間の代替弾力性．しかしながら，大規模産業の経済性が存在するとき，企業の平均費用は減少し，企業の最適規模は縮小するかもしれない．規模の経済性と要素希少性の組み合わせは，最適規模の企業にとっての平均費用を上昇させるか，あるいは下落させるかもしれない．そして，供給価格は上昇していくかあるいは下降していくかもしれない（Robinson 1969, 128；訳166頁）．

　問題が長期で生じる．というのは，企業数の変動がその費用を変化させるかもしれないからである．ロビンソンは，そこで，分析を通じて，「産業が拡張しているときに企業の費用曲線には何の変化もないこと」（Robinson 1969, 98；訳122頁）を仮定している．

　完全競争の状態が優勢であるならば，商品に対する需要の変化は企業が直面する需要曲線の傾きを変化させず，そして，供給価格の導出はそのような理由により困難に出会わない．もし，競争が完全ではなく，それゆえ，企業が右下がりの需要曲線に直面しているならば，産業に対して向けられる需要の変化は企業が直面する個々の需要曲線の変化に反映されそうである．それゆえ，その

弾力性への効果を知ることが必要である．もし，商品に対する需要の変化が企業の需要曲線をより非弾力的にするならば，供給価格は増大するかもしれない．もし，それが企業の需要曲線をより弾力的にするならば，他の条件が同じならば，供給価格は減少するであろう．

いかなる所与の産業の完全均衡条件も，そこで，完全市場と不完全市場の両方において導出される．「企業数が変化する傾向がないとき，その産業は完全均衡にあるといえる．そのとき，企業によって獲得された利潤は正常である」(Robinson 1969, 93；訳115頁)．というのは，価格（平均収入，AR）が平均費用（AC）に等しいときに利潤は正常であり，限界収入（MR）が限界費用（MC）に等しいときに企業は個々の均衡にあるので，完全均衡はMR＝MCとAR＝ACという二重の条件を必要とするということになる．

ロビンソンはそれから「二重の条件」は，「企業の個々の需要曲線がその平均費用曲線に接しているとき」にのみ満たされ得るということを証明している(Robinson 1969, 94；訳116頁)．需要曲線と平均費用曲線が接している産出量で，限界収入曲線が限界費用曲線と交わることもまた示されている．

結論は，競争が完全であるとき，「限界費用と平均費用は均衡において等しく，平均費用が最小でなければならない．というのは，もし，この条件が満たされないならば，単純に，競争が完全ではないからである」(Robinson 1969, 96；訳120頁) ということである．競争が完全ではないとき，「個々の企業の産出に対する需要曲線が右下がりとなる」ので，[……]「均衡の二重条件は平均費用が低下しているある産出に対してのみ満たされ得る．企業は，それゆえ，利潤が正常であるとき，最適規模以下になるであろう」(Robinson 1969, 97；訳121頁)．

スラッファは，部分均衡分析は，異なった商品の費用と需要の条件が独立でなければならないという大胆な仮定を必要とすると論じていた．ジョーン・ロビンソンは，仮定が陽表的に述べられれば，分析はそれらと整合的にすることができるという理由で，マーシャル的な独立性の方法論を擁護した．

スラッファは，最初に逓減して，そしてそれから逓増する費用の根拠は疑わしいと論じていた．というのは，それらはまったく異なった原因の集合に依存しており（個々の企業の産出の変化と産業の産出の変化），そして，一般に，

第5章　ジョーン・ロビンソンと3つのケンブリッジ革命

それらは完全競争とは矛盾するからである．ロビンソンは，それらは同じ原理から一貫して導出することができ，さらに，競争のより一般的な理論においては完全競争を特殊な場合として，異なった費用と需要の条件を許容することができる，と応えた．

最後に，スラッファは，所与の産業における企業の均衡から個々の商品の供給曲線を導出することの有効性を疑っていた．ジョーン・ロビンソンは，完全競争および費用からの需要の独立性が仮定されるならば，供給曲線は，(i) 短期と準長期においては，すべての企業において，限界費用＝価格と，価格＝限界収入であることを根拠に，そして，(ii) 長期においては，正常利潤は，平均費用＝平均収入となるところで定義できるという仮定のもとで，導出することができる，と論じた．もし，競争が完全でないならば，そのとき，非常に特殊な仮定が産業の需要曲線と企業の個々の需要曲線のあいだの関係，そして，それゆえ企業の限界収入について仮定されないかぎり，どの関連する期間においても供給曲線は導出され得ない．ロビンソンは以下のように結論付けている．

> 供給価格が上昇しているときと，下落しているときに供給価格が決定されるメカニズムのあいだに不可思議な相違がある，と何人かの著者は示唆しているようだが，それは誤りである．本質的な相違は，上昇する供給価格と下落する供給価格のあいだではなく，完全競争と不完全競争のあいだに，そして，時間的要因が認められている分析とそれらが無視されている分析のあいだに存する (Robinson 1969, 129；訳 165-166 頁)．

不完全競争が真の「革命」であったのか，それとも単に経済学の歴史における転換点であったのかは問われてもよい——そして，実際，問われた．転換点というのは，異なった行路における新たな出発であり，それは，以前に抱かれた信念や結果を覆すかもしれないし，覆さないかもしれない．反対に，革命は基本的な問題についてわれわれが考える方法を変化させ，そしてそれは一般に現在，支配的な思考方法に反対するものである．明らかに，不完全競争は第1のカテゴリーに属している (Marcuzzo 1996a, Loasby 1991, 41 も参照)．1950 年代初めまでに，ロビンソンは自らの著書の厳しい批判者となっており，

それを「袋小路」として却下していた (Robinson 1978a, x). ケインズ革命, カレツキの影響, マルクスについての彼女の考察, そして最終的にスラッファによる古典派アプローチの復活に対する彼女の高い評価は, 『不完全競争の経済学』の方法論と内容について彼女を懐疑的にさせた. しかしながら, それが書かれたときには, その本は, スラッファの批判からマーシャル的部分均衡アプローチを救い出す方法を提供するように思われた. それはまた, カーンとロビンソンが『貨幣論』から『一般理論』への移行に影響を与えることを可能にし,「所与」の競争度の条件において, 短期の総需要と総供給のタームでなされるケインズの議論をかたち作った.

3. ケインズ

ジョーン・ロビンソンのケインズとの面識は徐々に始まったが, 1932年春までには暖かな関係へと発展していた. 彼女は,「サーカス」, すなわち, 1930年末から1931年春まで, 『貨幣論』についての議論をその十分な含意まで追求することを目的としていた非公式の討論グループのメンバーになっていた. 1932年4月に, ロビンソンはケインズに彼女の「貯蓄と投資の寓話」(Robinson 1933) という論文をみせた. そこでは, 投資に対する貯蓄超過は消費財物価の下落をもたらすという『貨幣論』の結論は消費財の供給曲線が完全に非弾力的であるという仮定に依存していると彼女は論じていた. 1932年5月に, カーンとオースティン・ロビンソンとともに, 彼女は投資の増大が産出の増大をもたらすというメカニズムについてケインズが講義で提示した点を論じる「マニフェスト」を書いた. 1932年11月に, ケインズはマクミラン社のために『不完全競争の経済学』の査読を務めた. 彼の査読報告は完全には褒めてはいなかったが (Keynes 1973a, 865-868), 本の出版を勧めるほどには十分評価するものであった. 彼は『エコノミック・ジャーナル』誌へのロビンソンによる論文 (Robinson 1951a) の投稿を受け容れたばかりで, それを「素晴らしい——最高に美しく, 明快」(1932年10月16日の書簡, JMK所収. JMKについては本書121頁注を参照) なものとして称賛していた.

カーンは1933年初頭にアメリカに滞在していたが, ケインズの著作への関

与をさらに追及することを彼女に促した．彼は彼女に以下のように書いている．
「当然，あなたは（海外にいて）論点を提示することはできません．でも，もしメイナード（ケインズ）があなたに自分の資料を見てもらいたいと仄めかすのであれば，あなたがそうされるのを私は望みます．正直いって，回復後，私1人に責任がかかりそうで少し愕然としています」(1933年3月2日付の書簡，JMK 13/90/1/162-4)．1年半後，『一般理論』の基本的な部分が堅固に整えられたとき，ロビンソンは彼女の役割について確信しており，以下のようにカーンに書くことができた．「[……] もちろん，私は『貨幣論』についての見解で完全に一杯になっています．メイナードは，彼の考えがどの点で変わったのかを示す，新たな著作のための序文を私が書くのを望むかしら」(1934年9月5-6日付の書簡 [JMK 13/90/2/94-6])．実際，ケインズとジョーン・ロビンソンのあいだの個人的関係に変化が生じたのは1934年の夏のあいだであった．彼女はカーンに以下のように書いている．「私は，メイナードがタイプ打ちで「敬具」と署名し，それを抹消して，インクで書いているので，私は本当に不満をいえません……」(1934年8月15日付の書簡 ([JMK 13/90/2/39-41])．

1935年6月に，ケインズは，ハロッド，ホートリー，カーンとともに，ロビンソンに，『一般理論』の再校ゲラを読むことを依頼した．『一般理論』出版の翌年，ロビンソンはすでに，ケインズの歩みにしたがう2冊の著書を出版していた．第1に『雇用理論研究』だが，これは「主要な理論への付記事項」(Robinson 1979a, 185-186) を描いたものである．第2に『雇用理論入門』だが，これは彼女がケインズへの書簡において述べているように，「『一般理論』の子供向け版」であった (Keynes 1979, 185)．ケインズは，当初，新たな考えを公表するさいに，「拙速に反対し，熟成を好んで」(Keynes 1979, 186) いたため，彼の議論を大衆化する努力は控えていた．しかし，『雇用理論入門』が出版されると，ケインズは彼女に以下のように書いた．「私が思うに，あなたは単純化するのに非常に成功しています．そして，複雑さの回りを美しく滑っています」(1937年11月20日付の書簡，JVR vii/240/14-5．JVRについては本書121頁注を参照)．

ケインズはまた，彼女のアカデミックなキャリアを支援し，他のだれかがそれを妨害するのを防ぐべく介入したこともある．ロビンソンがいまだ，学部の

副講師で，講師に応募したとき，ケインズは，貨幣に関する講義を担当する旨の彼女の提案が却下されないように行動した．同僚で，クライスト・カレッジのフェローであった C.R. フェイ宛ての 1935 年 3 月 5 日付の書簡において，以下のように書いている．

> ［……］私が思うに，講師の質と人気に何の問題もなく，あるいは何か他の特別な分野での講義が望まれているといったこともない場合において，講師が大いに望んでいる講義を拒否するというのは非常に強い，ほとんど前例のない方策です．私が聞くところでは，彼女の講義は非常に良く，男性と比べても最も成功しているものです．しかし，この特定のケースでは，私が想像するには，われわれが見逃すことは非常に間違っているであろう，視野に入れるべきいくつかの他の考慮事項があります．もし，これらの講義が却下されることになれば，私が思うに，ロビンソン氏が彼女自身のアプローチの線を説くことを妨げる試みがなされており，われわれは，学問上の意見の違いが出現してき得る一種のロンドン・スクール・オブ・エコノミックスになろうとしているという印象を，いかにそれが不当であれ，与えることでしょう．私は，このことがあなたの考えからはまったく離れたものであることは分かっています．しかし，そのことがだれかによって感じられるといういささかなりとも微かな言い訳をも与えないことが重要です．［……］彼女が，彼女の業績に完全にはふさわしくない劣った地位にいるがゆえに，少し困難な個人的状況が生じているということを忘れてはなりません．もし，大学講師がだれもおらず，われわれがもう一度，任命しようとするならば，いま優位な地位をもつ人々のいく人かより，彼女がおそらく優れた資格をもたないということがあるでしょうか．私は，疑いなく，もつであろうと私自身は考えています（JMK UA/14.2）．

ケインズとの関係は，彼女がカレツキの仕事をケインズの批判に対して弁護しているという困難な時期でもあった[8]．しかし，彼らのあいだの通信は，1930 年代中頃以降，ケインズが彼女の判断を信頼し，彼女の仕事を評価していたことを立証している．

第5章 ジョーン・ロビンソンと3つのケンブリッジ革命

カーンとロビンソンが「全体としての産出への需要と供給」の用語で『一般理論』の主要な議論の提示に影響を与えたという私の主張へ，いまや移ることにしよう．

1932年初頭に，ケインズは，投資の増大がつねに産出の増大をもたらすという結論に達した（Marcuzzo 2002）. 5月2日の講義で，ケインズは彼の「新たな」見解を以下のように提示した．「所与の社会における短期の産出と雇用の変動は，[……]当期の投資量にほぼ完全に依存する．[……]これは，[……]投資量の変化の貯蓄への確実な効果を考慮に入れた結果である」(Keynes 1979, 41).

投資の増大が産出の増大をもたらすことを証明するために，2つの仮定のみが必要であると彼は論じている．すなわち，(i)稼得が産出とともに直接に変動すること，および(ii)貯蓄が稼得とともに直接に変動すること，である．均衡においては貯蓄の増加は投資の増加に等しくなければならないので，投資のいかなる増加も産出の増加を必然的にもたらすことになる．しかしながら，資本財費用の増加が資本財生産部門の利潤の増加を妨げるとき，投資が産出を増加させることに失敗し得る「例外的なケース」を彼は指摘していた．カーンとジョーンとオースティン・ロビンソンは，ケインズの講義に出席していたが，投資の増大が，もし，それが消費財の産出を増加させるならば，直接に産出の増大をもたらすと論じる「マニフェスト」を作成することによって反発した[9]. マニフェストの著者達によると，ケインズの議論は，均衡に到達するということのみを証明しているのであって，産出が増加したということは証明していない．彼らは，以下のように述べている．「問題は供給と需要の方法による扱いの影響を受けるように私たちには思われる」(Keynes 1979, 43).

実際，彼らが論じているところでは，投資と産出の増加のあいだの関係を証明するためには，以下の2つの条件は十分条件である（必要条件ではない）.

(a)資本財の産出が増加したとき，消費財需要が増加する．(b)消費財の供給条件は，それらへの需要が変化しても不変である．この議論は前年のカーンの乗数論文（Kahn 1931）において提示されたメカニズムの一般化であった．その論文は，消費財需要とそれらの価格への増大した投資の効果を研究しており，そこでは価格は消費財の供給曲線の弾力性に依存している[10].

オースティン・ロビンソン，カーン，そして彼女自身によって示唆された「方法」の健全性をケインズに納得させるために，ジョーン・ロビンソンは1932年5月2日にケインズに以下のように書いている．「私は，残るわれわれと同様に，あなたがピエロによってぐらつかされた供給曲線を信頼してきていると信じています．しかし，彼が攻撃しているのは，ちょうどあなたが正当であるとみなしている1つ1つの供給曲線です．彼の反対は，産出の供給曲線には当てはまりません．しかし，それに当てはまる反対を彼が考え出し始めるときには，天がわれわれを助けてくれることでしょう！」(Keynes 1973b, 53)．

ケインズは納得したようであった．1932年の秋の講義においては，そのタイトルは「貨幣の純粋理論」から「生産の貨幣的理論」へと変更されているが，われわれは「全体としての供給に対する全体としての需要」(Keynes 1979, 53)という表現を見出し始める．

彼女が，『ケインズ全集第29巻』——その巻にはティルトンの洗濯篭から発見された「マニフェスト」が収録されている——を批評したとき，彼女はこの物語の後知恵ヴァージョンを述べている．

「サーカス」では，われわれは，静学的な意味と増分的な意味の両方において投資が貯蓄を決定するという考えに慣れていた．生産が完全に投資財部門と消費財部門に分割されているとき，投資財部門の所得の自らの貯蓄を超過する部分，すなわち，その消費は，消費財部門の自らの消費を超過する部分，すなわち，その貯蓄に等しい．投資への支出率の増加は，ある特定の瞬間に始まり，乗数メカニズムを通じて，速やかに貯蓄フローの等しい増加をもたらす．[……] ケインズは，彼の講義において，貯蓄と投資の差に依存するやっかいな『貨幣論』の定義をいまだ用いていたが，彼はそれを用いて同じ結果を得ていた．投資の増加が産出を増加させるのに失敗するという，むしろ理解するのがいまでは困難であるように思われる「例外的なケース」が存在した．われわれが「マニフェスト」において述べたのはこのケースについてであった．[……]「問題を友好的に解決した」(Keynes 1979, 48) ように思われるカーン，ケインズ，そして私のあいだの1932年5月8日の1日がかりの討論があった．かなり後，『一般理

論』（400；訳402頁．ケインズ全集版）において，ケインズは，そこでの問題であった「全体としての産出の短期供給曲線」の概念をカーン（善きにせよ悪しきにせよ）から得たと説明した（Robinson 1980a, 391）．

　こうして，カーンとジョーン・ロビンソンは『一般理論』の議論において，需要と供給の方法[11]の導入，および特に所与の競争度の状態において導出された短期供給曲線の使用に影響を与えた．これは，『短期の経済学』と『不完全競争の経済学』において彼らによってなされた仕事において一般化され，カーンによって彼の乗数論文において最初に導入された，投資の増加の後，消費財の価格と産出への効果を扱うように拡張された，マーシャル的装置（供給と需要プラス限界分析）の有効性への彼らの共通の信念の結果であった．
　はるか後に，ジョーン・ロビンソンは『一般理論』において採られた仮定について考え直し，カレツキの枠組（マークアップ価格設定と一定の限界費用）がケインズの枠組よりも優れていると主張した（Robinson 1979a, 186）．しかしながら，価格理論の問題についてはカーンとも意見の相違があった．彼女は，カーンに一度，ぶっきらぼうに以下のように書いている．「われわれは，長期ではピエロの価格に，短期ではケインズの価格に同意して，そのくらいにしておけないでしょうか」（1961年5月19日付の書簡，RFK 13/90/6/199-200）．
　私はいまやジョーン・ロビンソンが貢献した他のケンブリッジ革命をもたらすうえでのスラッファの影響に向かうことにする．

4. スラッファ

　リチャード・カーンとジョーン・ロビンソンは1928年度のスラッファの講義に参加していたが，明らかに彼らはカーンによる古典派アプローチの復活という含意を理解していなかった[12]．しかしながら，われわれが見てきたように，スラッファの1926年論文は彼らの初期の業績の主要な着想源であった．実際，ジョーン・ロビンソンは，1932年10月に出版した『経済学は真摯な主題である』という短いパンフレットをスラッファに捧げている．当初の手稿においては，「根本的な悲観主義者へ」という無名の献辞に代って以下のように記され

ていた．「ケンブリッジへの悲観主義の導入により，経済学を真摯な主題にしたピエロ・スラッファへ」[13]．

『経済学は真摯な主題である．一経済学者の数学者，科学者および常識人への弁明』(Robinson 1932) は，スラッファの1926年論文での議論において提起された疑問を，より一般的な目的を意図しながら論じている．すなわち，現実主義に対して論理を擁護しようとする数学者の攻撃に対して，そして，まさにその逆のことを行う常識人の攻撃にたいして，非現実的な仮定を採用する方法論を擁護するという目的である．彼女は後に，そこにおいて擁護した方法論を信じるのを直ぐに止めたので，それを再版しなかったと述べている（Robinson 1979b, 110）．

『不完全競争の経済学』を執筆しているあいだ，彼女のスラッファおよびカーンとの通信が明らかにするように，彼女はスラッファの批判を危惧していた[14]．彼女は，スラッファに著書の草稿を見せた．そして彼女はカーンに，スラッファは破壊的な批判はしなかったけれども，彼は「現代的な需要曲線を受け入れる」ことはなかった，と報告した（1933年1月18日付の書簡，RFK 13/90/1/57-8）．

その後，彼女とスラッファの関係は非常に緊密になった．彼らは一緒に長い散歩に出掛け，さまざまな事項について意見を交わした．しかし，スラッファの仕事が再び彼女に大きな衝撃を与えたのは戦後になってからのことであった．1970年代後半に彼女が述べた再構成によると，1940年代後半に，彼女がケインズ的分析を長期に拡張しようとしていたとき，動学的分析における障害は「利潤率についての適切な概念の欠如」（Robinson 1980b, 107）であった．総利潤の水準だけがケインズとカレツキの有効需要論に基づいて決定できるのに対して，利潤率を決定するためには資本ストックの価値を定義する必要がある，と彼女は論じた．資本ストックの価値は，当時は，彼女によれば，「だれも定義出来そうには思えなかった」（Robinson 1978a, xvi）．彼女は後に，この時期について，「私はピエロ・スラッファと数え切れない議論を行ったが，それらはつねに彼が私を誤りから阻止することにあった．彼はけっして積極的なことは何もいおうとしなかった．こうして，私が資本の利潤率の問題について一条の輝きを見たのはリカードウの『経済学（および課税の）原理』への彼の

「序文」にある「穀物経済」を見出したときであった」．リカードウの『経済学原理』のスラッファによる「序文」によって開始された新たな段階は，「ケインズ革命自体に，直接的な実際上の重要性においてではないが，興奮において，匹敵する思考の新たな激変」(Robinson 1978a, xvi-xvii) をもたらした．

再び，ジョーン・ロビンソンの先行性の問題が，今回は新古典派資本理論の批判という問題について，提起されている．彼女が1975年にカーンに宛てて書いたものを引用することは役立つかもしれない．「私は，ピエロの出版を予想していましたが，それはただ私が多かれ少なかれ，自分で，リカードウの『経済学原理』へのスラッファによる「序文」の穀物経済を通じてそのことを考えていたからです」(1975年2月25日の書簡，RFK 13/90/10/191-2)．「穀物経済」がジョーン・ロビンソンに何をもたらしたのかを明らかにするために——これは何人かの解説者を悩ませてきた問題である[15]，——リカードウの議論のスラッファによる再構成を提示することは有益かもしれない．

穀物比率説——スラッファはこれを「農業の利潤を決定する役割に関する［リカードウの］原理の合理的基礎」と呼んだ——は「生産物と前払いされた資本のあいだの差によって」利潤を決定することを可能にしている．というのは，農業においては，仮定によって，穀物は資本（労働者にとって必要な最低限の糧）と生産物の両方であるため，総生産物と前払い資本のあいだの差の決定は，「どんな評価問題もなく，穀物量のあいだで直接になされる」(Sraffa 1951, xxxi；訳 xlv 頁) からである．『経済学原理』においては，リカードウは穀物比率説の代りに労働価値論を用い，利潤率の決定を，同様の線で，すなわち，「労働にとっての必需量を生産するのに必要な労働に対する一国の総労働の比率によって」(Sraffa 1951, xxxii；訳 xlvi 頁) 考慮した．

しかしながら，スラッファが論じるところでは，リカードウの利潤理論には問題がある．なぜなら，賃金と利潤のあいだの分配のどんな変化も同じ労働量で生産されたものを含む商品の相対価格を変化させるからである．そのため，分配の変化に対して不変であるような価値尺度が見出されないかぎり，「異なった種類の商品の集計量の大きさの変化を測ること，あるいはさらに重要であるが，その不変性を確定させること」(Sraffa 1951, xlix；訳 lxvi 頁) は不可能になる．

リカードウは不変の価値尺度の問題を解決することができなかった．しかし，穀物比率説のおかげで，たとえ，「かなりの単純化という犠牲を払って」(Sraffa 1951, xxxii；訳 xlvi 頁)ではあるが，分配を価値とは独立にすることに彼は成功した．

リカードウの『経済学原理』のスラッファによる「序文」が出版されるまでに，ロビンソンはスラッファのメッセージを理解する準備は出来ていた．1940年以来，彼女はマルクスを研究していたし，さらに早く，マルクスの再生産表式によって示唆されたカレツキの有効需要アプローチを称賛していた．1948年のマルクスについての論文で，彼女は以下のように書いている．「マルクス理論を他の理論と区別するものは，商品の相対価格の問題ではまったくなく，資本の総供給と全体としての資本の利潤率の問題である」(Robinson 1951b, 139；訳 76 頁)．利潤率についての論点と資本の測定の問題は，1953 年の『マルクス再読』において再び論じられている．これは，3 本の小論から成る論文集であり，「資本の利潤率の概念が本質的にリカードウ，マルクス，マーシャル，およびケインズにおいて同じであるということを私に理解させたリカードウの『経済学原理』のピエロ・スラッファによる「序文」を読んだ後の楽しい気分のもとで書かれた」(Robinson 1973a, 247)[16]．

ロビンソンは，資本理論論争の出発点と広くみなされている 1953 年の『レビュー・オブ・エコノミック・スタディーズ』誌の彼女の有名な論文において，資本が集計的生産関数においてどのように測定され得るのかという問題を直接に述べた．そこで，彼女は，資本供給が何らかの意味をもつためには，それがどのような単位で測定されるのかを知らなければならないと指摘した．短期では，仮定により「具体的な資本財供給は変化しない」(Robinson 1978b, 77；訳 130 頁)から，問題には答えられないままであるが[17]，長期では，要素比率の変化はその価格の関数となるから，その問題を避けることはできない．長期では，ある特定の技術が選択される理由と，資本ストックの変化率を説明する必要がある．

新古典派的説明は，生産要素価格はそれらのすべての利用可能な量が用いられているときのものであるという公準に基づいている．所与の賃金率で，技術は利潤率を最大化するものが選択されている．そして，資本の総量と選択され

た技術が雇用水準を決定する．しかしながら，彼女は以下のように書いている．「所与の資本量が所与の労働を雇用するという条件は［……］特定の利潤率を必要とする．しかし，具体的な資本財ストックの価値はこの利潤率によって影響され，われわれがスタートしたときの「資本」量はそれとは独立には定義できないのである」(Robinson 1978b, 87-88；訳 144 頁)．

賃金と利潤の形態で，所与の産出を生産するのに必要な条件とその分配のルールを区別することに新古典派が失敗していることは，ここで明らかに示されている．その理由は，「異なった要素比率は時間を通じて生じる要素比率の変化を分析するのに用いることはできない」(Robinson 1978b, 89；訳 146 頁)というものである．というのは，いつか資本量の価値が利潤率，あるいは賃金の変化の結果として変動するかもしれないからであり，われわれは同じ量を比較していないことになるからである．彼女は以下のように結論している．「新古典派的なタームで，変化（差とは対照的に）を議論することは不可能である」(Robinson 1978b, 89；訳 146 頁)．

このことは，生産条件による所与の産出の価値における差と分配のルールによる所与の産出の価値の変化のあいだを区別することにリカードウが失敗したというスラッファの解釈を思い出させる[18]．スラッファが続く彼の著作 (Sraffa 1960) においてより明確にしたように，古典派のアプローチは新古典派理論に優っている．なぜなら，前者においては分配は生産から独立しているからである．すなわち，賃金は社会的，歴史的事情によって決定され，そして，利潤は，稀少な生産要素への報酬としてよりも，むしろ，生産に必要なものを超えた剰余と見なされている．1953 年に，彼女は最終的にスラッファの論点を把握し，「生産要素」としての資本の概念および利用されている量を設定する価格としての利潤率を拒絶するようになった．同じ年――『不完全競争の経済学』の出版 20 年後――に，彼女は不完全競争を「再訪」し，はっきりと以下のように主張した．

> このような問題［需要と費用が所与のもとでの独占状態と競争状態における商品の価格と産出の比較］を扱うために十分であった（あるいは私が十分であると思った）仮定は，けっして，それ自身，現実に存在する価格，

生産, 分配の問題の分析にとって適切な基礎ではない (Robinson 1960, 222；訳 280 頁).

資本論争は, 新古典派理論の誤りの猛烈な批判者として彼女を有名にした「革命」であった. しかし, それはまた, 経済理論および論理的議論を通じて知的論争を解決する見込みへの彼女の幻滅の始まりを記すものであった. 死後出版された彼女の最後の論文において, 彼女は以下のように書いている.「教科書の理論およびモデルの全体は, 徹底的な春の掃除を必要としているように私には思える. われわれは, 自己矛盾的命題, 測定不能な量, 定義不能な概念のすべてを捨て, 何かあるとすれば, 残っているもので分析の論理的基礎を再構築すべきである」(Robinson 1985, 160).

5. むすび

1952 年 11 月の彼女の 3 回目の神経衰弱のなかで, 彼女はカーンに以下のように書いている.「この後, いままで以上に私は次のことに気づきました. ある人の人格全体のどれだけがその人の「純粋に知的な」仕事に関与しているのか, にです. 私の極端に単純な態度のために, われわれの内のだれよりもずっと弱い頭脳で私がずっと多くのことを行なってきたのはそれが理由であると思います.」(1952 年 11 月 3 日付の書簡, RFK 13/90/5/352-5). 私は, この論文で, ジョーン・ロビンソンが「単純」どころではなく, 知的に勇敢であったことを示せた, と思っている. 彼女の大胆さは, なぜ 3 度のケンブリッジ革命が正しく彼女の名前に結び付いているのかを説明している.

注
*　これはジェフ・ハーコートを記念するために書かれた論文のかなり改訂されたヴァージョンである. それはケンブリッジ大学のジーザス・カレッジと 1997 年 1 月のニューオーリンズの ASSA の大会で報告され, イタリア語で出版されている (Marcuzzo 1997).

1) ジョーン・ロビンソンの知的人格の概観については Pasinettei (1987), Harcourt

第 5 章　ジョーン・ロビンソンと 3 つのケンブリッジ革命　　　　151

(1995), Marcuzzo (2001c) を参照．彼女の出版された著作の完全な文献目録に関しては，Marcuzzo (2001b) を参照．
2) 1983 年 8 月 18 日付の M. イグナティエフ氏への書簡（RFK 所収）．
3) 1946 年までのカーンとジョーン・ロビンソンのあいだの文通の概観については，Rosselli (2001a) を参照．
4) Marcuzzo (2002) は文献を検討し，この問題にいくばくかの光を投げかけている．
5) イタリア語版のために書かれた，Kahn (1976) への彼女の「序文」で引用されている．英語版は未公刊である．JVR i/8 を参照．
6) タイプ打ち原稿は RFK 2/5 にある．それは Marcuzzo and Pasinetti (1999) においてイタリア語で出版されている．
7) Harcourt (1990a, 44) も参照．「[……]彼女は，いくつかの小さな実証的に重要でない例外をのぞけば，供給曲線と需要曲線は互いに独立であると仮定することは競争理論においては許容されないとする［スラッファの］議論のメッセージを事実上無視した」．
8) ジョーン・ロビンソンとケインズのあいだの文通（1941 年 2 月から 3 月）を参照 (Keynes 1973a, 829-836 所収)．
9) ロビンソン夫妻がケンブリッジに住み，カーンが頻繁な訪問者であった住居の通りの名を付けた，マニフェスト「トランピントン・ストリート学派」に彼らは署名した．
10) カーンのマッティオリ講義のタイプ打ち原稿は，以下の記述を含んでいる．「私は，［乗数についての］私の論文の最も重要な部分は通常，取られている見解とはかなり異なったものと見ている．私は，全体としての消費財の供給曲線と需要曲線の概念を導入することによって，より高い水準の需要の，消費財価格水準への効果を扱った．これは，『一般理論』の初期の草稿において，ついにケインズによって導入されることになる，「全体としての産出」の物価水準の決定，あるいはむしろ，需要と供給による全体としての消費財と資本財の物価水準の決定，という「新たな方法」の徴候である」(Patinkin 1993, 659n に引用されている)．
11) 私はそれゆえ，Aslanbeigui & Oakes (2002, 22) によって到達された結論に同意しない．「[……]供給と需要の方法についてのケインズの使用は，[……]「サーカス」の理論的見解に一致しない方法で進化した」．
12) 1920 年代後期と 1930 年代初期のケンブリッジの経済学へのスラッファの衝撃については，Marcuzzo (2001d) を参照．
13) JVR i/2. Harcourt (1990b) を参照．
14) 1946 年までのロビンソンとスラッファの文通については，Rosselli (2001b) を参照．
15) 例えば，Gilibert (1996, 123) を参照せよ．「［穀物比率モデル］は大いに示唆に富み，通常の均衡理論と対照的に，利潤の剰余理論の働きを確かにきわめて明確に示している．しかしながら，財の異質な集合から構成されている資本を測定するのにふさわしい単位を見出す可能性を問うことが，ジョーン・ロビンソンによって用いられた議論にどのようにつながり得るのかを理解するのは難しい」．
16) 実際は，楽しい気分どころか，ロビンソンは，3 本の小論を書いているときに深刻

な神経衰弱になっていた．それらを出版しないように彼女を説得しようとしていたカーンに，彼女は以下のように説明している．「私はピエロについての家族的な冗談をいいたいのです．私は，謝辞なしに彼の20年間の仕事を傷付けることはできません．冗談のなかでの謝辞は私ができる唯一の方法です．走っている彼は軽々と進むかもしれないし，走っていない彼は激高するかもしれません」(1952年10月28日付の書簡，RFK 13/90/5/381).

17) 同じことは，「一ケンブリッジの経済学者によってオックスフォードで行われた講義」において主張されている．「短期は，資本設備が現物で固定されていることを意味し，[……]長期では資本設備は量とデザインにおいて変化する．それであなたは質問をすることになる．資本の量とは何か，と」(Robinson 1973b, 261).

18) スラッファは「差の見解と変化の見解という2つの視点」(Sraffa 1951, xlix；訳 xlvi頁) に言及している．

参考文献

Aslanbeigui, N. & Oakes, G. (2002) The theory arsenal: the Cambridge Circus and the origins of the Keynesian revolution, *Journal of the History of Economic Thought*, 24, pp. 5-38.

Gilibert, G. (1996) Joan Robinson, Piero Sraffa and the Standard Commodity Mystery, in: M.C. Marcuzzo, L. Pasinetti & A. Roncaglia (Eds) *The Economics of Joan Robinson* (London, Routledge).

Harcourt, G.C. (1990a) On the contribution of Joan Robinson and Piero Sraffa to economic theory, in: M. Berg (Ed.) *Political Economy in the Twentieth Century* (New York & London, Philip Allan).

Harcourt, G.C. (1990b) Joan Robinson's early views on method, *History of Political Economy*, 22, pp. 411-427.

Harcourt, G.C. (1995) Joan Robinson 1903-1983, *Economic Journal*, 105, pp. 1228-1243.

Harcourt, G.C. (Ed.) (2001) *L'économie rebelle de Joan Robinson* (Paris, L'Harmattan).

Kahn, R.F. (1931) The relation of home investment to unemployment, *Economic Journal*, 41, pp. 173-198 (浅野栄一・袴田兆彦訳『雇用と成長』日本経済評論社，1983年．第1章「国内投資の失業に対する関係」として所収).

Kahn, R.F. (1976) *L'occupazione e la crescita* (Torino, Einaudi).

Keynes, J.M. (1973a) *Economic Articles and Correspondence: investment and editorial [The Collected Writings of J.M Keynes*, Vol. XII, D. Moggridge (Ed.)] (London, Macmillan).

Keynes, J.M. (1973b) *The General Theory and After: preparation [The Collected Writings of J.M. Keynes*, Vol. XIII, D. Moggridge (Ed.)] (London, Macmillan).

Keynes, J.M. (1979) *The General Theory and After: A supplement [The Collected Writings of J.M. Keynes*, Vol. XXIX, D. Moggridge (Ed.)] (London, Macmillan).

Loasby B. (1991) Joan Robinson's wrong turning, in: I. Rima (Ed.) *The Joan Robinson*

第5章 ジョーン・ロビンソンと3つのケンブリッジ革命   153

Legacy (Armonk, NY, M.E. Sharpe).
Marcuzzo, M.C. (1994) R.F. Kahn and Imperfect Competition, *Cambridge Journal of Economics*, 18, pp. 25-40 ［本書第6章として所収］.
Marcuzzo, M.C. (1996a) At the origin of the theory of imperfect competition: different views?, in: K.I. Vaughn (Ed.) *Perspectives in the History of Economic Thought* (Aldershot, Edward Elgar).
Marcuzzo, M.C. (1996b) Joan Robinson and Richard Kahn. The origin of short period analysis, in: M.C. Marcuzzo, L.L. Pasinetti & A. Roncaglia (Eds) *The Economics of Joan Robinson* (London, Routledge) ［本書第8章として所収］.
Marcuzzo, M.C. (1997) Joan Robinson e le tre rivoluzioni di Canibridge, *Storia del pensiero economico*, nn. 33-34, pp. 19-39.
Marcuzzo, M.C. (Ed.) (2001a) *Economists in Cambridge: the Letters between Kahn, Keynes, J. Robinson, Sraffa, Kaldor and Hayek, 1921-1946* (Roma, Università degli Studi di Roma 'La Sapienza', Discussion Paper 37).
Marcuzzo, M.C. (2001b) The writings of Joan Robinson, in: *Joan Robinson: writings on economics*, Vol. 1 (Basingstoke, Palgrave Macmillan).
Marcuzzo, M.C. (2001c) Joan Robinson: une quête passionée de la rationalité, in: G. C. Harcourt (Ed.) *L'economie rebelle de Joan Robinson* (Paris, L'Harmattan).
Marcuzzo, M.C. (2001d) Sraffa and Cambridge Economics, 1928-1931, in: T. Cozzi & R. Marchionatti (Eds) *Piero Sraffa's Political Economy* (London, Routledge) ［本書第10章として所収］.
Marcuzzo, M.C. (2002) The collaboration between J.M. Keynes and R.F. Kahn from the *Treatise* to the *General Theory, History of Political Economy*, 34, pp. 421-447 ［本書第7章として所収］.
Marcuzzo, M.C. & Pasinetti, L.L. (Eds) (1999) *R.F. Kahn: Concorrenza, occupazione e moneta* (Bologna, Il Mulino).
Marcuzzo, M.C., Pasinetti, L.L. & Roncaglia, A. (Eds) (1996) *The Economics of Joan Robinson* (London, Routledge).
Marshall, A. (1920) *Principles of Economics*, 8th edn (London, Macmillan, 1964)（永澤越郎訳『経済学原理：序説』岩波ブックセンター, 1985年).
Panico, C. (1991) Some notes on Marshallian supply functions, *Economic Journal*, 101, pp. 557-569.
Pasinetti, L.L. (1987) Joan Violet Robinson, in: J.L. Eatwell, M. Milgate & P. Newman (Eds) *The New Palgrave. A dictionary of economics*, Vol. 4 (London, Macmillan)（渡会勝義監訳『ケインズとケンブリッジ・ケインジアン（仮)』日本経済評論社, 2016年刊行予定. 第4章として所収).
Patinkin, D. (1993) On the chronology of the *General Theory, Economic Journal*, 103, pp. 647-663.
Patinkin, D. & Leith, J.C (Eds) (1977) *Keynes, Cambridge and the General Theory* (London, Macmillan)（保坂直達・菊本義治訳『ケインズ, ケムブリッジおよび

『一般理論』:『一般理論』の形成をめぐる論議と検討の過程』マグロウヒル好学社,1979年).
Robinson, E.A.G. (1994) Richard Kahn in the 1930s, *Cambridge Journal of Economics*, 18, pp. 25-39.
Robinson, J. (1932) *Economics is Serious Subject. The apologia of an economist to the mathematician, the scientists and the plain man* (Cambridge, Heffers).
Robinson, J. (1933) A parable on saving and investment, *Economica*, 13, pp. 75-84.
Robinson, J. (1951a) Imperfect competition and falling supply price, in: *Collected Economic Papers*, Vol. 1 (Oxford, Blackwell).
Robinson, J. (1951b) Marx and Keynes, in: *Collected Economic Papers*, Vol. 1 (Oxford, Blackwell)(山田克巳訳『資本理論とケインズ経済学』日本経済評論社,1988年.第6章「マルクスとケインズ」として所収).
Robinson, J. (1960) 'Imperfect Competition' revisited, in: *Collected Economic Papers*, Vol. 2 (Oxford, Blackwell)(山田克巳訳『資本理論とケインズ経済学』日本経済評論社,1988年.第20章「「不完全競争」再論」として所収).
Robinson, J. (1969) *The Economics of Imperfect Competition*, 2nd edn (London, Macmillan)(加藤泰男訳『不完全競争の経済学』文雅堂銀行研究社,1956年).
Robinson, J. (1973a) Introduction to *On Re-Reading Marx, in: Collected Economic Papers*, Vol. 4 (Oxford, Blackwell).
Robinson, J. (1973b) A lecture delivered at Oxford by a Cambridge economist, in: *Collected Economic Papers*, Vol. 4 (Oxford, Blackwell).
Robinson, J. (1978a) Introduction to *Contributions to Modern Economics* (Oxford, Blackwell).
Robinson, J. (1978b) The production function and the theory of capital, in: *Contributions to Modern Economics* (Oxford, Blackwell)(山田克巳訳『資本理論とケインズ経済学』日本経済評論社,1988年.第11章「生産関数と資本理論」として所収).
Robinson, J. (1979a) Michal Kalecki, in: *Collected Economic Papers*, Vol. 5 (Oxford, Blackwell).
Robinson, J. (1979b) Thinking about thinking, in: *Collected Economic Papers*, Vol. 5 (Oxford, Blackwell).
Robinson, J. (1980a) Review of *The Collected Writings of John Maynard Keynes*, Vol. XXIX, *Economic Journal*, 90, pp. 391-393.
Robinson, J. (1980b) Survey: 1950s, in: *Further Contributions to Modern Economics* (Oxford, Blackwell).
Robinson, J. (1985) The theory of normal prices and reconstruction of economic theory, in: G.R. Feiwel (Ed.) *Issues in Contemporary Macroeconomics and Distribution* (London, Macmillan).
Rosselli, A. (2001a) Joan V. Robinson and Richard Kahn, in: M.C. Marcuzzo (Ed.) *Economists in Cambridge: the Letters Between Kahn, Keynes, J. Robinson, Sraffa,*

第5章 ジョーン・ロビンソンと3つのケンブリッジ革命　　155

Kaldor and Hayek, 1921-1946 (Roma, Università degli Studi di Roma 'La Sapienza', Discussion Paper 37).
Rosselli, A. (2001b) Piero Sraffa and Joan V. Robinson, in: M.C. Marcuzzo (Ed.) *Economists in Cambridge: the Letters between Kahn, Keynes, J. Robinson, Sraffa, Kaldor and Hayek, 1921-1946* (Roma, Università degli Studi di Roma 'La Sapienza', Discussion Paper 37).
Samuelson, P.A. (1947) The *General Theory* (3) in: S.E. Harris (Ed) *The New Economics* (London, Dennis Dobson).（日本銀行調査局訳『新しい経済学：理論と政策に対するケインズの影響』3冊，東洋経済新報社，1949，1950年 所収）．
Sraffa, P. (1925) Sulle relazioni fra costo e quantita prodotta, *Annali di Economia*, 2, pp. 277-328（菱山泉・田口芳弘訳『経済学における古典と近代: 新古典学派の検討と独占理論の展開』有斐閣，1956年 所収）．
Sraffa, P. (1926) The laws of retums under competitive conditions, *Economic Journal*, 36, pp. 535-550（菱山泉・田口芳弘訳『経済学における古典と近代: 新古典学派の検討と独占理論の展開』有斐閣，1956年 所収）．
Sraffa, P. (1951) Introduction to D. Ricardo, *Principles of Political Economy and Taxation* [*Works and Correspondence of David Ricardo*, Vol. I, P. Sraffa (Ed.)] (Cambridge, Cambridge University Press)（堀経夫訳『リカードウ全集　第1巻　経済学および課税の原理』雄松堂出版，1972年）．
Sraffa, P. (1960) *Production of Commodities by Means of Commodities* (Cambridge, Cambridge University Press).（菱山泉・山下博訳『商品による商品の生産：経済理論批判序説』有斐閣，1962年）．

第6章
R.F. カーンと不完全競争*

M.C. マルクッツオ

1. はじめに

　ケインズはなぜ『一般理論』においてマーシャル流の完全競争の枠組を受け容れたのかという疑問が，しばしば提起されてきた[1]．これは驚くべきことである．なぜならば，彼は，マーシャル理論に対する手厳しい攻撃をしかけていたスラッファの「競争的条件下における収益法則」(Sraffa 1926) の刊行に続く議論に活発に関わっていたからである．実際，彼はスラッファの議論を英語圏の読者に知らしめたことに責任を負っていたのである．
　1926年春，ケインズは，1925年に執筆した論文の英語版を『エコノミック・ジャーナル』誌に書くよう，スラッファを招聘した．ケインズが書いたところによると，イタリア語版の論文は彼の共同編集者であったF.Y. エッジワースにすこぶる好印象を与えたが，エッジワースは自分自身で招く前，1926年2月に亡くなった．
　完全競争の条件下での収穫逓減と逓増の仮定に対するスラッファの批判は，収穫不変に基礎をおく生産費の「古風な」理論のほうが価値論のよりよい基礎であるという結論に導いた (Sraffa 1925)．しかしながら，(1926年6月6日付の手紙での) ケインズの招聘を受け容れるさいに，スラッファは，異なる基礎のうえに立った，すなわち，「独占のいくつかの要素の一般性」を仮定することによる，提案された「続編」の概要を説明した．彼は，不完全性が競争体系に導入されるやいなや，「均衡は独占体系ときわめて近似し，競争体系と非常に違った仕方で到達される」(Roncaglia 1978, 13; 訳20頁) ことを証明する

つもりであった．

　事実，1926年に発表された論文は，マーシャルの不整合性からの脱出方法として，「自由競争の経路を放棄して，反対方向，すなわち独占の方向に転向すること」を提案した（Sraffa 1926, 542）[2]．不完全競争の理論が1920年代後期から1930年代初頭に精巧に作り上げられたのは，スラッファの提案が含意するものを発展させるなかにおいてであった．

　不完全競争に対するケインズの態度は，ジョーン・ロビンソンによれば素っ気ないものだったと記述されている．「ロイ・ハロッドも私も，メイナード（ケインズ）に『限界収入』に興味をもたせることはできなかった」（Robinson 1979, 173）．しかしながら，われわれは，彼がスラッファの議論を是認していた証拠をもっている．それは，ハロッドが1928年夏に『エコノミック・ジャーナル』誌に提出した論文のなかで限界収入の概念を示したときのことである[3]．ケインズは1928年8月1日付の手紙とともにこの論文を却下したが，しかし同じ手紙で，ケインズがスラッファの論点を完全に是認していることは明白である．

　　親愛なるロイへ，
　　あなたがこの論文から何かを救い出すことを希望しています．しかし，もしあなたが完全競争を仮定したうえで問題を追究するとしたら，通常の収穫逓増と逓減のあらゆる困難，すなわち，収穫不変がなければ，異なった大きさの企業が完全競争の条件下でどのように共存することができるのかという困難に直面しないでしょうか．私はいまでもなお，スラッファが『エコノミック・ジャーナル』の論文で推し進めた理論，すなわち，各生産者は，ある制限内に彼自身の個人的かつ地域的な市場をもっていると仮定することによって初めて，観察された結果について説明することができるという趣旨の理論を支持しています[4]．

　カーンはこうした問題に，当初から深く興味をもっていた．彼の後年の記憶によれば，「［スラッファの］論文の衝撃……はとてつもなく大きく，特にケン

ブリッジではそうだった……．私が 1927 年末，最初にこの主題を取り上げたとき，スラッファにより提起された諸問題は最良の学生たちによって熱心に議論されていた」(Kahn 1984, 23, 25；訳 35, 38 頁)．

1928 年 6 月に，カーンは経済学トライポスの第 II 部で，第 1 等賞を獲得した．フェロー資格論文の主題を選ぶのに「数カ月」[5]を要したが，最終的にケインズは，「ショーヴとピエロ・スラッファによって励まされ」(Kahn 1989, x, xi)，カーンによって行われた選択，すなわち「短期の経済学」に同意した．フェロー資格論文——これはキングズ・カレッジの選考委員に提出されてから[6] 60 年後に英語で出版された——は，明らかに不完全競争理論の発展に対する重要な貢献であった．

本章では，なぜ不完全競争が『一般理論』に採用されなかったのかという問題，およびなぜ不完全競争が「雇用理論と関係をもって」(Robinson 1969, viii) もち込まれたのはカレツキだけだったのかという問題に，若干の光を投げかけるために，カーンの貢献を検討する．

2. カーンの『短期の経済学』

カーンのフェロー資格論文の本当の課題はスラッファによって切り拓かれた研究の方向を追究することだったということは，これが完成したあとの 1929 年末に執筆された序文に明らかにされている．カーンは，この研究の独創的な点は，「フェロー資格論文の後期の段階で市場の不完全性に割り当てられた卓越した箇所」にあるとした (Kahn 1989, viii)．この主張は出版のさいに補強された．「……私のフェロー資格論文の重要性は不完全競争の取り扱いに大きく依存していた」(Kahn 1989, xii)．ただし，謝辞の強調点は，ほんの少し変更されている[7]．

スラッファによって切り拓かれた道にカーンが与えた重要性は，彼の『ケインズ『一般理論』の形成』においては，さらに大きい．「経済学がより現実的になるべきであるならば，不完全競争の経済学を発展させることが最も重要である，という発想について，世界中の経済学者は，スラッファ論文とスラッファその人に負っている」(Kahn 1984, 26；訳 39 頁)．

第6章　R.F.カーンと不完全競争

　不完全競争理論の発展におけるカーンの主要な役割はフェロー資格論文の出版までは文献上は注目されないままであったが，彼と同じ年輩の者にとっては明らかであったに違いない．ジョーン・ロビンソンは主として不完全競争の理論に携わっているが，まず，1932 年にこの主題に関する論文を発表した．産業における均衡の「二重」条件（限界収入＝限界費用および価格＝平均費用）を企業の個別需要曲線が平均費用曲線に接する状態として示すさいに，彼女は次の脚注を付けた．「この命題は R.F. カーン氏に負っているが，彼もまた，これをスラッファ氏の議論をその必然的な結論にまで追究することにより，導出した」(Robinson 1932, 547n)[8]．

　『短期の経済学』の目的は，イギリスにおける綿工業と炭鉱業の統計を用いて 1920 年代後期の不況下での企業行動を説明することである．関心が集中しているのは，設備と機械類が不変に留まると仮定されている状況，すなわち短期である．短期は 2 つの側面をもっている．第 1 のものは企業によって負担される費用の性質であり，主要費用曲線の形状に反映されている．第 2 のものは個別需要曲線である．短期は 2 つのタイプの費用によって特徴付けられる．すなわち産出量の水準にかかわらず一定に留まる準固定費用と，産出量の変化に反応する主要費用である．

　カーンのフェロー資格論文で検討された主な問題は，競争についての仮定が放棄された場合の，企業と産業にとっての均衡産出量と均衡価格の決定である．競争は，3 つの条件が満たされる場合にのみ完全と定義される．

(a) 独立した多数の企業が存在し，各企業は総産出量に比べて少ない量を生産していなければならない．
(b) 総産出量の実質的な部分を支配する生産者のあいだでは，いかに非公式であろうとも，何らの合意も存在してはならない．
(c) 当該産業の産出物が販売される市場は完全でなければならない．完全市場とは，（輸送費が斟酌されたあとの）価格差が，かなりの期間にわたって存続することができない市場のことである．もし単一企業が完全市場においてその価格を引き上げるならば，その産出量は急速にゼロにまで縮小するか，他の企業が彼らの価格を引き上げるかのいず

れかである (Kahn 1989, 12-13).

　これらの諸条件は独立しているといわれる．なぜならば，「条件(c)は，条件(a)および(b)が成り立たない場合でも成り立つかもしれない．他方，条件(a)および(b)はけっして完全ではない市場においても，しばしば十分に満たされる……」からである (Kahn 1989, 13).
　完全競争における均衡は，各企業が限界費用を価格に等しくすることを必要とする．翻って，このことは，均衡の決定性のためには，限界費用が均衡の周辺で上昇しているということが必要とされる．企業の均衡を決定するさいの限界費用と価格の均等法則の重要性は，「限界主要費用がその進路でいかに早く上昇を始めるか」に依存している．産出量がほぼ正常であるときに初めてそれが上昇し始めるのであれば，この法則は，産出量が正常以下の企業にとっては参照となり得ない」(Kahn 1989, 15).
　カーンの次のステップは，産出量を短期において変更することが可能な技術的方法を調べることによって，企業の主要費用曲線の形状を調べることである．需要の下落に直面し，そして作業日 (working day) の実際の長さが所与と仮定すると，企業は，「機械の一部を毎日動かすのか，それとも機械全体を数日間だけ動かすか」(Kahn 1989, 46) を決めなければならない．決定的に重要な要因は費用の準固定的部分，すなわち燃料，電灯，修繕ならびに職長と幹部の俸給である．これは，生産が毎日行われている場合——これを方法(i)と呼ぼう——の方が，作業が行われる日数が減らされる場合——これを方法(ii)と呼ぼう——よりも大きい．しかしながら，方法(i)におけるように，使用される機械の数を減らすことで生産が減少する場合，重要な役割を演じるのは機械の均質性の程度である．
　もし機械が同程度に効率的ならば，平均主要費用はその能力産出量の点で最低に到達するまで，連続的に低下する（図6.1）.
　もし機械が均質でないならば，そして産出量を増加させるためにより非効率な機械が用いられるならば，そのときは，より低い産出量水準で最低費用に到達する．費用曲線は，完全能力産出量に到達するまで，U字型の特徴をもつ（図6.2）.

第 6 章 R.F. カーンと不完全競争

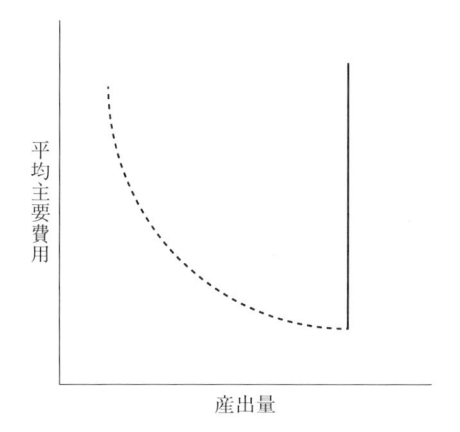

図 6.1

平均主要費用

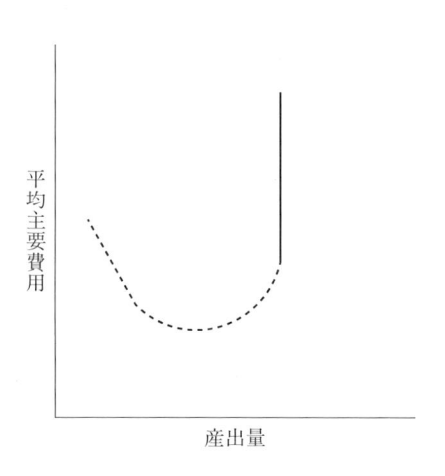

産出量

図 6.2

平均主要費用

産出量

　方法(ii)，すなわち，生産の日数が削減される場合，遊休期間に関係する固定費用は，停止期間の長さがどれほどであろうと一定である．完全操業の日の総費用と，1日当たりの主要費用と呼ばれる1日当たりの固定費用との差は，生産が毎日行われる期間の長さとは独立であるので，次のようなことになる．すなわち，1日の産出量の水準が与えられている場合，その水準がどれほどであっても，平均主要費用，すなわち1日あたりの主要費用と日々の産出量との

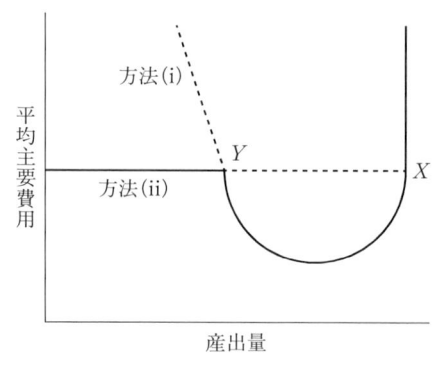

図 6.3

比率は産出量とは独立であるということ，これである．それゆえに，限界主要費用は，完全能力に到達するまで，一定の平均費用に等しい．

　方法(i)と方法(ii)を比較すると，2本の曲線が交わり，どちらの方法でも費用が同一になる2つの決定的な産出量水準が存在することが分かる（図6.3）．完全能力産出量の点である X において，すべての機械は毎作業日に利用されている．2本の曲線が交差する Y まで，費用は方法(ii)によるほうが方法(i)によるよりも低い．なぜならば，作業日数が少なければ，準固定費用も低いからである．

　Y から X までの範囲では，機械が均質でないと仮定すれば，機械の台数を減らして毎日作業するほうが，生産が行われる日数を減らすよりも経済的である．準固定費用の重要性が大きくなり，かつ機械がより均質になればなるほど，2本の曲線が交差する産出量水準は高くなるであろう．そして結果的に，方法(ii)がより経済的である範囲は広がるであろう．実際，カーンは，綿工業と炭鉱業で産出量を減らす最も普通に見られる方法は「何日か設備全体を閉鎖して，その他の日は設備全体を完全シフトで動かすこと」であるという証拠を提示した（Kahn 1989, 57）．

　逆 L 字型の主要費用曲線の形状と世界大恐慌期における綿工業ならびに炭鉱業の操業短縮の証拠は，完全競争理論に対する手強い挑戦である．完全に弾力的な需要曲線に直面するとき，一定の限界費用曲線は産出量の決定要因とし

第6章　R.F.カーンと不完全競争

ての意義を失う．価格が平均費用曲線を上回るときはいつでも，企業は完全能力の産出量水準で生産していると想定される．しかし，もしこれがそうであるならば，能力以下で作業している唯一の企業は，その主要費用が価格を上回っている非効率的な企業であろうが，このことは証拠に反する．それゆえに，結論は，「操業短縮の存在はしばしば完全競争の状態と両立しなければならない」ということである（Kahn 1989, 83）.

次のステップは，不完全市場の仮定を導入することである．完全競争との主な相違点は，産出量はもはや価格と限界費用の均等によっては決定されない，ということである．独占におけるのと同様に，「産出量と，価格と平均主要費用との差の積［が］最大になる」（Kahn 1989, 86）ということである．カーンは，ここで，マーシャルによって提供された最大純収入（Marshall 1961, 397）[9]という標準的な定義を適用しているが，しかし彼はまた市場の不完全性を定義する巧妙な方法も用意している[10].

直線の需要曲線と完全能力に到達するまでは完全に水平な主要費用曲線を仮定して，カーンは次の方程式を示すことから分析を開始する．

$$(p-r)/x = \tan\theta$$

ここで，r は平均主要費用，x は利潤を最大化する産出量水準，p はこれに対応する価格，そして $\tan\theta$ は個別需要曲線の傾きである．このとき，均衡産出量水準で，$\tan\theta$ は単位主要費用を上回る単位価格の超過分に等しくなる．これは次のように表すことができる．

$$p - r = fq \qquad f \leq 1$$

ここで，$f(=x/x^*)$ は能力産出量 x^* に対する x の比率である．そして，

$$q = x^* \tan\theta$$

である．

図6.4に，同じ傾きをもつ2本の需要曲線と，逆L字型の平均費用曲線が描かれている．需要曲線と費用曲線はどちらも直線なので，最大純収入は，それぞれの需要曲線が平均費用曲線の水平部分とともに作る三角形の，水平の辺の

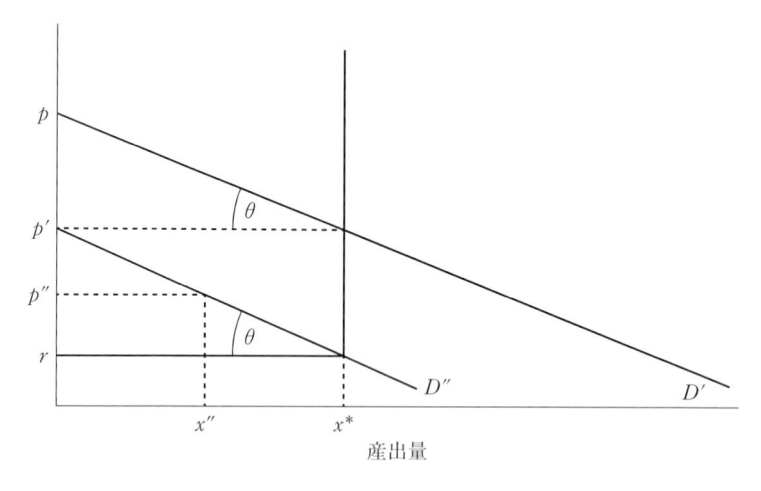

図 6.4

半分に等しい産出量水準と，垂直の辺の半分に等しい点に対応する価格水準で与えられる．x^* が 1 に等しく設定されるとき，需要曲線と平均費用によって作られる角度のタンジェント，すなわち q は，カーンにより「消滅係数」(annihilation coefficient) と呼ばれる．彼の言葉によると，「……関数 q —— もし能力産出量が産出量の単位であるならば個別需要曲線の勾配に等しいであろう —— は市場の不完全性の尺度である……」(Kahn 1989, 121)．この名称の理論的な根拠は，線型の需要曲線にとって，q は能力産出量に等しい大きさだけ産出量を減らすのに必要な価格の増加だからである．事実，q の有益な図式的解釈は，それが「個別需要曲線が y 軸を切る点と，能力産出量の位置における縦座標のあいだの垂直の距離」(Kahn 1989, 121n) に等しい，というものである．

需要が D' に等しい場合，$p-p'=q$ であり，また $f=f'=1$ である．すなわち，産出量の均衡水準は完全能力点である．この事例では，利潤を最大化する価格水準 p' と平均費用 r の差は，$p-p'=p'-r$ が与えられれば，q に等しい．

需要が D'' に下落した場合，$p'-r=q$ で，純収入を最大化する産出量水準は x''，すなわち能力産出量の $f''(<1)$ に低下する．そして，p は $(1-f'')q$ だけ下落する．この事例では，利潤を最大化する価格水準 p'' と平均費用 r と

の差は，$p'-r=q$ よりも小さい．

　一般に，$q>0$ で $p-r \geq q$ であるような需要のいかなる水準でも，産出量の均衡水準は完全能力産出量である．$p-r<q$ であるような需要の水準にとっては，最大純収入産出量水準は完全能力以下である．それゆえ，f，すなわち設備の操業度と，q で与えられる価格と費用の差のあいだで，比例関係が維持される．「市場の不完全性はいまや，それが与えられた役割を果たしている．それは，企業は主要利潤を稼いでいるにもかかわらず操業を短縮するという明らかなパラドックスに対する1つの説明を提供している」(Kahn 1989, 122-3)．

　線型の需要曲線にとっては，x^* が1に設定されているとき，q はその傾きに等しい．したがって，他の条件を一定とすれば，需要曲線が水平であればあるほど，市場の不完全性の程度は低いであろう．需要曲線が完全に水平な場合には，$q=0$ であり，市場は完全であるといわれる．

3.　カーンと『一般理論』

　カーンが『一般理論』の構築素材を提供するうえで非常に積極的な役割を果たしたことは，よく知られている．しかしながら，ケインズは自分の分析を短期のなかに設定し，乗数をフルに利用したけれども，『短期の経済学』の教訓，すなわち一定の限界費用と不完全競争の存在を無視した[11]．彼は伝統的なマーシャル流の仮定にしたがい，「古典派」理論の第2公準だけを拒絶することを選んだ[12]．そのことにより，彼は産出量が増加するときには実質賃金が低下するという結論を受け容れざるを得ないという不幸な結果となった．

　カーンが1988年に応じたインタビューで語ったことを，われわれは読むことができる．

> ケインズは，『一般理論』においてマーシャル流の収穫逓減の教義を受け入れた．産出量水準が上昇すると，より効率的でない設備が生産にもち込まれることを意味したのだが，これらは経済が景気後退に突入したときには閉鎖されたのである．彼は，実質賃金は最も非効率的な設備において仕事をする労働の生産性によって決定されるというマーシャル流の教義を受

け容れた．彼は，競争は完全からはほど遠いという事実をよく承知していたが，単純化のために『一般理論』においては競争は完全であると仮定したのである（思い出すかぎり，ジョーン・ロビンソンも私もこれに異議を唱えることはしなかった）．1930年代末に発表された論文において，ダンロップ（Dunlop 1938）とターシス（Tarshis 1939）は，実質賃金は好況の高みでは不況におけるよりも低くはならないということを立証する統計を提示した．ケインズは，彼らの論文ならびにミハウ・カレツキによって行われた研究に基づく1篇の論文（Keynes 1973a, Appendix 394-412；訳 396-415頁）を執筆した．彼はこの見解の受け入れをこのうえなく強く望んでいた．もし実質賃金の水準を何ら損なうことなく雇用水準の引き上げが確実にできるのであれば，それは彼の事例に一層有力な力を付け加えたであろう．もし彼の結論が有効であるとすれば，ケインズはこの有効性が次のような奇妙な一致に起因すると考えた．すなわち，（カレツキによってはっきりとは説明されていない理由により）産出量水準が上昇すると競争の程度が増加して，最も非効率な設備で働く労働の生産性の下落を相殺するに至るということである（Kahn 1988, 94-5．傍点は引用者）．

上述の論文のなかで，ケインズは，カーンが「乗数論文」のなかで提示された分析に基づいて，逓増的費用の仮定を彼に守らせた，と非難した[13]．カーンはおそらく，この非難を受け入れることで少し寛大すぎた[14]．実際のところ，フェロー資格論文の分析[15]の名残を残している「乗数」論文におけるカーンの立場は，彼に帰せられている単純化されたヴァージョンよりも，もっと複雑であるということは明らかである[16]．例えば，次のパラグラフを取り上げてみよう．

　　生産的諸資源が完全に用いられている正常時には，短期における消費財供給はきわめて非弾力的である．道路建設は，それによってほとんど第2次雇用をもたらさず，大幅な物価上昇を引き起こすのである．しかし，ほとんどの産業が利用されざる設備や労働の大量の余剰を抱えている深刻な不況期においては，供給曲線はきわめて弾力的であると思われる．この場合

には第2次雇用量は大きく，物価上昇は小幅である．

　もし現に利用されている諸資源のうちで最も〔質の〕悪いものに比べてそれほど劣っているわけではない大量の過剰資源ストックがあるならば[17]，供給の弾力性は，この過剰資源がとるに足らなくなるほどの産出量水準に到達するまでは，実際，きわめて大きくなりそうである．産出量がこの水準を超えて推し進められないかぎり，雇用の拡大はきわめてわずかな物価上昇を伴うだけである（Kahn 1972, 10-11；訳 13-14 頁）．

彼が自分の責任を認めている「短期における消費財供給はきわめて非弾力的である」という記述は，この論文，あるいはフェロー資格論文で示された分析を，公平に評価するものではない．

ケインズが逓増的限界費用曲線という標準的な仮定を受け入れた時点では，彼は，産出量が増加するとき，実質賃金は下落しなければならないという不可避的な結論に向かう道なかばにいるにすぎなかった．他の半分は競争についての仮定によって提供されていた．事実，有効需要の原理に基づいて，雇用と実質賃金とのあいだに反比例の関係があるという結論に到達するには，2つのステップが取られなければならない．

(i) 労働生産性逓減の仮定
(ii) 競争度一定の仮定

　この議論は次のようになる．利潤最大化は労働の限界費用と労働の限界生産物の価値の均等を必要とする．完全競争においては，労働の限界費用は貨幣賃金であり，労働の限界生産物の価値は労働の限界生産物に産出物の価格を乗じたものである．もし限界生産性が逓減するものと仮定され，競争は完全であると仮定されるならば，実質賃金は雇用の増加とともに下落しなければならない．

　ケインズはこの点を，『一般理論』の出版から2カ月後，H.H.ヘンダーソン宛ての手紙のなかで，次のように明らかにした．

　物価に関しては，あなたに注意を促したいのですが，私の理論によれば，

好景気における物価の上昇は，一部は賃金単位の上昇により，また一部は諸資源の非同質性によるということです．賃金の変化を別とすれば，これは収穫逓減とより効率的でない生産要素の使用の結果です．……使用される生産要素の量が増加するにつれて，より効率的でない生産要素の利用により，収穫逓減が作用し始め，これに加えて増大する競争がそれらの価格を引き上げる傾向があるのです（Keynes 1979, 223）．

しかしながら，物価と貨幣賃金とのあいだに比例関係があるとの仮定に基づいて，ケインズは貨幣賃金を測定の尺度に採用することにより，古典派理論から自らの距離を置いた．しかし，収穫逓減とともに，企業はつねに利潤最大化を試みるという仮定を維持する一方で，もし競争も完全であると仮定するならば，物価はけっして費用に対して比例的にはならない．

それゆえに，貨幣賃金と物価とのあいだの比例関係か，あるいは収穫逓減の仮定の，いずれかが放棄されなければならない．他方，もし収穫逓減と利潤最大化の仮定を維持しながら，市場の不完全性が斟酌されるならば，貨幣賃金と物価のあいだの比例性は，競争の程度が可変的であると仮定するだけで，維持することができる．もし収穫一定が支配的であると仮定されるならば，貨幣賃金と物価のあいだの比例性は，完全競争か，あるいは競争の程度が一定であると仮定するだけで，維持することができる[18]．

有効需要が産出量を支配し，貨幣単位の賃金費用が物価を支配するという『一般理論』の主要な議論のためには，受け入れられている理論のできるかぎり多くの仮定を保持することが，「より簡単」ではないとしても，より安全であるように思われた[19]．結局，『一般理論』は，「伝統的な推論のうち，さまざまな理由のために私には受け容れがたく思われる帰結に導く部分の欠陥」（Keynes 1973b, 489，傍点は引用者）を示すことが目的であった．しかしながら，景気循環を通じて実質賃金が一定であるという証拠は，簡単さを求めると理論の現実性が危険にさらされることを示したのである．

4. カレツキ

　カーンがわれわれに語ったように，ケインズは実質賃金がきわだって一定であることを示す統計的証拠の説明を強く望んでいた．1937 年の秋に，彼は次の手紙をスラッファに送った．

　　親愛なるピエロへ，
　　次の着想は，あなたの研究生のうち，考えさせるのに適した何人かに，有用で有望な主題を提供するだろうとお考えですか．もしこの着想が魅力的だとすれば，あなたがセミナーでこの問題を説明して，討論してもらえるでしょうか．要点は次のとおりです．同封した文書の 8 ページに，アメリカ合衆国の国民所得の百分率を示す列があります．それは，1919 年から 1935 年にかけて毎年，賃金および俸給として分配されたものです．あなたは，これが事実上変動していないことにお気づきでしょう．どの年を取っても，その期間の最大の変動幅は 66.5 と 69.2 のあいだにあります．これは物価と賃金が広範に変動した期間を含んでいます．そのなかには，2 つの主要な信用循環が含まれており，また分配されるべき所得が 100 パーセント変動した年も含まれています．この安定性はどのように説明したらいいでしょうか．
　　他にも，これとは別の環境，国々，それに日付の統計がありますが，それらについても，私は，賃金と俸給の百分率は 66 パーセントに非常に近いと信じています．
　　私は，何年にもわたるそのような現象を説明する長期の説明については，考えることができます．しかし，例えば 1929 年から 1933 年のあいだのような年ごとの安定性に対しては，何ら納得のいく説明を考えることができません．
　　次のことを考えるのに，あなたのところの若い人に知恵を絞ってもらえるでしょうか．(a) このいわゆる統計的事実といわれるものがどこまで本当に事実なのか，(b) もしそうだとしたら，それが意味しているように見

えることを，数値の編集方法から生じた単なる統計上の錯覚ではなく，どこまで意味しているのか，そして最後に，(c) もし事実が見たとおりのものであるならば，いったいそれをどう説明すればいいのか．

草々，JMK[20]

カレツキは，1938年1月から6月にかけてケンブリッジ大学から研究助成を得て大学に滞在していたおり，スラッファのセミナーに参加していた[21]．このことは，彼が，自分なりの有効需要理論を基礎として，ケインズによって提起された疑問に答えるよう挑戦を受けた，と推測したい気持ちにさせる．

1938年4月に『エコノメトリカ』に発表された論文のなかで，カレツキは，ほとんどの企業が能力以下で操業しているという観察事実と両立しないとして完全競争の仮定を退けて，この問題に取り組んだ[22]．価格 p と限界費用 r とのあいだの差の価格に対する比率である独占度 μ の定義から出発すると，

$$\mu = (p-r)/p$$

となる．

カレツキは，集計的な独占度は

$$\mu = (C+D+S)/T$$

によって与えられることを示している．ここで，$C=$ 総利潤と総利子，$D=$ 総減価償却額，$S=$ 総俸給，および $T=$ 総売上高，すなわち総取引高の価値である．

議論は次のようになる．各企業にとって，短期の限界費用 r は短期の減価償却［費］d_m，俸給 s_m，賃金 w_m，および原材料［費］m_m の合計である．価格はこれに対応する平均費用，d_a, s_a, w_a, m_a および平均資本家所得（利潤と利子）c_a の合計に等しい．限界費用をこれに対応する平均値から差し引くと，

$$p - r = c_a + (d_a - d_m) + (s_a - s_m) + (w_a - w_m) + (m_a - m_m)$$

を得る．上の方程式の $p-r$ に $p\mu$ を代入し，両辺に企業の産出量を掛け，すべての企業について集計すると，次の式を得る．

$$\sum xp\mu = \sum xc_a + \sum x(d_a - d_m) + \sum x(s_a - s_m) + \sum x(w_a - w_m)$$
$$+ \sum x(m_a - m_m)$$

ある種の費用については，限界費用がこれに対応する平均値と比べて小さいことが仮定されているので，$\sum xd_m$ と $\sum xs_m$ は無視し得る．$\sum x(d_a - d_m)$ と $\sum x(s_a - s_m)$ は $D(1-\alpha)$ と $S(1-\beta)$ と表すことができる．さらに，$\sum x(m_a - m_m)$ はゼロに等しい．というのは，原材料の限界費用は一定であり，原材料は可変費用と見なされるからである．その一方で，$\sum x(w_a - w_m)$ は総賃金 W と比較すれば小さいであろうから，それは γW で示すことができる．ここで，γ は正または負の小さい分数である[23]．したがって，上の方程式は次のように書くことができる．

$$\sum xp\mu = C + D + S - (D\alpha + S\beta - \gamma W)$$

$D\alpha$ と $S\beta$ は $C + D + S$ に比べれば小さいという仮定に基づけば，γW もそうである．というのは，統計的証拠によれば W は所得の半分よりも少ない，すなわち $Y - W = C + D + S$ よりも少ないからであり，カレツキは $(D\alpha + S\beta - \gamma W)$ は $C + D + S$ と比較して少ない，という結論を下している．

かくして，次のようになる．

$$\sum xp\mu = C + D + S$$

この方程式を売上高 $T(=\sum xp)$ で割ると，次の式を得る．

$$\sum xp\mu / \sum xp = (C + D + S)/T$$

これは経済の平均的独占度の定義である．

もしこの方程式の両辺に売上高 T と粗所得 Y の比率を掛ければ，資本所得，減価償却［費］および俸給の総所得における相対的分け前を得る．

$$\mu T/Y = (C + D + S)/Y$$

説明されるべきは観察された $\mu T/Y$ の安定性であるが，これは $(Y-W)/Y$ に等しい．

第1に，カレツキは μ と T/Y は独立ではないと考えた．というのは，独占度は所得に対する売上高の比率に影響を及ぼすからである．「独占度の上昇（低下）は T/Y の減少（増大）を引き起こすが，その割合はより少ない」(Kalecki 1938, 106)．

　しかしながら，T/Y の変化は「(μ) の変化以外の影響によって引き起こされる」可能性がある（Kalecki 1938, 108）．もし原材料の価格が賃金に比べて低下するならば，T/Y は減少するが，比例的よりもその割合は少ない．他方，価格が賃金に比べて上昇するときには，これと反対のことが起こる．したがって，所得に対する売上高の比率は好況期には上昇し，不況期には低下しそうである．なぜならば，基本的な原材料の価格は賃金に比べて好況期には上昇し，不況期には低下するからである．独占度の変化を評価するのはさらに困難であるが，もし $\mu T/Y$ の値が循環を通じて一定に留まるならば，それは，μ が不況期に上昇し好況期に低下することを意味している．かくしてカレツキは次のように結論する．「循環を通じての相対的分け前の明らかな安定性は，実際には μ と T/Y の『反対方向への変化』の効果である」(Kalecki 1938, 111) と．

　カレツキの結論は $\mu = 0$ の完全競争のもとでは意味がないことは注意すべきである．彼の結論は，企業が完全能力以下，ならびに一定の限界費用の下で操業している状況に適用される[24]．

　賃金の分け前の安定性についてのカレツキの説明は，可変的な独占度の仮定および，特に独占度は経済活動水準と反対方向に変化するという見解とに依存している[25]．したがって，カレツキは，カーンがしたように，完全競争の仮定と逓増的限界費用の双方に挑戦したのである．しかし，彼はさらに1つの仮定を追加した．すなわち，独占度は循環のなかで変化するという仮定である．その結果，彼の有効需要の理論は実質賃金が雇用とともに下落することを必要としなかった．ケインズは自分の立場の再考を迫られて，1つの点を承認せざるを得なかったが，それは，『一般理論』執筆のさいに見過ごしていたものである[26]．彼は，次のように自問することから始めた．

　　……限界費用と価格とをほぼ等しいとみなすことに誤りがあるかどうか
　　……なぜなら，現代の準競争体系における不完全競争法則の現実的作用を

見ると，産出量が増大して貨幣賃金が上昇する場合には，物価は限界貨幣費用の増大に対し比例以下で上昇することがあるからである．限界実質費用が急速に増大している局面においては，このギャップを縮小すれば実質賃金の低下を阻止するのに十分であるということは，おそらく，ほとんどないであろう．しかし，それは，限界実質費用のわずかな上昇が実質賃金に及ぼす効果を相殺したり，さらに限界実質費用曲線がかなりの長さにわたってほぼ水平である場合に状況を支配したりするのに，十分であるかもしれない．……生産者が実際の価格政策や，競争の不完全性によって与えられた機会の利用に当たって，長期平均費用によって影響され，経済学者と違って短期限界費用にはあまり注意を払っていないかぎりにおいて，この要因は産出量が増大するさいに特に起こりがちである（Keynes 1973a, Appendix, 406-7；訳 409-410 頁．傍点は引用者による）．

しかしながら，ケインズは，自分で解釈したように，カレツキの結果を好まなかった．なぜならば，実質賃金一定の問題にたいする彼の答えは，望ましい結果を生み出すように，独占度がちょうどいい大きさに正確になるという「偶然の一致」にかかっていたからである．

5. 『一般理論』と不完全競争

もしケインズが『一般理論』のなかに不完全競争，あるいはむしろカーンによって『短期の経済学』のなかで得られた結果を取り入れていたとしたら，『一般理論』はどのように異なっていただろうか．もし，カレツキ（独占度 μ）とカーン（消滅係数 q）によってそれぞれ提供された市場の不完全性についての2つの尺度を比べるならば，それらは形式的には等しいことが分かる[27]．しかしながら，それらは異なる目的に供されていた．カーンはフェロー資格論文のなかに市場の不完全性を導入することにより，なぜ価格は，低い需要水準で限界費用まで低下しないのか，また，なぜ均衡産出量は完全能力よりも低いのかを説明することができた．もし需要が引き上げられたならば何が起こるかという問題に「乗数論文」のなかで取り組んでいたとき，彼は，完全能力まで，

物価は限界費用に比例し，産出量は増加するであろうと論じたが，そのさい，市場の完全性の程度について何ら特定の仮定を，その議論のために必要とはしなかった．

カレツキはマーシャル的伝統には縛られず，完全競争のような「非現実的な仮定」を拒否する傾向がより強かった．不完全競争の枠組のなかで，彼はそれから，市場の不完全性の程度は経済活動の水準と反比例するという議論に向かった．

『一般理論』において，ケインズは，逓増的限界費用と競争度一定という単純化された短期を提示した．これらの仮定は，逓減的な労働の限界生産性および利潤最大化とともに，実質賃金と雇用とのあいだの反比例関係という命題に導いたのである．それゆえに，不完全競争の仮定は，それ自身だけでは，結論を変えることはなかったであろう．このことは，なぜケインズが，『一般理論』のなかでおかれた仮定のどれが証拠によって支持されない結果をもたらすのかを理解しがたかったのか，を説明するかもしれない．彼は1938年12月10日に，ターシスに宛てて次のように書いた．「私は，貨幣賃金が上昇しているとき，実質賃金は通例下落すると述べましたが，このことが誤っていたことは明らかです．私がどのようにしてこの誤りを犯すに至ったかについては2ないし3つの説明がありますが，それらのどれが正しいのかは，私にとっては必ずしも明白ではないのです．」[28]

注

* 私は，マルコ・ダルディとアナリーザ・ロセッリに対しては本章を多くの点で改善するうえで助けてくださったことに，そしてアンナ・カラベリ，ジョフ・ハーコート，ヤン・クレーゲル，アンナ・シモナッツィ，ジュゼッペ・タッターラ，パオラ・ヴィッラおよび匿名の査読者に対して有益なコメントをくださったことに，感謝する．しかしながら，ここに表明された見解についての責任は，著者に存する．

1) Tarshis (1979, 365) を参照．「[ケインズは] 完全競争を仮定する本当の理由をもってはいなかった」．またオリーンの有名な発言を参照．「他のいくつかの点におけるように，この点でもケインズは，伝統的な仮定から自由になるうえで十分革新的であったようには私には思えない．彼の本を読むと，彼はロビンソン夫人と不完全競争を一度も議論しなかったのだろうかといぶかしく思うことがしばしばある (Keynes 1973c, 196)．完全競争の仮定は，Marris (1991) によって，ケインズ理論のアキレ

第6章 R.F. カーンと不完全競争　　　175

ス腱と評されている．

2) 1926年論文に基づいて，1927年1月25日付の手紙において，ケインズはスラッファにケンブリッジの大学講師を引き受けるかどうかを尋ねた（Keynes papers, King's College Library, Cambridge［以降 JMK と表記］L/S；この手紙の一部は Kaldor, 1987 のなかで公刊されている）．スラッファは1931年に講師を辞任し，1935年に研究副室長となった．

3) 1933年7月1日付のジョーン・ロビンソン宛ての手紙において，ハロッドは次のように書いた．「私は M.R.［限界収入］曲線についての着想を得て論文を執筆し，1928年夏に『［エコノミック・］ジャーナル』に送りました．不幸にも，この論文はメイナードが同意しない何か他の事項が含まれており，彼は拒否するように言い付けてラムゼー（F.P. Ramsey）に渡しました．私はその頃病気になり，1年ほどそれを気にすることはありませんでした．再びそれを見直したとき，ラムゼーに掲載拒否への返事を書きました．彼はそれに返事をよこし，私はそれをもっていますが，完全に降参して，私の要点についてのかなり精緻な数学的証明を提供してくれました．それらは M.R. 曲線に関係した点以外のものでした．そうこうするうちに，私は他の理由でこの論文に満足できなくなったので，その出版を要求することはありませんでした．私はそれを破棄し，1930年にまったく異なる1篇の論文を書きましたが，そのなかで M.R. 曲線についての私独自の構想を強調しました」（JVR．JVR については本書121頁注を参照．ドミニク・ハロッド（Dominick Harrod）がこの手紙を公表する許可をくださったことに感謝する）．このエピソードの詳細は Phelps Brown (1980, 9) によって与えられている．

4) JMK EJ 1.2.

5) カーンは，ケインズによって提案された最初の題目のためのミッドランド銀行の統計を利用する許可が得られないだろうということを彼に知らせたが（Kahn 1989, x-xi），その手紙は1928年10月10日付である（JMK U.A. 5.2）．それゆえに，「カーンは1928年9月にフェロー資格論文に関する研究を開始した」（Maneschi 1988, 156）ということはありそうにない．

6) フェロー資格論文は最初にイタリア語で出版された（Kahn 1983）．

7) 「市場の不完全性についての私の思考の発展は，私のスラッファとの広範にわたる話し合いとともに，主として彼の論文に帰すべきである（ショーヴもまた重要な影響を及ぼした）」(Kahn 1989, xv)．1929年の序文において，ショーヴの影響への感謝に用いられた表現はより強いものである．「私がいま自分自身のものと信じているものの多くは，実際には彼のものであるにちがいない」（前掲書，ix）．不完全競争の理論の発展におけるショーヴの役割は評価が難しい．なぜならば，彼は多くを執筆しなかったし，さらに，死後すべての文書は破棄されるべしとする旨の指示を残したからである（Kahn 1987）．彼の出版された論文は別にして，1928-9年度の学年に J. ソルトマーシュ（J. Saltmarsh）によって取られた講義ノートに頼ることができるが，これらはキングズ・カレッジの図書館に保管されている．ケンブリッジにおける不完全競争論の発展に対するショーヴの貢献を評価する試みに関しては，Marcuzzo (1991) を参照．

8) 『不完全競争の経済学』の1933年版の序文の冒頭の段落で，ジョーン・ロビンソンは次のように書いた．「私はR.F. カーン氏の不断の助力を得た．技術的な全装置は彼の助力によって作られ，多くの主要な問題……は，私によるのと同じ程度に彼によって解決された．彼はまた，私自身では見出すことができなかったような多数の数学上の証明に貢献した」(Robinson 1969, xiii；訳 i 頁)．

9) 独占の下での費用条件は，マーシャルによって右下がりの供給曲線で示されている．右下がりの需要曲線と合わせると，最大収入は，2本の曲線のあいだの差に産出量を乗じたものが最大になる点に対応する．

10) フェロー資格論文が執筆された時点では，限界収入の概念はまだ誕生していなかった．限界収入概念と，ケンブリッジにおける不完全競争理論の発展に対するその関係の歴史をめぐる議論については，Marcuzzo (1991; 1994) を参照．

11) Harcourt (1994, 19) を参照．「……1つの謎が残る．……カーンは彼自身，1929年のフェロー資格論文で現実の価格決定行動についての分析においてこのような顕著な進展をみせたのに，その後，1931年の論文ではマーシャル流の短期理論に戻り，そしてケインズが『一般理論』第21章で同じようにするのを認めたのはなぜかという点である．」

12) これは，ショーヴの鋭い批評を引き起こした．「私は，個別の産業と企業に適用されるものとしての「古典派」の分析に対して，あなたは親切すぎると思いました．非常に不自然な仮定（例えば資源の完全で瞬間的な流動性）がおかれないかぎり，それは私には誤っているか，あるいは完全に中身のないものに思われます」(1936年4月15日付の手紙，Keynes 1973c 所収)．

13) 「マーシャルと同じように，ピグー教授はその結論［実質需要のシフトは実質賃金率の逆の意味でのシフトと関係している］を主として，物価に比しての貨幣賃金の粘着性に依存させた．しかし，私自身が『一般理論』を書いていたときに，通説となっていた一般化を受け入れようとした私自身の決心は，アプリオリな議論によって大きく影響を受けたものである．その議論は当時広く受け容れられていたものであり，『エコノミック・ジャーナル』誌1931年6月号で発表されたR.F. カーン氏の論文「国内投資の雇用に対する関係」にも見出されるものであった．短期においては実質賃金は産出量水準と逆の方向に変動する傾向をもつという，経験的事実に関する想定は，次のようなより基本的な一般化と調和するように思われた．すなわち，短期においては産業は限界費用逓増にしたがうこと，全体としての封鎖体系にとっては，短期における限界費用は実質的には限界賃金費用と同じものであること，また競争的な条件のもとでは価格は限界費用によって支配されること，これである．もちろん，このすべては個々のケースにおけるさまざまな制約をこうむるが，総じて信頼し得る一般化である」(Keynes 1973a, Appendix, 399-400；訳402頁)．

14) 「『一般理論』は，概して，短期の経済学に基礎を置いている．短期供給曲線は逓増的な曲線であると仮定された．ダンロップとターシスによって行われた研究は，この仮定に疑問を投げかけた．ケインズは，無理もないことだが，彼の誤りを私に帰した」(Kahn 1976, 32n)．

15) p. 117, n. 17；訳155頁注17を参照．

第6章 R.F.カーンと不完全競争

16) 同様の見解は Brown (1991, 447-8) ももっている.「……カーンの論文［乗数論文］にはケインズがこの論文の責任にしていることが書かれているというが, それは少しも明らかではない. ……したがって短期の費用曲線の形状を決定するさい, 生産要素の非同質性が重要であるということについてはカーンとケインズの接近法には類似点があるのだが, 景気後退期における物価と雇用とのあいだの関係という重大な問題に関して, カーンは限界生産力逓減に与して議論する気持ちにはならなかった.」

17) 次の脚注がここに追加されている.「特に, 設備を動かす「時間短縮的」方法が広い分野にわたって実施されている場合のように.」

18) 完全競争においては, 利潤最大化は次のことを必要とする. $p = MC$. ここで p は価格であり, MC は限界費用である. さらに, $MC = w/Pmg_L$ であるが, ここで w は貨幣賃金であり, Pmg_L は労働の限界生産力である. ケインズによると, もし雇用の増加があれば, 貨幣賃金は上昇し $[w' = w'(1+a)]$, 労働の限界生産力は低下する $[Pmg_L' = Pmg_L(1+b)]$ であろう. もし利潤が最大化されるべきだとすれば, 物価は $(a+b) > a$ だけ上昇し, それゆえに実質賃金は低下しなければならない, ということになる. 物価は費用に等しくされるが, 賃金に比例するのではない. こうした状況のもとでは, 労働の限界生産力が一定だと仮定される場合にかぎって, 物価は賃金に比例し得る. 不完全競争下では, 利潤最大化は, MC が MR に等しいことを必要とする. ここで $MR = p(1 - 1/|\varepsilon|)$ は限界収入であり, $|\varepsilon|$ は需要の弾力性である. そこで, $p(1 - 1/|\varepsilon|) = w/Pmg_L$ および $p = w/(1 - 1/|\varepsilon|)Pmg_L$ となる. もし Pmg_L が一定と仮定されるならば, 賃金と物価とのあいだの比例関係, すなわち実質賃金一定は $(1 - 1/|\varepsilon|)$ が一定であることを意味するが, これは独占度である. もし Pmg_L が減少していると想定されるならば, 実質賃金一定は独占度においてこれを相殺する変化を必要とする. 私は, この点を明確にするに当たってアナリーザ・ロセッリと匿名の査読者に負っている.

19) Kregel (1987, 494) にしたがえば, ケインズは不完全競争の仮定を採用することに関心がなかった. なぜならば,「そうすると, 雇用の均衡水準のいかなる低下も競争についての仮定が変化したためだとされ得るからである」. ケインズの戦術は部分的に成功したにすぎないという見解については, Marris (1992) を参照.

20) 1937年10月18日付の手紙, JMK UA 5.4.

21) Kalecki (1990, 506) の編集者注を参照.

22) 1936年における『一般理論』の批評において, カレツキはすでに有効需要の理論を,「不完全競争をも含む」, その「より一般的な事例」で提示していた. Kalecki (1990, 224) を参照.

23) カレツキは, 平均賃金費用曲線の形状（逓減的, 不変, 逓増的）にしたがって, 3つのタイプの産業が存在すると仮定している. さらに彼は,「所得のより大きな部分は, 緩慢に変化する肉体労働の費用という条件下で, したがって $w_a - w_m$ が W に比べて小さい企業により生産されている」(Kalecki 1938, 101) と仮定している. 他の2つのタイプの産業については, $w_a - w_m$ は W に比べて小さくはなく, 正か負のいずれかである.

24) カレツキの結論は2つの事例のもとで正当化できる.「強い」事例は, 各企業 i に

とって，俸給と減価償却は固定費用であり，原材料と賃金は可変費用であるという状況である．総費用関数，$TC_i(x_i) = D_i + S_i + (m^i{}_m + w^i{}_m)x_i$ が与えられたとする．限界費用 $MC_i = m^i{}_m + w^i{}_m$ は一定と仮定されるので，$p_i x_i = C_i + D_i + S_i + m^i{}_m x_i + w^i{}_m x_i$ となる．$\mu_i = (p_i - MC_i)/p_i$ が与えられたとすると，$\mu_i p x_i = p_i x_i - MC_i x_i = C_i + D_i + S_i$ となる．「弱い」事例は，この結論が全体を集計して得られる場合のものである．原材料の平均費用がつねに一定と考えられているとき，産業のタイプにより，賃金の平均費用は変化が許容される．任意の与えられた産業にとって，平均賃金と限界賃金との差は正または負であり得るが，全体を集計すればこうした差は相殺され，全体として一定の限界費用が得られる．

25) 独占度は不況期に上昇し好況期に下落する基本的な傾向があるというカレツキの見解は，多くの場面で表明されている．Kalecki (1971, 51 ; 1969, 53-4) を参照．この見解はまた，ジョーン・ロビンソンによっても保持されていた．「……不況期の条件下で形成された企業の合同は，景気が改善するにつれて崩れる傾向がある一方で，有効需要が減少するにつれて独占度が上昇する強い傾向が存在する (Pigou 1933, 135 ; 訳 145-146 頁を参照)．このように，独占度の変化は，他の原因によって開始された有効需要の動きの振幅を増幅する傾向がある（しかし，これと反対方向に影響するかもしれない要因については，Harrod 1936, 17 ; 訳 20 頁を参照)」(Robinson 1937, 94n ; 訳 138 頁注 1)．

26) 『一般理論』の第 2 校正刷 (R.F. ハロッド，R.G. ホートリー，R.F. カーン，およびジョーン・ロビンソンに回覧された）になって初めて，ケインズは「ときとして第 1 公準を錯綜させる競争の不完全性」という警告を導入している (Keynes 1973c, 354 を参照)．2 番目の警告は『一般理論』が出版されて数日後，再版が準備されているときに現れた．H. タウンゼンド (H. Townshend) は彼に次のように書いた．「……［雇用労働の物的生産力逓減についての］一節を誤った抽象の水準で受け取る読者は，いかなる段階においても，技術的効率性の改善（または，理論上，労働者側においては時間当たり高い産出量を望む熱心さの増加）は実質賃金の下落を相殺したり，あるいは逆転させるかもしれないということを忘れて，雇用を拡張する長期のプログラムは継続的に実質賃金を引き下げるに違いないという誤った推測をするかもしれません．そして，このことは，賃金財産業において実質的に不完全競争が存在するかぎり，収穫逓減の基本的公準を制限して，ある程度まで，非常に短い期間においてすら当てはまらないでしょうか．」(1936 年 3 月 6 日付の手紙を参照．Keynes 1979, 237)．ケインズの答えは典型的に守りに立つものであった．「……あなたの批評の場合ですが……［上を見よ］，私はあなたに同意いたしますが，変更はしません．というのは，活字に組んだページをばらさなければ，それは不可能だからです．しかも，私には，この議論の趣旨を本当に分かっている読者は，意図されていることを必ず理解できると思われるからです」(Keynes 1979, 238 における 1936 年 3 月 11 日付の手紙を参照)．

27) $q = (p-r)/f$，および $\mu = (p-r)/p$ を想起すると，直ちに $\mu = (fq)/p$ となる．この類似性はすでに Dardi (1983, 18n) により言及されている．

28) JMK EJ 1/5.

参考文献

Brown, V. 1991. On Keynes's inverse relation between real wages and employment: a debate over excess capacity, *Review of Political Economy*, vol. 3, no. 4.
Dardi, M. 1983. Introduction, in R.F. Kahn, *L'economia del breve periodo*, Torino, Boringhieri.
Dunlop, J.T. 1938. The movement of real and money wages, *Economic Journal*, vol. 48, September.
Harcourt, G.C. 1994. Kahn and Keynes and the making of *The General Theory*, *Cambridge Journal of Economics*, vol. 18, no. 1.
Harrod, R.F. 1936. *The Trade Cycle: An Essay*, Oxford, Clarendon Press (宮崎義一・浅野栄一訳『景気循環論：一試論』東洋経済新報社, 1955年).
Kahn, R.F. 1972. *Selected Essays on Employment and Growth*, Cambridge, Cambridge University Press (浅野栄一・袴田兆彦訳『雇用と成長』日本経済評論社, 1983年).
Kahn, R.F. 1976. Unemployment as seen by the Keynesians, in C.D.N. Worswick (ed.), *The Concept and Measurement of Involuntary Unemployment*, London, Allen and Unwin.
Kahn, R.F. 1983. *L'economia del breve periodo*, ed. by M. Dardi, Torino, Boringhieri.
Kahn, R.F. 1984. *The Making of Keynes' General Theory*, Cambridge, Cambridge University Press (浅野栄一・地主重美訳『ケインズ『一般理論』の形成』岩波書店, 1987年).
Kahn, R.F. 1987. Shove, G.F., in Eatwell, J., Milgate, M. and Newman, P. (eds), *The New Palgrave: A Dictionary of Economics*, Vol. IV, London, Macmillan.
Kahn, R.F. 1988. *A Disciple of Keynes*, ed. by M.C. Marcuzzo, Materiali del Dipartimento di Economia Politica, Modena.
Kahn, R.F. 1989. *The Economics of the Short Period*, London, Macmillan.
Kaldor, N. 1987. Piero Sraffa: 1898-1983, *Proceedings of the British Academy*, London, Oxford University Press.
Kalecki, M. 1938. The Determinants of Distribution of the National Income, *Econometrica*, vol. 6, no. 2.
Kalecki, M. 1969. *Studies in the Theory of Business Cycle*, Oxford, Blackwell.
Kalecki, M. 1971. *Selected Essays on the Dynamics of the Capitalist Economy, 1933-70*, Cambridge, Cambridge University Press.
Kalecki, M. 1990. *Capitalism. Business Cycles and Full Employment*, in J. Osiatynski (ed.), *Collected Works*, Vol. I, Oxford, Clarendon Press.
Keynes, J.M. 1973a (1936). *The General Theory of Employment, Interest, and Money*, in D.A. Moggridge (ed.), *The Collected Writings of John Maynard Keynes*, Vol. VII, London, Macmillan (塩野谷祐一訳『雇用・利子および貨幣の一般理論』東洋経済新報社, 1983年).
Keynes, J.M. 1973b. *The General Theory and After: Preparation*, in D. Moggridge

(ed.), *The Collected Writings of John Maynard Keynes*, Vol. XIII, London, Macmillan.

Keynes, J.M. 1973c. *The General Theory and After: Defence and Development*, in D. Moggridge (ed.), *The Collected Writings of John Maynard Keynes*, Vol. XIV, London, Macmillan.

Keynes, J.M. 1979. *The General Theory and After: A Supplement*, in D. Moggridge (ed.), *The Collected Writings of John Maynard Keynes*, Vol. XXIX, London, Macmillan.

Kregel, J.A. 1987. Keynes's given degree of competition: Comment on McKenna and Zannoni, *Journal of Post Keynesian Economics*, vol. 9, no. 4.

Maneschi, A. 1988. The place of Lord Kahn's *The Economics of the Short Period* in the theory of imperfect competition, *History of Political Economy*, vol. 20, no. 2.

Marcuzzo, M.C. 1991. Joan Robinson e la formazione della Scuola di Cambridge, in J. Robinson, *Occupazione, distribuzione e crescita*, Bologna, Il Mulino.

Marcuzzo, M.C. 1994. At the origin of the theory of imperfect competition: different views? in K.I. Vaughn (ed.), *Perspectives on the History of Economic Thought*, Vol. X, Aldershot, Elgar.

Marris, R. 1991. *Reconstructing Keynesian Economics with Imperfect Competition*, Aldershot, Elgar.

Marris, R. 1992. R.F. Kahn's Fellowship Dissertation: A Missing Link in the History of Economic Thought, *Economic Journal*, vol. 102, September.

Marshall, A. 1961. *Principles of Economics*, ed. C.W. Guillebaud, London, Macmillan.

Phelps-Brown, H. 1980. Sir Roy Harrod: A Memoir, *Economic Journal*, vol. 90, March.

Pigou, A.C. 1933. *The Theory of Unemployment*, Macmillan (篠原泰三訳『失業の理論』実業之日本社, 1951年).

Robinson, J.V. 1932. Imperfect Competition and Falling Supply Price, *Economic Journal*, vol. 42, December.

Robinson, J. 1937. The Long-Period Theory of Employment, in *Essays in the Theory of Employment*, Oxford, Blackwell (篠原三代平・伊藤善市訳『雇用理論研究：失業救済と国際収支の問題』東洋経済新報社, 1955年).

Robinson, J. 1969. *The Economics of Imperfect Competition*, London, Macmillan, second edition (加藤泰男訳『不完全競争の経済学』文雅堂銀行研究社, 1956年).

Robinson, J.V. 1979. *Collected Economic Papers*, Vol. V, Oxford, Blackwell.

Roncaglia, A. 1978. *Sraffa e la teoria deiprezzi*, Bari, Laterza.

Sraffa, P. 1925. Sulle relazioni tra costo e quantità prodotta, *Annali di Economia*, vol. 2.

Sraffa, P. 1926. The Laws of Returns under Competitive Conditions, *Economic Journal*, vol. 36, December.

Tarshis, L. 1939. Changes in Real and Money Wages, *Economic Journal*, vol. 49,

March.
Tarshis, L. 1979. The Aggregate Supply Function in Keynes' *General Theory*, in M.J. Boskin (ed.), *Essays in Honor of Tibor Scitovsky*, New York, Academic Press.

第 2 部　協　働

第7章
J.M. ケインズと R.F. カーンの『貨幣論』から『一般理論』への協働*

M.C. マルクッツオ

さらなる発見や，困難と反対に反応して見解の変化をもたらす，真に出会った知性のあいだの考えの交換より大きな満足はない． J.M. ケインズ

ケインズが『一般理論』を執筆しているとき，彼のサークル内のすべての経済学者のうちで，他のだれよりもおそらくリチャード・カーンはケインズに近かった．しかしながら，『一般理論』になることになる考えの発展に対して彼が成した正確な貢献については，いまだ多くの議論が行なわれている．

一方には，その後の再構成において，カーンはケインズの理論の進化における決定的な役割を自らと「サーカス」に帰しているが，文書はその主張を支持する証拠も書類も提供していない，と論じるモグリッジ（Moggridge 1994, 109; 1992, 532n）がいる．他方には，カーンとの協働を「共著」に非常に近いものと見るヨーゼフ・シュンペーター（Schumpeter 1954, 1172; 訳779頁）や，カーンを『一般理論』についての作業における「主要な支柱」として描写するハロッド（Harrod 1951, 451; 訳（下）502頁）がいる．

ほとんどの解釈には，ケインズとカーンのあいだの協働の正確な性質を測ることの困難さをかなり強調する傾向があった．「カーンの役割は断続的な思索を誘発した」とクラークは書いている（Clarke 1988, 249）．スキデルスキー（Skidelsky 1992, 449）は，「ケインズの思考へのカーンの貢献の性質はかなり疑わしい」と述べている．そして，パティンキン（Patinkin 1993, 652 n. 5）は「『一般理論』の執筆におけるリチャード・カーンの役割について長く繰り返される問題」に言及している．

本章では，題名において表現されている目的，すなわち，『貨幣論』から

『一般理論』への移行を協働の歴史として読むという目的をもって，ケインズとカーンのあいだの文通に照らして，この問題を新たに見直すことにしたい[1]．

1. ケインズの「お気に入りの学生」

カーンがケインズに毎週指導されるキングズ・カレッジの学生として会ったのは，カーンが自然科学トライポスでやや地味な成績を得た後，もう1年の奨学金があり，経済学トライポスのために勉強を始めた年であった（1928年6月，彼はそれに優秀な成績で合格している）．

われわれが知っているように，ケインズはまさに最初からカーンの才能に感銘を受けた．ケインズは，1927年11月4日のカーンのレポートの余白に，「私はあなたには経済学についての真の素質があると思う」(RFK XI/3)[2]と書いている．数カ月後の1928年4月28日には，他の小論文へのケインズのコメントは以下のようになっていた．「非常に良い──ほとんど完璧な回答」(RFK XI/3)．2日後にケインズは妻のリディアに，「昨日，私のお気に入りの学生のカーンが，私が学生からかつて得た最良の解答の1つを書きました．──彼は優等を得るに相違ありません」(JMK PP/45/190: 4)[3]．

実際，われわれが現在もっている文通は，ケインズがカーンにトライポスの結果の公表について送った書簡から始まっている．「親愛なるカーン，試験はやはり，すべて素晴らしかった．おめでとう．──もっとも，あなたも知っているとおり，私はそう予想していましたが」(1928年6月15日；RFK 13/57: 1)．

キングズ・カレッジでのフェロー資格を得るためにカーンが1928年10月から1929年12月のあいだに執筆した論文は，再度，最初の失敗の幸福な結果──今回はミッドランド銀行の貨幣統計へのアクセスへの失敗──であった．カーン (Kahn 1989, x) によれば，ケインズは，「当時は，まだ因果関係の表現としての貨幣数量説に対する忠実な信奉者であった」．そして，ミッドランド銀行のデータはカーンの論文に良い材料を提供し得る，とケインズは考えた．そのデータを用いることはできなかったため──と，カーンの説明は続く──「ケインズはそれから，自らの主題を選ぶのを私に委ねた．マーシャルの『経済学原理』の影響下で，私は『短期の経済学』を選んだ．選択するさいに，私

はショーヴとピエロ・スラッファに励まされた．ケインズは喜んで黙認した．彼も私も，短期についての私の研究が後にケインズ自身の思考の発展に影響していくことになるとはいささかも思っていなかった」(Kahn 1989, xi)．

カーンが1929年12月29日に提出した論文——それは1930年3月15日にキングズ・カレッジのフェローへの選出をもたらした——は，費用条件と設備稼働度の詳細な研究を含む1920年代の不況期の石炭産業および紡績産業の分析から成っている．カーンは，短期では，平均費用曲線は，逆L字型として表すことができることを証明した．それは，平均費用が最大生産量水準に対応する点までは一定に留まることを意味する．このかたちの費用曲線のもとでは，企業が利潤を最大化する生産量水準を決定する唯一の方法は，不完全競争を仮定すること，あるいは言い換えれば，企業が直面する右下がりの需要曲線を仮定すること，によってである．カーンは，不況期のあいだ，現存するすべての企業によって生産能力が用いられる程度が完全能力以下に落ちる理由を説明している．彼の説明は実証的な証拠と一致しており，問題のすべての企業が1週間のうち数日は完全に稼働し，残りの日には生産を中止していることを明らかにした．だが，競争の苦闘を生き延びた企業のみが，いかなる場合にも完全稼働に対応する水準で生産を継続することができる，と主張する完全競争理論とは衝突した (Marcuzzo 1994)．

フェロー選出のニュースをカーンに知らせたのは，再びケインズであった．「親愛なるカーン，……選出は容易に，かつ確実に通過し，それが並外れて卓越した論文であると全員が認めました．……「審査報告」をあなたにみせる許可証をもっています」(1930年3月16日；RFK 13/57)．

フェロー資格を授与する委員会へのA.C.ピグーによる報告は，ピグーがカーンのL字型曲線の利用にはいくらか批判的であったけれども (Marcuzzo 1996aを参照)，非常に好意的であった．すなわち，「論文全体がわずか2年半前に経済学を学び始めた人によるたった9カ月間の研究の成果であることを思い出すとき，その成果は私にはまったく驚異的である」(RFK XI/6)．

明らかに，ショーヴとスラッファ[4]による講義と指導は，論文の主題に取り組むための正しい文脈を提供していた．書簡にはこの主題についてケインズとの討論への言及はまったく含まれていない．このことは，「論文それ自体には

ケインズ的思考の痕跡は何もない」(Kahn 1989, xi) というカーン自身の後年の意見を裏付けるものである．

2. カーンと『貨幣論』

50年後に出来事を再構成して，カーンは以下のように書いている．「ケインズは私が自分の論文を書くことから気をそらせることを望んでいなかった．彼が『貨幣論』の校正刷りをコメントを求めて私に渡し始めたのは，1929年の12月以降にすぎなかった」(Patinkin and Leith 1977, 148；訳220頁)．数年後，彼は再び，「私は1930年1月に舞台に登場した」(Kahn 1984, 175；訳270頁) と主張している．にもかかわらず，カーンの再構成は，われわれにとって利用可能な2つの文書に含まれる証拠と衝突するように思われる．第1に，1929年9月1日の日付があり，以下の意見を含む『貨幣論』の序文の粗い草稿が存在する．すなわち，「私は，数え切れない誤りと混乱の発見に関し，F.P. ラムゼー氏，P. スラッファ氏，R.F. カーン氏——すべて，ケンブリッジのキングズ・カレッジの一員——に対し，そして，特にその注意と鋭さが多くの頁にその痕跡を残しているカーン氏に負っている」(*CW* 13, 83)[5]．

論文を終わらせる前に『貨幣論』のいくつかの部分についてカーンが議論したに違いないということを示す証拠の第2は，ケインズがカーンのフェローとしての選出についてカーンに知らせるために書いた書簡に対する返事のなかにある．カーンは，次のように書いている．「何か強い刺激が働いたに違いありません．私は，このことは，あなたの校正刷りがあなた自身の精神の働きを私に提供したという接触に起因していると思います」(JMK L/K: 28)．

実際，カーンは1929年9月29日付の書簡でケインズに，彼は校正刷りを読んだことを告げているが，彼はそれへのコメントを述べる時間も，いうべきことも多くはないと付け加えながら，以下のような意見に限定して述べている．すなわち，「あなたがちょうど冒頭に導入した基本方程式の扱いにおける修正は，大きな利点をもたらしていると私には思われます」(*CW* 29, 4)[6]．カーンが彼の論文の執筆を終わらせ，6つの討議事項のかたちで彼のコメントをケインズに送ることができたのは，わずか2カ月後の12月中頃であった (*CW* 13,

120-21).

　カーンの後年のコメントとわれわれが利用できる文書のあいだの食い違いは，彼が論文の作業を完成させる前と後で，ケインズに与えた援助の種類の重要性についてのカーンの異なった評価によって，容易に説明することができる．モグリッジ（1992, 532n）は非常に異なった解釈を提示している．「［カーンは］あまりにも『貨幣論』から自らを故意に（そして誤って）遠ざけ，そのため後に表れることになる新たな考えにおける彼自身の役割を過度に強調した」．

　『貨幣論』の出版以前の文通から判明すること——ケインズは『貨幣論』の多くを1929年に書き直し，そして1930年10月31日に出版している——は，論文を完成させる前にケインズは，カーンの研究により密接に関係する問題よりもむしろ貨幣理論の問題についての議論にカーンを関わらせていたということである[7]．カーンがどのように［貨幣理論］を他の方向に発展させるのかについてケインズにサジェスチョンを与え始めたのは，彼が論文を完成させた後のことであった．1929年12月17日付の書簡は，カーンが尋ねている2つの論点が含まれているので，ここでは特に興味深い．

> 景気循環における短期の影響の効果，すなわち，物価と利潤への限定された設備と過剰な設備の効果に，何らかの注意が向けられるべきだとお考えでしょうか．
> 　あなたの新しい路線に沿ってのドイツのインフレーションをめぐる短い議論は非常に役立つものであることに，私は気がつきました．流通速度のタームでのありふれた説明では，理解するのが非常に難しい，といつも思われます（CW 13, 121）．

　最初の点，すなわち，短期分析は，明らかにフェロー資格論文についての研究の成果である（Marcuzzo 1996b）[8]．第2の点は，『一般理論』における貨幣数量説の最終的な放棄においてカーンが自らにつねに帰した役割と関係している．実際，1974年3月19日付のパティンキン宛ての書簡で，カーンは乗数についての論文の最も意義深い結論の1つは，「物価水準が貨幣量によって決定されるという考えを最終的に処分したこと」（Patinkin and Leith 1977, 147；

訳219頁）であったと書いている[9]．

　カーンの再構成は，さまざまな機会にケインズによって裏付けられている．ケインズは『一般理論』出版直後に，「特定の価格の関係がつねに扱われてきた方法，すなわち，貨幣的要因から導出される結果としてよりも，短期における需給問題として扱われてきた方法と同じ方法で，一般物価水準と賃金の関係を最初に攻撃したのはカーン氏であった」（$CW7$, 400n；訳403頁）[10]と書いている．

　しかしながら，ケインズは，自らが長いあいだ貨幣数量説の確信的な支持者であったという説には充分には納得していなかった，という証拠も存在する[11]．にもかかわらず，『貨幣論』では，「［これらの方程式は］数量説のすべての他のヴァージョンと似ている」と述べられており，そして，1931年5月15日付のピグー宛ての書簡は，基本方程式と貨幣数量説のあいだの関係についてのケインズの立場はまさにカーンが記述したようなものであったことを明らかに示している[12]．

3. 基本方程式をめぐる危惧

　カーンは乗数論文，すなわち，1930年の夏に思い付き，1930年後半と1931年春のあいだに書き直された論文であるが，その根本的な重要性を，消費財価格（そして，後には一般物価）の決定において『貨幣論』の「基本方程式」，さらに，貨幣数量説に代るものを提供しているという点に見ていた[13]．

　『貨幣論』においては，消費財物価水準は，2つの項目の和に等しいとされていることを想起しよう．第1項は，生産費であり，第2項は，投資財の経常費用（I'）と貯蓄（S）──稼得と消費財支出の差として定義──の差である．差がゼロのとき，消費財と投資財の量についての企業者による生産決定は，公衆全体によってなされる所得の消費財と貯蓄への配分決定に対応し，整合的である．第2項が正（あるいは負）である──それは新規投資の費用が経常貯蓄を上回る（あるいは下回る）かどうかによって決まる──とき，消費財生産者に（超過）利潤あるいは損失が生じるであろう．

　他方，資本財と証券の双方を意味する投資財の物価水準は，公衆が貯蓄を銀

行預金と証券のあいだでどのように配分するのかという決定と，証券の購入あるいは販売で新たな預金を創造するか否かという銀行システムの決定によって決定される．証券の価格，それゆえ生産された投資財の価格は，そのとき，公衆による証券に対する需要と銀行システム全体による証券の供給によって決定される．この場合は，また，新規投資財の価値（I）とその生産費用（I'）の正の差は，投資財生産者にとっての超過利潤を意味し，差が負であれば，損失となるであろう．

ケインズが強調した点は，2つの物価水準の決定の基礎となる力は異なっており，そして特に，「消費財の物価水準は投資財の物価水準とは完全に独立している」（CW 5, 123；訳139頁）ということであった．

この点はカーンによって異議を唱えられた[14]．カーンは，『貨幣論』で定義されている消費財物価水準（P）と投資財物価水準（P'）は独立ではなく，それゆえケインズの主張はロバートソン，ピグー，スラッファによってもまた提起されている批判に直面して守るべき根拠がほとんどないことをケインズに説得しようと努めた．

カーンの批判は，ロバートソンへのケインズの回答の粗い草稿（後日，1931年9月の『エコノミック・ジャーナル』誌に掲載された）に対するカーンのコメントである1931年8月15日付の書簡において要約されている．すなわち，彼は次のように書いている．「もし，あなたの特殊な定義群を取りのぞけば，P と P' は，利潤のどの部分も消費に向けられないという極端な場合をのぞけば，直接に関係していることは明々白々です」（CW 13, 219）．

カーンは，1931年4月17日付のケインズへの書簡に書いたように，消費財生産部門を経済の残りの部分から分離する「非常線」を引くことを想定し，投資財生産部門に対しても同じことをしながら，この結論に達していた．経済全体によって消費財部門へ導かれる貨幣的支出は，消費財部門によって経済の残りの部分へ導かれる貨幣的支出に等しい．同様に，投資財部門へ向かう貨幣的支出は，投資財部門から経済の残りの部分へ流入する貨幣的支出に等しい．

カーンは，a に等しい貯蓄の減少が生じると仮定しよう，と続ける．これは，消費財部門の貨幣的支出の a に等しい増大と，投資財部門の貨幣的支出の対応する減少を意味する．消費財生産者による投資財に対する支出は a だけ増

大し，他方で，投資財部門への流入は一定のままである（消費財部門から入ってくる追加的な貨幣的支出は，貯蓄の最初の減少を正確に相殺する）．原則として，投資財の価格が変化すべき理由はない．しかしながら，もし，投資財の価格が上昇するならば，消費財支出は対応する額（例えば b）だけさらに増大し，その結果，消費財への総支出は $a+b$ だけ増大するであろう．もし，1部門による支出の増大（あるいは減少）がつねに他の部門で生産される財への需要の増大（あるいは減少）を意味するならば，2つの物価水準はつねに結び付いている[15]．

J.R. Hicks（1967）は35年後に同じ点を指摘している．ヒックスは，『貨幣論』での定義にしたがって，所得および利潤からの貯蓄性向の記号を用いて「基本方程式」を書き直している．

$$P=\{(1-s_1)E+(1-s_2)Q\}/R$$

$$P'=(s_1E+s_2Q)/C$$

P：消費財物価水準
P'：投資財物価水準
Q：「超過」利潤
s_1：所得からの貯蓄性向
s_2：利潤からの貯蓄性向
R：均衡物価水準での消費財
C：均衡物価水準での投資財
E：生産要素の稼得（「所得」）

所得と利潤からの貯蓄「性向」が一定ならば，2つの物価水準は独立には決定されない．

1931年9月までに，ケインズはカーンの論点を受け入れ（CW13, 225），「基本方程式」アプローチは修正を要することが明らかになっていた．

4.「サーカス」の役割

『貨幣論』の「皮を脱ぐ」ことのどれだけが,カーンおよび「サーカス」での議論に帰し得るのか[16].この疑問は答えるのが難しいことが判明している.なぜなら,グループの活動を記録するわずかな書かれた資料しか残っておらず,後の再構成は参加者の個人的,集団的回想に基づいているからである.このことは,どのようにものごとが実際に進行したのかについての解釈における多数の相違にわれわれがなぜ直面しているのかを説明している[17].

文献では,サーカスが解散した後の1931年6月に,ケインズによってなされたハリス財団での講義が,ケインズの新たな考えへのサーカスおよび(6月に発表された)カーンの乗数論文の影響を跡付けるテストとして用いられてきた.モグリッジの見解は,「[講義において],ケインズは物価水準の変化よりもむしろ,産出水準の変化にずっと大きな注意を向け,完全雇用以下での均衡という考えの徴候を与えていた」(Moggridge 1973, 79),というものであった.しかしながら,ダイモン(Dimand 1988, 143)によれば,「[ハリス講義においては]議論は,いまだ主に『貨幣論』のものであり,第1次雇用と第2次雇用のあいだのカーンの関係への言及は存在しない」.エルツュルク(Ertürk 1998, 177-78)は,これらの講演においてケインズはもはや「新投資財の市場価値 I とそれらを生産する費用の区別」(CW 13, 363)をしていない,と述べている.反対に,オースティン・ロビンソン(Robinson 1985, 57)は以下のように書いている.「確かに,ケインズが1931年6月のハリス財団講義を執筆していたときまでに,ケインズは,リチャード[・カーン]が彼に示し,そして再び進めていた考えのいくらかを,すでに吸収していた」.

確かに,ハリス財団講義では,完全雇用以下での均衡の可能性は十分に論じられている.均衡状態から出発して,貯蓄に対しての投資の減少は,利潤の減少をもたらし,翻ってそのことは産出の減少をもたらす.ついには,企業者がもはや生産を継続したいとは思わず,産出の変動がもはや生じない利潤の水準に到達する.この産出水準は,ケインズが論じるところでは,「一種の偽りの均衡を表す」(CW 13, 356)[18].利潤がどのように産出に関係しているのかとい

う点に関しては，ケインズは以下のように述べている，と記録されている．

> 私が概要を述べようとしている分析は，単に私自身のものではない．それは，若いイギリスの経済学者である R.F. カーン氏によるものである．……産業全体を考えよう．短期において，所与の主要利潤水準［すなわち，総受け取りと主要費用の差］のもとで，所与の産出水準が存在し，もしある量の主要利潤があるならば，主要費用水準に対してある潜在的な産出量水準をもたらすのに十分であるということを教えてくれる供給曲線の特性をもつ何かが存在する．総主要利潤の増大ごとにだれかが拡張することを可能にするであろう．というのは価格費用点をちょうど超えるからである．そして減少のたびに，だれかが敗退するであろう．したがって，もし短期間のみ有効な供給曲線があるならば，その結果，総主要利潤量ごとに一定の産出量が存在し，主要利潤を増大させることによってのみ，雇用と産出を増大し得るであろう（CW 13, 368）[19]．

そして，ハリス講義に続くセミナーにおいて，H. シュルツと，単独の企業にとっての短期均衡の条件について討論し，ケインズは以下のように述べている．「それからすべての［費用］曲線を集計し，産出が明確に主要費用に対する総受け取り超過に関係している産業全体にとっての供給曲線が得られる．……もし，それから集計するならば，投資量に超過貯蓄を関連付ける公式が得られる」（CW 13, 372）．

カーンは，乗数論文（Kahn 1972, 5-6；訳 7-9 頁）において，消費財の価格と産出を関係付ける供給曲線を仮定していた．さらに，（1931 年の冬学期から開講された）短期の経済学についての講義において，この関係は，期待稼得との関係で描かれた総供給曲線のかたちでの総産出に拡張された（RFK 4/13: 4-14）[20]．私の見解では，ハリス財団講義は，ケインズの強調点が，物価水準に影響するような投資と貯蓄の差としての総利潤についての『貨幣論』の分析から，産出水準に影響する総受け取りと主要費用の差としての総利潤についてのカーンの短期分析に移ったことを示している[21]．

ハリス財団講義に続く数カ月間に，ケインズは，総産出の均衡水準がどのよ

うに決定されるのかを見つけ出すという課題に取りかかった．ケインズが，1931年9月20日付の書簡でカーンに提示したメカニズムは以下のように要約されるであろう．すなわち，投資（I）の増大は利潤（Q）を増やし，利潤の増加の一部は貯蓄（S）に向かう．同時に，利潤の増加は総供給曲線に沿って産出（O）を増大させ，その結果，貯蓄のさらなる増加をもたらす．しかしながら，産出1単位当たりの利潤（Q/O）は産出が増大するにつれて減少する．というのは，貯蓄が増加するにつれて利潤は減少するからである．ケインズの結論は，「もしQ/Oが，Oが最大に達する前にゼロに到達するならば，「長期失業」が存在する．すなわち，完全雇用以下での均衡状態である」（CW 13, 374）．

しかしながら，カーンは完全には納得せず，以下のように書いている．「現在，新たな均衡状態に到達するために必要な唯一の条件は，E［稼得］が増加するにつれてSが増大することであるように私には思われます．しかし，それは少し正確ではないと思います．なぜなら，それに加えて，均衡が可能であるたに必要な何らかの条件，すなわち，O（あるいはE）の小さな減少が支出の増大を引き起こすという条件があるからです」（CW 13, 375）．

この段階では，解決法はいまだ遠いようであり，カーンは「役立たずで申し訳ありません」（CW 13, 375）[22]と結んで，その責任を取っているように思われる．

さまざまな困難の結果，1931年の夏の終わりに，ケインズはケンブリッジでの講義を延期することにした．1931年9月28日にオースティン・ロビンソンに書いているように，彼は「活字で入手可能となる内容を再び講義」できる前に「理論的掃除」が必要であると感じていた[23]．

数カ月後の1932年3月に，多くの再考察の結果，ケインズは利潤を含む通常の意味での所得（E'）を受け容れ（「私はいまや屈服した」［CW 13, 275］），貯蓄額は「消費される財への社会の支出額とは独立（他の事情が同じならば）ではない」（CW 13, 278）ことを認めた[24]．

5. 『一般理論』への道

『一般理論』は 1932 年に具体化した[25].

すでに 1932 年 5 月 2 日の講義において,ケインズの「新たな」議論が見出される.例えば,「短期での,所与の社会にとっての産出と雇用の変動は,……ほとんど完全に経常投資額に依存する.……これは,……投資額の変化の貯蓄へのあり得る効果を考慮に入れた結果である」(CW 29, 41).均衡の新たな条件は 1932 年の草稿の断片の 1 つにおいて詳しく説明されている[26].すなわち,「$\varDelta S$ と $\varDelta E$ が同じ符号をもつとき,そして投資が変化しないとき,いかなる水準の産出も安定均衡の位置にある.というのは,産出のいかなる増加も遅延要因をもち込むからである.なぜなら,$\varDelta S$ は正になり,I は一定と仮定されているので,$\varDelta Q$ は負になるからである.他方,同様に,いかなる産出の減少も刺激的要因をもち込む.なぜなら,$\varDelta S$ は負になり,それゆえ $\varDelta Q$ は正になるからである」(CW 13, 386-87)[27].

その結果,貯蓄と投資の関係は新たな視点で見られている.「一定期間の貯蓄額は投資額に依存するのであって,その逆ではないということがより正しいであろう」(CW 13, 388) と.

ケインズと彼の身近な側近が所得の均衡水準を決定するにさいしての貯蓄関数の役割を適切に認識したのは,1932 年 6 月の『エコノミック・ジャーナル』誌に掲載されたジェンス・ウォーミング (Warming 1932) の論文を読んだ後であった,と何人かの解説者は主張している (Cain 1979, 109; Skidelsky 1992, 451-52; Dimand 1988, 145)[28].そうであるかもしれないが,1932 年の夏以前に新たな要素がこの議論を確定させるのに役立つべく現れたように私には思える.

1932 年春に,カーン,オースティン・ロビンソン,およびジョーン・ロビンソンはケインズの講義を受けたが,その折りに (ケインズが述べたように) 「代替的な」,あるいは (ジョーン・ロビンソンが続く文通で述べたように) 「補完的な」解決策を示す,ケインズ理論の 1 つの側面についての「マニフェスト」に署名した.議論となっている点は,投資の変化 ($\varDelta I$) は産出の変化 ($\varDelta O$) と同じ符号をもつ,というケインズの「証明」であった.ケインズの

証明は 2 つの当初の仮説に依存している．すなわち，(1) $\Delta E'$（企業者の稼得の変化，すなわち，財とサービスの経常産出の販売から出てくる貨幣的価値）が ΔO と同じ符号をもつ，(2) $\Delta E' - \Delta F$（ΔF は支出の変化であり，そのため，企業者の稼得の変化と支出の変化の差が彼らの貯蓄の変化を説明する）が $\Delta E'$ と同じ符号をもつ，である．

$\Delta E' - \Delta F = \Delta I$ なので，ΔI と ΔO は同じ符号をもつということになる．

マニフェストの著者たちによってここで提起された反論は，条件(2)——すなわち，支出は所得ほどは上昇しないという条件——は，実際には，投資の変化が産出の変化と同じ符号をもつということを証明しているのではなく，「安定した均衡が存在することを保証している．もし，支出が所得以上に増大するならば，均衡は不安定になり，投資のいかに小さな増大も産出が無限に増大するか，あるいは条件(2)が作用する点まで増大するかのいずれか——どちらが最初に生じるにせよ——を引き起こすであろう」(CW 29, 43)．

さらに，マニフェストの著者は，もし，支出の増大が生産費の相当な増大をもたらすならば，産出は上昇する代りに減少し，条件(1)はもはや当てはまらないであろう，と続けた．ケインズの証明への代替案が提示されたのはこの時であった．

　問題は，需要と供給の方法による取り扱いを受け容れているように，われわれには思える．I の増加が O の増加につながるという命題の正しさにとって，以下の 2 つの条件は十分条件であって必要条件ではないようにわれわれには思われる．

　　(a) I の増加がそれ自身，消費財需要の増大につながること，すなわち，資本財生産者の産出価値が増大するとき，資本財生産者側の消費財に対する需要が増大すること
　　(b) 消費財の供給条件が I の変化によって影響を受けないこと

これらの条件が満たされるとき，I の増加は供給曲線を上昇させることなく消費財に対する需要曲線の上昇につながり，そして，消費財の産出の増大につながり，さらにもっと強い理由から，総産出の増加につながるに違

いない（*CW* 29, 43-44）[29]

ジョーン・ロビンソンがしゃれてそう呼んだ「トランピントン・ストリート学派」(彼女が夫のオースティンとともに住み，カーンが頻繁に訪問していた家のある通りの名前に由来している) によってなされた主張は，『ケインズ全集第29巻』の書評において，彼女によってほぼ50年後に以下のように要約されている．

> サーカスにあって，静学的な意味でも増分的な意味でも，投資が貯蓄を決定するという考えにわれわれは慣れていた．生産が投資財部門と消費財部門に余すところなく分割されているとき，投資財部門の所得の自らの貯蓄に対する超過，すなわち，その消費は，消費財部門の所得の自らの消費に対する超過，すなわち，その貯蓄に等しい．投資に対する支出率の増大は，特定の瞬間に始まるが，乗数のメカニズムを通じて，貯蓄フローの等しい増加を速やかにもたらす．……ケインズは，彼の講義において，貯蓄と投資の差に依存するやっかいな『貨幣論』の定義をいまだに用いていたが，彼は同じ結果を得るためにそれらを用いていた．……ずっと後になって（*CW* 7, 400；訳402頁])，ケインズは，ここで問題となっていた「全体としての産出の短期供給曲線」という概念を（良くも悪くも）カーンから得た，と説明した（Robinson 1980, 391)．

ケインズが「マニフェスト」についての書簡でジョーン・ロビンソンに書いたように，「私の現在の半分鍛えられたすべての武器を廃棄する」（*CW* 13, 378）ことに対する彼の抵抗は短かった．実際，1932年秋の講義は，ケインズがトランピントン・ストリート学派の「方法」を採用し，「全体としての供給と比較しての全体としての需要」（*CW* 29, 53）という表現を用いていることを示している[30]．

これらの講義においては，意外の利潤はいまだ，企業者に自らの生産の決定を修正させるシグナルであるが，企業者が利潤を生み出しているか否かは，いまや支払い（すなわち，支出）が稼得よりも大きいかどうかに依存させられて

いる．ケインズの新たな用語法（Rymes 1989, 57；訳 62 頁）によると，『貨幣論』とは異なり，総所得 E' は利潤を含み，以下のように定義されている．

$$E' = E + Q$$

他方で，E は稼得の古い意味を保っている．さらに，「新たな用語」（Rymes 1989, 57n；訳 91 頁）である支払い D は投資 I と消費財支出 F の合計として定義され，所得に等しいとされている．その結果，次のようになる．

$$D = I + F = E' = E + Q$$

および

$$Q = I - (E - F)$$

したがって，

$$Q = I - S$$

所得の定義の変化に平行して，貯蓄の新たな概念が導入され，ケインズはそれを「余剰」と名付け，貯蓄には $S(=E-F)$ が保たれている．

$$S' = S + Q$$

投資と余剰のあいだの均等はつねに存在するといわれ，調整メカニズムは消費財の価格によって与えられる（Rymes 1989, 62；訳 66 頁）．しかしながら，貯蓄はいまだ，「現在の物価水準でより多くの投資を可能にするために生じなければならない何か」（Rymes 1989, 61；訳 65 頁）として記されている．明らかに，それは産出調整メカニズムにおける従属変数としてはまだ十分には統合されていなかった．

6. カーンのアメリカ訪問

1932 年 12 月 21 日に，カーンはアメリカへ向けて出帆するマジェスティック号に乗船した．彼はロックフェラー財団からの助成金を得て 1933 年 5 月初

めまでアメリカに滞在することになった．しかしながら，このことは，彼のケンブリッジでの生活における完全な中断にはならなかった．というのは，これらの期間も，彼はジョーン・ロビンソンの『不完全競争の経済学』の校正刷りの修正を行い，そして，ケインズに，アメリカの経済政策，および彼が訪れたさまざまな北米の大学（シカゴ，トロント，モントリオール，ハーヴァード）や政府団体（ニューヨーク，ワシントン）における貨幣理論の状態を絶えず提供したからである[31]．

　カーンはアメリカに到着直後の1932年12月に，シンシナティのアメリカ統計学会で「公共事業とインフレーション」という題の論文を報告した．それは，「全体としての産出の需要」と「全体としての産出の供給」（Kahn 1972, 28-30；訳34-38頁）という表現を陽表的に用いて，マニフェストにおいて好まれた説明の線を追究するものであった[32]．

　この期間のケインズとカーンの協働についての興味深い局面は，国民所得に関する新たな統計によって乗数分析を検証する彼らの共同かつ独立した作業である．1932年のクリスマス休暇にコーリン・クラークの『国民所得1924-1931年』を読んで，ケインズは以下のようにクラークに書いている．「最終章のあなたの表によって示唆される1つの興味深い可能性が存在する．カーンが，2次的雇用は1次的雇用と同じくらい大きいかもしれないということ，すなわち，追加的投資 x が産出を $2x$ だけ増加させることを提示していたことをあなたは覚えていると思います．この仮説をあなたの数字で試してみると，驚くほどうまく機能します」（CW 29, 58）．

　カーンの反応は，同様に熱心なものであり，1933年1月1日にケインズに以下のように返信している．「数字は本当に素晴らしいです．私はこの簡単な方法でものごとを確認する可能性を完全に見落としていました．この点は公衆に知らせるようにしなければならないと感じています」（CW 13, 412-413）．

　実際，その機会はその直後に生じた．ケインズは，変化した政治的風潮を考慮して，公共支出の計画を再開させるために，ロンドンの『タイムズ』紙に4本の記事を書くことを決めた（1933年3月13日から16日のあいだに掲載された）．これらの記事は，続いて，『繁栄への道』というパンフレットとして出版された[33]．さらなる寄稿は1933年4月1日に『ニュー・ステーツマン』誌

に掲載された「乗数」論文（ここで，後に普及することになる用語が初めて公開された）であった．そして，1933 年 3 月 24 日の書簡でカーンに以下のように告げた．「……1 次的雇用と 2 次的雇用のあいだの関係についての本当に詳細で，それでいて一般向けの説明を……『タイムズ』紙に書こうとしていま取り組んでいます．どんなへまもしないことを望んでいます——あなたが肩越しにここで見てくれていればいいのですが」（CW 13, 413）．

モグリッジ（Moggridge 1992, 564）は，パティンキンとは異なり，乗数論文の時期までに，「有効需要理論は確実に確立している」と確信している．

7. 有効需要の概念

1933 年のミカエルマス学期の講義，およびティルトンのケインズの別荘の「洗濯籠」から出てきた『一般理論』のヴァージョンの同時期の断片[34]での証拠をもとに，ほとんどの注釈者（Dimand 1988, 167; Moggridge 1992, 562: Patinkin 1976, 79; 1982, 33; 1993, 656）は，そのときまでに有効需要の概念は完成したことに同意している．

「1933 年の 2 番目の目次草稿の第 5 章に最終的にはなったものの初期のタイプ打ちおよび手書きの草稿」（CW 29, 68）において，ケインズは再び「われわれの基本方程式」を提示している．すなわち，（前年の講義との）表記の唯一の変化は消費支出として F の代りに C を用いているのと，所得 Y が初めて登場している点である．そして，

$$Y = E + Q = C + I = D$$

あるいは

$$Q = D - E = I - (E - C)$$

となる．

『貨幣論』からの貯蓄の定義の変化を説明するという課題に再び直面して，ケインズは以下のように示している．

$$S = Y - C = E + Q - C$$

そして，記号 S，および貯蓄という語を $Y-C$ のために用い，『貨幣論』における貯蓄の定義に対応するものを S' と表し，節約と呼ぶことに決めた，と説明した（CW 29, 69）．基本方程式はいまや次のようになった（Rymes 1989, 109；訳 122 頁）．

$$Y = E + Q = C + I = D$$

$$S = E + Q - C = Y - C$$

$$\Delta S = \Delta Q + \Delta(E - C) = \Delta I$$

$$\Delta S' = \Delta(E - C)$$

それゆえ，

$$\Delta Q = \Delta S - \Delta S'$$

および

$$\Delta Q = \Delta I - \Delta S'$$

となる．

　ΔQ が正のとき，投資は社会が節約するよりも早く増加する（Rymes 1989, 110-11；訳 124-125 頁）ので，企業は産出を増大させる．以前の定式とは異なって，利潤の役割は変化している．というのは，いまや産出水準は現実の大きさよりも見込みの大きさに依存するようになっているからである[35]．実際，1933 年の最初の目次草稿に対応する断片において，ケインズは，産出水準は「全体としての産出の売上高がその可変費用を超えると期待される量」（CW 29, 64）に依存していると書いている．

　さらに，1933 年の最後の目次に対応する断片の 1 つでは産出調整メカニズムは，特有のかたちで提示されている．すなわち，「各企業は，さまざまな可能な生産規模での産出に関して，その産出の期待売却価格とその可変費用を計算する．1 単位当たりのその可変費用は，通常，すべての産出量において一定

ではなく，産出が増大するにつれて増大する．産出は，期待販売価格がもはや限界可変費用を超えない点まで押し上げられる」(CW 29, 98)．

この1節における新たな要素は，産出の均衡水準を決定するさいの限界分析の使用である．これは1933年のミカエルマス学期の講義で用いられている（例えば，Rymes 1989, 103-4；訳116-118頁を参照）．限界分析の使用は，『貨幣論』ではまったく見られなかったが，自らの考えを提示するさいしてのマーシャル的装置の受け入れ増大のもう1つの事例である．パティンキン（Patinkin 1982, 148）によると，限界アプローチについての完全な理解は，けっしてケインズによってはなされておらず，（例えば）1933年にはまだ，「費用の2つの種類［限界と平均］のあいだの違いについて完全で正確な理解をもって」いなかった[36]．反対に，カーンは当時，限界分析に精通しており，ジョーン・ロビンソンとともに研究しながら，その重要性と有用性についての明確な考えを発展させていた[37]．実際，1932年12月にアメリカに向かうときに，カーンは，限界と平均の大きさの区別を中心に，ジョーン・ロビンソンとの協働作業の主要な発見を要約した「不完全競争と限界原理」[38]——おそらくは数カ月前に書かれた[39]——という題の論文を携えていた．

トランピントン・ストリート学派の「方法」を採用するさいに，ケインズは限界アプローチの方へ押しやられ，それは実際，『一般理論』のある部分が書かれた言語となったように，私には思われる．

8. ケインズを「監督する」

1933年の末までに，カーンの役割は，1933年10月15日付のリディア宛てのケインズの書簡の次の1節が示すように，いまや学生というよりも助言者であるように思われた．「アレクサンダー［キングズ・カレッジのもう1人のフェローであるリチャード・ブレスウェイトと区別するためリディアが付けた名］は，最初の3章の最新版についての批判をちょうど与えてくれたところです．いつもよりずっと軽いものでした」(CW 29, 62)．

カーンとケインズの協働は着実に進んだ．1934年2月19日にケインズはリディアに以下のように書いている．「アレクサンダーは，先週の「私の重要な

発見」はすべて誤りであることを私に証明しました」(*CW* 29, 120). 4 週間後，カーンは弁解して書いている．「あなたのご本を十分に読む時間がなかったことがとても悔やまれます．この学期，私は完全に停滞してしまっているように思われます．それはあなたに対しての失礼なやり方です（そして，少なくとも，あなたが「本当に価値を認め」ようとされているテーマに対しても）」(JMK PP/45/161: 1). だが，1934 年 3 月 20 日に，カーンは再び別の間違いを見つけた．「あなたが，所得と投資の差を消費の実際の価値として定義するかぎり，それらは消費が生じるときの実際の価格から，ともに独立ではあり得ないことは明らかです」(*CW* 29, 120).

しかしながら，翌日，3 月 23 日にティルトンを訪ねると告げたさいに，カーンは励ましている．「あなたを些細なことで悩ませているのは明らかです．私はあなたが目的を達成している，と確信しています」(*CW*, 29, 122).「R.F.K からの 1 週間の厳しい監督」(*CW* 13, 422) の後，最後にケインズは熱意を込めて報告している．「[カーン] は素晴らしい批判者で，助言者で改善者です——才能を提示することがこれほど助けになった人は，世界の歴史においてだれもいませんでした」(*CW* 13, 422).

1934 年 4 月 13 日，ケインズはついにカーンに「有効需要によって意味されるものの美しく，重要な（と私が思う）正確な定義」(*CW* 13, 422) を送ることができた[40]．

この時期からは，1934 年 6 月のアメリカ旅行の前に書かれた，いまや『雇用，利子および貨幣の一般理論』というタイトルとなった本の目次の第 6 章から第 12 章までのヴァージョンと，夏に書かれた第 8 章と 9 章の暫定ヴァージョンが残っている．カーンは，後に，1934 年の夏のあいだ，ケインズとティルトンで多くの時間を過ごしたと回想している．この長い訪問について，ケインズは母に「いつものように，彼 [カーン] は並外れて役立ちます」(*CW* 13, 484) と書いている．そして，9 月後半，彼はカーンに，「私はあなたが導いた書き直しの終わりに向かっています」(*CW* 13, 485) と知らせている．その年の秋，ケインズは『一般理論』の最初の校正刷りの第 2 章から第 14 章までを講義に用いていた．ケインズは，1934 年 11 月 4 日，リディアに「そこにアレクサンダーも座っており，可能なかぎり明確にすべてを理解しようと努めていま

す」(Skidelsky 1992, 514) と書いている．

　新たな本の修正は翌年全体にかけて進行した．1935年1月15日，ケインズはカーンに書いている．「あなたのために，さらに2つの章を改正しました．あなたにそれらを見る時間があれば（幸いです）」(CW 13, 525)．そして本のさまざまな他の面についてのやりとりは夏まで続いた．

　1935年6月に，ケインズはハロッド，ホートリー，カーン，およびジョーン・ロビンソンに再校ゲラを送った．残念ながら，校正の発送に続くカーンとの通信はごく一部しか残っていない．しかし，再校ゲラと3校ゲラ——ケインズは9月に修正を行った——に対するカーンのコメントは存在している．カーンのそのコメントは特に興味深い1節を含んでいる．所与の投資水準への貯蓄の調整は所得の特定の定義には依存しないことを示すことが，ケインズにとり重要である，とカーンは考えていた．

　　貯蓄と投資は「同一物の別の名前」であるとあなたがいうのはどうでしょうか．それらは異なったものです（それが全体の要点です）——それらは明確に異なった行為です——が，大きさにおいては等しくなります．使用者費用などを理解し得ない人にとって適切な，貯蓄＝投資という単純な証明は，単純な人々のためのみならず，あなたのすべての仕事はあなた特有の定義に依存しているという露骨な反論を避けるためにも必要である，と私は依然思っています．……

　　　所得＝産出の価値＝消費＋投資
　　　また
　　　所得＝消費＋貯蓄
　　　∴貯蓄＝投資

　　この真理はあまりにも重要であり（そしてめったに認識されていませんが），微妙な定義のもやに隠されるべきではありません (CW 13, 637)．

　最終版 (CW 7, 63) と第3校ゲラ (CW 14, 424) の比較が示すように，ケインズはその提案を受け容れた．そして，ケインズが1935年12月後半に完成させ，

1936年2月に出版されることになる『一般理論』において実際に認められたのはカーンの定式であった．

9. むすび

　本章の目的は，ケインズとカーンのあいだの協働を詳述し，『一般理論』が現れようとしていた時期のあいだの彼らの関係の本質を，書簡，文書，未公刊の文書，そして主役自身によって提供された後の回想を用いて詳論することであった．すべてのこれらの資料の証拠に基づき，ケインズとカーンの関係は強く継続的で豊かであり，明らかに役割の逆説的な「逆転」を伴っていたことは議論の余地はないように思われる．先生の原理を修正し，整頓し，探るべく介入したのは弟子であった．
　カーンの貢献なしでは『一般理論』が同じ理論を提示しなかったであろうかという意味において，カーンの貢献が決定的であったかどうかを実際に証明することは，この問題に取り組んでいる文献が確認しているように，不可能な仕事である．
　他方で，カーンが独立して考えた観点——ケインズが後にそれらを組み込み，彼の目的に適合させ，『貨幣論』が基づいていた枠組を再調整しながら最終的には『一般理論』の部分になった観点——をわれわれは確かに抽出することができる．ここでの主要な点は短期分析と，物価水準と均衡数量の決定への総需要と総供給の適用である．この枠組においては，乗数原理と「全体としての産出の供給表」は「新理論」を構築するさいに特に生産的であることが判明したツールであった．ショーヴとスラッファの影響と，『不完全競争の経済学』を執筆中のジョーン・ロビンソンとの協働は，マーシャルの装置を放棄するよりもむしろ改修する必要性をカーンに十分説得させるものであった．その課題は，彼がしたように，ある概念を正確な分析ツールに変換し，論理的に一貫した結果を得るためにそれらをケインズの新たな考えに適用することであった．
　『貨幣論』の方法論的枠組は異なっていた．そしてもちろん，カーンが提供した枠組，すなわち総需要曲線と総供給曲線は，ケインズの本来の着想から離れる方向で『一般理論』が提示される，あるいはとにもかくにもその範囲を制

限する，という最終的な結果をもたらした，と論じる人もいるかもしれない．しかしながら，私が到達した結論へのさらなる確認をもたらすに他ならないものは以下の立論である．すなわち，『貨幣論』から『一般理論』への発展は，単独行ではなく，協働の物語であった．

注

* 本章の初期のはるかに未完成なヴァージョンはイタリア語で Marcuzzo and De Vecchi (1998) において発表されている．私は，マルコ・ダルディ，アナリーザ・ロセッリ，フェルナンド・ヴィアネッロからの批判と討論，および 2 名の匿名の査読者によるコメントに恩恵を負っている．

1) 彼らの通信は 1928 年から 1946 年のあいだに書かれた 611 通の書簡を含む．そのうち約 60 通は『ケインズ全集』(以下，CW とし，巻数とページ数が続く) において公表された．Marcuzzo (2001) を参照せよ．私は，ケインズによる未公刊の書簡からの引用の許可に対して，ケンブリッジのキングズ・カレッジの学寮長とフェローに，そしてカーンによる未公刊の書簡からの引用の許可に対して，D. パピノーに感謝する．
2) RFK は R.F. カーンの文書を表す．分類番号は，ケンブリッジのキングズ・カレッジのカタログにしたがっている．
3) JMK は J.M. ケインズの文書を表す．分類番号は，ケンブリッジのキングズ・カレッジのカタログにしたがっている．
4) RFK 文書は 1928, 29 年度のスラッファの講義のあいだ，カーンが取ったノートを含んでいる．
5) ケインズが 1930 年 9 月 30 日に出版のために渡したヴァージョンには，ラムゼーとスラッファへの謝辞がないが，カーンに対しては同じ語句が保たれ，索引を編集したことへのさらなる謝辞が付け加えられていた．
6) カーンが「1929 年 9 月にケインズの基本方程式の修正作業を行っていた」という証拠としての言明．これは Moggridge (1994, 108) の解釈には役立たないものであるように私には思われる．
7) 例えば，1928 年 12 月に，ほとんどドイツ語を知らないケインズのために，カーンは，貨幣の購買力に対する 2 人のアプローチの比較のために，「国民生産と計算貨幣」という論文で示されたシュンペーターの貨幣理論の要約を作成している (JMK L/K, 3-7)．
8) 1933 年 4 月 1 日付のケインズへの書簡において，ロバートソンは，新しい本が書かれている枠組を「あなたとカーンの短期の方法」(CW 29, 17) と呼んでいる．
9) さらに，後年，以下のように書かれている．「出版に値する『貨幣論』のヴァージョンを生み出す 6 年間にわたるケインズの長い格闘は，部分的には粗雑な形態での貨幣数量説の束縛からの脱出に向けられていた．……それにもかかわらず，ケインズは

数量説の呪縛に深く囚われていたので，彼の基本方程式をあたかも数量説の「ヴァージョン」であるかのように書くほどであったように思われる」(Kahn 1984, 56；訳 81-82 頁).

10) さらに，1939 年 2 月の『一般理論』のフランス語版の序文においては以下のように書かれている．「以下の分析は，かつて私を巻き込んだ貨幣数量説の混乱からの私の最終的な脱出を示している．私は，全体としての物価水準を個々の価格とまさに同じように，すなわち，供給と需要の影響下で決定されるものと見ている．……貨幣量は流動資産の供給を決定し，それゆえ，利子率を決定する」(CW 7, xxxiv-xxxv；訳 xxix 頁).

11) 1940 年 5 月，すなわち，『一般理論』のフランス語版の序文の出版の 1 年後に，ケインズはカーンに以下のように書いている．「私は，2 つの理由で興味深い，1917 年のクリスマス・イヴに書いた書簡を例として添付します．……(ii) そのときでさえ，私が需要と供給のタームで考えており，貨幣数量説のタームで考えていたのではないという事実！」(RFK 13/57, 460)

12) ケインズは以下のように書いている．「誤解は，思うに，私の方程式［すなわち，『貨幣論』の基本方程式］を「ケンブリッジ方程式」と何らかの方法で整合的ではないものと私が考えている，とあなたが想定していることから生じています．私はけっしてそうは考えていません」(CW 13, 217).

13) 1978 年 10 月 11 日付のパティンキン宛てのカーンの書簡を参照．「私は，全体としての産出の供給曲線のかたちで『一般理論』に価値の理論をもたらし，そして，それが主要な貢献であったと考えています」(Patinkin 1993, 659 における引用).

14) 1931 年 4 月 5 日 (CW 13, 203-6)，4 月 17 日 (CW 13, 206-7)，5 月 7 日 (CW 13, 212-3)，8 月 15 日 (CW 13, 218-9) の書簡を参照．

15) 1931 年 5 月 7 日付のケインズへのカーンの書簡を参照．「私の見解は，2 つの物価水準は，もし，一方が高ければ，他方もまた高いという意味で，直接に結び付いているということです」(CW 13, 213). そして，「あなたが考慮に入れるのにいまだ失敗しているように思われることは，「貯蓄」が P' に依存しているという点です」(CW 13, 213).

16) よく知られているように，「サーカス」は 1930 年後半から 1931 年春までのあいだに，『貨幣論』について議論するために集まった非公式のグループである．それは，カーン，ミード，スラッファ，ジョーン・ロビンソンとオースティン・ロビンソンのみならず，次世代の最も優秀な経済学の学生も含んでいた．

17) Patinkin (1976, 71) は，その時期の分析について，以下のように述べている．「カーンの論文 (Kahn 1931) は明らかに『一般理論』への大きな 1 歩を構成しているにもかかわらず，そして，振り返ってみると，乗数理論が有効需要論と論理的に等しいような方法で定式化され得るということをわれわれが知っているにもかかわらず，この等しさが 1931 年のわれわれのドラマの演者たちによって理解されていたかどうかは大いに疑問である」．また，Patinkin (1982, 29；1994, 1144) を参照．Kahn (1984, 105；訳 163-164 頁) はサーカスによって演じられた役割についてのパティンキンの見解に与しない．「ドン・パティンキンはケインズが『一般理論』を執筆する

うえで助けたという点でわれわれ（「サーカス」）に一般に帰せられる重要性に異論を唱えている．文書に依存しているかぎりでは，彼は十分に自分の意見に資格を与えられる．私の方では，かなり昔に生じたできごとへの情念についての感情を喚起できないでいる」．他方で，スキデルスキー（Skidelsky 1992, 448）は，以下のように書いている．「ケインズの進歩への「サーカス」の集団的貢献よりもはるかに重要であるのは，カーンの個人的な貢献であった」．それに対して，モグリッジ（Moggridge 1994, 111）は以下のように述べている．「カーンの「サーカス」についての説明は，……他の参加者の説明とともに，経済学史家の工場に価値ある種を提供する」と．「サーカス」の役割に関する文献についての短い批評はプラッシュ（Prasch 1994, 28-29）に見出される．

18) ケインズの「新たな」理論の誕生は1933年まで生じなかったという自らの見解と調和を保ちつつ，パティンキンは，上記の1文は「一見して思われるものを意味していないかもしれない」（Patinkin and Leith 1977, 125；訳188-189頁）とまで述べている．

19) この引用はケインズの講義に続く討論会の記録からのものである．それゆえ，私は「ケインズが……カーンの論文の他の貢献，すなわち，全体としての産出の供給曲線をこれらの講議において用いていない」（Dimand 1988, 144-45）というダイモンの見解には賛成し得ない．

20) また，L.タージスが1932年のミカエルマス学期のカーンの講義に出席したときに取ったノートを元に，彼が書いたその主要な内容の要約が存在する（RFK 4/15）．Tarshis（1979）を参照．

21) マッティオリ講義のタイプ打ち原稿には，カーンによる以下の文章がある．「私は，私の論文の最も重要な部分は，通常取られている見解とはまったく異なるものとして見ている．私は，供給曲線と需要曲線の概念の導入によって，より高い水準の需要の消費財物価水準への影響を扱った．これは，『一般理論』の初期の草稿においてついにはケインズによって導入される，「全体としての産出」の物価水準の決定，あるいはむしろ，需要と供給の用語での全体としての消費財と資本財の物価水準の決定の新たな方法の徴候である」（Patinkin 1993, 659 n.17 に引用されている．傍点は新たに付加）．

22) パティンキン（Patinkin and Leith 1977, 87；訳130頁；Patinkin 1982, 29）は，このやりとりを，カーンがケインズの議論をあまり理解していないことを示すものと解釈し，再度，カーンが『一般理論』の主要な点の発展に実質的な役割を果たしていないと示唆している．

23) E.A.G.ロビンソン文書，ボックス9（マーシャル・ライブラリー所蔵）．また，1931年10月6日付のロバートソンへの書簡を参照．「『貨幣論』における私の取り扱いは，それがあるべきほどには完全ではありません．そして，その後の私自身の考察において，より完全になりました」（CW 13, 273）．そして，1931年12月9日付のカルドアへの書簡も参照．「私はいまや，全体を再びより明確に，そして異なった角度から表現しようと努めています．そして，2年のうちに，私は改訂された，より完全なヴァージョンを出版し得ると感じています」（CW 13, 243）．ケインズは1931年の

ミカエルマス学期に開講する予定であった授業を 1932 年の 4-5 月に延期した．
24) 3月 22 日に，ケインズはロバートソンに以下のように書いている．「私は，最近，私の『貨幣論』の第 3 編において不適切に述べてしまったように思われる見解［すなわち，基本方程式］を再説するという出発点に戻ろうと努めています」（CW 13, 275)．また，——モグリッジによれば——ケインズが 1932 年 4 月 25 日に講義したと思われる断片である「基本的な用語法についてのノート」を参照．すなわち，「この点［所得の定義における］での通常の用法からの私の離脱は混乱を引き起こしたことを私は認める」（CW 29, 37n)．
25) その発展を立証するケインズによる文書は以下のとおりである．(1)ケインズが 1932 年 4 月 25 日と 5 月 2 日に講義したと思われるいまだ「貨幣の純粋理論」という題をもつ 1932 年のイースター学期の 2 つの断片（CW 29, 35-42)，(2)目次付きの新たな本の章の草稿のいくつかの断片（CW 13, 380-407)，そして (3)ケインズが 1932 年 10 月 10 日と 11 月 14 日に講義したと思われる「生産の貨幣的理論」という題の 1932 年ミカエルマス学期の 2 つの断片（CW 29, 50-57)．
26) モグリッジ（CW 13, 380）によれば，これは 1931 年から 1932 年のあいだに書かれた断片のうちで「最初期」のものである．これらの断片のモグリッジについての時期決定にパティンキン（1975; 1993）は懐疑的である．「モグリッジは，『ケインズ全集第 13 巻』の 381-396 頁に再録された断片は初期のものであり，397-405 頁に再録された断片は「なお 1932 年末以前であるけれども，やや後の作品」（CW 13, 380）であると述べている．しかしながら，私には，正しい順序は逆であるように思われる」（Patinkin 1975, 252 n.1)．私はパティンキンの主張を支持する十分な証拠を見ていない．
27) モグリッジによると，1932 年 11 月 14 日にケインズが講義したと思われる資料である草稿で，同じ概念が繰り返されている．すなわち，「産出の減少は，それ自身，貯蓄に対するその遅延効果のために新たな均衡を生み出す要素の 1 つであるかもしれず，その結果，産出水準が最適水準以下であるという事実は，それ自体，均衡維持の条件の 1 つであるかもしれない」（CW 29, 57)．パティンキンは，「この巻［第 29 巻］の 54-57 頁に再録された断片の日付 1932 年 11 月」を疑い，以下のように述べている．「［産出変化がもつ均衡化役割についての記述を含む］断片のこの部分は，1932 年 11 月の講義ノート［Rymes 1989］には現れていない．……この見解を支持する追加的な証拠は，この断片に現れる「支出性向」という言葉が後になるまでケインズによっては使われていないことを指摘している Moggridge (1992, 562 n. h) によって最近提供されている」（Patinkin 1993, 655 n13．同じ議論は，Patinkin 1980, 18-19 においても行われている)．しかしながら，第 13 巻の 381-396 頁に再録された草稿においては，その表現ではないけれども，支出性向の概念（「個人支出の反応」[CW 13, 388] を参照）をすでにわれわれは見出している．それゆえ，私は，この断片が 1932 年に書かれたというモグリッジによって行われた最初の推測を否定する十分な証拠とは思わない．
28) カーン（1984, 99；訳 151 頁）は，乗数についての論文——それはまた，ミード（Meade 1993）の発見を含んでいる——が，不完全であることを認めていた．「われ

われが行ったことは，——完全に気づくことには失敗していたが，——……貯蓄と投資の一致を確立することであった」(強調は付加)．そして，彼が最終的に『貨幣論』の貯蓄の定義（乗数論文においては保持されていた）を放棄したのは，むしろ，1932年9月に刊行された「公共事業の資金調達」という論文においてあった．もし，実際，貯蓄が「消費支出に対する諸個人の受け取り超過の総計という通常の意味で」定義されてるならば，貯蓄は投資につねにかつ必然的に等しい」(Kahn 1932, 494)．

29) Rymes (1989, 37-39；訳 39-42 頁) によると，マニフェストの著者たちは以下の2点でケインズを誤解していた．第1に，支出あるいは消費が所得（＝稼得＋利潤）よりも速やかに増大し得るかどうかを確かめるさいの利潤の役割について．第2に，投資と利潤のあいだの相関の動学について．実際，ケインズは，利潤が「変化の主要な源泉」である因果的順序に依然として固執しており，投資と利潤のあいだの双方向関係に関心を寄せていたのに対し，マニフェストの著者たちは需要曲線と供給曲線の静学的な枠組において思考していた．後者の枠組においては，投資の自律的増大は消費財需要の増大につながる．仮定により，供給条件は需要の変化からは独立しているので，所得（＝$C+I$）の均衡水準の決定は直線的だからである．

30) Rymes (1989, 55；訳60頁) の「第2回講義：1932年10月17日」も参照．

31) 1933年の通信（19通のケインズへの書簡．そのうち7通のみが公刊されている）は，カーンがアメリカにおける貨幣数量説の主導的な影響についての彼の意見を述べており，特に興味深いものである．例えば，彼はケインズに以下のように書いている．「人間性を救う唯一の方法は数量説に反対するキャンペーンを先導することであると私は考えています」(JMK L/K: 36)．そして，政治経済クラブで彼が報告した論文に，以下のように付け加えている．「貨幣数量説の名前で起きている災いはこの国を席巻している」(RFK/3/18/3: 15)．また，「私のアメリカ訪問は，世界の悪のほとんどを貨幣数量説に帰するように私を仕向けます」(RFK/3/18/3:16)．

32) ダイモン（Dimand 1994, 1140）によると，ケインズの『繁栄への道』における使用より前に，カーンは1932年12月にシンシナティで報告した論文において「初めて所得からの限界貯蓄性向を用いた」(Kahn 1933)．しかしながら，「限界性向」という表現はカーンの論文には存在しない．さらに，（モグリッジによると）1932年5月2日に行われた講義で用いた断片において，ケインズはより早く「貯蓄性向」という表現を用いている（CW 29, 41）．カーンはそれを1933年4月14日付のケインズへの書簡において用いている（JMK L/K: 65）．

33) ケインズは，カーンがチェックするように論文を送ることができないことを気にしていたようである．「私は，第2論文において修正しなければならない第1の論文での誤りについて非常に悩んでいました．それは，もしあなたが近くにいたならばけっして生じなかったことでした」(RFK 13/57: 19)．

34) 実際，1933年の目次（CW 29, 63-75）からの第1草稿と第2草稿に対応する断片が夏に書かれたかどうかについての証拠は存在しない．しかし，それは信頼に足る推論である．

35) 11月13日の講義において，ケインズは Q を期待準レントとして再定義している一方で，11月6日の講義においては，意外の（実現した）利潤という以前の（『貨幣

36) Patinkin (1982, 146) は、区別はいまだ 1935 年の 3 校ゲラでは明白ではなく、「総供給曲線を総可変費用曲線と暗黙裏に見ていること」（CW 7, 55；訳 56 頁）によって示されるように、混乱は『一般理論』の最終版にもち越されたと論じている。対照的な見解については、Patinkin and Leith (1977, 62；訳 92-93 頁) におけるターシスを参照。

37) 競争と独占の一般理論に関するジョーン・ロビンソンとの協働は 1930 年に始まり、『不完全競争の経済学』のタイプ原稿は 1932 年 11 月にマクミラン社に送られた。

38) RFK (13/90) を参照。この論文はいまだ英語では未刊である。イタリア語への翻訳は Marcuzzo and Pasinetti (1999) に存在する。

39) 1933 年 2 月 11 日付のカーンへの書簡において、ジョーン・ロビンソンはその論文に以下のようなコメントを行なっている。「オースティン［・ロビンソン］は、まだちょうどざっと目を通しただけですが、トランピントン・ストリート学派の最初のマニフェストとして発表されるべきことを熱望しています（それを読んだあとでも、彼はこの考えを繰り返しています）」（RFK (13/90)）。「トランピントン・ストリート学派」は、実際、投資の変動が産出の変動と同じ符号をもつというケインズの主張を立証するために「需要と供給の方法」に賛成して議論している 1932 年の「マニフェスト」に署名したカーン、オースティン・ロビンソンとジョーン・ロビンソンのことである。

40) 「古典派の基本的仮定、すなわち、「供給がそれ自らの需要を生み出す」というのは、O の水準が何であれ、$OW = OP$ であり［W：産出が O のときの生産の限界主要費用、P：この産出の期待販売価格、OP：有効需要］、したがって賃金財産業の限界生産物と雇用の限界不効用のあいだの関係に依存する雇用に、有効需要が限界を画することはできないということである。私の理論では、$OW ∴ $ すべての O の値に対し OP、そして企業者はそれが等しくなる O の値を選ばなければならない。そうでないと、価格と限界主要費用の均等が侵されてしまう。これがすべての本当の出発点である」（CW 13, 422-23）。

参考文献

Cain, N. (1979). Cambridge and Its Revolution: A Perspective on the Multiplier and Effective Demand. *Economic Record* 55: 108-17.

Clarke, P. (1988). *The Keynesian Revolution in the Making*. Oxford: Clarendon Press.

Dimand, R.W. (1988). *The Origins of the Keynesian Revolution*. Aldershot, U.K.: Edward Elgar.

―――. (1994). Mr. Meade's Relation, Kahn's Multiplier, and the Chronology of the *General Theory*. *Economic Journal* 104: 1139-42.

Erturk, K.A. (1998). From the *Treatise* to the *General Theory*: The Transformation of Keynes's Theory of Investment in Working Capital. *Cambridge Journal of Economics* 22: 173-85.

Harcourt, G., ed. (1985). *Keynes and His Contemporaries*. London: Macmillan.

第7章 J.M. ケインズと R.F. カーンの『貨幣論』から『一般理論』への協働 213

Harrod, R.F. (1951). *The Life of John Maynard Keynes*. London: Macmillan (塩野谷九十九訳『ケインズ伝』改訳版, 東洋経済新報社, 1967年).
Hicks, J.R. (1967). *Critical Essays in Monetary Theory*. Oxford: Clarendon Press (江沢太一・鬼木甫訳『貨幣理論』東洋経済新報社, 1972年).
Kahn, R.F. (1932). The Financing of Public Works: A Note. *Economic Journal* 42: 492-95.
―――. (1933). Public Works and Inflation. *Journal of the American Statistical Association, Supplement: Papers and Proceedings* 28: 168-73.
―――. (1972). *Selected Essays on Employment and Growth*. Cambridge: Cambridge University Press (浅野栄一・袴田兆彦訳『雇用と成長』日本経済評論社, 1983年).
―――. (1984). *The Making of Keynes's General Theory*. Cambridge: Cambridge University Press (浅野栄一・地主重美訳『ケインズ「一般理論」の形成』岩波書店, 1987年).
―――. (1989). *The Economics of the Short Period*. London: Macmillan.
Keynes, J.M. (1971-89). *The Collected Writings of John Maynard Keynes*. Edited by D. Moggridge. London: Macmillan (*CW* と略記. 例えば *CW* 13 は第13巻. 本章の注1も参照).
Marcuzzo, M.C. (1994). R.F. Kahn and Imperfect Competition. *Cambridge Journal of Economics* 18: 25-40 [本書第6章として所収].
―――. (1996a). Alternative Microeconomic Foundations for Macroeconomics: The Controversy over the L-Shaped Cost Curve Revisited. *Review of Political Economy* 8: 7-22 [本書第12章として所収].
―――. (1996b). Joan Robinson and Richard Kahn: The Origin of Short Period Analysis. In *The Economics of Joan Robinson*, edited by M.C. Marcuzzo, L. Pasinetti, and A. Roncaglia. London: Routledge [本書第8章として所収].
―――, ed. (2001). Economists in Cambridge. The Letters among Keynes, Kahn, Kaldor, Robinson, Harrod, Hayek, Sraffa: 1921-1946. Working paper no. 37, Dipartimento di Scienze Economiche Università di Roma, La Sapienza.
Marcuzzo, M.C., and N. De Vecchi. (1998). *A cinquant'anni da Keynes: Teorie dell' occupazione, interesse e crescita*. Milan: Unicopli.
Marcuzzo, M.C., and L. Pasinetti, eds. (1999). *Concorrenza, occupazione e moneta*. Bologna: Il Mulino.
Meade, J. (1993). The Relation of Mr Mead's Relation to Kahn's Multiplier. *Economic Journal* 103: 664-65.
Moggridge, D. (1973). From the *Treatise* to the *General Theory*: An Exercise in Chronology. *History of Political Economy* 5: 72-88.
―――. (1992). *Maynard Keynes: An Economist's Biography*. London: Routledge.
―――. (1994). Richard Kahn as an Historian of Economics. *Cambridge Journal of Economics* 18: 107-16.

Patinkin, D. (1975). *The Collected Writings of John Maynard Keynes*: From the *Tract* to the *General Theory*. *Economic Journal* 85: 249-71.
―――. (1976). From the *Treatise* to the *General Theory:* The Development of the Theory of Effective Demand. *History of Political Economy* 8: 64-82.
―――. (1980). New Materials on the Development of Keynes' Monetary Thought. *History of Political Economy* 12: 1-28.
―――. (1982). *Anticipations of* the *General Theory? And Other Essays on Keynes*. Oxford: Blackwell.
―――. (1993). On the Chronology of the *General Theory*. *Economic Journal* 103: 647-63.
―――. (1994). Mr Meade's Relation, Kahn's Multiplier and the Chronology of the *General Theory:* Reply. *Economic Journal* 104: 1143-46.
Patinkin D., and J.C. Leith, eds. (1977). *Keynes, Cambridge, and the General Theory*. London: Macmillan(保坂直達・菊本義治訳『ケインズ、ケムブリッジおよび『一般理論』：『一般理論』の形成をめぐる論議と検討の過程』マグロウヒル好学社，1979年).
Prasch, R.E. (1994). Edward Amadeo's Contribution to the Interpretation of Keynes' Economics. In *The State of Interpretation of Keynes*, edited by J.B. Davis. Boston: Kluwer.
Robinson, E.A.G. (1985). The Cambridge 'Circus.' In *Keynes and His Contemporaries*, edited by G.C. Harcourt. London: Macmillan.
Robinson, J. (1980). Review of *The General Theory and After-A Supplement. Vol. 29 of The Collected Writings of John Maynard Keynes*, edited by Donald Moggridge. *Economic Journal* 90: 391-93.
Rymes, T.K. (1989). *Keynes's Lectures, 1932-1935*. Ann Arbor: University of Michigan Press(平井俊顕訳『ケインズの講義 1932-35年：代表的学生のノート』東洋経済新報社，1993年).
Schumpeter, J.A. (1954). *A History of Economic Analysis*. New York: Oxford University Press(東畑精一・福岡正夫訳『経済分析の歴史（上）（中）（下）』岩波書店，2005, 2006年).
Skidelsky, R. (1992). *The Economist as Saviour, 1920-1937*. Vol. 2 of *John Maynard Keynes*. London: Macmillan.
Tarshis, L. (1979). The Aggregate Supply Function in Keynes's *General Theory*. In *Essays in Honor of Tibor Scitovsky*, edited by M.J. Boskin. New York: Academic Press.
Warming, J. (1932). International Difficulties Arising out of the Financing of Public Works during Depressions. *Economlc Journal* 42: 211-24.

第8章
ジョーン・ロビンソンとリチャード・カーン
――短期分析の起源――

M.C. マルクッツオ

　「新」ケンブリッジ経済学派において最も容易に識別できるマーシャルの伝統は短期である．ケインズ，カーン，それにジョーン・ロビンソンの短期は独特の意味をもっており，その起源は1920年代末から1930年代初めにさかのぼることができる．この時期には『貨幣論』から『一般理論』への移行，それにマーシャル＝ピグー流の道具の変形があり，それは『不完全競争の経済学』において最高潮に達した．

　本章は特に3つの点を扱っている．第1は，単一商品の価格と数量の短期における決定と物価水準と総産出量の短期理論とのあいだの関連を提供するうえでの，カーンの研究の重要性である．第2は，カーンのフェロー資格論文「短期の経済学」とロビンソンの『不完全競争の経済学』とのあいだで，それらに共通する基礎を明らかにする目的で比較することである．第3は，経済分析における短期の重要性に関する，ジョーン・ロビンソンの立場の独自性である．

1. 『貨幣論』から『一般理論』への移行

　1924年のマーシャルに関する論文で，ケインズは長期と短期の区別について評価をみせたものの，次のように書いた．「これは，私の考えでは，マーシャルの分析が最も不完全で不満足な，また改善すべき余地の最も多い領域である」(Keynes 1972, 206-207；訳274頁)．

　この任務はカーンによって遂行された．彼は実際に，フェロー資格論文「短期の経済学」の主題としてそれを選んだ．この研究をカーンは1928年10月に開始し (Marcuzzo 1994a, 26n)，1929年12月に完成させたが，それによって彼

は1930年の3月にケンブリッジ大学キングズ・カレッジのフェロー資格を手に入れたのである．60年後のその刊行の時点でカーンが述べたように，「彼[ケインズ]も私も，短期に関する私の研究が後にケインズ自身の思考の発展に影響を与えることになろうとは，みじんも考えなかった」(Kahn 1989, xi)けれども，フェロー資格論文はケインズ流の考え方の展開において重要な一歩であることが明らかになっている．

カーンは『貨幣論』の最終草稿の段階でケインズとの共同作業を開始した．それは1930年9月に完成したが[1]，これと同じ月にジョーン・ロビンソンとの知的な協力関係が始まった[2]．事実，『一般理論』への移行期において，主要な役割は，モグリッジによりジョーン・ロビンソンとリチャード・カーンの「コアの2人組」のものとされている (Moggridge 1977, 66；訳99頁)．

われわれは，『貨幣論』においてケインズが「短期に関する経済学の複雑な理論のなかにあまりにも深入り」(Keynes 1971, 145)させられるのを好まないと宣言したことを知っているが[3]，出版直後にホートリーに宛てた1930年11月28日付の手紙で，彼は次のように書いている．

> 繰り返しますが，私は産出量を決定する完全な一組の原因を取り扱っているのではありません．というのは，それは私を短期の供給理論への果てしなく長い旅路に導き，貨幣理論からは遠ざけてしまうでしょう．もっとも，将来においては，貨幣理論と短期の供給理論が結び付くことを妨げるのは，おそらく難しくなるだろうということには同意します (Keynes 1973b, 145-6)．

ケインズがこの最も有名な本を書くことになったのは，この研究の線を追究していたときであった．『一般理論』を執筆したいという意向は「サーカス」の参加者との長い討論期間の末の1932年の夏に明らかになったが，彼らは総産出量の変化を引き起こす原因の問題に取り組むよう，ケインズに強く迫った．これは少なくともカーンの主張であり，彼は次のように書いた．「われわれのいくつかの共通の記憶に基づけば，「サーカス」はケインズとホートリーによって示された発展を奨励したということを，私は強く確信している」(Kahn

1985, 48-9）．

　『貨幣論』から『一般理論』への移行における1つの決定的に重要な要素は，需要と供給の理論の採用，すなわち，「技術，資源および費用が一定の状態において」（Keynes 1973a, 23；訳24頁），短期の物価水準を決めることであったが，これは，ケインズ自身によってカーンのおかげとされた[4]．

　周知のように，カーンは，『一般理論』を執筆するうえでの彼の役割は執拗な批判者かつ討論者というよりも共著者の役割であったと陰に陽にいわれたが，こうした見方は無視した[5]．しかしながら，1978年10月11日付のパティンキンへの手紙のなかでは，彼は次のように書いている．「私は，価値の理論を『一般理論』のなかに全体としての供給曲線の概念のかたちでもち込んだということ，これが主要な貢献であったと主張したいのです」（Patinkin 1993, 659）．

　この問題を明らかにするために，われわれはまず，この領域でカーンにより生み出された関係する研究を抜き出す必要がある．明らかな出発点は，ケインズが言及しているいわゆる「乗数論文」である．これはフェロー資格論文のあとに執筆されたが，すでに見たように，このフェロー資格論文が短期分析の発展における第1歩だったのである．さらに2つの研究がリストに加えられなければならない．それは，短期の性質が一層進んで探究されているフェロー資格論文「短期の経済学」と同じ題名をもつ未完成かつ未公刊の本と，カーンが1931年以降行った「短期の経済学」に関する講義である．これらの講義は，ターシス（L. Tarshis）が1932年のミカエルマス学期におけるカーンの講義に出席したさいにとったノートをもとに，その主要な内容を要約したかたちのものとして残っている．

　次節では，1931年に刊行された乗数論文とカーンの講義を一緒に扱うことにしたい．どちらにおいても，消費財の総供給曲線と総産出量の構造が見られる．それに続き，次に，それと短期の概念との関係を調べることにしよう．

2．カーンの総供給関数

　カーンは「乗数論文」において，消費財の価格および産出量の水準の決定は需要と供給の理論からしか導くことができないと主張している[6]．消費財の総

供給曲線は，ちょうど単一の商品の供給曲線のように，消費財需要の各水準——消費財に対する需要は総雇用量の関数である——に対して，その量が生産されるのに必要な価格を示している．かくして，消費財部門の総供給曲線は，「価格水準が，この部門の企業によって立案された生産と雇用計画を確実にするようなあらゆる状況」(Dardi 1990, 8) を表している．

消費財の供給曲線の形状を見ることによって，(政府によって資金調達された道路建設によってもたらされた) 雇用の変化にしたがいながら，われわれは消費財の物価と産出量へのその効果，いいかえれば，投資の増加を越える生産の増加を研究することができる．後者は，「観察される特定の期間，すなわち長期，短期，あるいはその他の期間の視点」に応じて導出されなければならない (Kahn 1972, 6；訳 8 頁)．

周知のように，カーンはここで次のように主張している．

> 生産的諸資源が完全に雇用されている正常時には，短期の消費財供給はきわめて非弾力的である．……しかし，ほとんどの産業が自由にできる利用されざる設備および労働の大量の余剰を抱えている深刻な不況期においては，供給曲線はきわめて弾力的であると思われる (Kahn 1972, 10；訳 13 頁)．

このように，前者の場合，第 2 次的雇用の増加は小さく，価格の上昇は大きいが，他方，後者の場合，第 2 次的雇用の変化は大きく，価格の上昇は無視し得るほどのものである．

短期における需要と雇用の変化の効果は，需要の状態と費用の型に依存して決まる．かくして，短期においては，産出量と雇用量が増加したり，あるいは物価が上昇するだけのこともある．もし需要が維持されるならば，費用 (および，それゆえに物価) の上昇は，能力が完全に利用されることによって説明される．もし需要が低ければ，工場や機械は完全に利用されておらず，生産は費用を少しも上昇させることなく増加させることができる．もし，(需要が低いので能力に余裕があるため) 限界費用がかなり一定だと想定されるならば，産出量の増加を引き起こすために価格の大幅な上昇は必要ではない (総供給曲線は弾力的である)．これとは対照的に，もし，限界費用が上昇しつつあるなら

ば，われわれは完全能力に近づいているので，物価もまた上昇するであろう．あるいは，むしろ，限界費用が上昇する場合にのみ，生産を増加させることが利益になるであろう．

　総供給曲線に関するカーンの構成は，2つの問題を解決することを意図している．すなわち，(a)所与の消費財の数量が生産されるためには，価格はいくらであるべきか，(b)生産することが利益を生み出す消費財数量の増加によって，どれだけの雇用が生み出されるか，これである．しかしながら，これら2つの問題に対する答えは，彼の議論では別々にされている．(a)に対する答えは，想定された費用の型，需要の弾力性の値と型，それに企業によって追求されると想定される行動（利潤最大化）の規則に依存している．これに対して，(b)に対する答えは労働生産性と貨幣賃金についての仮説に依存している．

　いったん仮説が(a)と(b)に関連して形成されると，第1次的雇用における何らかの所与の増加があれば，これに対する価格と生産の増加を計算することができる．もちろん，これが乗数である．

　そこで，乗数論文は，総供給曲線ならびに総需要曲線に基礎をおく理論に向かう第1歩として見ることができる．もっとも，その適用は，ここでは消費財部門に限定されてはいる．この分析を全体としての産出量に拡張することは，1932年のカーンによる講義に見られるように，総供給関数についての議論のなかで成し遂げられている．不幸なことに，われわれがもっている出版された証拠はTarshis (1979)だけであるが，そこで，ターシスはカーンが講義のなかで述べた議論の中身を伝えている[7]．

　総供給曲線を構築するさいの出発点は乗数論文の場合と同じである．違いは，いまや縦軸が企業に所与の産出量を生産させるのに必要な期待売上高になっていることである．これに対して，横軸には産出量水準を取ることができる[8]．その結果，価格はいくらにならなければならないかという質問は，所与の数量が生産されるためには売上高はいくらでなければならないかという質問に取って代る．

　総供給曲線を導出するために，単一企業のそれぞれの産出量水準の供給曲線の決定から始めることにする．供給価格がこの質問に答える．すなわち，所与の産出量水準 O_i と関係する限界費用と平均費用を所与とすれば，その利潤を

最大化する企業が，正確にその産出量を生産しようとするためには，価格はいくらでなければならないか，ということである．

産出量水準 O_i は，利潤が最大の場合に限って生産されるだろう．すなわち，O_i においてのみ，限界収入は限界費用に等しい[9]．かくして，価格と限界収入のあいだの周知の関係により，O_i で計測された所与の需要の弾力性に対して，供給価格 p_i は次のようになる．

$$p_i = \left(\frac{k}{k-1}\right) MC_i$$

ここで，k は需要の弾力性であり，MC_i は O_i における限界費用である．

そして供給価格は次のように与えられる．

$$Z(O_i) = p_i O_i = \left(\frac{k}{k-1}\right) MC_i O_i$$

上の式は一般的な公式であるといっておく価値がある．それは市場の形態とか限界費用曲線のかたちとかについて特別な仮定を必要としていないのである．特別の仮定は供給曲線の形状とその弾力性の値に反映される．ターシスによれば，カーンの講義では異なる可能性が議論された（Tarshis 1979, 369n を参照）．

集計化問題は，どのような所与の産出量水準に対しても，企業間での個々の占有率の分布が知られていると仮定することによって，「解決」される．そこで，総産出量水準 O は次のようになる．

$$\sum_{k=1}^{m} O^k$$

ここで，m は企業の数，O^k は k 番目の企業により生産された産出量である．

経済の総産出量は生産指数により計測される．二重計算を避けるために，中間生産物はもちろん総生産から控除される．それで，付加価値で測った計測値が得られる．

期待売上高と総産出量の空間に描かれた総供給曲線の重要性は，「物価水準」がそれから簡単に引き出される，ということである．すなわち，産出量の各水準にたいして，それは産出量に対する期待売上高の比率によって与えられる．このことは，物価水準は産出量水準と同じ諸力によって決定されるのであって，

貨幣数量によってではない，ということを意味している．これは，ジョーン・ロビンソンが何年か後にわれわれに思い出させたように，ケインズ的な考えの発展における重要な一歩であった．「貨幣額水準を［経済］活動水準に関係付ける（所与の貨幣賃金水準での）短期の供給曲線は，マーシャルから『一般理論』までまっすぐにつながっている」(Robinson 1969b, 582).

　総供給関数の構築に関係する短期の側面は，利潤最大化が生産の変化を止める唯一の規則である，ということである．長期均衡にとっては，企業は正常利潤率を得るという追加的な条件が必要とされるが，これは所与の産業内の企業の数の変化を通じて達成される．

　しかしながら，利潤最大化にはこれに関係する費用関数と収入関数について，「客観的」ならびに「主観的」視点の双方における知識が要求される．「客観的」な側面に関しては，短期は設備の規模と企業の数に変化が生じる以前に要請される期間として定義される．「主観的」な側面に関しては，需要条件の変化が継続すると予想されない期間として定義される．需要の変化が一時的と考えられるか永続的と考えられるかに関して，需要の「正常な」水準が存在する．もし需要の変化が継続すると予想されないならば，生産能力は変更されないだろう．

　利潤最大化は，一般的な行動停止規則として与えることができる．これは，競争が完全でないケースに拡張され得る場合にのみ，短期均衡を定義する．このことは，収入関数において，価格が数量に対していかに関係しているのかを知っていること，すなわち完全競争の仮定が放棄される場合の需要の弾力性の値を知っていること，を意味する．

　これら2つの問題，すなわち市場の不完全性が導入された場合に均衡がどのように達成されるかという問題と，何が短期に限界を設けるのかという問題に，カーンとジョーン・ロビンソンは1930年代初期に共同して取り組んだ．彼らの研究を検討するに当たって，以下の3つの節で，われわれは論理的な順というよりもむしろ年代順に見ていくことにする．最初はフェロー資格論文であるが，すでに見たように，カーンはこれを1928年10月から1929年12月のあいだに執筆した．続いて『不完全競争の経済学』であるが，この執筆をジョーン・ロビンソンは1930年末から1931年初めのあいだに始めた．そして最後は

未完の書『短期の経済学』であるが，カーンはこれをおそらく 1930 年の後半から 1932 年の末のあいだに執筆した．

このようにする理由は，カーンとジョーン・ロビンソンとのあいだでの共同研究の始まりを説明し，彼らの共通の基盤を指摘するためである．

3. フェロー資格論文

フェロー資格論文[10]において，カーンは，機械と生産組織が一定と仮定される状況としての短期に関するマーシャルの定義から始めている．彼は注意しているが，明らかに，2 つの非常に異なる存在（機械と生産組織）を同じ基準，すなわち，それらがいかに速く変更され得るのかという基準で一緒に結び付けておくことは非論理的に見えるだろう．実際，「固定設備は急速に増加するが，緩慢に減少する」(Kahn 1989, 3)．これに対して，「組織は容易にしかも急速に縮小され得るが，緩慢にしか拡大できず，しかもそれには困難を伴う」(Kahn 1989, 3)．したがって，これらを同じように，すなわち短期の視点から一定のものとして考察できる可能性は，次のような事実，すなわちそれらを変更する意思決定が同じであり，需要条件が「正常」と考えられる水準に対して相対的に永続的と考えられるか否かに依存しているという事実によって与えられる．もし需要の変化が一時的なものと仮定されるならば，設備や組織を変更しようという意思決定は行われないであろう．

短期においては，「企業は損失が生じても改善を期待して経営を続けるが，より長期においては，こうした企業は絶望するか，必要に迫られて，閉鎖しなければならない」(Kahn 1989, 4)．したがって，不況下では，「損失をこうむってのみ存続が可能な期間を通じて企業を支えているのは，繁栄を取り戻せるという希望である」(Kahn 1989, 3)．

フェロー資格論文の要点は，不況下のように目的が損失を最小化することにある場合には，これに関係した平均費用ならびに限界費用曲線は逆 L 字型になる，ということを証明することである．平均費用曲線は関連する範囲にわたって水平なので，不完全性だけが完全能力以下での生産の均衡水準を説明することができる．

この結果をもたらすためにカーンによって用いられた道具は，非常に特殊な仮定のうえに作られている．平均単位費用曲線が線型であるという仮定を別にしても，カーンが産出量水準を決定するのを許しているのは，需要曲線もまた線型であるという仮定である．そのさい，彼が利用しているものは，独占的生産者の均衡産出量を得るために Marshall（1961, 397）によって導入された「最大独占純収入」の概念だけである．こうして得られた結果の一般性は，それゆえ，仮定の特殊性と採用された分析道具により制限されていた．

　短期の平均単位費用が能力産出量まで一定であるという仮定は，後にカーンによって放棄され，彼はそれを乗数論文のなかで提案することは二度となかった[11]．彼をより伝統的な思考の線に向かわせた理由は，おそらく，線型の仮定がもつ制限的な性質についてのピグーによる批判のなかに見出されるだろう（Marcuzzo 1995）．しかし，より確からしいのは，後に見るように，限界収入の概念のうえに構築された構造のなかにある．これは，最も完全かつ洗練されたかたちで，唯一『不完全競争の経済学』において示されている．費用曲線と需要曲線の形状に対するいかなる制限であれ，その必要性を除去するのは，実際，この構造なのである．

　限界分析の一般的な適用は，また，カーンによって講義のなかでも提供された．そこでは，総供給関数において，制限的な仮定を必要とせずに，限界費用曲線と需要曲線の形状についての異なった仮説を示すことが許容されている．不幸なことに，この結果の一般化はフェロー資格論文の「現実主義」を犠牲にして得られたのだが，そこでは，不況下における実際の綿工業の企業行動が逆L字型費用曲線によって正確に説明されていた．

4. ジョーン・ロビンソンとリチャード・カーン：『不完全競争の経済学』

　ジョーン・ロビンソンとカーンのあいだにおける共同研究の始まりを証明する手許にある最初の手紙の日付は，1930年3月15日付である．この手紙のなかで，ジョーン・ロビンソンは彼女らしい表現法で，カーンがフェローの資格を得た喜びを表現している．「私はとってもうれしい．驚いてはいないけどね．キングズ［・カレッジ］が良識を示したことがうれしいわ．」[12]

第2部　協　働

　50年以上ものあいだ，彼らのあいだの手紙はほとんど休みなく続いた．それは，2人の感情的ならびに知的な協力関係が長く続いたことの証である．他のところで，私はこの頃のケンブリッジの雰囲気のなかでの彼らの出会いの起源を扱った（Marcuzzo 1991を参照）．ここで注目するのは，むしろ，『不完全競争の経済学』で達成された結果の，短期分析にとっての重要性である．

　ジョーン・ロビンソンは，『不完全競争の経済学』の執筆を1930年の末から1931年の初めのあいだに開始した[13]．すべてのことの始まりはオースティン・ロビンソンに関係している．ある日，リチャード・カーンは，その頃ジョーンとオースティンが住んでいたトランピントン・ストリート3番地で昼食を取っていたのだが，そのとき，オースティンは彼の生徒であるC.ギッフォードが興味深い概念をちょうど考えついたところだと告げた．これは後に，オースティンによって「限界収入」と名付けられた．彼の記憶によると，［ジョーン・ロビンソンの］本は「ジョーンとリチャード・カーンのあいだの共同ゲームとして」開始された（Patinkin and Leith 1977, 80；訳121頁；Robinson 1994, 7-8）．

　ジョーン・ロビンソンが「私の悪夢」というニックネームで呼んだ本の草稿執筆は，頭痛の種だった．カーンとの意見交換は注文が多く，せかされるものだった．というのは，カーンは，ケインズと行ったのと同じように，一字一句点検したからである．物理的な距離は問題にはならなかったようである．というのは，校正刷の改訂は，イギリスのケンブリッジと，1932年12月末以降カーンが訪れていたアメリカのケンブリッジとのあいだを往復して，郵便で行われたからである．結局，1933年2月初めまでには，彼は彼女に対して次のように書き送ることができた．

　　あなたの本［のチェック］が終わったので，手紙を書いても許されるだろうと思います……．それは驚くべき作品です．いつもなら私はそれを当然のことと思いますが，しかし，それについて考えるために立ち止まるときはいつでも，それが本当だと信じることはまったくできません．もしかして，あなたは自分がしたことが分かっていますか．あなたは若いのに，この2年間のうちにしたことをですよ（カーンからジョーン・ロビンソンへ

の手紙，1933年2月7日付，RFK 13/90．RFKについては本書121頁注を参照）．

1932年11月の初め，この本のタイプ原稿がマクミランにもち込まれ，マクミランはケインズの意見を求めた．わずか2週間後，ケインズは出版を勧めたが，この本の独創性を強調することについては躊躇した（Keynes 1973c, 866-7）．
ケインズは，この本が「ほとんどが，他人によって開始され，いまや，学術論文だけでなく，ケンブリッジとオックスフォードで口頭での議論においても流行している着想の発展についての議論である」と警告している点で，おそらく正しかったのだろう．しかしながら，このことは，限界費用と限界収入の均等に基づく分析方法の発展が本当に一般化されたのはジョーン・ロビンソンの本だけであるという結論を無効にするものではない．
『不完全競争の経済学』の出発点[14]は，限界分析の手法を完全競争以外の市場形態に拡張する目的をもちつつ「独占者としての企業の概念から出発して価値論を書き直す」（Robinson 1969a, 6；訳7頁）というスラッファの提案——後にスラッファはそれを捨てた——である．そうすることによって，独占と完全競争の分析を単一の原理にしたがって統合することが可能になる．ジョーン・ロビンソンはこれをマーシャルの接近法の発展と考えた．というのは，

> 限界的な分析方法は，「独占純収入」を表示する面積が最大になるような価格——そこでは，限界収入と限界費用とが等しくなるとき，純収入が最大になる——を発見するための，マーシャルによって用いられた方法と正確に同じ結果を生み出すことが明らかであるからである．2つの方法は，ともに競争と独占の諸問題に応用することができる（Robinson 1969a, 54n）．

ロビンソンが「固定的な市場環境に直面した企業にとっての利潤最大化均衡についての十分かつ統合的な取り扱い」（Whitaker 1989, 187）を初めて提供したということは，正しく主張されていた．関係する主要な分析上の諸点の発見に関する優先権の問題を論じなくとも[15]，完全競争は競争の一般理論における特殊ケースであることが示されたのは，疑問の余地なくこの本を通じてであっ

た．

　『不完全競争の経済学』は平均値，限界値および平均値の弾力性のあいだの一般的な関係のうえに構築されている．もし e が平均値の弾力性，A が平均値，M が限界値ならば，次のようになる．

$$e = \frac{A}{A-M} \; ; \; M = A\frac{(e-1)}{e} \; ; \; A = M\frac{e}{(e-1)}$$

上記の１組の関係式（Robinson 1969a, 36；訳 44 頁）[16]は，平均収入曲線と限界収入曲線，および平均費用曲線と限界費用曲線の双方に適用できる．収入曲線については，注意すべき２つの点がある．第１に，限界収入が別個の曲線になるのは，右下がりの需要曲線の場合に限られる[17]．第２に，右下がりの需要曲線の場合には，限界費用曲線の形状についてどのような仮定を置こうとも，均衡の決定を保障する．競争と独占のどちらにおいても，限界費用が限界収入に等しくなる点まで生産が行われるという言明の一般性は，それが費用不変，逓減および逓増に等しく適応できるという事実のなかにある．

　『不完全競争の経済学』は主として長期分析に関するものであり，短期の条件の研究は費用曲線の形状についての議論に限定されている．カーンのフェロー資格論文におけるように，短期において限界費用曲線は産出量の幅広い水準にわたって一定であるという命題が見られる（Robinson 1969a, 39；訳 48-49 頁）が，しかしフェロー資格論文とは違って，この本は需要水準に比べ，期待にはまったく言及していない．ところが期待は，すでに見たように，短期の定義における重要な要素なのである．

　ジョーン・ロビンソンは，後に，彼女に名声と栄誉をもたらした本の手厳しい批判者となった．2-3 年後，それは「袋小路」だとしてうち捨てられた（Robinson 1978, x）．そして，すでに第２版において，彼女は多くの欠点をあげた（Robinson 1969a, vi-vii）．しかしながら，『不完全競争の経済学』は回り道のように見えるかもしれないが，あるいは，ロースビーの表現を借りれば「間違った転回」（Loasby 1991）のように見えるかもしれないが，あとになってジョーン・ロビンソンによって支持された立場と比べると，この本は需要と供給の理論を一般的なケースに拡張する可能性にとっての鍵を提供した

(Marcuzzo 1994b). 別の鍵は，出版されず公にはまったく知られなかったが，われわれがここで吟味している問題にとっては等しく重要である1冊の本によって提供されたのである．

5. 『短期の経済学』

カーンは，ジョーン・ロビンソンが『不完全競争の経済学』を執筆するのを援助し[18]，ケインズが彼の着想に焦点を合わせるのを助けていたが，それと同時に自分自身の本を執筆しようと試みていた．そこでは，フェロー資格論文の主要な発見が改善されたかたちで提示されることもあり得た．この本はフェロー資格論文と同じ題名をもっているが，未完成に留まった．現存する写しはキングズ・カレッジ・アーカイヴスのカーン文書のなかで見つかったもので，ジョーン・ロビンソンによる多少の鉛筆書きの批評を含んでいる．彼女は1933年の初めにこれを読んだ[19]．見出しにしたがえば，計画された11の章のうち，第7章は未完成のまま残され，第1章，第3章，および第4章はまったく着手されないままであった[20]．ジョーン・ロビンソンの本が『独占の理論』として引用されているが，われわれはその題名が1933年1月に変更された[21]ことを知っている．また，われわれはカーンが1932年12月にアメリカに向けて発ったことを知っており，さらにこの本のなかでの最新の参照は1932年2月に刊行された論文である．こうした理由から，現存する版は1932年の最後の3ヵ月［に書かれた］と見るのが安全である．

この本の最も顕著な特徴は，短期を最大の正確さで定義しようと試みていることである．その結果，フェロー資格論文と比較すると，競争の不完全性という問題は影が薄くなっている[22]．短期の特性は，概念上の実験というよりも，むしろ事実の問題として記述されており，そこではある種の変数は一定に保たれている．

> 短期という工夫の全体的な有用性は，固定資本の寿命は生産の期間よりもかなり長い，すなわち，運転資本の寿命よりも長いという事実に基づいている．このことはアプリオリな推論によって導出することのできない事実

であるということは，強調されすぎることはない．例えば，鋤が1シーズンの使用で摩耗してしまうような（あるいは，もっと良いのは，穀物が収穫できるのと，鋤が老朽化するのが同じ期間であるような）異なった種類の世界においては，これとはまったく異なる分析が適切であろう（Kahn 1932, Chap. II, 2; 1989, xiii）．

もし異なった生産手段の寿命に，連続的な変化の完全な範囲が存在するならば，短期の概念を利用することはできないであろう．しかし，実際には，変化の範囲に関するかぎり，

> 一方における原材料と他方における生産設備のあいだには，荒涼としてほとんど人の住まない領域が存在する．通例，物的資本の寿命はカゲロウか，あるいは象のいずれかで示される（Kahn 1989, xiii）．

「短期の経済学」の現実性は，かくして，生産能力が所与でその操業度だけが変化する期間に意味を与えるという生産過程の性質に根ざしている．産業の均衡に対する需要の変化の効果を研究する場合，われわれは，「急速かつ完全に起こる変化（雇用量の変化のような）と，ゆっくりとしか起きない変化（固定設備の定量的および定性的な変化のような）がある」(Kahn 1932, Chap. II, 6) ということを心に留めておかなければならない[23]．

短期の定義に入り込む別の要素は，正常水準と考えられている水準と比較した需要水準についての期待である．実際，「ビジネスマンがより正常な条件にかなり急速に戻ると期待する状況は……とりわけ，短期が成功を収める雰囲気を提供する」(Kahn 1932, Chap. II, 22)[24]．

不況下では，短期はより長い期間である．なぜならば，期待は，需要はその正常な水準に戻るだろうが，これに対して，生産の中断とか生産能力のゼロまでの引き下げは，需要は低いままに留まり続けるであろうという確信を必要とするであろうというものだからである．カーンの分類法にしたがえば，企業の数が変わらないという「理想的短期」においては，「生じるいかなる変化も永続的なものとは期待されない」（Kahn 1932, Chap. II, 10）[25]．これとは反対に，

利潤が高く不況が過ぎ去るとき，企業は生産と生産能力を増加させることによりきわめて急速に反応する．したがって，短期は「より短くなる」．さらに，短期の長さを測るためには，需要期待だけではなく，市場の形態も関係がある．というのは，「独占者は，競争的な産業よりもはるかに速く新しい条件に順応する」からである (Kahn 1932, Chap. X, 7)[26]．

　すでに見たように，カーンの本は未完成に留まったが，短期分析への道は敷き詰められたのである．

6. ジョーン・ロビンソンの短期

　ジョーン・ロビンソンは，すでに見たように，ますます『不完全競争の経済学』に不満を覚えるようになっていった．特に，短期と長期のあいだの区別に関してそうであった．それ以降，彼女はこの区別をより一層明確にしようと努力した[27]．そして，最後の論文 (Robinson 1985) で，彼女はまさにこの問題に戻った．かくして，この問題に関するジョーン・ロビンソンの後年の著作を吟味するに当たって，短期と長期は同じ理論の2つの局面として解釈されるべきか，それともこの区別は，2つの別々の理論に基づく場合にのみ可能と考えられるのか，という問題が生じる．

　彼女の『資本蓄積論』において，短期と長期の区別は4つの基準に基づいて導出されている (Robinson 1969c, 179-182；訳 191-195 頁)．

(1) 短期および長期の変数
　　生産，雇用および物価の変化は短期分析に属する．これに対し，資本ストック，労働力および技術の変化は長期分析に属する．
(2) 短期および長期の期待
　　短期期待は産出量水準の決定にさいして企業者に指針を与える．これに対し，長期期待は生産能力のストックの決定にさいして企業者に指針を与える．
(3) 同じ変数の短期と長期の側面
　　短期の視点からは，投資は総需要の水準の決定要因にすぎない．これ

に対し，長期の視点からは，それは蓄積率と技術選択の決定要因として入り込む．

(4) 短期および長期の市場形態

競争と独占（寡占）は短期と長期の両方の側面をもつ．短期的側面における競争は，多くの独立した生産者が存在し，そのおのおのが価格を市場により与えられている状況として記述される．各生産者は各自の費用をできるかぎり低廉に維持して，その価格のもとで獲得可能である最大の利潤を得ようと試みる．寡占においては，価格は市場によって与えられるのではなく，各生産者は競争相手が彼の価格政策にどのように反応するかということを考慮に入れなければならない．これは，寡占の短期的側面を表している．競争の長期的側面は，市場参入への相対的な容易さと，市場に留まるために革新を採用する圧力に反映されている．寡占の長期的側面はまた，いかに容易に潜在的な競争相手が市場に参入できるかという点に，したがって，短期においては独占者が彼の市場を支配するほど強いが，（長期においては）他者が市場を支配するのを防ぐことができないかもしれないという点に，反映されている．

ジョーン・ロビンソンは1956年の著書においては，このように，短期と長期の両方の問題を扱うことができる理論をもとうとする考えを放棄する気がなかったように見える．あとになって，彼女は，それらは同じ理論で（短期で作用するのと同じ諸力を長期に適用することで）接近できるという考えと，唯一の選択肢は別々の理論をもつことだという諦めを受け容れることのあいだで揺れ動いていたように見える．

したがって，問題は，短期と長期のあいだの区別はその基礎にある特定の理論から独立であるか否か，というものである．われわれは，短期均衡を定義するために，体系にとって停止規則——その結果，これ以上は意思決定を変更するいかなる誘因もなくなる——が必要であるということを見た．有効需要の理論に関するかぎり，短期均衡を定義する規則は，所得の変化によってもたらされる貯蓄と投資のあいだの均等によって与えられる．この命題は，ケインズと

カーンによって使用された分析枠組では，総需要曲線と総供給曲線の採用を通して確立された．しかしながら，その特定の理論内で確立された同じ命題を長期に拡張すると，資本量を測定する必要性に関係した周知の困難に直面する（Garegnani 1979 を参照）．

　需要と供給の理論によって用意された分析の枠組では，産出量の短期均衡水準は，利潤最大化行動の規則——その最も一般的なかたちにおいては，限界費用と限界収入の均等によって表現することができる——が与えられると，決定される[28]．しかしながら，利潤率が決定されるため必要とされる需要と供給の理論の長期への拡張は，資本量の概念に意味を与える難しさによって損なわれる．

　短期のために採用された特定の理論，すなわち供給関数と需要関数を基礎とする産出量と競争の理論を長期に拡張する困難を認めたあと，ジョーン・ロビンソンは2つの結論を引き出した．一方において，彼女は価値と分配に関する長期理論を選んだ．これは，「生産要素」の供給と需要の理論と同じ困難には遭遇しない．他方で，彼女は，需要についての期待とさまざまな資本利用度が何の役割も演じていない分析の枠組に，短期を導入することはできないという見解を堅持した[29]．

7. むすび

　本章において，私は短期の意味を，ケインズ派のマクロ経済学の起源におけるその発展を調べながら吟味した．カーンとジョーン・ロビンソンの業績において，短期は，いくつかの意思決定が行われ，その効果（産出量水準）が現出するが，その他のもの（設備と生産能力）は現出しないという枠組として現れる．短期分析に対しては2つの正当化が与えられている．最初のものは生産過程自身の性質に根ざしている．労働力の利用水準をめぐる決定の時間視野は，生産能力の利用度をめぐる決定のそれよりも短い．2番目のものは価格付けと生産過程での意思決定の性質に根ざしている．需要についての期待は「正常」と考えられる水準に関して形成され，永続的と考えられる変化だけが設備，機械および技術選択の変化を伴う．

これが，期待に基づいて行われる意思決定を描写する状況としての短期の意味である．しかしながら，重要なのは選択された変数の期待される値と「正常」値の乖離であって，満たされた期待と満たされざる期待の乖離ではない．短期は「短い」期間ではなく，いわゆる体系の永続的な諸力がその効果を発揮し終わらない一時的な状態ということになる．むしろ，短期についての「ケンブリッジ」の考えは，こうした変数の期待される値に依存する一組の意思決定が変化しないかぎり維持される状態である（Dardi 1996 を参照）．

カーンはつねに短期分析の元の定式化に忠実であり続けたが，ジョーン・ロビンソンの立場はこの間に発展し，1つ以上の方向に枝を伸ばした．この問題に関してはカーンとのあいだに意見の不一致があり，彼に対して彼女はかつて，次のようにあからさまに書いた．「私たちは長期についてはピエロの物価に，そして短期についてはケインズの物価に同意して，この問題についてはそれくらいにできませんか」[30]

かくして，彼女が後世に遺したものは，彼女がケインズ的（短期）接近法とスラッファ的（長期）接近法のジレンマと考えた問題を解決することであるように思われる．

注

* マルコ・ダルディ，アンドレア・ギンツブルグ，ルイジ・パシネッティ，アレッサンドロ・ロンカリア，アンナ・シモナッツィ，マウリツィオ・ゼネツィーニ，それに特にアナリーザ・ロセッリは本稿の初期の版に対してコメントを寄せてくれた．私は彼らに感謝しているが，責任は彼らにはない．私はまた，前副学寮長（Vice-Provost）のイアン・フェンロン，図書館員のピーター・ジョーンズ，それに特にモダン・アーカイヴィストのジャッキー・コックスに対して，カーン文書のカタログができる前に調査することを特別に許可してくださったことに，感謝の念を表明したい．最後に，デヴィッド・パピノーには，R.F. カーンの未公刊の文書からの引用を許可されたことに，深く感謝している．

1)「ケインズは私が論文執筆から逸脱するのを望んでいませんでしたので，彼が『貨幣論』の校正刷にコメントを求め始めたのは，1929年12月以後になってのことでした」．（カーンからパティンキンへの1974年3月19日付の手紙，Patinkin and Leith 1977, 148；訳220頁．Kahn 1985, 44 も参照）．カーンは，フェロー資格論文を1929年12月7日に提出したあとは，自分の時間を割いてケインズが『貨幣論』の最後の改定を行うのを手助けする時間ができた．ケインズ宛ての1929年12月17日付の手

紙のなかで，彼はすでに次のような問題を提起していた．「景気循環における短期の影響の効果，すなわち物価と利潤に対する，限られた生産能力と余剰生産能力の効果に対して，何らかの注意が向けられるべきだとお考えでしょうか」(Keynes 1973b, 121)．

2) パティンキン宛ての同じ手紙のなかで，カーンは次のように付け加えた．「[『貨幣論』の] 索引を完了する前に，私はアルプスへ休暇で出かけてしまい，その完成をジョーン・ロビンソンに委ねました」(Patinkin and Leith 1977, 148；訳 220 頁)．カーンが乗数論文の執筆を開始したのはオーストリアのチロルでの同じ休暇中であった (Kahn 1984, 91；訳 140 頁を参照)．

3) 実際，カーンによれば，次のようなことである．「『一般理論』は……短期理論であり，これに対して……『貨幣論』は本質的に長期理論である」(Kahn 1984, 68；訳 99 頁)．

4) 「一般物価水準と賃金との関係を，個別価格の関係がつねに扱われたのと同じ方法で——すなわち，貨幣的要因から導出される結果としてではなく，短期における需要と供給の問題として——初めて取り組んだのはカーン氏であった」(Keynes 1973a, Appendix, 400n；訳 403 頁注 1)．ケインズは，ここでは「乗数論文」に言及している．

5) しかしながら，『一般理論』において提示されている考えの発展に対するカーンの本当の貢献がどのようなものであったとしても，文献上で見解の一致は見られない．一方の極には Patinkin (1993) がいる．彼は『一般理論』の主要な命題と見ているもの，すなわち，有効需要の理論を確立するうえでのカーンの影響を軽く見ている．他方の極にはサミュエルソンがいる (Patinkin and Leith 1977 および Samuelson 1994 を参照)．彼は反対に，有効需要の理論は乗数と「論理上同じものである」と考えている．ここで与えられた解釈に近いものは，Harcourt and O'Shaughnessy (1985)，Harcourt (1994) および Dardi (1983) によって行われた，短期分析を発展させるうえでのカーンの役割を強調している研究と，Dardi (1990) によって行われた，乗数の定式の基礎にあるマクロ経済学モデルを創り上げた研究である．また，Pasinetti (1992) も参照．

6) これはカーンによる独創的な貢献であるということについては，文献上で見解が一致している．例えば，Shackle (1951) および Cain (1979) を参照．

7) ターシスは，1932 年から 1935 年のあいだ，ケインズとカーンの学生であった．

8) ケインズは，経済活動水準の尺度に総産出量ではなく雇用の尺度を選んだ．なぜならば，後者は集計化の問題にさらされることが少ないと考えられたからである．これが，ターシスによれば，『一般理論』のなかに ASF-O [総供給関数-産出量] の平面が見られない理由である．

9) これに加えて，価格は少なくとも単位可変費用と同じ高さでなければならない．さもなければ，企業家は生産を停止することによってもっと多くを稼ぐであろう（または，この例では損失を減少させるであろう）．

10) 短期におけるカーンの関心は，最初は「短期均衡」という論文において示された．これを彼は 1928 年 11 月 12 日に「政治経済クラブ」で読み上げたが，それは後に彼

にアダム・スミス賞をもたらした．この論文においては次のような注目すべき批評が見られる．「長期の経済学は規範的であるが現実にはけっしてないことを取り扱うが，短期の経済学は現実にあることを取り扱う」(RFK 3/8/1)．

11) ケインズは実質賃金と雇用とのあいだの逆比例関係を受け容れたことに対する批判からは自らを擁護し，その責任をカーンに帰した．カーンは，『一般理論』において逓増的限界費用の仮説をケインズが維持するのを容認していた（Marcuzzo 1993 を参照）．

12) RFK 13/90．

13) 1931年4月のRFKからジョーン・ロビンソン宛ての手紙を見よ．「私は，あなたがこれほどすばらしいスタートを切ったことに対し，直ちに手紙を書いてお祝いし，また感謝しなければいけないと感じました．というのは，これがすべて立派に印刷されるのを見るのは，あるいは少なくとも印刷が始まろうとしているだけでも（それはまったく大著になろうとしています）ものすごく楽しみだからです．印刷が始まったことに大変満足しています」(RFK 13/90)．1931年10月には，この本の草稿執筆はショーヴを心配させるほど十分に進んだに違いない．彼は，不完全競争の発展における彼の役割に対して「若干の謝辞」を求めた（1931年10月24日付のジョーン・ロビンソン宛ての手紙．Turner 1989, 27 を参照）．

14) この部分は，主として Marcuzzo (1994a) から来ている．

15) ショーヴとの比較は困難である．なぜならば，彼の文書のほとんどは破棄されたからである．ハロッドとの比較は比較的容易であり，ここから，ハロッドが競争の一般理論を提供する同様の研究計画をもっていたとする解釈は支持される．この点については Besomi (1993) を参照．

16) 平均値曲線と限界値曲線のあいだの関係の代数的な証明は Harrod (1931) により与えられている．

17) すでに言及したように，「限界収入の一般的な概念を欲する人は，以前はだれもいなかった．というのは，彼らは限界収入を価格の特別なかたちにおいて考えていたからである」(Shackle 1967, 42)．

18) ケインズのケースと同様に，カーンは自分が『不完全競争の経済学』で発表された着想を共同で創り出したと示唆されることに強く反発した．1933年3月28日付の彼女宛ての手紙のなかで，彼は次のように書いている．「あなたは，私に責任があることよりずっと多くのことを私に帰しています．私がしたことは，あなたが書いたものを読むことだったのです．（例えば，差別と搾取に関して）建設的な仕事をしようという私の試みのほとんどは失敗に終わりました．そして糸口を見つけたのは，ほぼいつもといっていいほどあなたでした．……計画のなかでの私の役割は，明らかに計算を正すことでした」(RFK 13/90)．

19) 1933年1月24日付の JVR から RFK 宛ての手紙を参照．「あなたの本を読みました．……それは間違いなく非常に印象的な業績です．私は，さらにそれに磨きを掛けるのを手伝わせてくれるように願っています (RFK 13/90)．[(訳注) カーン文書のなかには，ケインズによる多くの鉛筆書きの批評を含む，もう1つの写しが存在する．]

20) この章の一部は論文「限界原理」に統合された．カーンはこれを携えてアメリカに渡り，『クォータリー・ジャーナル・オブ・エコノミックス』誌での発表を求めてタウシッグ (F. Taussig) に提出した．この論文は掲載を拒否され，未公刊のままとなった．
21) ジョーン・ロビンソンからカーンへの1933年1月3日付の手紙を参照．「私の本の推薦文を同封します．これはオースティンが書いてくれました．最後に辿り着いた考えは，この本を『不完全競争の経済学』と呼ぶというものです．どう思いますか．本文はそれにはあまり関係はないのですが，そのことが問題だとは思いません．私は元の題名に固執したかったのですが，メイナード（ケインズ）がそうさせてはくれないでしょう」(RFK 13/90)．
22) フェロー資格論文のイタリア語版 (Kahn 1983) ならびに英語版 (Kahn 1989) への序文——未完成の著書に一度だけ言及がなされている——のなかで，カーンは次のように書いた．「続く3-4年のあいだに，私は出版を意図して7つの章を書き直した．それらを見て，それらがほとんど全部，完全競争の条件に限定されているのに気づいて驚いている．これに対して，私のフェロー資格論文の重要性は主として不完全競争*の扱いに依存していた」(Kahn 1989, xii)．[（訳注）*原文では，このあとに「および複合の特殊ケース」という文言が続いている．]
23) RFK 2/7.
24) RFK 2/7.
25) RFK 2/7.
26) RFK 2/7.
27) これを支持する多くの引用がある．おそらく，以下のものは注目に値する．「私はマルクスについての本の執筆に取り組んでいます．その主な目的は，経済学は，マルクスのものにしても私たちのものにしても，短期分析をのぞいて，まったく役に立たないということを示すことです．このことはメイナードを喜ばせるに違いありません」(JVRからRFKへの1941年5月22日付の手紙，RFK 13/90)．
28) これは最も一般的なかたちである．なぜならば，最適化行動を所与とすれば，それは費用関数の形態と需要の弾力性の値についての異なる仮定を許容しているからである．L字型の平均単位費用曲線の場合のように，これらの関数が何らかの種類の不連続性を示す場合にのみ，より弱い条件が必要とされる．Marcuzzo (1995) を参照．
29) 次の引用は彼女の見方をかなり表している．「スラッファは，特定の技術にとっての生産手段のストックはつねにその計画された能力で使用されていると想定しているという意味において，長期分析を提供している」(Robinson 1980, 131)．
30) ジョーン・ロビンソンからカーン宛ての1961年5月2日付の手紙，RFK 13/90．

参考文献

Besomi, D. (1993) Roy Harrod, la concorrenza imperfetta e la possibilità di una teoria dinamica, *Studi Economici*, 50: 41-70.

Cain, N. (1979) Cambridge and Its Revolution: A Perspective on the Multiplier and Effective Demand, *Economic Record*, 108-117.

Dardi, M. (1983) Introduzione. In R F. Kahn, *L'economia del breve periodo*. Turin: Boringhieri.
—————— (1990) Richard Kahn, *Studi Economici*, 41: 3-85.
—————— (1996) Imperfect competition and short-period economics. In M.C. Marcuzzo, L. Pasinetti and A. Roncaglia, eds, *The Economics of Joan Robinson*. London and New York: Routledge.
Garegnani, P. (1979) Notes on Consumption, Investment and Effective Demand II, *Cambridge Journal of Economics*, 3: 63-82.
Harcourt, G.C. (1994) Kahn and Keynes and the making of *The General Theory*, *Cambridge Journal of Economics*, 18: 11-23.
Harcourt, G.C. and O'Shaughnessy, T.J. (1985) Keynes's Unemployment Equilibrium: Some Insights from Joan Robinson, Piero Sraffa and Richard Kahn. In G.C. Harcourt, ed., *Keynes and His Contemporaries*. London: Macmillan.
Harrod, R. (1931) The Law of Decreasing Costs, *Economic Journal*, 41: 566-576.
Kahn, R.F. (1932) The Economics of the Short Period. Unpublished manuscript. King's College Library, Cambridge.
—————— (1972) *Selected Essays on Employment and Growth*. Cambridge: Cambridge University Press (浅野栄一・袴田兆彦訳『雇用と成長』日本経済評論社, 1983年).
—————— (1983) *L'economia del breve periodo*. Turin: Boringhieri.
—————— (1984) *The Making of Keynes's General Theory*. Cambridge: Cambridge University Press (浅野栄一・地主重美訳『ケインズ『一般理論』の形成』岩波書店, 1987年).
—————— (1985) The Cambridge 'Circus'. In G.C. Harcourt, ed., *Keynes and His Contemporaries*. London: Macmillan.
—————— (1989) *The Economics of the Short Period*. London: Macmillan.
Keynes, J.M. (1971) (1930) *A Treatise on Money*. In D. Moggridge, ed., *The Collected Writings of John Maynard Keynes*, vols V-VI. London: Macmillan (小泉明・長澤惟恭訳『貨幣論 I』東洋経済新報社, 1979年・長澤惟恭訳『貨幣論 II』東洋経済新報社, 1980年).
—————— (1972) (1933) *Essays in Biography*. In D. Moggridge, ed., *The Collected Writings of John Maynard Keynes*, vol. XI. London: Macmillan (大野忠男訳『人物評伝』東洋経済新報社, 1980年).
—————— (1973a) (1936) *The General Theory of Employment, Interest, and Money*. In D. Moggridge, ed., *The Collected Writings of John Maynard Keynes*, vol. VII. London: Macmillan (塩野谷祐一訳『雇用・利子および貨幣の一般理論』東洋経済新報社, 1983年).
—————— (1973b) *The General Theory of Employment, Interest, and Money: Preparation*. In D. Moggridge, ed., *The Collected Writings of John Maynard Keynes*, vol. XIII. London: Macmillan.

第8章 ジョーン・ロビンソンとリチャード・カーン　　237

――――― (1973c) *Economic Articles and Correspondence: Investment and Editorial*. In D. Moggridge, ed., *The Collected Writings of John Maynard Keynes*, vol. XII. London: Macmillan.

Loasby, B.J. (1991) Joan Robinson's 'Wrong Turning'. In I. Rima, ed., *The Joan Robinson Legacy*. Armonk, NY: M.E. Sharpe.

Marcuzzo, M.C. (1991) Joan Robinson e la formazione della Scuola di Cambridge. In J. Robinson, *Occupazione, distribuzione e crescita*, ed. M.C. Marcuzzo. Bologna: II Mulino.

――――― (1993) La relazione salari-occupazione tra rigidità reali e rigidità nominali, *Economia Politica*, 10: 439-463.

――――― (1994a) R.F. Kahn and Imperfect Competition, *Cambridge Journal of Economics*, 18: 25-39; also chapter 6 of the present volume.

――――― (1994b) At the Origin of the Theory of Imperfect Competition: Different Views? In K.I. Vaughn, ed., *Perspectives in the History of Economic Thought*. Aldershot: Elgar.

――――― (1995) Alternative Microeconomic Foundations for Macroeconomics: The Controversy over the L-shaped Cost Curve Revisited. *Review of Political Economy*, 7: 447-465 ［本書第12章として所収］.

Marshall, A. (1961) *Principles of Economics*, ed. C.W. Guillebaud. London: Macmillan.

Moggridge, D. (1977) Cambridge Discussion and Criticism Surrounding the Writing of the General Theory: A Chronicler's View. In D. Patinkin and J.C. Leith, eds, *Keynes, Cambridge and the General Theory*. London: Macmillan（保坂直達・菊本義治訳『ケインズ，ケムブリッジおよび『一般理論』』マグロウヒル好学社，1979年）.

Pasinetti, L.L. (1992) Richard Ferdinand Kahn 1905-1989, *Proceedings of the British Academy*, 76: 423-443.

Patinkin, D. (1993) On the Chronology of the *General Theory, Economic Journal*, 103: 647-663.

Patinkin, D. and Leith, J.C., eds (1977) *Keynes, Cambridge and the General Theory*. London: Macmillan（保坂直達・菊本義治訳『ケインズ，ケムブリッジおよび『一般理論』』マグロウヒル好学社，1979年）.

Robinson, A. (1994) Richard Kahn in the 1930s, *Cambridge Journal of Economics*, 18: 7-10.

Robinson, J.V. (1969a) *The Economics of Imperfect Competition*, 2nd edn. London: Macmillan（加藤泰男訳『不完全競争の経済学』文雅堂銀行研究社，1956年）.

――――― (1969b) Review of A. Leijonhufvud, *On Keynesian Economics and the Economics of Keynes, Economic Journal*, 79: 581-583.

――――― (1969c) *The Accumulation of Capital*, 3rd edn. London: Macmillan（杉山清訳『資本蓄積論』みすず書房，1987年）.

――――― (1978) *Contributions to Modern Economics*. Oxford: Blackwell.

────── (1980) *Further Contributions to Modern Economics*. Oxford: Blackwell.

────── (1985) The Theory of Normal Prices and Reconstruction of Economic Theory. In G.R. Feiwel, ed., *Issues in Contemporary Macroeconomics and Distribution*. London: Macmillan.

Samuelson, P.A. (1994) Richard Kahn: His Welfare Economics and Lifetime Achievement, *Cambridge Journal of Economics*, 18: 55-72.

Shackle, G.L.S. (1951) Twenty Years on: A Survey of the Theory of the Multiplier, *Economic Journal*, 61: 241-260.

────── (1967) *The Years of High Theory. Invention and Tradition in Economic Thought 1926-1939*. Cambridge: Cambridge University Press.

Tarshis, L. (1979) The Aggregate Supply Function in Keynes's General Theory. In M.J. Boskin, ed., *Essays in Honor of Tibor Scitovsky*. New York: Academic Press.

Turner, M.S. (1989) *Joan Robinson and the Americans*. Armonk, NY: Sharpe.

Whitaker, John K. (1989) The Cambridge Background to Imperfect Competition. In G.F. Feiwel, ed., *The Economics of Imperfect Competition and Employment. Joan Robinson and Beyond*. London: Macmillan.

第9章
ロビンソンとスラッファ

M.C. マルクッツオ

1. はじめに

　この章ではスラッファの「経済理論批判」に対するジョーン・ロビンソンの評価が年を追うごとに変わっていった様子を追うことにする[1]。ここでの目的は2つある。第1に，資料的な発見をもとにして1つのストーリーを作り上げることであり，第2に，最後の節で見るように，「ケンブリッジ学派」の「優雅さからの転落」(Desai 1985) を説明する手がかりを求めて，ケンブリッジ学派の繁栄を傷付けたいくつかの異なった問題に若干の光を当てることである。本章の主要な結論は，ロビンソンは生涯にわたって限界理論への批判に参加し，継続的に関わってきたにもかかわらず，彼女はスラッファの分析用具を自分のものとして採用することはけっしてなかったし，少なくとも1点でスラッファの論点を誤解していたということである[2]。

　本章の構成は次のとおりである。第2節ではスラッファの初期の影響についての文献上の証拠を検討し，マーシャル理論に対するスラッファの拒絶をロビンソンが受け容れなかったことを明らかにする。第3節では，「歴史 対 均衡」というロビンソンのものの見方に対するマルクスの影響に留意しつつ，ロビンソン独自の展開を跡付ける。第4節では，ロビンソンが自分の研究の基礎として利潤理論を必要としていたために，彼女のスラッファからの逃避を持続することができなかったことを示す。しかし，第5節が示すように，ロビンソンは早くから，スラッファの批判には時間が組み入れられるべきだということを，意図せざるかたちで主張していた。第6節ではスラッファとの亀裂の深さと，

歴史を強調するという点でのケインズとの協調を詳しく見る．最後の節では総括を行う．

2. 分析的楽観主義者

スラッファがケンブリッジで1928年から1931年に行った「価値論上級」講義にロビンソンが参加していた証拠を文献上で見出すことはできないが，間接的証拠ならあげることができる．すなわち，

(1) 彼女がこのことに言及しているカーンへの手紙：「私が受けた影響としては，ジェラルド［・ショーブ］の出版物は別として，ジェラルドよりもじつはピエロの講義や彼との個人的会話にはるかに多くを負っています．」[3]
(2) 彼女のある刊行物での言及：「私が1929年にケンブリッジに戻って教鞭をとり始めたとき，スラッファ氏の講義は私たちの島国根性を突き破った」(Robinson 1951a, vii)．
(3) オースティン・ロビンソンの説明：「ジョーンはピエロ・スラッファのきわめて非正統的な講義への参加者仲間として［カーンと］知り合うようになった」(E.A.G. Robinson 1994, 7)．

スラッファの講義においては，ただ破壊の部だけとはいえ，以後30年にわたって彼が専念することになる研究計画の概観が明瞭に示されていた．彼の主要な論点は，分配の理論には古典派と限界主義という2つの別個の理論があり，後者だけが需要・供給分析の基礎になっているというものであった．例えば，次の文を見てみよう．

マーシャルにとって，賃金，利子，利潤はただ単に生産物の分け前でしかない．それらは同等の性格をもった量であり，生産物の価値に対して同じように作用するものと考えられている．実質賃金や利潤を構成する具体的な財が生産過程の初めに存在していることは必要ではない．それらの財が

第 9 章　ロビンソンとスラッファ

得られるとの希望や約束が誘因とし有効なのである．……これに対し，ペティをはじめすべての古典派は，正反対の見解をもっている．彼らは賃金を誘因とはまったく考えていない．彼らは賃金を労働者がその仕事を行うことを可能にするのに必要な手段だと考えている[4]．

スラッファの1925年論文と1926年論文はしばしば言及されるけれども，彼の講義ははるかに範囲が広く，スラッファがおそらく1927年の夏以降に携わってきた，そして『商品による商品の生産』の核になった広範な研究を反映している[5]．

スラッファの講義がロビンソンにも他のどの学生にもインパクトを与えなかったことは明らかであり，この点ではケインズの予言は当たっていた．ケインズはリディアへの手紙でこう書いていた．「土曜日に私はスラッファと彼の研究について長いこと話をしました．それはとても興味深く，独創的です．でも，彼が講義をすると，クラスの学生はそれを理解できないのではないかと思います．」[6]

ロビンソンの最初の 2 冊の著作（Robinson 1932; 1969）はスラッファの1926年論文のみに対する反応であり，彼女が『不完全競争の経済学』を執筆中だった1931年から1933年に至る，現存するスラッファとの往復書簡では，彼の講義に参加して，接していたに違いないこうした広範な問題に取り組むという試みは見られなかった．

ロビンソンとスラッファのあいだでこの時期に交わされた書簡では，マーシャルの価値論に対するスラッファの批判が扱われている．われわれは『不完全競争の経済学』の校正ゲラに付けられたスラッファのコメントに，彼らの立場のあいだにある大きな隔たりを垣間見る．「私は広範な問題を取り上げるのを避けています．それはいまの段階ではあなたにとって無益でしょうし，本当はどんな段階でも無益なのでしょう．」[7]

彼女はスラッファを説得して自分の見解に同意させようと試み，1932年の小冊子において，「マーシャル理論に対するスラッファの批判をより弱くする」（Rosselli 2001）3 つのケースがある，と方法論的に抗弁した．この小冊子では，スラッファを「根本的悲観主義者」とする一方で，自らをカーンやオースティ

ン・ロビンソンとともに「分析的楽観主義者」と名付け，経済問題に形式的な取り扱いが与えられるように大胆と思われる仮説を立てようとする者としたのである（Robinson 1932; Harcourt 1990 を参照）．

　理論の面においては，その主要著作のなかで，彼女は，もし要素の異質性か要素の特殊化のいずれかが斟酌されるならば，単一の産業にとっての供給曲線は——スラッファの主張とは異なって——右上がりになり得ることを証明しようとした．1926年の論文におけるスラッファの主張は次のようなものであった．すなわち，要素の供給は体系全体では一定であっても1産業にとっては無限に弾力的だと考えられる．なぜなら，逓増的費用は，ある産業によって排他的に用いられる特殊な要素があるというまれなケースにかぎられるからである，と．ロビンソンは，ある産業が特殊な要素を使用するようなケースを見つけることに着手し，これらのケースの分類を行った．彼女の議論によれば，要素供給の完全弾力的な場合と完全非弾力的な場合のあいだにある中間的なケースはアプリオリに排除することはできないし，現実にもそうしたケースはがかなり見られるから，それらを不適切だとして捨て去るべき理由はない．彼女のアプローチは彼女からスラッファへ宛てた次の手紙の文章にうまくまとめられている．「私はマーシャルおよび彼の「ナイフの柄」（需要と供給）を擁護しようとしているわけではないのです．収穫逓増のもとで適切な独占分析を用いることができるいくつかの事例があるかぎり，収穫逓増のケースがいかに少なくても，気にはなりません．」[8]

　スラッファの返答はいつものように，大変適切であった．「「特殊な要素」のケースについてのあなたの分類は，一片の興味深い分析ですが，その数を増やすことにはまったく役に立ちません．」[9] 個別商品の供給曲線をある産業における1企業の均衡から導き出すことの妥当性に疑問を呈してきたスラッファに対して，ロビンソンは『不完全競争の経済学』において，完全競争，および需要が費用からの独立性が仮定されるならば，供給曲線は，次のことから導出することができる，と論じている．

　　(i) 短期と準長期においては，すべての企業にとって限界費用が価格に等しく，価格が限界収入に等しいという基礎のうえで．

（ii）長期においては，正常利潤が平均費用と平均収入が等しいところで定義できるという仮定のうえで．

もし，競争が完全でなければ，1企業にとって供給曲線は存在せず，産業の供給曲線を導出するには，産業にとっての需要曲線の変化が各企業が直面している個別の需要曲線に影響を与えないという，きわめて特殊な仮定が必要とされる．彼女は次のように結論付けている．

> 本質的な区別は上昇する供給価格と下落する供給価格のあいだにあるのではなく，完全競争と不完全競争のあいだ，および，時間要素が取り入れられた分析とそれが無視された分析のあいだにある（Robinson 1969, 129）．

スラッファは収穫逓増下での完全競争というマーシャル的仮定や需要曲線と供給曲線の独立性の主張に疑問を呈していた．ロビンソンはこれらの論点をいずれも取り上げなかった．したがって，われわれは，ロビンソンはマーシャル理論に対する根本的な拒絶という点でスラッファに加わることはできなかったと結論付ける．ロビンソンはむしろ，道を均すためのアドホックな仮定を用いながら，マーシャルと整合的となり得るような分析用具を求めたのである．この努力のなかで，ロビンソンは，ケンブリッジ理論の第2の独立した道を展開し始めた．それは結局のところ，スラッファよりもケインズにはるかに多くを負うものであった．

3. 短期を超えて

1934年以降，ロビンソンは『不完全競争の経済学』で扱った問題を中心課題からはずした．1935年には，彼女はそれらの問題から離れることを公表し，ケインズ革命のなかに完全に身を投じた[10]．彼女は，ケインズが『貨幣論』から『一般理論』へ移行するのを助けることから始め，続いて『一般理論』のメッセージを「精巧にし，平明にし，擁護する」ことに着手した[11]．

そうするなかで，彼女はリチャード・カーンや「トランピントン・ストリー

ト学派」という奇妙な名前のグループとともに考案していた分析用具に頼った[12]．主要な概念のひとつは要素間の代替弾力性である——それは使用される要素量の比率の変化率をそれらの価格比の変化率で割ったものと定義される (Robinson 1969 を参照).

『一般理論』を長期に拡張しようとする彼女の最初の試みにおいて，彼女は，長期には雇用量は「総産出量の増加と1人当たり産出量の増加という逆向きの力」(Robinson 1937, 87) の結果であることを示すために代替弾力性を用いた．ここでは，これらが資本に対する労働の代替弾力性と産出量全体に対する需要の弾力性で測られている．代替弾力性は所得分配の変化を測定し，他方，産出量全体に対する需要の弾力性は所得分配の貯蓄性向に対する効果，そしてそれゆえに乗数に対する効果を測定する．

同じ論文で，彼女はまた所得分配に対する発明の効果，すなわち，技術革新が労働のシェアを低下させる（節約を強めることで所得の均衡水準を低下させる）のか，それとも上昇させるのか（節約を弱めることで所得の均衡水準を上昇させる）のか，についても分析した．彼女は発明についての彼女の分析 (Robinson 1937, 95n) を，中立的，資本節約的，資本使用的という技術変化に基づいて展開した[13]．ハロッドはロビンソンの定義に疑問を投げかけ，ケインズはハロッドに同意した (Keynes 1973, 174)[14]．ケインズはロビンソンの「代替弾力性という方法」を曖昧であり，資本量についての正確な測定手段をもたないとして批判した．事実，「代替弾力性という方法」は資本-労働比率はつねにそれらの限界生産性の比率がそれらの価格の比率を反映するという仮定に基づいている．この仮定が意味するのは，資本の量は曖昧さなしに測定できるということであり，それゆえその限界生産性を測定するのに何ら困難はないということなのである．

彼女が，ハロッドに対する自らの立場を擁護するためにケインズに送った論文において，彼女ははっきりと次のように主張している．

　私たちの現在の目的にとって，資本は物理的な単位で，すなわち資本財のストックとして考えなければなりません．そして，それは費用単位で測定するのが最も便利なのです．2つの資本ストックについて，もしそれらを，

ある一定の日時に，ある一定の知識の状態で生産するのに同じ費用がかかるとすれば，それらは等しいといえます（Robinson 1938, 139）．

ケインズはこれには納得しなかった．書簡で，ケインズはロビンソンに，資本を測定するために費用単位を用いると「きわめて大きな困難が生じる」とはっきりと書いている[15]．彼女は，資本の測定に関するかぎり，「他の研究者より悪いものではまったくない」と反論し，「ピエロはこの問題に人生を捧げているが，それでもすぐに答えが見つかるとは期待できない」と付け加えている[16]．

その前年には，ロビンソンはスラッファと資本の測定問題について書簡を交換し，次のように警告されていた．「もし労働や土地を人数やエーカーで測定するなら，その結果は，誤差はありますが，明確な意味をもちます．誤差は大きいですが，それは程度問題です．他方，資本をトンで測定するなら，その結果は純粋にそしてただ単に無意味なだけです．」[17]

再度，ロビンソンはスラッファの批判から逃れようと試みている．なぜなら，スラッファは，彼女の「分析的楽観主義」が当然彼女を導くものに対する代替案を提示できないように思われたからである．1940年に彼女がマルクスを読み始めたとき，新たな要因が加わった[18]．後に彼女は，自分は「だれかが何かの本を読むときと同じように，そこに何が書かれているのかを知るために『資本論』を読み始めた」（Robinson 1966, vi），と述べている．M.ドッブは彼女のチューターの1人であったが，主たる影響はカレツキからであった[19]．彼女が書いたところでは，スラッファは，彼女は「マルクスをカレツキのほとんど無名の先駆者として扱った」といってよくからかったものであった（Robinson 1966, vi）．

1941年12月までには，「失業をめぐるマルクス」がすでに『エコノミック・ジャーナル』誌に掲載されていたが，この主題に関する彼女の最も重要な研究である『マルクス経済学についてのエッセイ』は1942年に発行された．この時期のマルクス研究から得られた教訓について，後年ロビンソンは次のような文章で総括している．「私にとって，マルクスの主要なメッセージは均衡ではなく歴史のタームで考えることの必要性であった」（Robinson 1973a, x）．

マルクスの影響は，1949 年に刊行されたハロッドの『動態経済学序説』に対する『エコノミック・ジャーナル』誌での書評にきわめて明瞭に表れている．そこで彼女は次のように主張している．「『一般理論』の長期化に向かうとき，私たちは拡大再生産についてのマルクスのシェーマから始めなければならない」(Robinson 1973b, 253).

このように，1940 年代末までには，ロビンソンにとって蓄積の長期分析を展開することは，「静態的な均衡という条件を仮定する必要から解放された」(Robinson 1980b, 105) 分析を展開することを意味した．注目すべきは，彼女が導きの糸として，マーシャルではなくマルクスのなかに古典派の伝統を見ていたということである[20]．彼女はこの研究課題においてマーシャルのなかにはほとんど役に立つものがない，と明白に結論付けていた．私の質問はこうである．「何が彼女の気持ちを変えさせたのか」．

4. 躓きの石

彼女の後年の再解釈によると，彼女がケインズの分析を長期に拡張することを試みていたとき，動学的分析における躓きの石は，「利潤率についての適切な概念の欠如」(Robinson 1980b, 107) にあった．サーカス内での討論の結果ケインズが説得されて採用した短期分析のもとでは，正常利潤率という概念は必要ではない．彼女は次のように書いている．

> カーンが論じたように，もし，全体としての生産能力が固定されている短期の状態下で全体としての産出の供給曲線（貨幣賃金を一定として）が存在するならば，何らかの所与の需要状態に対応して，ある特定の雇用量，価格水準，そして粗利潤のフローが存在する．他のどれよりもより「正常」であるような 1 つの利潤水準は存在しない (Robinson 1978a, viii).

それどころか，利潤率を決定するためには資本ストックの価値を定義することが必要であるが，当時，彼女は「だれがやってもそれができるようには思えなかった」(Robinson 1978a, xvi)，と述べている．彼女は次のように語ってい

る.

> 私は，ピエロ・スラッファと数え切れないほどの議論をしたが，その議論はいつも彼が私の誤りを防いでくれるというものであった．彼が積極的な何かをいうことはけっしてなかった．だから，私が，資本利潤率という問題について希望の明かりを初めて見たのは，リカードウの『(経済学および課税の)原理』への彼の序文のなかに「穀物経済」を見つけたときのことである (Robinson 1978a, xvii)[21].

「穀物経済」は正確にはロビンソンに何を明らかにしたのだろうか．これはいくつかのコメンテーターを悩ませてきた問題である．それに答えるためにはリカードウの議論についてのスラッファの再構成を示すのが役に立つかもしれない．[22]

穀物比率説はスラッファが「農業利潤の決定的役割についての［リカードウの］原理の合理的な基礎」と考えたものである．これは「生産物と前貸し資本との差額によって利潤を決定することを可能にするものである」．農業においては，仮定によって，穀物は資本（労働者にとって必要な生活手段）であり産出物でもあるから，利潤率の決定，すなわち資本に対する利潤の割合の決定は，評価の問題まったくなしに穀物の量のあいだで直接なされるのである (Sraffa 1951, xxxi).

『原理』においてリカードウは，同じ方針で利潤率の決定を考えながら，穀物比率説の代わりに労働価値説を用いた．すなわち，「一国の総労働量の，その労働にとっての必要量を生産するのに必要とされるな労働に対する比率」によって」である (Sraffa 1951, xxxii). しかしながら，スラッファが論じたように，リカードウの利潤論には問題がある．なぜなら，賃金と利潤のあいだの分配における何らかの変化は，商品の相対価値を変化させるからである．それは，同じ量の労働で生産された商品であってもそうである．したがって，分配の変化に対し不変であるような価値尺度が見出せないかぎり，「異なった種類の商品の総計の大きさの変化を測定すること，あるいはそれよりずっと重要なことだが，それが不変であると確かめること」(Sraffa 1951, xlix) は不可能になる．

リカードウは不変の価値尺度という問題を解くことができなかった．しかし，穀物比率論のおかげで，相当な単純化という犠牲を払ったとはいえ，彼は分配を価値から独立にすることに成功したのである（Sraffa 1951, xxxii）．

5. 誤　解

スラッファの「リカードウの『原理』への序文」が発表されたときには，ロビンソンは準備ができていた．先に見たように，1940年以来，彼女はマルクスを学んでいたし，それにもっと以前から有効需要に対するカレツキのアプローチ——それはマルクスの再生産表式から示唆を受けたものであった——を評価していた[23]．マーシャルの均衡の議論が彼女の研究計画にとって益々無関係になっていったという第1の証拠は3編の短いエッセイを集めた『マルクスを再読する』である．彼女によると，これらのエッセイは「ピエロ・スラッファの「リカードウの『原理』への序文」を読んだあとのうきうきした気持ちで書かれた．その序文により，資本利潤率という概念は本質的にリカードウ，マルクス，マーシャル，ケインズにおいて同じであることが分かったからである」(Robinson 1973c, 247)．

じつは，ロビンソンはこれらのエッセイを執筆していたときには，うきうきした気持ちどころか，躁鬱症危機のさなかにあり，そのために数週間の入院をしていた．それらのエッセイの発行を思い留まらせようとしたカーンに対して，彼女は次のように説明している．「私はピエロについてのファミリー・ジョークにしたいのです．彼の20年もの仕事を謝辞なしに摘み取ることなどできないし，ジョークのなかでの謝辞が，私にできる唯一の方法なのです[24]．」

これらのエッセイで，彼女は次の2つを主要な論点としていた．第1は，短期と違って，長期においては，資本は変化し，「資本の量とは何か」という問いが避けられないという点であり，第2は，不可逆的な時間の経過——あたかもそれは一方向に限定された空間内の動きのようなものである——を扱うのに需要供給分析は不適切であるという点であった．

彼女のアプローチの変化を示す第2の証拠は，資本論争の出発点と広くみなされている彼女の有名な1953年論文である．新古典派の資本理論に対する批

判についてロビンソンの先行権問題が生じたので，1975年にカーンに書いた彼女の手紙を引用するのが有益かもしれない．「私がピエロの出版に先行していたのは本当ですが，それは単に「リカードウの『原理』への序文」——穀物経済——とは別に，多かれ少なかれ，自分でそれをなんとか解いていたからなのです．」[25]

私の次の疑問は，「厳密には彼女は何を解いたのか」というものである．

この論文の出発点は次のとおりである．長期では，なぜある特定の技術が選ばれる理由と資本ストックが変更される比率を説明する必要があるので，われわれは資本はどのようにして測定されるのかを知らなければならない．新古典派の説明は，生産要素の価格は，それらの利用可能なすべての量が使用されるようなものになる，という公準に依拠している．ある所与の賃金率で，利潤率を最大にするような技術が選ばれ，それから総資本量と選ばれた技術が雇用水準を決定することになる．しかし，彼女は次のように書いている．

> ある与えられた資本量がある与えられた労働量を雇用するという条件は，……ある特定の利潤率を必要とする．しかし，具体的な資本財ストックの価値はこの利潤率の影響を受けるから，出発点であった「資本」の量を利潤率と独立に規定することはできない（Robinson 1978b, 87-8）．

こうして，彼女は，資本量が変化するとき，一定の生産物を生産する条件の変化と，賃金や利潤の変化に起因するその資本の価値の変化を区別できないという新古典派の失敗を指摘した．その含意は次のとおりである．「時間を通じて生じる要素比率の変化を分析するために，異なる要素比率を用いることはできない」．なぜなら，時が経つにつれて資本量の価値は分配の変化の結果として変化するから，われわれは同じ量を比較していないことになるからである．彼女は，「新古典派のタームでは，変化を（差異ではなく）議論することはできない」（Robinson 1978b, 89）と結論付けている．

彼女のアプローチは，スラッファがリカードウについて，生産条件の違いによる一定の産出物の価値の差異と，分配の変化による一定の産出物の価値の変化とを区別できなかったと解釈していることを思い起こさせる．しかしながら，

スラッファは，生産に使用される資本の比率や耐用性が異なる2つの商品の相対的価値に及ぼす2つの異なった効果を明らかにするために，「差異と変化という2つの視点」(Sraffa 1951, xlix) に言及している．「第1に，同じ雇用量によって生産される2つの商品の相対価値に差異を引き起こすという視点．第2に，賃金の上昇がそれらの相対価値の変化を生み出す効果という視点」である (Sraffa 1951, xlviii)．

このように，「序文」において，スラッファは資本量の測定の問題は「商品集合の大きさ」を測定する問題のみに関連すると考えている．商品の価格は利潤率に依存するから，賃金か利潤かのどちらかの変化のために生産物の価値に変化が生じるときにはいつでも，分配される産出物の量に変化が生じているように見える．スラッファは，それが2つの異なった時点における2つの異なった商品集合を比較する問題に関連するとは考えていないが，ロビンソンはそう解釈しているように思われる．

ロビンソンは「差異と変化という視点」を異なった資本量をもつ2つの均衡のあいだの比較という問題に関係するものとして解釈した．資本量の変化は利潤率の変化と独立には確定できないから，均衡点は差異として比較できるのみで，一方から他方への変化としてはけっして記述できないという結論を引き出したのである．

6. 両者を分かつ問題

スラッファが彼のメッセージについてのロビンソンの解釈はいくつかの点で誤解だと感じたという若干の文献上の証拠がある．例えば，彼女の『資本蓄積論』であげられた問題に対する彼の反論に彼女が言及している手紙や[26]，彼女が彼に対する恩義をあからさまに表明している手紙がある．

親愛なるピエロ
私がこの10年にわたってしてきたすべての研究は，あなたから大きな影響を受けてきました．昔の私たちの会話および，あなたの序文の双方です．私は頭が変になったときに，目もくらむような閃光のなかに見たアイデア

があなたのものだと思いました．それがリカードウの穀物経済のタームで思い浮かんだからです．しかしそれは時間に関係したものであり，いまとなっては，それはあなたの視点とは非常に異なっているように思われます（それでもそれは完全にうまく当てはまるように私には思われるのですが）．それ以来，世俗的な成功はまったくさておき，私は大いに楽しんでいます．私はあなたに対してとても深い感謝の念をもっています．あなたがそれを拒絶するという事実は，まったくそのことに影響を与えるものではありません．
親愛なるジョーンより[27]

　長年にわたって，彼女は彼のアプローチを支持したし，実際，資本論争における最も好戦的な論者の1人であった．しかし，彼女はマーシャルに始まる新古典派の一派をつねに擁護した．なぜなら，ワルラスに始まる一派とは違って，それは「時間の観念」（Robinson 1965, 101）を維持しているからである．このことは新古典派経済学との論争にさいして，味方のいく人かとの相違の基礎になった．この議論においては，特に1つのポイント，すなわち歴史的分析の文脈における長期均衡という概念を支持するかどうかが中心となった．

　　われわれは，もしある瞬間的な現実の状態が永続するならば（もっともそれは必然的に変化していくが），それに対応する長期利潤率という幽霊に気づくことができたのにと想像しても良いかもしれないことを，私は認める．……しかし，そのような計算には非常に多くの不確定要素があるために，おそらくそれを試みる者はだれでも，その人がもつ先入観——それが何であれ——に対応する答えを得るのみであろう．一方で，いかなる瞬間でも，有効な力であるのは利潤期待である……．均衡の記述こそが，過去に正しい意思決定が行われたことを意味するのである（Robinson 1980a, 128）．

　このように，彼女がケインズから受け継いだと考えるのは，新古典派の均衡だけではなく，均衡という概念そのものへの批判である．新古典派理論への攻撃の主要な方針は，彼女にとっては，歴史的時間と論理的時間のあいだの区別

(Robinson 1979, xiv) にあるのであって，価格と分配についての2つの代替的説明のあいだの区別にあるのではない[28]．

この点で，彼女は『商品による商品の生産』におけるスラッファの言葉には限界があると考えた．なぜなら，「因果関係も変化もなく」[そして]「議論は厳格に論理的に可能な状態の比較のタームのみで行われていた」(Robinson 1980a, 132) からである．彼女には「スラッファの対極にあって事象のみを議論し」(Robinson 1980c, 139)，そしてそれらを「現実の歴史のなかで生じる過程のタームで」(Robinson 1979, xiv) 論じるケインズに依拠するほうがより見込みがあると感じられたのである．

7. むすび

ケンブリッジの経済学における，ケインズからの流れとスラッファからの流れという2つの流れは，ジョーン・ロビンソンの研究において完全に統合されることはけっしてなかった，と私には思われる．そして事実，実際にそれらが統合され得るのか，また，統合されるべきなのかに関する問いは決着が付いていない (Pasinetti 2005 を参照)．ロビンソンは少なくとも3度にわたって——すなわち，不完全競争，長期における雇用理論，そしてポスト・ケインジアン分析において——スラッファの論点をマーシャル的およびケインズ的枠組に統合しようと試みた[29]．彼女は自分の過去の試みを不満足なものとして2度にわたって捨て去り，最終的に新古典派の資本理論に対するスラッファの批判を完全に支持した．彼女は，失敗はしたけれども，ケインズとスラッファとのあいだにある溝に橋渡しをすることをカーンに説得しようとした．「長期についてはピエロの価格に，短期についてはケインズの価格に合意し，それくらいで止めておくことはできないでしょうか？[30]」

同様に，彼女はケインズの理論と整合的でないことはないと「スラッフィアン」を説得しようとして，失敗している．この統合は，ただ単にできなかっただけだと他の論者は推測していたが，彼女はけっしてそう推測してはいない．したがって，われわれはおそらく，厳しい時期もあったけれども，彼女は根底的には分析的楽観主義者のままであったと結論付けてよいだろう．

第9章　ロビンソンとスラッファ

注

1) 本章は Marcuzzo (2001a; 2001b; 2003) および Marcuzzo and Sardoni (2005) に基づいている．ここで用いられている省略形は次のとおりである．LLK: Lydia Lopokova Keynes（リディア・ロポコヴァ）；JMK: John Maynard Keynes（ケインズ）；JVR: Joan Robinson（ジョーン・ロビンソン）；RFK: Richard Kahn（カーン）；PS: Piero Sraffa（スラッファ）．JMK, JVR, RFK の文書はケンブリッジのキングズ・カレッジ現代文書館に保蔵されており，PS の文書はトリニティ・カレッジにある．参考資料はそれぞれのカタログ番号にしたがって示されている．未刊行の資料の引用許可はキングズ・カレッジの学寮長ならびにフェロー，および P. ガレニアーニにいただいた．ここに感謝する．
2) Harcourt (1986, 97) も参照．「彼らは晩年になって，彼らの共通の論敵にとって最もダメージを与えたことに関して袂を分かつことになった．ジョーン・ロビンソンが彼女の攻撃の強調を，特定の結果よりもむしろ方法の１つに移したのに対し，スラッファ，あるいは少なくともスラッフィアンたちはある特定の方法論のなかで得られる結果に集中した．」
3) 1933 年 4 月 7 日付ジョーン・ロビンソンからカーンへの手紙，RFK 13/90/1/221-4.
4) PS D2/4 3 (22-3)．Marcuzzo (2001a, 82) を参照．
5) ガレニアーニは 1927-28 年の冬に「最初の（そして決定的な）ターニング・ポイント」があったことを突き止めている．「……そしてそれは古典派経済学者についての検討をもたらし，彼らについてのマーシャル的解釈を結果的に破棄することにつながった．このことは 1925-26 年の論文のあとに生じた」（Garegnani 1998, 152）．完全な説明については Garegnani (2004) を参照．
6) 1927 年 11 月 28 日付ケインズからリディアへの手紙，JMK PP/45/190/3/268-9．Marcuzzo (2001a) を参照．
7) 1933 年 1 月 12 日付スラッファからジョーン・ロビンソンへの手紙，JVR　p. vii/431/8.
8) 1931 年ジョーン・ロビンソンからスラッファへの手紙，PS D1/86/2．
9) 1931 年 5 月 31 日付スラッファからジョーン・ロビンソンへの手紙，JVR　p. vii/431/1-3．Roselli (2005) を参照．
10)「そのような問題［需要と費用が与えられているとき，独占条件下と競争条件下での商品の価格と産出量の比較］に適した（あるいは適していると思っていた）仮定は，けっして，現実に現れる価格，生産，分配という問題についての分析の適切な基礎ではない」(Robinson 1960b, 222)．
11)『資本蓄積論』のドイツ語訳への序文．PS I 101 5-6 を参照．
12) ジョーン・ロビンソンとオースティン・ロビンソンがケンブリッジに住んでいた住所に由来する．リチャード・カーンはそこを何度も訪問した．「トランピントン・ストリート学派」は実際にカーン，オースティンおよびジョーンが，投資の変動は産出の変動と同じ符号をもつというケインズの命題を証明するために，「供給と需要の方法」(Keynes 1979, 43) を支持して論じた 1932 年の「マニフェスト」に記したサイ

ンであった．Marcuzzo（2002）を参照．
13) 均衡においては，中立的技術変化は生産物 1 単位当たりの資本，および所与の生産量での労働と資本の相対的シェアを不変に保つ．一方，資本節約的技術革新と資本使用的技術革新は生産物 1 単位当たりの資本を減少／増加させ，資本の相対的シェアを減少／増加させる．その理由は，資本節約的技術進歩は資本財を生産する効率を最終財を生産する効率よりも増大させ，他方，資本使用的技術革新の場合は逆のことが生じるからである．
14) このことは，1937 年の 5 月から 6 月にかけてハロッドとロビンソンのあいだでの書簡のやり取りを引き起こした（Besomi 2001 を参照）．
15) 1937 年 9 月 27 日付ケインズからジョーン・ロビンソンへの手紙，JMK CO/8/228-31．
16) 1937 年 9 月 28 日付ジョーン・ロビンソンからケインズへの手紙，JMK CO/8/232-5．Marcuzzo and Sardoni（2005）を参照．
17) 1936 年 10 月 27 日付スラッファからジョーン・ロビンソンへの手紙，JVR p. vii/431/14-15．Rosselli（2005）を参照．
18) 事実，すでに彼女は 1936 年の J. ストレイチーの著書に対する書評で，マルクスのオリジナル・テキストについての直接的な知識をもたないまま，マルクスについての自らの見解を活字にして表明していた．彼女の文書のなかに，そのエピソードを語っている未刊行のノートがある．「1936 年に，私はマルクスの普及者として活動していたジョン・ストレイチー（もっと有名なリットンの弟）の著書——『資本主義の危機の本質』——に対する書評を発表した．私は，彼が労働価値説をセイ法則のタームで表し，アカデミックな経済学の代表者としてケインズを無視してハイエクを取り上げたことで，彼を非難した．彼からの返答は，マルクスを読んだことのない誰かがマルクスについて語るのは馬鹿げているというものであった．私たちはお互いに相手がいいところを突いてきたと感じた．彼はケインズを読み始めたし，私はマルクスを読んだのである」（JVR p. i/10.1）．彼女がストレイチーの書評を書いたとき，彼女は明らかに『一般理論』がまだ出版されていないときに軽率なことを書かないように気をつけていた．このことはケインズによる彼女への手紙から推測できる．「マルクスとリカードウについての論点は月並みな知識であると思います．ストレイチーの書評を書くのに，私の本にはあなたが待つ必要のあることは何もないと思われます」（1935 年 9 月 15 日付ケインズからジョーン・ロビンソンへの手紙，JMK GTE/1/28-81．Marcuzzo（2001b）を参照．）
19) JVR p. vii 所収の 1941 年の 1 月から 5 月にかけての往復書簡を参照．
20) 1951 年の彼女の「R. ルクセンブルグの『資本蓄積論』への序文」においては，古典派のアプローチに立ち返る必要性が明確に述べられている．「アカデミックな経済学者は近年，静態的均衡の精緻化から発展しつつある経済についての動学的モデルについての古典派的研究に戻ってきている（Robinson 1960a, 59）．
21) スラッファは『原理』への「序文」について 1950 年 11 月 15 日と記されている初校の写しをセルジオ・スティーブとニコラス・カルドアに送ったが，ジョーン・ロビンソンには送らなかったように思われる．12 月初めに書かれた総序の原稿にはジョ

ーン・ロビンソンとリチャード・カーンの名前は謝辞にあるが，消されている．しかし，1951年3月7日と記されている校正刷りでは，スラッファは最初この2人の名前を再び書き入れ，それから2回目には消している．彼の日記の1951年3月20日の記述によれば，彼女に意見を求めたあとで決心するに至った．「ジョーンに電話をした．(序文では名前をあげないほうが良いという)」(PS E23). Gehrke (2003) を参照．

22) 例えば，Gilibert (1996, 123) を参照．「[穀物経済モデルは，] きわめて示唆的であり，確かに，通常の均衡理論と比べ，利潤の剰余理論の働きをきわめて明確に示している．しかし，それが異質な財の集合から成る資本を測定するのに適した単位を見つける可能性を問うためにロビンソンによって用いられている議論にそれがどのように至るのかを理解するのは難しい」．
23) 1948年論文で彼女は次のように書いている．「マルクス理論を他の理論から分けるのは，商品の相対価格の問題などではまったくなくて，資本の総供給と全体としての資本利潤率の問題である」(Robinson 1951b, 139).
24) 1952年10月28日付のジョーン・ロビンソンからカーンへの手紙，RFK 13/90/5/381. Marcuzzo (2003) を参照．
25) 1975年2月25日付の手紙．RFK 13/90/10/191-2.
26) 「論点がいま分かりました．私たちはどっちもどっちなのです．利潤率の違いが剰余の単位のタームでの資本の価値に及ぼす影響は，(A)異なった商品のタイム・パターンの違い，および(B)包含された労働の違い，に依存します．私の厚い本では，(A)を軽視し，すべての強調を(B)におきました．そのことがあなたがそれをばかばかしいと切って捨てた原因なのです」(1967年8月のジョーン・ロビンソンからカーンへの手紙，PS G7).
27) 1960年7月18日付ジョーン・ロビンソンからカーンへの手紙，PS D3/12/111/340-41. Marcuzzo (2004) を参照．
28) ガレニアーニの反論は次のとおりである．時間の不可逆性という仮定は，均衡に向かう傾向が2本の曲線に沿った動きとして記述されるような需要・供給分析という方法にのみ含意される．他方，同じ仮定は価格と分配の「古典派」理論によって決定される2つの長期均衡状態を比較するときには，なされない (Garegnani, 1979). 他の論者は，自然価格に向かう市場価格の「重心」という仮定が保証されないため，彼のこの主張に疑問を投げかけている（この問題に関するレビューについては，Shefold 1997, 386-97 を参照).
29) 「スラッファによってよみがえらされたリカードウからマルクスを経て流れてきた古典派の伝統は，マーシャルによって薄められたが，ケインズとカレツキの有効需要分析によって豊かにされた」(Robinson 1973a, xii).
30) 1961年5月25日付ジョーン・ロビンソンからカーンへの手紙，RFK 13/90 所収．

参考文献

Besomi, D. (2001) 'R.F. Harrod and Joan Robinson' in M.C. Marcuzzo (ed.) (2001) *Economists in Cambridge. The letters between Kahn, Keynes, Harrod, J. Robinson,*

Sraffa, Kaldor and Hayek, 1921-1946, Dipartimento di Scienze Economiche, Università degli Studi di Roma, La Sapienza, Discussion Papers n. 37.
Desai, M. (1985) 'Fall from Grace', *The Times Higher Education Supplement*, 21 June: 41.
Garegnani, P. (1979) 'Notes on Consumption, Investment and Effective Demand: A Reply to Joan Robinson', *Cambridge Journal of Economics*, 3: 181-7.
──── (1998) 'Sui manoscritti di Piero Sraffa', *Rivista italiana degli economisti*, 3: 151-55.
──── (2004) 'Di una svolta nella posizione teorica e nella interpretazione dei classici in Sraffa nei tardi anni 20', in *Atti del Convegno 'Piero Sraffa'*, Rome: Accademia Nazionale dei Lincei.
Gehrke, C. (2003) 'More on the Sraffa-Dobb collaboration in Piero's Sraffa's edition of the Works and Correspondence of David Ricardo', mimeo.
Gilibert, G. (1996) 'Joan Robinson, Piero Sraffa and the Standard Commodity Mystery', in M.C. Marcuzzo, L. Pasinetti and A. Roncaglia (eds) *The Economics of Joan Robinson*, London and New York: Routledge.
Harcourt, G. (1986) 'On the influence of Piero Sraffa on the contribution of Joan Robinson to economic theory', *Economic Journal*, 96 (Supplement: Conference papers): 96-108.
──── (1990), 'Joan Robinson's early views on method', *History of Political Economy*, 22: 411-27.
Keynes, J.M. (1973) *The General Theory and After. Part II: Defence and Development*, in *The Collected Writings of John Maynard Keynes*, ed. D.E. Moggridge, vol. XIV, London: Macmillan.
──── (1979) *The General Theory and After. A Supplement*, in *The Collected Writings of John Maynard Keynes*, ed. D.E. Moggridge, vol. XXIX, London: Macmillan.
Marcuzzo, M.C. (2001a) 'Sraffa and Cambridge Economics, 1928-1931' in T. Cozzi and R. Marchionatti (eds) *Piero Sraffa's Political Economy. A centenary estimate*, London and New York: Routledge〔本書第10章として所収〕.
──── (2001b) 'Joan Robinson: une quête passionnée de la rationalité', in G. Harcourt (ed.) *L'économie rebelle de Joan Robinson*, Paris: L'Harmattan.
──── (2002), 'The collaboration between J.M. Keynes and R.F. Kahn from the *Treatise* to the *General Theory*', *History of Political Economy*, 34: 421-47〔本書第7章として所収〕.
──── (2003) 'Joan Robinson and the three Cambridge revolutions', *Review of Political Economy*, 15: 545-560〔本書第5章として所収〕.
──── (2004) 'Sraffa all'Università di Cambridge', in *Atti del Convegno 'Piero Sraffa'*, Rome: Accademia Nazionale dei Lincei.
Marcuzzo, M.C. and Rosselli, A. (eds) (2005) *Economists in Cambridge. A study*

through their correspondence, 1907-1946, London and New York: Routledge.
Marcuzzo, M.C. and Sardoni, C. (2005) 'Fighting for Keynesian Revolution. The correspondence between Keynes and J. Robinson' in M.C. Marcuzzo and A. Rosselli (eds) *Economists in Cambridge. A study through their correspondence, 1907-1946*, London: Routledge.
Pasinetti, L. (2005) 'The Cambridge School of Keynesian Economics', *Cambridge Journal of Economics*, 29: 837-848.
Robinson, E.A.G. (1994) 'Richard Kahn in the 1930s', *Cambridge Journal of Economics*, 18: 7-10.
Robinson, J. (1932) *Economics is a Serious Subject. The apologia of an economist to the mathematician, the scientists and the plain man*, Cambridge: Heffer & Sons.
—— (1937) 'The long period theory of employment', in *Essays in the Theory of Employment*, London: Macmillan（篠原三代平・伊藤善市訳『雇用理論研究：失業救済と国際収支の問題』東洋経済新報社，1955年）.
—— (1938) 'The classification of inventions', *Review of Economic Studies*, 5: 139-42.
—— (1951a) Introduction to *Collected Economic Papers*, vol. I, Oxford: Blackwell.
—— (1951b [1948]) 'Marx and Keynes', in *Collected Economic Papers*, vol. I, Oxford: Blackwell（山田克巳訳『資本理論とケインズ経済学』（ポスト・ケインジアン叢書，11）日本経済評論社，1988年の第6章として所収）.
—— (1960a [1951]) 'Introduction to Rosa Luxemburg's *Accumulation of Capital*', in *Collected Economic Papers*, vol. II, Oxford: Blackwell.
—— (1960b [1953]) '"Imperfect Competition" revisited', in *Collected Economic Papers*, vol. II, Oxford: Blackwell（山田克巳訳『資本理論とケインズ経済学』（ポスト・ケインジアン叢書，11）日本経済評論社，1988年の第20章として所収）.
—— (1965 [1962]) 'The *General Theory* After Twenty-Five Years', in *Collected Economic Papers*, vol. III, Oxford: Blackwell.
—— (1966 [1942]) *An Essay on Marxian Economics*, London: Macmillan.
—— (1969 [1933]) *The Economics of Imperfect Competition*, 2nd edn, London: Macmillan（加藤泰男訳『不完全競争の経済学』，文雅堂書店，1956年）.
—— (1973a) Preface to J.A. Kregel, *The Reconstruction of Political Economy: an introduction to Post-Keynesian economics*, London: Macmillan（緒方俊雄・福田川洋二訳『政治経済学の再構築：ポスト・ケインズ派経済学入門』（ポスト・ケインジアン叢書，1），日本経済評論社，1984年所収）.
—— (1973b [1953]) 'Would you believe it?', in *Collected Economic Papers*, vol. IV, Oxford: Blackwell.
—— (1973c [1953]) 'Introduction to *On Re-Reading Marx*', in *Collected Economic Papers*, vol. IV, Oxford: Blackwell.
—— (1978a) 'Reminiscences', in *Contribution to Modern Economics*, Oxford:

Blackwell.

―――― (1978b [1953]) 'The production function and the theory of capital', in *Contribution to Modern Economics*, Oxford: Blackwell (山田克巳訳『資本理論とケインズ経済学』(ポスト・ケインジアン叢書, 11) 日本経済評論社, 1988 年の第 11 章として所収).

―――― (1979) Introduction to *The Generalization of the General Theory and other Essays*, London: Macmillan.

―――― (1980a) 'Debate: 1970s', in *Further Contributions to Modern Economics*, Oxford: Blackwell.

―――― (1980b [1975]) 'Survey: 1950s', in *Further Contributions to Modern Economics*, Oxford: Blackwell.

―――― (1980c [1979]) 'Misunderstanding in the theory of production', in *Further Contributions to Modern Economics*, Oxford: Blackwell.

Rosselli, A. (2001) 'Piero Sraffa and Joan V. Robinson' in M.C. Marcuzzo (ed.), (2001) *Economists in Cambridge. The letters between Kahn, Keynes, Harrod, J. Robinson, Sraffa, Kaldor and Hayek, 1921-1946*, Dipartimento di Scienze Economiche, Università degli Studi di Roma, La Sapienza, Discussion Papers n. 37.

―――― (2005) 'The unlooked for proselytiser. J. Robinson and the correspondence with Sraffa, Harrod and Kaldor', in M.C. Marcuzzo and A. Rosselli (eds) (2005) *Economists in Cambridge. A study through their correspondence, 1907-1946*, London: Routledge.

Schefold, B. (1997) *Normal Prices, Technical Change and Accumulation*, Basingstoke: Macmillan Press.

Sraffa, P. (1926) 'The laws of returns under competitive conditions', *Economic Journal*, 36: 535-550.

―――― (1951) Introduction to D. Ricardo, *Principles of Political Economy and Taxation*, in *Works and Correspondence of David Ricardo*, vol. I, ed. by P. Sraffa with the collaboration of M. Dobb, Cambridge: Cambridge University Press.

第10章

スラッファとケンブリッジ経済学　1928-31年

M.C. マルクッツォ

1. はじめに

　ジョーン・ロビンソンは，1951年に出版された彼女の『経済学論文集』の第1巻の序文の明解な1文で，スラッファの教えを「私たちの島国根性を突き破った」(Robinso 1951, vii) と描写している．ロビンソンのこの言葉は，主として1920年代末と1930年代初頭のケンブリッジ経済学へのスラッファのインパクトに関係している本章のタイトルになり得るものであったろう[1]．その評価は，ケインズ，カーン，およびジョーン・ロビンソンの文書の新しい目録[2]やスラッファ文書の利用が最近になって許されたこと，そして，目録を作成中のオースティン・ロビンソンの文書が利用可能になったことで，容易になってきた[3]．

　上記の資料を調べ，新しい証拠を検討することで，私はこれに関係する問題についてのより良い理解に貢献し，新しい考えの展開をより正確に追うことを願っている．しかしながら，本章の範囲はかなり限定されている．私は，文献で広く議論され，私が新しい証拠を見つけた2つのエピソードを検討しようと思う．その2つのエピソードとは，(a)不完全競争革命という名のもとに行われた価値論の展開と，(b)ケインズ革命への道を拓いた『貨幣論』についての「議論」である．

　考察する期間もまた非常に短く，1928年の秋（スラッファが最初の講義を行ったとき）から1931年の秋までである．1931年の秋には，多くの議論（主として「サーカス」内での）の結果，ケインズは「活字で利用できる材料で再

び講義」できるまでには「理論的な整理」が必要だと感じ，彼自身の講義を延期する決心をした[4]．同じ年，スラッファは1931年9月30日付で講師職を辞している[5]．

2. スラッファの講義ノート

スラッファの「上級価値論」講義は彼の要望で1年延期された後，1928-9年度のミカエルマス学期およびレント学期の火曜日と木曜日，キングズ・カレッジで昼の12時に開講，と『ケンブリッジ（大学）リポーター』(*Cambridge Reporter*) に記載されている．これらの講義は，扱う材料にほとんど削除や追加もなく，1929-30年度のミカエルマス学期とレント学期，および1931年のレント学期に再び行われた（1930年度のミカエルマス学期では休暇をとった）．

スラッファ文書のなかに，手書きの約220ページからなる一組の『上級価値論講義ノート』〔以下，『講義ノート』〕がある．このノートのうち，およそ3分の2は生産と分配の理論についてのミカエルマス学期の講義資料に相当し，残りの3分の1は——レント学期の内容に相当しているが——需要と競争形態の理論を扱っている．『講義ノート』においてスラッファは『経済学年報』(*Annali di Economia*) および『エコノミック・ジャーナル』誌に以前に掲載された論文（Sraffa 1925a; 1926a）を利用しており，関連した文のページが指示されている．

この『講義ノート』では，歴史的に見た価値理論に焦点が当てられ，生産費という概念が，古典派から限界学派へとどのように変容し，——主としてマーシャルによる研究の結果として——効用と統合され，費用と効用の対称性という説に至ったのかが示されている．スラッファによれば，そのような統合が可能であるためには，生産費という概念に一連の変更——これにより生産費という概念は古典派によって与えられた意味付けでは理解できなくなった——が加えられ，効用と比較可能になった．「単一の価値論のなかで費用を限界効用と結び付けることができるのは，それが効用の量，すなわち負の効用であると認識される場合のみである」(*SP* D 2/4 3(18)) とスラッファは書いている．

かたやペティや重農学派の費用概念と，かたやマーシャルの費用概念を比較

することで示されたのは，前者にとって費用は労働者にとっての主として食料であり，後者にとってそれは，節制もしくは耐忍および必要とされる労働における「努力と犠牲」の合計だということであった．費用についてのこれら2つの概念は，経済学がいかなるものかということ（古典派経済学者は主として測定に関心があり，限界学派は主として動機に関心があった）についての異なった考え方を反映しており，2つの分配論を生じさせた．こうして，スラッファは次のように書いている．

> マーシャルにとって，賃金も利子や利潤も単に生産物の分け前でしかない．それらは生産物の価値に対して同じように作用すると考えることができる対等の量である．いずれも，等しく生産に必要なある犠牲を引き出すのに必要な誘因であり，そしてそれらの犠牲の報酬でもある……．実質賃金や実質利潤を構成する具体的な財が生産過程の初めに存在していることは必要ではない．これらの財への希望や約束が誘因としてあれば同じ効果をもつ．それらは期待されるだけで生産に作用するが，生産が終了して初めて生産物の分け前として出現するのである．
>
> これに対して，ペティを初めすべての古典派は，それとは正反対の見解をもっている．彼らは賃金を誘因だとはまったく考えていない．彼らは賃金を労働者がその労働を行うことを可能にする必要な手段だと考えているのである（*SP* D 2/4 3, 22-23）．

賃金と利潤についてのこれら2つの考え方——利潤は生産物の余剰であり，賃金は必需品であるという考え方と，両方とも生産物の分け前であるという考え方——はアダム・スミスによって与えられた費用の2つの定義，すなわち，「労働，すなわち商品を生産するために必要な労役や苦労の量，あるいはそうした労働を維持するのに主として用いられる物的財のストック」（*SP* D 2/4 3, 35）に由来している．このような生産費についての2つの表現から，2つの学派が生まれた．1つはセイが先導したもので，費用を生産的用役の価格の合計だと考えるもの，もう1つはリカードウが擁護したもので，費用を労働に帰し，地代を費用から除外し，資本の扱いをより不確かにするものである．

スラッファは，費用を物的財のストックであるとする考えから人的犠牲額であるとする考えへの移行を，リカードウの理論，および，一方でシーニョア，J. スチュアート・ミル，ケアンズによって，他方でオーストリア学派（メンガー，ヴィーザー，ベーム－バヴェルク）によってもたらされた変化の徹底的な分析により明らかにしている．この話は，主としてダヴェンポートとウィックスティードの研究における機会費用理論の説明で終わっている．

この分析がもたらした結論は次のようなものであった．すなわち費用と生産量との相互依存関係というのは，

> きわめて新しい考え方である．古典派経済学者は皆それをまったく無視しており，彼らが，自分たちの議論が含意する，費用一定がつねに作動すると仮定しているとすら，いえないほどである．なぜなら，彼らはそうした問題をまったく考慮に入れていないからである（SP D 2/4 3, 79）．

費用を量に依存させるために，収穫逓増や収穫逓減の法則が用いられたが，それらが古典派の政治経済学においてもっていた意味を変えるものであった．こうして限界学派のアプローチにおいては，

> 収穫逓減は，一般に，1つの産業において異なった要素が結合する比率の変化から生じ，総産出量が増加するか減少するかには無関係である．反対に，収穫逓増は，一般に，産業の絶対的な規模の増加と結び付いており，要素が使用される比率とはごくかすかな関係しかもたない．重要なことは，生産物1単位当たりに用いられる要素の量が減少することである……（SP D 2/4 3, 88）．

スラッファは次に，限界主義者による収穫逓減の基礎にある次のような仮定を検討している．

(1)企業者は，意思決定を行うさいに代替の原理に支配される．(2)考慮下にある単位，すなわち，可変的な要素を構成する単位のあいだ，あるいは

一定の要素を構成する単位のあいだ，あるいはこの2種類の要素が組み合わされる方法（すなわち，可変的な要素が用いられる方法）のあいだ，にはある程度のバラエティと独立性がある（SP D 2/4 3, 103）．

次にスラッファは，農業における収穫逓減の例をあげ，ウィックスティードが行った，ある要素の限界的な単位を順序付ける2つのタイプの識別を論じる．1つは，「要素単位の効率性をめぐる任意の降順配列」といわれるものに基づく順序付けであり，もう1つは「単位の数と限界的単位の効率性のあいだの因果関係に」（SP D 2/4 3(109)）に基づく順序付けである．スラッファは，そのような違いは存在せず，「じつは，この2つは同じように恣意的である．なぜなら，いずれのケースでも，限界生産物の減少は，それぞれのケースで最大の生産を得るように向けられた生産者の行動に起因しているから」（SP D 2/4 3, 112）と論じる．

スラッファは次に，産業の供給曲線の構築における収穫逓減の役割の議論へと進んでいる．彼は次のように示している．すなわち，収穫逓減は，産業にとっては一定であるが個々の企業にとっては一定でないような要素から生じるから，供給曲線は個々の企業の曲線の総和からではなく，企業の最適規模に対応する生産量と費用から作られるにすぎない．

次に，スラッファは収穫逓増に話を移し，個々の企業のレベルで，なぜ収穫逓増が完全競争と相容れないのかを説明している．なぜなら収穫逓増は独占をもたらすからである．それゆえ，1つの産業における収穫逓増は外部経済が存在すると想定される場合にのみ生じ得る．「その結果は，もしひとつの企業が生産を拡大すれば，その費用は上昇するが，すべての企業が同時に拡大すればそれぞれの企業の費用は減少する，ということである」（SP D 2/4 3, 130）．結果として，ある企業の費用と，同一の産業内の他の企業の生産量のあいだには密接な相互依存関係があると仮定される一方で，それらの費用と他の産業に属する企業の生産量とのあいだには独立性があるとも仮定されることになる．スラッファはこのタイプの外部経済を見つけることはきわめて難しいと論じている．より起こりそうなのは——古典派経済学者ならそういうであろう——，全般的な進歩の結果として，すべての産業が影響を受けるというものである．そ

の結果，外部経済はある商品の供給曲線では考えることができないということになる．なぜなら，他の産業の生産物の価格が影響を受け，それゆえその商品の需要曲線が変化し，したがって，いかなる所与の産業における商品に関して供給と需要の独立性という条件が破られるからである．こうして，スラッファは，費用一定が一般的規則である，と結論付けている．ミカエルマス学期に行われた講義はこの主題で終わっている．

レント学期に行われた一連の講義での序言的コメントにおいて，スラッファは，自分は「論理的計画」にしたがわず，ただ，需要曲線の基礎にある仮定，一般均衡理論，独占や国際貿易というような価値の「特別な」ケースという雑多な主題を扱っていくと述べている．

ミカエルマス学期に提示した議論の本質を概観したあとで，スラッファは最初に完全競争と独占を取り上げ，独占は「あるかないかのどちらかという，競争の対極にあるものとしてではなく」，「量」，すなわち多かれ少なかれ，現出するかもしれない，いわば実体として考えるべきものである」(SP D 2/4 13, 3)，と論じている．しかしながら，独占度は需要が一定の弾力性をもつ曲線である場合にかぎって確定できるが，一般に弾力性は一点で確定され，異なった点では異なった値になる．そこで，スラッファは次のように論評する．

> これらのケースでは，どちらが特徴的な点なのかについて私は懐疑的である（競争におけるように2つの曲線の交点なのか，独占企業が価格を固定する点なのか，それともその中間なのか．第2の場合は，弾力性は1より小さいに違いないし，一般に，もし費用が存在するならば弾力性は1よりずっと小さいにちがいない）．おそらく，独占企業の強さについての最良の定義は，(「適切な」部分の) 需要曲線に重ね合わせることができ，それに最も近似する一定の弾力性曲線の弾力性である (SP D 2/4 13, 4)．

独占企業の強さによって意味されるのはその利益の大きさではなく，販売者としての力である．独占は，ある商品に多くの生産者が存在するけれども，「消費者が購入先の企業について無差別でないがゆえに，競争条件が成り立たないケース」(SP D 2/4 13, 5) を含むように定義されている．次に，スラッフ

ァは，通常の独占のケースと彼が考える独占のケースとの違いを，次のように説明する．

> ［違いは］主として代替物もしくはライバル商品の性質にある．すなわち，価格が上昇したときに費やされない貨幣が，多くの異なった商品に向かうのか，それとも1つの代替物に向かうのかということである．
> われわれが個々の生産者を考えているときには，このことは問題ではない．消費者はその企業の財を買わないので，彼らの貨幣で何をするのかは，その生産者にとっては無差別である．
> しかし，われわれが全体としての産業を考えたいときには，この2つのケースは大きく異なる（このことを考えるために，われわれがいくつかの需要曲線を組み合わせることができないのは明らかである——それらは異なったことがらに関連している）（SP D 2/4 13, 5）．

したがって，生産者間には大きな相互依存関係が存在する．なぜなら，ある生産者が価格を引き上げれば，その他の生産者の需要表が上昇し，彼らもまた価格を引き上げるからである．その結果，最初の生産者は価格を再び引き上げ，さらに同様のことが起こる．この一連の価格上昇に対する上限は，同一産業内の他の企業，あるいは他の産業内の企業にとっての顧客の喪失である．このような条件の下では，市場価格は決定され得ない．なぜなら，単一の市場価格は存在せず，企業の個々の状況に応じた一連の価格群が存在するからである．しかしながら，スラッファは次のように論じている．

> もし個々の市場が非常に類似していると仮定するなら（そして，選好が価格比として表現できるなら），市場価格がどのようになるかは分かるであろう（新規企業の参入は禁止されていると仮定している）．
> 個々の企業が価格を上昇させると，顧客の一部は別の企業へと移る．そして一部は産業から失われる．しかし，喪失の大きさはそれが単一の独占企業である場合と同じである．全般的な上昇に限界を画すのはこれらである．それゆえ，無差別性がほんの少し欠如しただけでも，価格は独占的結

合によって決定されるであろう．

　もちろん，このことは短期にのみ妥当する．より長期には，取引関係を確立し個々の市場を築き上げる支出が，新規参入者に対しそれを割に合わないものにするかぎりにおいてのみ妥当する（SP D 2/4 13, 8）．

　しかしながら，他の企業による価格引き上げにより需要曲線が上昇するとき，個々の収穫逓増が支配的になるとすれば，個別生産者が価格を引き下げることは利益となるかもしれず，このことがおそらく単一の独占を確立することにつながるであろう．これが起こるかぎり，均衡は不決定である．
　前述の分析が示すのは，需要曲線の形状が他の商品の価格に依存するということであり，その妥当性のための必要条件は代替物の価格が固定されたままであるということである．
　最後の講義セットは，部分均衡アプローチと比較しながら，一般均衡理論の一般的なアプローチ法を扱っている．その主たる結論は次のように述べられている．

　一般均衡の方程式に関して，その主たる重要性は，供給と需要による価格の決定に悪循環が含まれていないことを証明する試みとしてである．……同時に交換されるすべての価格と数量を決定するために十分な数の条件が見い出されるかもしれない（SP D 2/4, 28）．

　『講義ノート』には1925年論文と1926年論文の双方への多数の言及があるけれども，このノートの扱う範囲はずっと広い．これは明らかに，1927年夏以来スラッファが取り組んできた広範な研究の結果であり，この研究は『商品による商品の生産』が最終的にできあがるさいに核となったものである[6]．古典派から限界学派への生産費概念の発展と変容はスラッファの考えの展開のなかにおける新しい要素である．この新しさは，費用には2つの概念が存在し——1つは必需品に関するもので，もう1つは動機に関するもの——，これらが，2つの分配理論と，賃金と利潤についての2つの概念——1つは必需品を超えた生産物の剰余として，もう1つは生産物の分け前として——をもたらし

た，ということを発見した点にあるように思われる．その結果として，古典派経済学者に費用一定という仮定を帰すことは完全に棄却された．1925年論文では，費用一定の仮定はリカードウとミルにいまだ帰されているが（Sraffa 1925, 316n），この点は1926年論文では繰り返されていない[7]．

しかしながら，1926年論文においても，「通常のケースでは，競争的に生産された商品の生産費は……生産された量の小さな変動に関して一定だとみなさなければならない」（Sraffa 1926, 540-1）ということが依然として主張されている．『講義ノート』ではこの議論が繰り返されている．しかしながら，費用一定という仮定はスラッファが自らの研究計画を提示するさいに直面した困難における重要な点であることが判明した．というのも，『商品による商品の生産』の序文において，彼は次のように述べているからである．すなわち，1928年に，「ケインズが［本書の］冒頭の諸命題の草稿を読んだ」とき，「……彼は，もし収穫不変が仮定できないとするなら，その旨を強調して警告すべきだと勧めた」と（Sraffa, 1960, vi）．いまでは，1928年1月のピグーからの手紙に，さらなる証拠が記されている．そこで彼はスラッファに対してこう書いている．「あなたの方程式は，私には，一般的分析のある特殊なケースとして包摂できるように思われます．実質的に，あなたは3つの（あるいは n 個の）商品のうちのおのおのが収穫一定の条件のもとで生産されていると考えているだけです」（*SP* C239 1）．

3. 不完全市場の理論

スラッファの講義が巻き起こした興奮をオースティン・ロビンソンがうまく描いている．

> ジョーン・ロビンソンと私が1929年の初めにインドから戻ってケンブリッジに再び腰を落ち着けたとき，年下の友人たちの議論で最も活気があったのは，主としてピエロ・スラッファの講義に関するものであり，より遠くは，彼の1926年の『エコノミック・ジャーナル』誌の論文に由来するものであった（Robinson, 1977, 26．傍点は引用者による）．

しかしながら，ケインズは 1927 年 11 月 28 日にリディア宛てに書いた手紙で最良の予言をしている．「土曜日に私はスラッファと彼の研究について長いこと話をしました．それはとても興味深く，独創的です．でも，彼が講義をすると，クラスの学生はそれを理解できないのではないかと思います」(*JMK* PP/45/190/3/268).

スラッファのクラスには，後にケンブリッジ経済学の名で理解される多くのことを象徴することになる 2 人の傑出した学生がいた．カーンとジョーン・ロビンソンである．ジョーン・ロビンソンがスラッファの講義に出席していたという直接的な証拠は，彼女がこの講義に言及しているカーンへの手紙を別としては見つけることはできなかったが[8]，カーンが出席していた記録はカーン文書にもスラッファ文書にも存在している[9]．

ここでは，カーンのフェロー資格論文である『短期の経済学』で提起された論点を扱うことにしよう．この論文は 1928 年 10 月から 1929 年 12 月のあいだに書かれ，スラッファの影響のもとで構想されている[10]．カーンによれば，この論文では，(1926 年論文における)「スラッファの説明の重大な誤りの曝露」が見出せる．1926 年論文でスラッファは次のように書いている (Sraffa 1926, 549).「すべての企業が同一でしかも同じ状況にあるような企業群からなる 1 つの産業にとって，最終的な均衡点は，その産業全体が単一の独占企業によって支配されている場合に到達するであろう点と同じである」(Kahn 1989, 94)[11]．カーンによれば，スラッファの主張が含意するのは，企業間の斉一性という条件のもとでは，市場がわずかに不完全であれば，不完全さの度合いは均衡価格とは無関係であるということである[12]．

スラッファの結論に対するカーンの異議は各販売者が直面している個別の需要曲線についての彼の分析に基づいている．カーンによれば，この曲線が示すのは，

> 個々の販売者が彼の価格と産出との関係であると考えているものであり，均衡点はこれらの個別的な需要曲線の傾きに依存する．翻って，これらの傾きは個々人が需要曲線を描くさいに頭のなかに抱く特定の仮定に依存する (Kahn 1989, 98).

「企業者が自らの利潤を極大にするときに頭のなかに抱く」(Kahn 1989, 100) 仮定は3つのケースに分けられる．もしそのことが価格を変化させるならば，彼が仮定するのは，(a)他のすべての企業の価格は一定に留まる，(b)他のすべての企業の産出量は一定に留まる，(c)他の企業は価格と産出量の両方を変化させる，の3つのケースである．カーンはこの3つのケースすべてで，単一の独占企業の手中にある1産業の総需要曲線は，寡占的な産業において（同一であり，同じ状態に置かれた）各企業が直面する需要曲線よりも傾きが急であることを明らかにしている．したがって，スラッファの主張とは違って，「均衡価格は，寡占状況下のほうが，独占状況下よりも低くなることになる」(Kahn 1989, 117)．

この審査論文では，カーンは脚注で「スラッファ教授は，可能な留保を付けたうえで，彼の議論に対する私の反論の説得力を認めている」(Kahn 1989, 95) と表明している．さらに，1989年の序文で彼は「スラッファからケインズに送られた未公開の手紙（ケンブリッジ・キングスカレッジ図書館）が興味深い」(Kahn 1989, xvn) と付け加えている．残念ながら，私は，この証拠は見出せていない．その代わり，私は，スラッファ文書のなかに『講義ノート』に付け加えられたノートを見つけた．それは，明らかにスラッファがカーンの論文を読んだあとに書かれたものである．スラッファは次のように述べている．

> 不完全競争において価格はつねに独占におけるよりも低いということは，上記——それは，問題は個々の需要弾力性と集計的な需要弾力性との関係とは無関係だという仮定に基づいている——と同じ誤りに陥ることを意味する……．重要なのは，わずかではあっても有限な程度の不完全性（需要の弾力性は無限大ではない）を私は仮定しているということである．しかしこのケースでは，価格の上昇とともに弾力性はつねに際限なく低下する．(この議論は，すべての不完全性が消えたときに，もし最終的な均衡に達するのであれば，確定的であろう．しかし実際には，そうしたことが起こるには長い時間がかかる．不完全性は価格が無限大になれば消えるのに対し，均衡は有限の価格で達成される) (*SP* D 2/4 10 [裏面])．

スラッファとカーンのあいだで問題になっているポイントを私なりに仮に整理してみると次のようになる．カーンの分析の基礎には推測的な需要曲線があり，その傾きはその産業内にある他企業の行動についてのさまざまな仮定を体現している．ある1つの企業が価格を変化させれば，競争相手の反応が考慮に入れられるから，他のすべての企業の需要曲線の傾きは不変のままではいられない．一般に，（独占のように）生産者が1つだけ存在するときには，その需要曲線の傾きは，（寡占のように）多くの生産者が存在するときよりも急になる．なぜなら，後者のケースでは，その産業内にその商品を供給する代替的な供給元があるため，企業は他の企業の行動を意識するからである．所与の供給曲線に対して，均衡価格は需要曲線の傾きによって決定されるから，独占における均衡価格のほうが寡占における均衡価格よりも高いということになる．

　これとは逆に，スラッファの議論の基礎にあるのは需要の弾力性で示される消費者の選好の度合いである．1企業が価格を引き上げると，すべての企業が直面している需要曲線が上昇する．代替物の価格が上昇するから，1人1人の購入者は自分が購入先として選んでいる企業の生産物に対してより高い価格を喜んで支払うことになる（Sraffa 1926, 547）．価格上昇の上限は市場にとっての顧客の喪失によってもたらされるのであって，個々の企業にとっての顧客の喪失によるのではない．なぜなら，他の企業もまた価格を引き上げたときには顧客は選好する企業に戻ってくるからである．彼は次のように書いている．「問題は，ある1企業だけが価格を引き上げるときにその企業が失う顧客の数と，すべての企業が同額の価格引き上げを行ったときにこの企業が失う顧客の数が同じかどうかである」（*SP* D 2/4 10）と．こうして，カーンとは違って，スラッファにとっては，「すべて同一でありしかも同じ状況にある企業からなる産業にとって，マーシャルの「極大独占収入」[13]に対応する価格が，独占や寡占における価格と異なっているという理由はないのである．

4. 需要曲線

　マーシャル的アプローチに対するスラッファの異議申し立ての衝撃は1930年3月に『エコノミック・ジャーナル』誌に掲載されたシンポジウムでさらに

強まった．スラッファ文書には，政治経済クラブへの招待状がある[14]．この招待状には同クラブの幹事であったカーンのサインがあり，1930年2月24日の開催を知らせている．「参加者はG.F.ショーヴ，D.H.ロバートソン，ピエロ・スラッファ．論題は「収穫逓増と代表的企業」：シンポジウム」（SP D/3/7 13）．このシンポジウムは，ケインズがリディアに対して1930年2月24日の手紙で説明しているように，非常に大きな出来事として認識されていた．「今夜，デニスとジェラルドとピエロが私の政治経済クラブで一緒に議論をすることになっています．たくさんの仲間が彼らの話を聞きにやってくるでしょう．私のティー・カップが全部必要でしょうし，私がもっているよりももっとたくさんの椅子が必要でしょう」（JMK PP /45/190/4/207）．

いまでは，このことに新しい証拠を加えることができる．それは1930年2月26日付のスラッファからショーヴに宛てて書かれた（しかしおそらく送られてはいない）手紙である．この手紙は商品の生産費に販売費用を含める問題をめぐるものであり，スラッファは次のように書いている．

> 月曜日の［政治経済クラブでの］議論ではうまく説明できませんでしたが，私の主張した点は次のとおりです．追加的な1単位を生産する費用はある明確な貨幣額ですが，それは生産される量のみに依存します．しかし，マーケティング費用は違います．「100足のブーツのマーケティング費用」はそれらのブーツがどんな価格で売られるのかが分からないかぎり不確定です．マーケティング費用をまったくかけることなく販売できるような十分に低い価格を見つけることはいつでもできますが，他方で，十分に大きな広告費などをかければ，ブーツを望む価格で――それがいかに高かろうと――売ることができます．したがって，あなたが競争相手の市場に追加的な1単位を加えるための費用（マーケティング費用を含む）について語っても，あなたがどんな価格でそれが売られなければならないのかを教えてくれなければ，私にはあなたが意味することが分からないのです（SP D 3/7, 8）．

さらに，手書きのノートにおいて，スラッファはこの点をさらに明確にして

いる．

　この点に対する主要な異議は，S［ショーヴ］がマーケティング費用を生産費の一部だと考えているという点である．彼は次の点を見落としている——マーケティング費用が需要曲線に影響を与えるように向けられており，それゆえに，マーケティング費用を含む供給曲線とともに用いることのできる需要曲線は存在しない．両者は独立ではないのである（SP D 3/7 23）．

　マーケティング費用という問題は，すでにスラッファの講義の１つが行われていたあいだに，カーンによって提起されていた（SP D 2/4 13, 2を参照）．スラッファは返答のなかで，２つのケース，すなわち水平な需要曲線で表されるケースと右下がりの需要曲線で表されるケースを指摘している．第１のケースは，需要曲線を市場の水準へ上昇させるのに必要なすべての費用が供給価格に含まれる場合であり，このケースでは２つの曲線は独立ではない．２番目のケースは，

　　現行の広告費用での需要曲線を表している．……供給曲線が表すのは工場での生産費だけであり，広告で変化することはない．価格は独占の原理に基づいて，独占収入を極大化するように決定されている．広告への総支出額のそれぞれに対して，異なった需要曲線（つねに同じ供給曲線と組み合わされる）が存在し，それゆえ異なった独占収入が存在する（SP D 2/4 13, 2）．

　スラッファの論点は再度受け入れられなかったように思われる．なぜなら，カーンはフェロー資格論文で次のように書いているからである．

　　販売費用と広告費用は，疑いようもなく産出量に依存しており，完全に決定されるものとみなされるべきである．私がスラッファ教授から理解したのは，これらの費用が，正当にとはいえなくても実態として，量的にも質的にも生産過程にとっての必要な付加物であるとき，彼はこうした費用を

第10章 スラッファとケンブリッジ経済学 1928-31年

マーケティング費用だとはまったく考えていないということである．したがって，われわれはわれわれの特別な仮定［生産者が産出量を増加させたいとき，彼は広告費用を増加させるのではなく価格を引き下げる］に基づいて，マ̇ケ̇テ̇ィ̇ン̇グ̇費用を生産費に含めることは，「生産費」という言葉を，「ある企業の生産が行われるさいの条件とは完全に無関係な要素に依存」(Sraffa 1926, 544) させることだ，とする彼の反論を無視することができる．そして，もちろん同時に，個別の需要曲線を明確に独立した存在であるとみなすことが可能になる．なぜなら，われわれは，「マーケティング費用の変化は需要曲線のシフトとして考えなければならない」(Sraffa 1926, 543) とするスラッファ教授の抗弁を回避しているからである (Kahn 1989, 89-90)．

カーン文書には，スラッファによるこの文章に対する詳しい批判が，おそらくフェロー資格論文の初期の草稿に残されている．

> われわれが「生産費」というとき意味するのは，「必要な費用」である．そして，必要な費用という言葉が含意するのは，満たされるべき条件への言及であって，すなわち「も̇し̇ y という量の商品を生産しなければならないなら，x の費用が必要である」ということである．このことは適切にそう呼ばれるすべての生産費にとって普通のことだから，われわれは，いつもこの条件を繰り返し口にするわけではない．しかし，この条件はマーケティング費用についてはそうではない．マーケティング費用は「も̇し̇一̇定̇の̇量̇の生産物を生産し販売しなければならないなら」必要であるにすぎない．さらに，それが販売されねばならない価̇格̇への言及が必要とされる．なぜなら，実際には，1企業は，十分にゼロに近い価格でならマーケティング費用なしにいくらでも販売することができるからである．それは，企業が生産物を保蔵するならば，何らマーケティング費用をかけなくても，いくらでも生̇産̇で̇き̇る̇のと同じである．この価格については§8 (Kahn 1989, 89-90) では何も述べられていないから，マーケティング費用が確実に産̇出̇量̇に̇依存しているとはいえない．（与えられ得るどの定義も受け容

れられないように思われる．この問題に適切なもの，すなわちすべての種類の費用をカバーし，極大利潤をもたらすような価格によって，一般に，われわれは1本の曲線ではなく1つの点を描くことができる．すなわち求める極大値である．この問題を解くにさいして，われわれは1つのデータから始めるが，そのデータ自体が解なのである！）（*RFK* 3/13/153）．

マーシャルとショーヴ[15]の教えにしたがって，カーンは再び個別的な需要曲線が「完全に独立した存在」であるという考えを支持しようとした．それとは反対に，スラッファの努力は，一般にはそうではないこと，そして，ほとんどのケースで，仮説的あるいは推測的な量を価格に関係付けるグラフではなく，所与の量（一点）が，問題を解くために必要とされるすべてであることを示すものであった．

需要曲線をどのように描くかという問題については，『不完全競争の経済学』が執筆されているときにジョーン・ロビンソンとカーンとのあいだで激しい議論が行われた．1930年11月10日付──すなわち，この著書についての作業が始まってすぐ[16]──のカーン宛ての手紙のなかで，ジョーン・ロビンソンは次のように書いている．

> 私はいまではあの議論をあなたの幾何学的証明なしに信じるつもりになっています．もっとも，それは芸術品としてなされるべきだと思います．しかし，私が理解したかぎりでは，それは独占分析についてのピエロの議論に穴をあけるものです（v. p. 547, *EJ*, Dec 1926 のページ下部）．カドベリーが価格を引き上げたという事実によってラウントリーに対する需要曲線が上昇するとき，もし自分のチョコレートに対する需要がきわめて弾力的であり，かつその個別の供給曲線が急激に低下する場合にのみ，ラウントリーは価格を引き下げるだろう，とピエロはいっています．あなたによれば，この場合，いずれにしても価格は引き下げられます．どうしてそうなのでしょうか（*JVR* vii/228/1/3）．

『不完全競争の経済学』のある章のすべては，独占条件下で価格に影響を与

えるような需要曲線の弾力性と傾きに関する仮定の分析に当てられている (Robinson 1969 [1933], 60-82). この著書が出版されるほんの少し前の1933年1月18日に, 彼女はカーンへの手紙で, 進行していることをうまく要約している. 「ピエロは私が送った [『不完全競争の経済学』の] 第III部の校正刷りを返送してくれました. 彼は最新の需要曲線を理解できていませんが, その他では大きな指摘はありません. いくつか有益な小さな指摘はありますが」(*RFK* 13/90/1/58).

この時点までに, スラッファはケンブリッジの経済学者の「若い世代」を説得してマーシャル的な需要供給曲線から離れさせようといういかなる望みも諦めたに違いない. さて, 私はここで1930年代初めのケンブリッジで進行していた別の, しかも確実により重要な「革命」——そこでのほうが, おそらくスラッファはかなりの影響力を及ぼす希望がもてたであろう——に話を移そうと思う.

5. 『貨幣論』についての議論

1929年のミカエルマス学期に, ケインズは『貨幣論』の校正刷りを素材に講義を行った. しかし, この本が出版されたのは1930年10月になってからであった. ケインズは, さまざまな筋からやってくる刺激や批判のもとで修正や書き直しに忙しかったが, そうした刺激や批判は同書の出版後も止むことはなかった. 一方ではホートリー, ハイエク, ロバートソンが, また他方では「サーカス」のメンバーが, その妥当性やそれが意味するところについての議論を継続していた.

知られているように, 「サーカス」は『貨幣論』についての議論を行う非公式のグループであり, 1930年末から1931年春までのあいだ開かれていた. そこにはカーン, ミード, スラッファ, ジョーン・ロビンソン, オースティン・ロビンソンが, そしてまた経済学を学ぶ新しい世代の最も優れた学生も数名含まれていた. 残念ながら, このグループの活動を記録した文書資料はほとんど残っていない. 後に再構成されたものは参加者の個人的なあるいは共同の回想録に基づいたものであり, そこには, 事態がどのように進んだのかについての

解釈に多くの違いが含まれている[17]．

「サーカス」におけるスラッファの役割については，ほぼ50年後のジョーン・ロビンソンの説明をのぞくとほとんど知られていないが，それによると，(a)「サーカス」は「ピエロ・スラッファによって最初に提案され」，(b)「[スラッファは]ひそかにこの新しい考え方に懐疑的であった」（Robinson 1978, xii）．もちろん，われわれは『ケインズ全集』に収録されている，1931年5月9日付のスラッファが書いた文書と1931年5月15日付のケインズからの手紙での彼らの意見交換も用いることができる（Keynes 1973, 207-11）．

この議論にスラッファが加わっていたことを示す新しい証拠が見つかっており，彼の貢献の性質を理解するためにはさらなる研究が必要である[18]．ここでは，私は「基本方程式」に関する問題の1つ，すなわち，1931年4月15日の文書（SP D1/81）に含まれている消費財と投資財の価格決定の「独立性」の主張，について論じようと思う．

『貨幣論』においては，消費財の価格水準は2つの項の合計に等しいとされていることが想起されるだろう．第1項は生産費であり，第2項は投資財を生産する現行の費用（I'）と，貨幣所得と消費財に対する支出の差として定義される貯蓄（S）との差によって与えられる．この第2項は，新投資の費用が現行の貯蓄よりも大きいか，等しいか，小さいかに応じて，正，ゼロ，負になる．この差はケインズが（正であれば）超過利潤，あるいは（負であれば）損失と呼んでいるものを構成する．この差がゼロであれば，消費財，投資財の量に関して企業家が下す生産決定は，公衆が全体としてその所得を消費財と貯蓄に振り分ける意思決定と一致する（矛盾しない）のである．

他方，投資財の価格——ケインズは投資財という言葉で資本財と証券の両方を意味している——は，公衆が自らの貯蓄を銀行預金と証券にいかに振り分けるかの意思決定と，証券の購入（売却）で新しい預金を創造する（しない）かについての銀行システムの意思決定とが相まって決定される．証券の価格，したがって生産された投資財の価格は，公衆による証券の需要と銀行システムによる証券の供給が一致することで与えられる．この場合でも，新投資財の価値（I）とその生産費（I'）の差が正であれば，それは投資財の生産者にとっての超過利潤を意味し，この差が負であれば，損失を意味する．

第 10 章 スラッファとケンブリッジ経済学 1928-31 年

体系全体の均衡条件(すなわち,両方の部門で超過利潤がゼロのとき)は,投資の価値が貯蓄と等しくなることで与えられる.したがって,

$$Q_1 = I' - S$$
$$Q_2 = I - I'$$
$$Q = Q_1 + Q_2$$
$$\quad = I - S$$

となる.ここで,Q_1 は消費財部門での超過利潤であり,Q_2 は投資部門での超過利潤である.

総利潤(Q)は均衡化装置であり,体系に対するその効果は利潤がどのように支出されるかに依存する.「寡婦の壺」の例(Keynes 1971, 125)において,もし企業者がその超過利潤を消費財に支出すれば,投資財の費用と貯蓄のあいだの正のギャップは大きくなる.消費財価格は上昇し続け,利潤も上昇し続ける.(損失の場合には,逆のことが当てはまる.)

「基本方程式」という分析用具は初めから批判の的だった.ホートリー,ピグー,カーンはケインズの定義や結論のいくつかに反対した.特に1つの問題,すなわち,2つの価格水準の決定の基礎にある諸力の「独立性」の主張が最大の問題であった.この問題は2つの点と結び付いており,それはジョーン・ロビンソンが後に回顧したところでは,「サーカス」で表面化した問題であった.2つの点とは「寡婦の壺の誤り」と「つるべの誤り」である.寡婦の壺の誤りが明らかにしたのは,消費財への支出の増加は,特に失業が存在しているときには,価格ではなく産出量を上昇させやすいということであった.「つるべの誤り」(Keynes 1973, 223)はロバートソンが主張する批判であったが,それによると,次のようになる.貯蓄が増加するにつれて,証券需要が増加することを通じて証券取引所により多くの貨幣が流れ込む.そして,もし投資に対して貯蓄の超過が生じれば,消費財の価格は下落し投資財の価格は上昇し,両者は逆方向に動く.この2つの価格はあたかも「つるべ」のように動くのである.『貨幣論』での議論が含意するのは,それとは逆に,この2つの価格水準は通常は同じ方向に動くが,一般にはそれらは独立しているということであった.

1931年4月初めには,その年に行った数多くの試みの1つとして[19],カー

ンは，ケインズが『貨幣論』で述べたこと（Keynes 1971, 123）とは反対に，消費財の価格水準（P）の変動と投資財の価格水準（P'）の変動は独立ではなく，したがって，ケインズの説はロバートソンやピグーが提起した批判に直面して正しさを主張する根拠をほとんどもたないということを，ケインズに説得しようと努めた[20]．

　カーンは自分の考えた例を次のように——1931年4月17日付のケインズ宛ての手紙に書かれているように——述べている．消費財部門と経済のそれ以外の部門とに「境界線」を引き，投資財部門についても同じことをする．消費財部門に流れ込む貨幣支出額は，消費財部門から経済のそれ以外の部分へと流れ込む貨幣支出額に等しい．同様に，投資財部門に流入する貨幣支出額は投資財部門から経済の他の部分に流れ込む貨幣支出額に等しい．

　貯蓄の減少が a と等しい額だけ生じたと仮定しよう，とカーンは続ける．このことは消費財部門における貨幣支出を a と等しい額だけ上昇させ，投資財部門における貨幣支出をそれと同額だけ低下させる．消費財生産者による投資財への支出は a だけ上昇し，投資財部門への流入は不変に留まる（消費財部門から流入する追加的貨幣支出は最初の貯蓄の下落を正確に相殺する）．原理上は，投資財の価格が変化すべき理由は存在しない．しかしながら，もし投資財の価格が上昇するとすれば，消費財に対する支出は，対応する額（例えば b）だけさらに上昇し，したがって，消費財に対する総支出は $a+b$ だけ上昇するであろう．1つの部門による支出の増加（減少）がつねに他の部門で生産される財に対する需要の増加（減少）を意味するなら，2つの価格水準はつねに結び付いている．したがって，カーンの結論はこうである．「どちらかの価格水準が不変に留まることは確かにあり得ることではあるけれども，両方が不変に留まるということはない」（Keynes, 1973, 207）．言い換えれば，一方の部門の価格水準が与えられれば，他方部門の価格水準もまた決定されるのである．

　ここでのカーンの議論は乗数原理[21]の基礎にある推論の論理的帰結であった．そこでは，利潤がどのように支出されるかではなく，一方の部門における支出が他方の部門における支出にどのように影響を与えるかに焦点が当てられている[22]．

　1931年4月15日付のスラッファの文書は，1931年4月5日付のカーンによ

第10章　スラッファとケンブリッジ経済学　1928-31年

る初期の覚書（Keynes 1973, 203-6）への批判だと考えられる．この覚書のなかで，カーンは「乗数論文」の用語法ではなく『貨幣論』の用語法をより厳密に守ることで，2つの価格水準の独立性の誤りを明らかにしていた．スラッファの文書は「寡婦の壺」と，投資財価格と消費財価格の独立性の主張の両方に対する批判を提供しており，カーンの議論とは違って，その基礎には生産についての考察がある．

　われわれが『貨幣論』で見るように，消費財部門における利潤 Q_1 は，支出が費用を超過しているとき，すなわち生産されたよりも多くの消費財が需要されているときに生じる．このことが意味するのは，生産されたよりも少ない投資財が需要されているということであり，消費財部門の企業家が得る利潤と同額の（しかし逆の符号の）損失を（投資財の生産者に）生じさせるということである．したがって，投資財部門の企業者は——新投資財の価値と現行の貯蓄の（マイナスの）差額だけの大きさがある——損失を償うために，証券を売るか，銀行預金を減らすかするであろう．ケインズは次のように書いている．「このようにして引き出される銀行預金と，このようにして売却される証券は，新投資の価値を超える現行貯蓄の超過額から調達され，かつそれに正確に等しい」（Keynes 1971, 131）．銀行システムの想定された行動により，貯蓄は再び新投資財の価値額と——投資財の価格のいかなる変化も必要とせずに——等しくなるのである．

　その文書において，スラッファは『貨幣論』でなされている暗黙の仮定，すなわち「利潤を生み，利潤を支出するプロセス（無数のステップである）が生じるのにまったく時間がかからない」という仮定について詳細に論じ，「ある所与の財の販売によって得られる利潤はその同じ財を買うのに支出されることはできない」（*SP* D1/81）という点を強調している[23]．

　スラッファの議論はこうである．財の生産によって生み出され生産費によって表される所得は，それらの財が販売されるさいの価格を決定することはできない．支出は稼得が支払われた後に生じ，したがって，所与の所得を消費と貯蓄にどのように振り分けるかという決定は，消費財や投資財が生産されたあとで生じる．生産され販売される財から生じる利潤や損失は，次の期の産出にのみ影響を与えることができる．したがって，利潤の役割は，次期の産出水準に

影響を与えることであって，今期の価格水準に影響を与えることではない．

よく知られているように，「サーカス」からの批判——問題は文献上で解決されているどころではないが——に刺激されてケインズは「基本方程式」とは異なった道筋へと進み，そして，産出量の変化をもち込むことになった．カーン（Kahn 1984, 171）によれば，「大きな変化が起こった」のは 1931 年の夏学期のあいだであった．事実，ケインズは 1931 年のミカエルマス学期に開く予定であった講義を「理論的な整理」が必要だと感じて，1932 年の 4-5 月に延期している．1931 年末の草稿で[24]，彼は『貨幣論』で提示した議論の「重要な一般化」を提示することができた．そこには次のように述べられている．

> 産出量と雇用量の増減は稼得に対する支出の変化（これが今回私が読者に提示する代替的な表現法），あるいは，貯蓄に対する投資の変化（これが『貨幣論』で用いた表現法）に依存している（Keynes 1973, 380）．

1932 年の春に，カーン，オースティン・ロビンソン，ジョーン・ロビンソンはケインズが講義で提示した「証明」——投資の変化は産出量の変化と同じ符号をもつというもの——の（ケインズの言い方では）「代替的な」案，あるいは（ジョーン・ロビンソンがケインズへの書簡で用いた言い方では）「補足的な」案を提示している「マニフェスト」に署名している．彼らはこう書いている．「私たちには，問題は，需要と供給の方法による処理を可能にする余地があるように思われる」（Keynes 1971, 126）．1932 年中，主としてカーンの影響によって，ケインズは彼の「新しい議論」を需要と供給のタームで書き直した．産出と雇用の減少は「支出の不足に起因する，全体としての供給に対する全体としての需要の変化」に依存させられた．

『貨幣論』とは異なって，「変化の主因」（Keynes 1971, 126）は，実現した利潤ではなく，期待された利潤である．事実，断片的に残っている原稿——モグリッジによれば，おそらく 1933 年に書かれた最初の目次の第 6 章であるが——において，雇用水準は現実の量でなく予期された量に依存させられている．

> ……われわれは雇用についての結論を適切な基準に準拠させる．ここでの

適切な基準とは，すなわち，資本設備を所有する企業にとって可変費用を負担することが引き合うと期待されるかどうか，つまり，雇用に貨幣を支払ったり生産物を販売した結果が，会計期間の最後に，貨幣を保持していたら得られたであろう貨幣の純総額よりも大きくなると期待されるかどうかである (Keynes 1979, 66).

1932年までに，ケンブリッジの経済学は，その最も重要な発展に関するかぎり，マーシャル的な分析用具を捨てるのではなく，採用する方向を取った．ケインズ理論の含意はマーシャルから引き継がれた経済システムのヴィジョンとは劇的なほど対立しているけれども，『貨幣論』とは違って『一般理論』では，総需要と総供給に目立つ場所が与えられているのである．

6. むすび

文書集から得られた新しい証拠によって，スラッファが若い世代および年配の世代のケンブリッジの経済学者との論争において，きわめて影響力をもっていたというわれわれの理解に対し，さらなる支持が得られた[25]．本章で私が論じたのは，彼は賞賛され，また頼りにされたけれども，マーシャル理論に対する彼の批判のインパクト，あるいは代替的なアプローチを受け容れてもらおうとする彼の試みのインパクトは，驚くほど効果をもたなかったということである．むしろ，彼の提示は，それを引き起こしたアプローチとはまったく違った方向に向かう展開をもたらした．スラッファは，孤高の知識人であり，実際に理解されるよりもむしろ，恐れられ賞賛される存在であった．これは——そう結論付けたくなるのだが——おそらく，確立した経済学の教義がもつ島国根性を「突き破る」ことが不可能であるということのもう1つの例である．

注
1) 本章の以前のバージョンは1998年10月にローマで開かれた「スラッファと現代経済学」に関するコンファレンスと，1999年1月にニューヨークで開かれたASSAコンファレンスの「スラッファ生誕100年」のセッションで報告したものである．討論者のM. ダルディとD.A. モグリッジに対し，有益なコメントと示唆をいただいたこ

とに感謝したい．ただ，誤りの責任は筆者にある．私は，J.M. ケインズと J.V. ロビンソンによる未刊行の手紙からの引用を許可してくださったことに対し，ケンブリッジ，キングズ・カレッジの学寮長とフェローに，また，P. スラッファの未刊行の草稿からの引用を許可してくださったことに対し，P.A. ガレニアーニにお礼を申し上げたい．

2) 出典は，それぞれ *JMK, RFK, JVR* と記し，ケンブリッジ大学キングズ・カレッジ現代資料館にあるそれぞれの目録の分類にしたがって記述されている．

3) スラッファ文書（*SP*）については，出典はケンブリッジ大学トリニティ・カレッジ図書館にある目録の分類にしたがって記述されている．オースティン・ロビンソン文書（*EAGR*）については，目録がまだ利用できないため，出典はケンブリッジ大学マーシャル図書館において文書が保管されている箱が記述されている．

4) 1931 年 7 月 28 日付オースティン・ロビンソンへの手紙（*EAGR*, box9）．

5) 1931 年のミカエルマス学期にジョーン・ロビンソンは「独占の純粋理論」に関する彼女の初めての講義を行っている．

6) ガレニアーニは 1927 年から 28 年にかけての冬に転換があったとしている．それは，「古典派経済学者の研究に向かわせ，その結果 1925-6 年論文の背後にあったマーシャル的な古典派解釈を捨てることになった最初の（そして決定的な）転換点……」（Garegnani 1998, 152）である．De Vivo（1998, 6）もまた，「『講義』を準備しているあいだに，彼はマルクスと古典派経済学者を（再び）読んだに違いない」と論じている．

7) しかしながら，スラッファがケインズに送った 1926 年 6 月 6 日付の手紙では，彼は再び，費用一定がリカードウの仮定であると述べている．

8) 「私が受けた影響としては，ジェラルド［・ショーヴ］の出版物は別として，ジェラルドよりも，じつはピエロの講義や彼との個人的な会話にはるかに多くを負っています」(1933 年 4 月 7 日付の手紙．*RFK* 13/90/1)．また，オースティン・ロビンソンの説明も存在する（Robinson 1994, 7）．「ジョーンはピエロ・スラッファのきわめて非正統的な講義に参加していた者同士として［R.F. カーンと］知り合ったのである．」

9) カーンが取ったノートと，そのコースのために書いたエッセイ（*RFK*/3/3/359-384），および，ある講義においてカーンが行った質問に対してスラッファが与えた回答（*SP* D/2/4/13(2)）がある．

10) 1929 年のフェロー資格論文の序文において，カーンは「第 7 章［市場の不完全性］はその着想をスラッファ教授から得ている」（Kahn 1989, vii）と書いている．この点は 1989 年の著書の序文でも繰り返されている（Kahn 1989, xv）．

11) これと同じ議論が『講義ノート』でも繰り返されている．

12) しかしながら，スラッファは次のように付け加えている．「このケースは，それ自体では重要ではない．なぜなら，そのような斉一性が現実に見られるということはきわめてありそうにないからである．しかし，これは，さまざまな企業の条件が互いに異なっている現実のケースにおいてすら支配的となる傾向，すなわち，それによって，競争に対するわずかな障害の累積的な作用のために諸価格に対して独占価格に近付け

第10章　スラッファとケンブリッジ経済学　1928-31年　283

るような効果を生むような傾向を表している」(Sraffa 1926, 549).
13)　「$y=f_1(x)$, $y=f_2(x)$ をそれぞれ需要曲線，供給曲線を表す方程式とすれば，極大独占収入をもたらす生産量は $\{xf_1(x)-xf_2(x)\}$ を極大にすることによって見出される．すなわち，それは $d/dx\{xf_1(x)-xf_2(x)\}=0$ の方程式の根である」(Marshall 1961, 704).
14)　政治経済クラブは学期中の隔週の月曜日に開かれていた．このクラブは1912年に始まり，ケインズが病にかかった1937年まで続いた．1927年10月にR.F.カーンはメンバーとなり，後に幹事となった．会は8時30分に始まる．大きなケトルとお菓子が用意されている．ボウルが手渡され，そのなかから数字をひかされて，参加者はその数字の順に立ち上がって話をするように求められるのである（1986年秋のカーンとの会話より）．このクラブは戦後再開され，1980年代まで続いて開催された（この点を指摘してくださったD.モグリッジに感謝する）．
15)　1929年論文の序文で，カーンは次のように書いている．「私がショーヴ氏から教えられてきたことを通じて得た利益に対して十分な謝辞を述べることは……難しい．私がいま自分の考えだと思っていることの多くは，じつは，彼が考えたことなのである」(Kahn 1989, ix).
16)　ジョーン・ロビンソンが「悪夢」——彼女は『不完全競争の経済学』をこう呼んでいた——の執筆をカーンとの密接な相談のもとで始めたのはおそらく1930年夏である．しかし，彼女がカーンのフェロー資格論文を読んだのは，彼女の著書が校正段階にあった1933年1月のことであった（Marcuzzo 1996 を参照）．
17)　その評価については Moggridge (1992) を参照．
18)　スラッファ文書のなかで D1/70 から D1/77 までと D1/81 から D1/82 までの数字が付けられたものは，すべて『貨幣論』に関するものである．
19)　1931年4月5日付，1931年4月17日付，1931年5月7日付，1931年8月15日付の手紙 (Keynes 1973, 203-6; 206-7; 212-13; 218-19) を参照．
20)　結局，ケインズはこの点を認め，彼の定式化を改めなければならなかった (Keynes 1973, 225-6).
21)　乗数についての論文の構想はおそらく1930年夏にはあったが，1930年末から1931年春のあいだに書き直された．
22)　カーンの役割の詳しい再構成については Marcuzzo (1998) を参照．
23)　スラッファは次のように付け加えている．「『貨幣論』のいくつかの議論ではこの点が見落とされているので，われわれの議論でおそらくこの点はしばしば取り上げられなければならないであろう」(*SP* D1/8 2).
24)　モグリッジの時期決定によれば，これは1931年から32年のあいだに書かれた「最も初期の」草稿の断片である．
25)　「1920年代後半，ケンブリッジ経済学に挑戦を試みたのはスラッファであった」(Skidelsky 1992, 289).

参考文献

De Vivo, G. (1998) 'On the path to *Production of Commodities by Means of Commodi-*

ties', mimeo.

Garegnani, P. (1998) 'Sui manoscritti di Piero Sraffa', *Rivista italiana degli economisti*, 3: 151-55.

Kahn, R.F. (1984) *The Making of Keynes' General Theory*, Cambridge: Cambridge University Press.

────── (1989) *The Economics of the Short Period*, London; Macmillan.

Keynes, J.M. (1971 [1930]) *A Treatise on Money. Part I: The Pure Theory of Money*, in *The Collected Writings of John Maynard Keynes*, ed. D.E. Moggridge, vol. V, London: Macmillan（小泉明・長沢惟恭訳『貨幣論Ⅰ』（『ケインズ全集』第5巻，東洋経済新報社，1979年）.

────── (1973) *The General Theory and After. Part I: Preparation*, in *The Collected Writings of John Maynard Keynes*, ed. D.E. Moggridge, vol. XIII, London: Macmillan.

────── (1979) *The General Theory and After. A Supplement*, in *The Collected Writings of John Maynard Keynes*, ed. D.E. Moggridge, vol. XXIX, London: Macmillan.

Marcuzzo, M.C. (1996) 'Joan Robinson and Richard Kahn. The origin of short-period analysis', in M.C. Marcuzzo, L. Pasinetti and A. Roncaglia (eds), *The Economics of Joan Robinson*, London and New York: Routledge［本書第8章として所収］.

────── (1998) 'La collaborazione tra Keynes e Kahn dal *Treatise* alla *General Theory*, in N. De Vecchi e M.C. Marcuzzo (eds), *A Cinquant'anni da Keynes: teorie dell'occupazione, interesse e crescita*, Milano: Unicopli.

Marshall, A. (1961) *Principles of Economics*, 9th edn, London: Macmillan.

Moggridge, D.E. (1992) *Maynard Keynes: An economist's biography*, London: Routledge.

Robinson, E.A.G. (1977) 'Keynes and his Cambridge Colleagues', in D. Patinkin and J.C. Leith (eds) *Keynes, Cambridge and the General Theory*, London: Macmillan.

────── (1994) 'Richard Kahn in the 1930s', *Cambridge Journal of Economics* 18: 7-10.

Robinson, J. (1951) Introduction to *Collected Economic Papers*, vol. I, Oxford: Blackwell

────── (1969 [1933]) *The Economics of Imperfect Competition*, 2nd edn, London: Macmillan（加藤泰男訳『不完全競争の経済学』文雅堂書店，1956年）.

────── (1978) Introduction to *Contribution to Modern Economics*, Oxford: Blackwell.

Roncaglia, A. (1978) *Sraffa and the Theory of Prices*, New York: Wiley.

Skidelsky, R. (1992) *John Maynard Keynes*, vol. II: *The Economist as Saviour, 1920 -1937*, London: Macmillan.

Sraffa, P. (1925) 'Sulle relazioni fra costo e quantità prodotta', *Annali di Economia*, 2: 277-328.

―――― (1926) 'The laws of returns under competitive conditions', *Economic Journal*, 36: 535-550.

―――― (1960) *Production of Commodities by Means of Commodities*, Cambridge: Cambridge University Press（菱山泉・山下博訳『商品による商品の生産：経済理論批判序説』有斐閣，1978 年）．

第3部　接近法

第11章

市場の「不完全性」から
市場の「失敗」へ
──レッセ・フェールに対するいくつかのケンブリッジの挑戦──

M.C. マルクッツォ

1. はじめに

　本章では，不完全競争論と有効需要の理論の文脈のなかで，戦間期にケンブリッジで発展した，レッセ・フェールや市場メカニズムへの信頼に対する根本的な異議について検討する．いずれの理論も自由市場に疑いの目を向ける議論を提供し，いずれもマーシャルの部分均衡分析の枠内に収まっている．しかしながら，それらは異なる源泉からインスピレーションを受けており，そして，支配的な経済学説によって自明のこととして前提されている市場メカニズムを疑う別の議論を採用するものであった．

　不完全競争論はイングランドのケンブリッジに由来する．スラッファの1925年および1926年の論文によって口火を切られたマーシャルの費用と需要曲線に対する攻撃──それは，特定の分析的フレームワークの整合性と現実性の欠如を批判するものであった──への反応のなかで生まれた．まずリチャード・カーンによって，ついでジョーン・ロビンソンによって行われた研究において，不完全競争の導入は，マーシャル流のアプローチを放棄する理由というよりは，それを補完する手段であった．需要曲線と供給曲線が特定のかたちをとるとき，完全競争は，現実の市場に広く行き渡っている一般的ケースであるというよりは特殊ケースであることが示された．限界〔原理による分析〕装置全体は──それは平均曲線と限界曲線に具体化されている──スラッファの批判に反応して特殊な想定やアド・ホックな定義が作成されることで復権した．

　有効需要の理論もマーシャルの枠組で構成されているが，より過激な内容と

含意を備えている．古典派の完全雇用のケースがケインズによって特殊ケースとして提示された．このケースによって市場メカニズムは望ましい結果を生み出せていない．その理由は，市場の不完全性や摩擦のためではなく，経済主体を導くと想定されている行動ルールのためである．経済的な決定は不確実性に根差しているため，行動は必然的に慣習と信念によって導かれ，全体としての結果はしばしば個人が追求したものとは異なるかもしれない．こうして，市場メカニズムは産出量および雇用の高度で安定的な水準を確保する最善の手段として頼ることはできない．ひとたび市場の「不完全性」ではなく「失敗」を理解すれば，「自然の」諸力によって支配されるという経済についての伝統的な見解，およびそれとともに経済法則についての含意された普遍的妥当性は，著しく損なわれる．

　以下では，戦間期にケンブリッジにおいて発展した，自由市場経済学に対するこれらの2つの挑戦について再検討する．そして，これらの見解が，完全競争の支配と市場の力への信頼を取り戻すことを目指した1940年代以降のシカゴ学派といかに対照的であったかを，若干のコメントとともに結論付ける．

2. 市場の不完全性

　「完全競争の道を放棄し，反対の方向，すなわち独占へと目を向け」(Sraffa 1926, 542)るというスラッファの示唆は，1930年代のケンブリッジにおける不完全競争論の発展への道を開いた[1]．スラッファがマーシャル＝ピグー流の装置のなかにある仮説を放棄した理由は2つある．第1に，仮説が埋め込まれている理論が論理的に不整合であると考えたこと，第2に，完全競争が含意する行動の記述は周知の事実に反すると考えたこと，である．

　スラッファによると，完全競争の条件が当てはまるときに企業にとっての短期費用が逓増するという想定は，特定の状況下で，1つの産業にのみ帰せられることが，誤って単一の企業に帰せられている結果である．各企業はあまりにも小さく，要素価格に感知できるほどの影響を及ぼすことができないため，企業にとっての限界費用逓増という結果は，生産の拡張につれて，生産性の減少を経験するという想定によってのみ得られる．しかしこれが正当化されるのは，

たまたま増加させることのできない要素をもつ唯一の事業主である企業だけである．平均費用が逓減していくという想定も，完全競争の理論と矛盾する．生産を増大させるとき生産単位当たりの費用が減少する企業の存在を認めてしまうと，その企業が生産を無限に拡張し，市場における独占的生産者になることを阻むものはあるだろうか．最後に，企業が一定の費用で操業すると仮定すると，企業が完全に水平な需要曲線に直面すると仮定するマーシャル゠ピグー流の伝統における完全競争理論にとってさらなる困難が生じる．事実，費用一定とすると，均衡が決まらないか，あるいは，企業がつねに可能なかぎり生産すると仮定するならば，1つの企業が市場を独占する可能性を排除できないかのいずれかである．

完全競争理論における現実性の欠如——マーシャル゠ピグー流の装置によって与えられるかたちでの——は，生産者はふつう逓増する費用によって制約されてはおらず，自らの市場の大きさによって制約されているという常識によって明らかにされる．ほとんどの市場において観察されることとは対照的に，その理論は，企業は所与の市場価格でどれだけの数量でも売ることができるが，市場シェアを増やすために価格を下げたり，マーケティング費用を増加させることはできない，と想定している．この板ばさみからの脱出法として，スラッファは，企業は単独の独占であるとみなすべきだと示唆した．なぜなら，マーシャル゠ピグー流の装置のなかでは，この仮説は完全競争よりも，証拠——すなわち，企業の拡張は費用の上昇によってではなく需要によって止められる——を説明するうえで，うまく機能するからである（Marcuzzo 1994a, 64-66を参照）．

現実性の欠如はまた，カーンがフェロー資格論文[2]「短期の経済学」——これは不完全競争論に対する最初の「ケンブリッジの」業績である[3]——で綿産業および石炭産業の分析において完全競争を放棄した理由である．カーンによると，マーシャル゠ピグー流の装置では，1920年代の不況期に観察されていた事実を説明することができない．そこでは，企業は生産能力以下の水準で操業していたのにプラスの利潤を得ていたのである．需要は低く，企業は「何日間か全工場を閉鎖し，別の日にはフル稼働させる」のがつねであった（Kahn 1989, 57）．

説明は主要費用曲線の形状——これは短期において産出量を変えることができる技術的方法を反映している——に求められた．カーンは，短期（すなわち工場や機械設備が不変である）において，限界費用曲線の関連する部分は水平である，と結論付けた．すなわち，限界費用はフル稼働になるまでは一定の平均費用に等しい．主要費用曲線の形状——逆L字型——および操業短縮という証拠は，完全競争理論に対する深刻な挑戦である．価格が平均費用曲線を上回るときにはいつでも，企業はフル稼働水準で生産を行うと想定されている．しかしもしそうであれば，フル稼動以下で操業するのは非効率企業だけということになるが，これは証拠に反する．こうして，完全に弾力的な需要曲線に直面すると，一定の限界費用曲線は産出量の決定因子としての重要性を喪失する．カーンは不完全な市場という仮定に解決を見出した．すなわち，各企業は右下がりの需要曲線に直面しているという仮定である．この場合，均衡産出量も均衡価格も，完全競争の場合のように価格と限界費用が等しくなるところで決まるのではなく，独占のように，産出量に関するかぎり[4]，産出量と，価格と平均主要費用との差の積によって決まり，そして価格に関するかぎり，需要の弾力性を基礎にして決まる．市場の不完全性を導入することによって，カーンは，なぜ低い需要水準では価格は限界費用まで下がらないのか，および，なぜ均衡産出水準はフル稼働水準を下回るのか，を説明することができた．

『不完全競争の経済学』でジョーン・ロビンソンがとったアプローチは，商品や生産要素のさまざまな費用および需要条件を組み込みながら，平均および限界曲線に基づく技術をすべての市場形態に適用するというものであった．完全競争は競争の一般理論のなかの1つの特殊ケースとなり，さまざまな程度の代替，および需要の弾力性の値によってとらえられた消費者側の選好が考慮された．それから，完全競争は——無限の弾力性をもつ——完全に水平な需要曲線によって特徴付けられる市場条件として定義された．供給側では，費用逓増，費用低減，費用一定のケースに対応して，費用の動きに関するさまざまな仮定が考慮された．実際，不完全競争では，すなわち各企業が右下がりの需要曲線に直面しているとき，限界費用曲線の形状に関するいかなる仮定も，均衡の決定性を提供する．

カーンの一歩に続いて，ジョーン・ロビンソンの手により，不完全競争はス

ラッファの攻撃に抗してマーシャル゠ピグー流の装置が再び一般性と妥当性を与えられる手段となった．スラッファがまもなくこの線に沿った研究から身を引き，ケンブリッジにおいてほぼ完全に孤立した状態で，限界分析に抗して自身の研究課題を追究したことは驚くに当たらない[5]（Marcuzzo 2001a を参照）．

1930 年代中葉にはカレツキも，経済体系のマクロ経済分析のなかで不完全競争に基づいたアプローチを開発した．1936 年にイングランドにやってきたとき，彼はすでに，多くの企業において，かなりの範囲の産出量の変化に対して単位当たりの主要費用が実際，ほぼ一定であるという仮定で研究をしていた（Chilosi 1989, 106）．翌年，彼はケンブリッジに移り，スラッファの研究生セミナーに活発に参加した．1938 年の終わり，国立経済社会研究所で主要費用，売上および産出に関するケンブリッジ研究計画が立ち上げられたとき，カレツキは，各産業での独占度に基づいて，企業が価格を設定するという方向の研究を積極的に追究した．ケンブリッジ滞在中に書かれた 2 本の論文（Kalecki 1938; 1940）において，市場の不完全性は，各産業の生産物に対する需要の弾力性を，個別企業によって課される価格とその産業の平均価格の比に関係させる関数と定義された．もし，個別企業にとって需要の弾力性がもっぱらその価格と相関しているなら，市場の不完全性の程度は一定である．そうでなければ，市場の不完全性の程度は市場需要の平均弾力性とともに変わる．

1940 年の論文で，カレツキは，企業は限界費用と限界収入が均しくなるところで価格を定めるという想定──ロビンソン゠カーンの競争の一般的フレームワークにおけるように──を撤回し，限界収入が限界費用よりも高くなる点で企業が価格を設定するケースを調べている．価格がこの特定の水準に設定されるのは，各企業は，より低い価格を付けてもライバル企業の価格引き下げを誘発する一方，より高い価格を付けるとライバル企業は価格を引き上げないということを知っているからである[6]．ある所与の市場において，寡占度は限界収入の限界費用に対する比率によって測定される．それは一般に 1 より大きい．

カレツキは，単純化という犠牲を払いつつも，経済体系をマクロ経済的に説明するなかで，企業による価格政策の全体としての効果を研究するための方法論を生み出すという点で，きわめて独創的であった（Marcuzzo 1996, 11-12 を参照）．ジョーン・ロビンソンが『不完全競争の経済学』第 2 版への序文で

次のように述べているのはまったく正しい．すなわち，「不完全競争論を雇用理論と接続」したのは彼女ではなく，「カレツキであった」(Robinson 1969, viii) と．それとは対照的に，ケインズは不完全競争からは感銘を受けず，それに大した注意を払うことなく順次，『一般理論』へと進んでいった．このことは憶測を引き起こし，なぜそうなったのかについてさまざまな解釈がなされてきた[7]．明らかに，彼が「要塞」[8]に対する攻撃が効果的になると信じたのは，市場の機能に摩擦や不完全性を導入することによってではなかった．実際，彼は経済理論が展開されていた方法に対して，もっと過激な攻撃を仕掛けた．これについては次の節で議論することにしよう．

3. 道徳科学としての経済学

『一般理論』でケインズは，市場の諸力は経済体系が資源の完全雇用をもたらすように作用する，という「古典派的」結論を拒絶している．むしろ，雇用水準は，完全雇用よりは低く，最低雇用よりは高い「中間的な状態」(CW 7, 254；訳 252 頁）のあたりで振動している，と説明している．そして以下のように付け加える．

> しかし，そうだからといって，われわれは，このように「自然の」傾向によって——すなわち，それを修正しようとする明瞭な意図をもった方策が採られない場合に持続する傾向によって——決定される中間的な［雇用］状態が，必然の法則によって確立されると結論してはならない．上述の諸条件が妨げられることなしに成立しているのは，現在あるいは過去の世界に関する観察事実であって，変更することのできない必然的原理ではない（CW 7, 254；訳 252 頁．傍点は引用者）．

彼は経済学においては「われわれは完全に正確な一般化を望むことはできない」(CW 7, 247；訳 245 頁）と説明している．なぜなら，経済体系は，原因と結果の整ったパターンのなかに，経済学者が発見し命令することのできる「自然の諸力」によって支配されていないからである．むしろ，経済学の課題

第 11 章 市場の「不完全性」から市場の「失敗」へ　　　295

は「われわれの実際に生活している種類の経済体系において，中央当局が裁量的に操作したり管理することのできる変数を選び出すこと」（*CW* 7, 247；訳 245 頁）である．

　ケインズは物理学によって定められた科学的研究の標準をまねようとする経済学者の試みには強く反対し，経済理論の目的を，「一時的で変動している」諸要素について考える論理的方法を発展させることであると主張した（*CW* 14, 297）．彼は経済学を「自然」科学というよりは「道徳」科学であると主張した．なぜなら「それは内省と価値を扱い……動機と期待と心理的不確実性を扱う」（*CW* 14, 300）からである．

　自然科学は規則性を発見し，そこから一般法則を導き出すことを目指すが，経済学は「不確実な」環境において行われる決定の効果を捉えることを期待されている．『一般理論』において，完全雇用以下で均衡する可能性を説明するさいに，期待に割り当てられている役割のなかに 1 つの例証を見出すことができる．このタイプの均衡は「間違った」期待によって特徴付けられる状況としてではなく，期待がそれにしたがう「状態」を発生させる状況として描かれている．

　経済理論は，異なる知識状況のもとで，経済主体によって取られる決定を説明することを求められているのであって，経済体系がしたがう絶対的な一般法則を発見することを求められているのではない．ケインズの認識論におけるこの「相対主義的」立場は，『一般理論』への言及によって再び例証することができる．実際，流動性選好，消費性向，投資の限界効率，賃金単位および貨幣数量は「究極の独立変数」として提示される一方，この識別は一般的なものであり得るということは否定される．逆に，このように分けることは「何らかの絶対的な観点から見ればまったく恣意的である」（*CW* 7, 247；訳 245 頁）といわれる．

　ケインズはこの見解を構築し提示したが，ライオネル・ロビンズは彼のマニフェスト（Robbins 1932）を出版した．そこでロビンズは，倫理学および政治哲学に関連する議論は経済学から追放されるべきであると主張した．そのメッセージによると，道徳哲学は，どうあるべきかを扱うのに対し，経済学は，どうなっているのかを扱う．ケインズはその逆の見解のために戦った．実際，彼

は，社会についての科学的研究になるために，そして「定義された，もしくは望ましい最終状態（あるいは解決）をもたらし，価値を明確化することを求める問題」の研究になるために，「モダニストの要求」を放棄すべく経済学に挑んでいた（Parsons 1997, xiv を参照）．

ひとたび経済法則を物理法則に例えることの誤りが明らかにされると，全体としての社会を変える価値や態度を促進する可能性は明白になる．ケインズがいうように，

> 個人としての人間が，やみくもな本能に代る彼らの行動の源泉として，道徳的および合理的動機を用い始めてから何世代も経過した．人間はいまでは同じことを集団でなさねばならない（*CW* 17, 453）．

個人に私益を追求させることは——「肉屋と酒屋とパン屋」のスミスのたとえとは逆に——社会的善を生み出さないので，目標は，諸個人が働く環境を変えることである．これがレッセ・フェールに反対するケインズの主要な議論である．第 1 に，諸個人の権益を調和させる力は存在しない．第 2 に，全体としての経済行動は個々人の経済行動と同じ結果をもたらさないため，個人にとって良いことは全体にとって良くはないかもしれない．

態度の変化を達成する手段は，人々の「経済問題」についての考え方を変えることである．ケインズによると，これは説得の力を通じて達成できる．1945 年 4 月 5 日付の T.S. エリオット宛ての手紙で彼は書いている．

> ［……］主要な任務は，まず知的信念を作り出し，次に知的に手段を編み出すことであります．善良さではなく，賢明さが不十分であるということがその主要な困難です．［……］投資を用いての完全雇用政策は，ある知的原理の 1 つの特殊な応用にすぎません．消費の拡大または労働時間の短縮によってちょうど同じようにその成果をもたらすことができます．個人的には私は投資政策を応急手当と見ています．アメリカでは，それがうまくいかないのはほとんど確実でしょう．労働時間の短縮が究極的な解決策です（アメリカでは週 35 時間でうまくいくでしょう）．3 つの救済策をど

のように組み合わせるかは，嗜好と経験，すなわち道徳と知識の問題です（CW 27, 384；訳 440 頁）．

こうしてケインズは経済理論の主要な課題を，「人間本性」を「統御する」仕事ではなくそれを「変革する」仕事であると考えた（CW 7, 374；訳 377 頁）．
逆に，経済の統御——いわゆるケインジアンの「ストップ・アンド・ゴー」政策とか「ファイン・チューニング」政策——は，望ましい結果を生み出すために頼ることのできるメカニズムとしての経済体系の描写に依存する．これらのレシピによると，投資と利子率のあいだの逆比例関係，および流動性選好表の安定を所与とすると，低金利政策は必ず投資を刺激することができる．失業とインフレーションのあいだには，右下がりのフィリップス曲線と，一般的に適応的な期待——労働者は将来の名目物価上昇率が過去と同様であると予想する——によって保証されるトレード・オフがつねにある．

ケインズ経済学，あるいは新古典派総合として知られているものは，ケインズのメッセージを，——高水準の雇用と低水準のインフレーションのような——望ましい目標を達成するために経済を管理するという信念であると解釈した．そしてそれは，実証的に検証でき，その予測を経済政策の道具や手段を調整するために用いることができる経済のモデルに信頼をおいた．

予測，測定，実証的検証の重視は，経済学の科学的側面を高めることを意図していた．ここで「科学的」というのは，再び，その厳格さと予測力における物理科学との類似を意味するものであった．科学的アプローチの前提は，価値と事実の言明とのあいだに，科学とイデオロギーとのあいだに，分析と処方箋とのあいだに，明確な境界線を引くことであると解釈された．

ロビンズは 1932 年の著作のなかで，経済学は，それが価値判断に基づかないかぎりにおいて科学であると断言している．Popper (1935) は，境界線問題，すなわち科学的地位に要求されるものについて，解とおぼしきものを提供した．

ケインズの時代には，この見解は挑戦を受けたが，経済学者のあいだでけっしてコンセンサスは得られなかった．実際，経済理論のための唯一のテストは予測であるというフリードマンの主張や，サミュエルソンによる経済学の数学

化は，科学的研究の選ばれた方法に関するかぎり，物理科学の模倣に対する信頼に新たな力を与えた．

しかしながら，ケインズについていうと，彼は経済学から道徳科学としての地位を奪う試みに抗して戦いを続けた．例えば，1938年7月4日にハロッド宛てに次のように書いている．「ロビンズのいうこととは違い，経済学は本質的に道徳科学であって，自然科学ではありません．すなわち，それは内省と価値判断を用いるものなのです」（CW 14, 297）．

結論として，経済学を，「科学的」法則を発見し，価値自由（wertfrei）であることを目指す分野とみる機械的な見解に対するケインズの反対の最も重要な含意は，いかなる社会哲学にも「道徳的考え方」および「道徳価値観」（CW 27, 387）が埋め込まれているという主張である．問題は，目的がどのようによりよく実行され，そしてどの制度が社会的目標にとってより適しているか，である．

ケインズは市場に不信感を抱き，むしろ，説得と知的創意に基づきながら，社会を改良する代替的な手段を信用していた[9]．1944年5月23日の上院でのスピーチで，次のように述べている．

> ［過去20年間］わが国の人々や世界全般に対して，彼らの伝統的な考え方を変更し，より良い考え方をとることによって，いまわしい失業をなくすよう説得に力をつくしてまいりました（CW 26, 16；訳 21-22 頁．傍点は引用者）．

明らかに，「より良い考え方」によってケインズは何よりも，失業は市場で発生するかぎり，どんなものであっても「自然」であるとする学説を拒絶し，失業の根絶を可能にする理論を意味していた．

G.B. ショーに宛てた有名な手紙のなかで予見しているように，彼は「世界の人々の経済問題に関する考え方を……大きく変革するであろう」経済理論に関する本を書いていた（CW 13, 492）．興味深いことに，同じ手紙のなかで彼は付け加えている．「私の新しい理論が正しく理解され，政治や感情や熱情と混ぜ合わされたとき，……大きな変化が起こるでしょう」（ibid., 493）．またして

も，彼は自分の理論の科学的優位性に訴えるどころか，メッセージを伝えるために「政治や感情や熱情」に委ねたのである（Marcuzzo 2001b を参照）．

4. むすび

不完全競争の仮説で研究することの主たる含意は，企業が水平の需要曲線に直面していないとき，競争的市場が経済的効率性をもたらすという議論はできないということである（Stiglitz 1992）．不完全競争では，介入や制度的変化の余地が作りだされ，資源を配分する最良の手段としての市場に対する確信は，明らかに崩れる．しかしながら，戦間期に発展した不完全競争論の歴史が示していることは，それは代替的研究プログラムではなかったということである．なぜなら，——カレツキという例外はあるが——それは経済学に対する新古典派的アプローチの妥当性を損なうものではなかったからである．

『一般理論』においてケインズは，新古典派理論の多くの仮定を受け入れた——需要・供給分析，利潤最大化，限界費用逓増，所与の競争度——が，彼は，経済理論（これについては，自分自身のものでさえ）が，それが適用される特定の環境と無関係に，普遍的妥当性・一般性を主張できるという方法論的含意には徹底的に反対した．内容についていえば，『一般理論』は，市場は誘導なく放置されるべきではなく，介入は実際に必要であり，適切であるという過激なメッセージを伝えた．残念ながら，このメッセージは，完全雇用政策の論理よりも構造を明らかにするモデルを開発する必要があると解された．

1940年代後半および1950年代初頭，シカゴを拠点とするいく人かの研究者（中心は，ミルトン・フリードマンとジョージ・スティグラー）が，独占的競争論のほうが現実の経済に対するより現実的なモデルであるという主張に対する批判を定式化した[10]．その議論は，理論の価値は仮定の現実性にあるのではなく，予測の現実性にあるというものであった（Keppler 1994, 114, 116）．ケインジアンの理論の重要な概念と対比するため，そして後には，予測力が優れているという理由から，貨幣数量説と自然失業率に基づくアプローチの優位性を再確認するため，同じ議論がフリードマンや他のシカゴ学派の唱道者たちによって用いられた[11]．

攻撃は，市場の不完全な役割から，市場の失敗を証明する適切な検証に疑問を投げかけることへと急速に移行した．不幸なことに，ケインジアンたちは，IS-LM曲線の弾力性を変えることに基づいて構築されたモデルを基礎にした実証的結果を比較するという立場を受け入れざるを得なかった．1970年代初頭から80年代初頭にかけて戦いが繰り広げられ，それはケインジアンの敗北とマネタリストの束の間の勝利で終わった．1980年代初頭以降，新しい古典派とニュー・ケインジアンが，「不完全性」と「硬直性」対「市場清算」という問題，および「合理的期待」に基づく行動対「不確実性および情報の非対称性」という問題をめぐって，再び対峙してきている．

近年ではわれわれは，基本的な完全競争モデルを対照し改良する方法として，現代のミクロ・モデルおよびマクロ・モデルのなかで不完全競争に回帰してきている[12]．その間，シカゴの方法論的教訓は批判に耐えたようには思われない．おそらく，われわれは経済法則の「自然主義」に対するケインズの警告のある程度の承認が，ついには，人気を博することを期待してもよい．

注
1) 同時代にチェンバリンの本（Chamberlin 1933）が出現したことは，明らかに，完全競争の想定に対する不満がケンブリッジやイングランドに限られていなかったこと，そして実際，不完全競争論は，少なくともアメリカにおいては別の着想源をもっていたことを示唆している．Chamberlin (1961), Reinwald (1977)を参照．違う見方として，Samuelson (1967)も参照．
2) カーンに1930年のキングズ・カレッジにおけるフェロー資格を保障した論文は，英語では1989年まで未公刊のままであった．それまではごく少数の人々しか読んでいなかった（Kahn 1989, xiiを参照）のだが，多くの人々がその重要性を意識していた．
3) 実際，マーシャルとピグーのなかに，不完全競争論のいくらかの緩い要素を見出すことはできる（Whitaker 1989）．J. ソルトマーシュがとった1928-29年度のショーヴの講義ノート（キングズ・カレッジ図書館）は，競争と独占のあいだの「中間的」ケースの分析において彼が重要な前進を遂げていたことを示している．ハロッドは，オックスフォードに在籍していたが，1928年に『エコノミック・ジャーナル』誌に論文を送った（ケインズはこの掲載を拒否した）．そこには限界収入曲線が明らかに現れている．Harrod (1976, 304n)を参照．
4) カーンはここで，マーシャルが提供した「最大独占純収入」の標準的な定義を適用している．この資格論文が書かれた当時，限界収入という用語はまだ生まれていなか

った．
5) しかしながら，最初はリカードウの『経済学および課税の原理』への「序文」で，次に『商品による商品の生産』で，スラッファの代替的アプローチが知られるようになったとき，ジョーン・ロビンソンはすぐにスラッファの立場を承認し，自分の『不完全競争の理論』を「袋小路」として退けた（Robinson 1978, x）．
6) カーンが資格論文（Kahn 1989, xix）のなかで「屈折需要曲線」の概念の優先権を主張したのはおそらく正しい．それをマクロ経済学の設定のなかで最初に用いたのはカレツキであった．
7) 例えば，Marris（1991）と Harcourt（1994）は非常に異なる説明を提示している．前者はカーン，ケインズ，そしてロビンソンを含む関係の「心理的側面」を強調し，後者——私はこちらに同意する——は『一般理論』におけるケインズの目的にとって，不完全競争を導入することの「不必要な複雑さ」を指摘している．
8) 1934年に「経済体系は自己調整的か」と題する有名な放送で，ケインズは彼が「要塞」として攻撃していた「過去100年間の組織だった経済的思考と学説全体」に言及した（CW 13, 488）．
9) Carabelli and De Vecchi（1998）が適切に述べているように，「ケインズの慣例は，倫理的に好ましくない社会的慣習や習慣と戦い，それらと対比しようとするものである」．
10) 不完全競争は一般性を欠いており，実証的に空虚であると非難したスティグラーの有名な1949年の論文だけでなく，ポール・スウィージーの屈折需要曲線への彼の攻撃にも例が見られる．Sutton（1989）および Freedman（1995）を参照．不完全競争に対するスティグラーの攻撃一般については Keppler（1998）を参照．
11) ケインズ経済学に対するフリードマンの立場の概観については Levrero（1999）を参照．
12) 両分野における主な論点についての批評として，Gabszewicz and Thisse（2002），および Dixon and Rankin（1994）を参照．

参考文献

Carabelli, A. and N. De Vecchi. 1998. Hayek e Keynes su conoscenza, etica e economia. In *A Cinquant'anni da Keynes. Teorie dell'occupazione, interesse e crescita*, edited by M.C. Marcuzzo and N. De Vecchi. Milano: Unicopli, pp. 49-89.

Chamberlin, E.H. 1933. *The Theory of Monopolistic Competition*. Cambridge: Harvard University Press（青山秀夫訳『独占的競争の理論』至誠堂，1966年）．

——— 1961. The Origin and Early Development of Monopolistic Competition Theory. *Quarterly Journal of Economics* 74: 515-43.

Chilosi, A. 1989. Kalecki's Quest for Microeconomic Foundations of his Macro economic Theory. In *Kalecki's Relevance Today*, edited by M. Sebastiani. London: Macmillan.

Dixon, H.D. and N. Rankin. 1994. Imperfect Competition and Macroeconomics. *Oxford Economic Papers* 46: 171-99.

Freedman, C. 1995. The Economist as Mythmaker —— Stigler's Kinky Transformation. *Journal of Economic Issues* 29: 175-209.

Gabszewicz, J.J. and J.F. Thisse. 2000. Microeconomic Theories of Imperfect Competition. *Cahiers d'Economie Politique* 37: 47-99.

Harcourt, G.C. 1994. Kahn and Keynes and the Making of *The General Theory*. *Cambridge Journal of Economics* 18: 11-24.

Harrod, R.F. 1976. *Economic Essays*. London: Macmillan.

Kahn, R.F. 1989. *The Economics of the Short Period*. London: Macmillan.

Kalecki, M. 1938. The Determinants of Distribution of the National Income. *Econometrica* 6: 97-112.

——— 1940. The Supply Curve of an Industry under Imperfect Competition. *Review of Economic Studies* 7: 91-122.

Keppler, J. 1994. *Monopolistic Competition Theory. Origins, Results and Implications*. Baltimora: The Johns Hopkins University Press.

——— 1998. The Genesis of 'Positive Economics' and the Rejection of Monopolistic Competition Theory: a Methodological Debate. *Cambridge Journal of Economics* 22: 261-76.

Keynes, J.M. 1971-89. *The Collected Writings*, edited by D. Moggridge, XXX vols. London, Macmillan（*CW* を用いる．例えば*CW* 7 は第 7 巻）.

> vol. 7, *The General Theory of Employment, Interest and Money*（塩野谷祐一訳『雇用・利子および貨幣の一般理論』東洋経済新報社，1983 年）.
>
> vol. 12, *Economic Articles and Correspondence. Investment and Editorial*
>
> vol. 13, *The General Theory and After: Preparation*
>
> vol. 14. *The General Theory and After: Defence and Development*
>
> vol. 17, *Activities 1920-1922: Treaty Revision and Reconstruction*（春井久志訳『条約改正と再興：1920-22 年の諸活動』東洋経済新報社，2014 年）.
>
> vol. 26, *Activities 1941-1946: Shaping the Post-War World: Bretton Woods and Reparations*（石川健一・島村高嘉訳『戦後世界の形成——ブレトンウッズと賠償』東洋経済新報社，1988 年）.
>
> vol. 27, *Activities 1941-1946: Shaping the Post-War World: Employment and Commodities*（平井俊顕・立脇和夫訳『戦後世界の形成——雇用と商品』東洋経済新報社，1996 年）.

Levrero, E.S. 1999. Milton Friedman. *Studi Economici* 68: 5-79.

Marcuzzo, M.C. 1994a. At the origin of the theory of imperfect competition: different views? In *Perspectives on the History of Economic Thought*, edited by K.I. Vaughn, vol. X. Aldershot: Elgar, pp. 63-78.

——— 1994b. R.F. Kahn and Imperfect Competition. *Cambridge Journal of Economics* 18: 25-40 ［本書第 6 章として所収］.

——— 1996. Alternative Microeconomic Foundations for Macroeconomics: The controversy Over the L-shaped Cost Curve Revisited. *Review of Political*

Economy 8: 7-22［本書第 12 章として所収］.
――― 2001a. Sraffa and Cambridge economics, 1928-1931. In *P. Sraffa's Political Economy. A Centenary Estimate*, edited by T. Cozzi and R. Marchionatti. London: Routledge, pp. 81-99［本書第 10 章として所収］.
――― 2001b. L'economia come scienza morale. Una nota sulla concezione di Keynes. In *Etica, economia, principi di gustizia*, edited by G. Mazzocchi and A. Villani. Milano: Franco Angeli, pp. 277-83.
Marris, R. 1991. *Reconstructing Keynesian Economics with Imperfect Competition*. Aldershot: Elgar.
Parsons, W. 1997. *Keynes and the Quest for a Moral Science. A Study of Economics and Alchemy*. Aldershot: Elgar.
Popper, K. 1935. *Logik der Forschung*, engl. ed. The Logic of Scientific Discovery. London: Hutchinson, 1959（大内義一訳『科学的発見の論理』(上）(下）恒星社厚生閣, 1971-72 年）.
Reinwald, T.P. 1977. The Genesis of Chamberlinian Monopolistic Competition. *History of Political Economy* 9: 522-34.
Robbins, L. 1932. *An Essay on the Nature and Significance of Economic Science*. London: Macmillan （辻六兵衛訳『経済学の本質と意義』東洋経済新報社, 1957 年）.
Robinson, J. 1969. *The Economics of Imperfect Competition*. London: Macmillan （加藤泰男訳『不完全競争の経済学』文雅堂銀行研究社, 1956 年）.
――― 1978. Reminiscences. In *Contributions to Modern Economics*. Oxford: Blackwell.
Samuelson, P.A. 1967. The Monopolistic Competition Revolution. In *Monopolistic Competition Theory: Studies in Impact*, edited by R.E. Kuenne. New York: Wiley.
Sraffa, P. 1926. The Laws of Returns under Competitive Conditions. *Economic Journal* 36: 535-50 （菱山泉・田口芳博訳『経済学における古典と現代』有斐閣, 1956 年に所収）.
Stigler, J. 1949. Monopolistic Competition in Retrospect. In *Five Lectures on Economic Problems*. London: Longmans, pp. 12-24.
Stiglitz, J. 1992. *The Meaning of Competition in Economic Analysis*, mimeo.
Sutton, J. 1989. Is Imperfect Competition Empirically Empty? In *The Economics of Imperfect Competition and Employment*, edited by G.R. Feiwel. London: Macmillan.
Whitaker, J.K. 1989. The Cambridge Background to Imperfect Competition. In *The Economics of Imperfect Competition and Employment. Joan Robinson and Beyond*, edited by G.F. Feiwel. London: Macmillan.

第12章

マクロ経済学の代替的な ミクロ経済学的基礎
—— L 字型費用曲線に関する論争再考* ——

M.C. マルクッツォ

1. はじめに

　近年の文献上の議論の多くは，マクロ経済学のミクロ的基礎の探求に焦点を当てているが，経済の全体的な行動の理論のための適切な基礎についての合意はまだない．一方では，集計的関係を個人の最適化行動に基づかせることが望ましいと考えられているが，他方では，集計的関係によって定型化された事実や観察された行動パターンを捉えることが期待されている．

　観察された企業の平均費用曲線が，広い範囲の生産水準で一定であるように思われ，〔理論上〕期待されるU字型の形状と一致していないことは，よく知られた実証的事実である．確かに，企業の行動を説明するためにL字型の費用曲線を提唱する膨大な文献は存在するが，この仮定は主流派経済学の一部分とはなっていない．

　マクロ経済学に関するかぎり，総供給曲線は，経済の費用構造の全体像を提示するというより，労働市場における期待の状態を表している．このことは，マクロ経済学の供給サイドが，生産構造より，労働市場の状況とずっと密接に同一視されるようになった過程の結果である．こうして，総供給という概念にはL字型の費用曲線の余地はほとんど存在せず，そこで問題になるように思われるのは労働市場の状況だけである．

　本章の構成は次のとおりである．第2節と第3節では，カーンとカレツキの論文でL字型費用曲線の起源を論じ，これらの論者がその特定の仮定の使用においてどのように異なっているのかを示す．第4節と第5節では，線形の費

用曲線の仮定に関する論争を論評し，それが限界分析批判に対して有する含意を論じる．第6節では，総供給曲線が，費用と価格形成についての異なる仮定のもとで描かれる．最後に，本章の主要な結論が示される．

2. 発見：カーン

R.F.カーンがおそらくL字型費用曲線の発明者である．1920年代の不況のさい，需要の落ち込みが企業行動に与える影響を研究するなかで，彼は，短期的に生産を減らすことができる2つの方法を観察した．2つのタイプの費用，すなわち，準固定費用（俸給およびメンテナンス費用）と主要費用（賃金および原材料費）がある場合，各企業は2つの選択肢に直面する．まず1つは，(i)所与の工場内での機械が使用される日数を削減する方法である．この企業の意思決定に関連するのは2つの要素，すなわち，準固定費用の大きさと機械の特性である．後者については2つの可能性がある．すなわち，(1)機械が均一であるか，または(2)機械が均一ではない，のいずれかである．

条件(1)が成立すると仮定しよう．その場合，単位当たりの一日分の産出の平均費用は連続的に減少し，完全稼働水準でその最小点に達する．もし条件(2)が支配的であれば，平均費用は完全稼働水準以下の点で最小値に達する．後者の場合，費用曲線は馴染み深いU字型の形状となる．

機械が均一であると想定すると，すなわち，一定の限界費用が支配的であるとすると，生産の日数を削減すること——これが方法(ii)である——がつねに利益になる．なぜなら，1週間のうち数日間だけ操業することは，準固定費用の削減を伴うからである（当然ながら，これらの費用は，ある生産期間と次の生産期間の間隔の長さに応じて変化しないと想定している）．

逆に，機械が均一でない場合には，すなわち，ある点から限界費用が上昇するとすれば，方法(ii)は低い産出水準でのみ利益になる．（生産が中断されているため）より低い週当たりの準固定費用から派生する利得が，工場が完全稼働で操業するとき，効率性の劣る機械の使用によって相殺されるかぎり，その方法はより利益になる．

したがって，需要が特に低いときに費用を削減する最も効率的な方法は，週

のうち何日間か完全稼働で操業し，他の日には生産を中断することである．これこそがまさに，イングランドの 1920 年代の不況時に綿産業や石炭産業における企業行動であったことを，カーンは発見した．その理由は，方法(ii)においては，平均主要費用――それは 1 日分の主要費用の総額と 1 日分の産出の比率として与えられる――は，産出が変化しても，すなわち，日数が増加しても，変化しないからである．もし機械が毎日使用されるときには，さらに生産を増大させることはできず，平均費用は無限大となる．こうして，平均（および限界）費用曲線は逆 L 字型の形状となる．

　この分析に基づいてカーンは，完全競争の仮定は放棄されるべきであるという結論を引き出した．実際，観察された企業行動は短期的には最も合理的であった．なぜなら操業短縮をすることによって，彼らは費用を最小化したからである．したがって，L 字型の平均費用曲線の存在のもとでは，完全競争の含意，すなわち，需要が低下した場合，企業は完全稼働で生産するか，市場からの退出を余儀なくされるかのいずれか，という含意は妥当しなくなる．反対に，不完全競争を仮定することによって，なぜ各企業の産出の均衡水準が完全稼働以下の水準になるのかを示すことができる．

　集計問題はカーンによってはほとんど触れられなかった．彼はたいていの場合，企業はその規模は異なるかもしれないが，同じ平均単位費用を有することを想定した．そのため，それぞれの企業の個々の費用曲線の総和として得られる産業の総供給曲線もまた，逆 L 字型の形状となる．

　しかしながらカーンは，通常の状況では「限界費用曲線は急勾配で上昇する」(Kahn 1989, 87) と主張した．そのため，L 字型の平均費用曲線は，限界費用の上昇というより一般的な仮定の極端なケースとして提示された．

　実際，カーンは彼のいわゆる乗数論文において L 字型の費用曲線を再導入することはしなかった．もっとも，彼はそこで「深刻な不況期に，ほぼすべての産業で処分すべき未使用の工場や労働の大規模な余剰があるとき，供給曲線は非常に弾力的である可能性が高い」(Kahn 1972, 10-11) といった主張を，そこで繰り返してはいたが[1]．

　L 字型の費用曲線に対するカーンの早期の拒絶についての 1 つの可能な説明として，カーンのフェロー資格論文に対する，他の点では好意的なピグーの審

査報告書において，厳しく批判されたことがあげられる．関連する1節は以下のとおりである．

> そこでの示唆は，典型的な企業の短期供給曲線を次のように想定することは妥当である［ということである］．すなわち，（初期の少量以上の）すべての産出量にわたって単位当たりの平均主要費用は，いわゆる「能力生産量」が達成されるまで，実質的に同じであり，この生産量を超える産出は，いかに高い費用をかけようとも短期的には確保できない，という想定の妥当性である．さて，私が見るかぎり，カーンの議論はこの結論を支持して・・いない．さらに，この結論自体が明らかに事実と合致していない．実際，多くの産業で，典型的な企業にとって，産出のかなりの範囲にわたって単位当たりの平均主要費用がほぼ一定となることはありそうである．しかし，ある点において，この費用が突然，無限大にまで跳ね上がると想定するのは馬鹿げている．もし「能力生産量」が可能な最大産出量を意味するのであれば，その場合，その産出量に達する以前のある時点で，平均主要費用が急激に上昇してしまっていることは確実である．もし，平均主要費用プラス間接費用が最小化されるという意味で，最適な産出を意味するのであれば，その産出を超過した直後に，平均主要費用が無限大にまで上昇しないのは確かである．後のいくつかの文章で，カーン自身が，彼の逆L字型の供給曲線は，実際にはしばしば実現しないことを十分に意識している．幸いにもそれ〔逆L字型の供給曲線〕を別とすれば，彼の議論の主旨は有効である．にもかかわらず，実際彼がそうしたように，それ〔逆L字型の供給曲線〕を彼の形式的な分析の中心的な位置に設定したことを，私は残念に思う[2]．

　［逆］L字型の費用曲線も不完全競争の仮定のいずれも『一般理論』には取り入れられなかった——ケインズは後に，逓増する限界費用という仮定のために事実に反する結論を受け容れるようになったことを認めたのだが．十分に興味深いことであるが，ケインズは，短期における逓増的限界費用という「古典派的」仮定を維持した責任をカーンに負わせた．さらに興味深いのは，カーン

もその責任を認めていることである（Marcuzzo 1994a, 31-34 を参照）．

　暗黙の理論化によって，完全に弾力的な総供給曲線という仮説が作られたのは，むしろ，IS-LM モデルの受容によって特徴付けられる，マクロ経済学における，いわゆる「合意」の期間であった．こうして，あたかも企業の平均費用曲線は該当な範囲内で線形であるかのように，総需要の変化は一定の価格のもとで実質産出の変化を引き起こすと考えられた．

3.　一般化：カレツキ

　[逆] L 字型の費用曲線の第 2 の発見者は M. カレツキであり，彼は，完全稼働の点に至るまで限界費用は一定であるという仮定を集計分析の一般的なケースとした[3]．

　J. オシアティンスキーによると，一定の限界費用という仮定は，カレツキの初期の仕事においてすでに，すなわちポーランドを去る以前に，暗黙裏に含まれていた[4]．しかしながら，彼の分析においてそれを一般的な仮説としたのは，カレツキがイギリスに滞在していた 2 年間以降，すなわち 1938 年以降であった．キロシもまた，カレツキのマクロ経済理論のミクロ的基礎についての研究で，1933 年には，『景気循環論』（ポーランド語）で提示された議論において，[逆] L 字型の費用曲線はすでに暗黙裏に存在していたと主張している[5]．

　カレツキのマクロ経済学に関する見解，とりわけ，収穫一定の仮定の展開にとって，ケンブリッジで過ごした期間が重要であることは間違いない[6]．まず第 1 に，マーシャル理論における逓増的・逓減的費用仮説に対するスラッファの批判と，所得決定の理論において増加する限界費用の仮定を維持するカーンやケインズにしたがうことへのカレツキの拒否とのあいだには，明確な関連がある．第 2 に，ケインズが，景気循環において賃金シェアが一定と見える理由を説明するのに「知恵を絞らせる」ため彼の研究生を招待するようスラッファに頼んだ手紙に続く議論がある（Marcuzzo 1994a, 34 を参照）．われわれの知るところでは，カレツキはスラッファのセミナー[7]で非常に活発であり，また，ケンブリッジ研究計画[8]において，彼は代替的なミクロ的基礎のうえにマクロ経済学を構築する試みに至る研究路線を追究していたという証拠が豊富に存在

第12章 マクロ経済学の代替的なミクロ経済学的基礎

する[9]．

彼のケンブリッジ滞在中に書かれた2つの論文——それぞれ1938年と1940年の論文——では，限界費用は完全稼働の点まで一定になる傾向があるという考えには2つの異なる意味が示されている．

1938年の論文でカレツキは，平均費用曲線の形状（逓増的か，一定か，逓減的か）に応じて企業を分類し，国民所得における賃金シェアの安定性を，独占度（価格に対する価格と限界費用の差の比率）の変化と，所得（俸給，賃金，利潤，および減価償却費）に対する売上高の比率の変化とが相殺される効果によって説明できることを示した．この結果は2つのケースで得られることを記しておくのは興味深い．

第1のケースは，各企業にとって，俸給と減価償却は固定費用であり，他方，原材料費と賃金は変動費用となるが，これらのいずれもが一定であるという「強い」仮定を必要とする．第2のケースは，平均費用の一定性は集計においてのみ成り立つという「弱い」仮定を必要とする．原材料の平均費用はつねに一定であると考えられるのに対して，平均賃金費用は企業間で異なり得る．言い換えれば，各個別企業における平均費用と限界費用の差は正にも負にもなり得るが，集計ではこれらの相違は相殺され，平均費用と限界費用の均等性は集計においてのみ成立する（Marcuzzo 1994a, 36n を参照）．

1940年の論文は，ケンブリッジ研究計画での彼の実証研究の結果をまとめたものであるが，そこでカレツキは，競争的な条件下で操業していないと想定される産業の供給曲線を導出する方法を示した．関連する仮説は，次のようなものである．「概して，大多数の企業の限界費用曲線は，産出の関連する範囲で，急な右上がりの形状ではない［……］不況期には［……］限界費用曲線は水平になると仮定してもよい」（Kalecki 1940, 97）．

産業の供給曲線を構築するさいに，カレツキは最初に，限界費用を限界収入と等しくするように価格が形成されると仮定した．それから市場の不完全性は，各産業の製品に対する需要の弾力性を，個々の企業によって課された価格とその産業の平均価格（個々の企業によって課された価格を，それぞれの産出量に応じて加重平均したもの）との比率に関連付ける関数として定義された．もし，個々の企業にとって需要の弾力性がその企業の価格だけに関連している場合に

は，市場の不完全性の程度は一定となる．そうでない場合は，市場の不完全性の程度は市場需要の平均弾力性とともに変化する．すべての企業が同一と仮定され，一定の限界費用が支配的であるとき，産業の供給曲線は完全に弾力的となり，その位置は，所与の市場の不完全性の状態において，平均費用の水準によって決定される．もし，その産業内のすべての企業が同一の費用曲線をもっているという仮定を放棄したとしても，平均費用が線形であるという仮定を保持するならば，再び，市場需要の平均弾力性（絶対値）の変化とともに直接上下にシフトする産業の供給曲線が得られる．

　論文の最後の部分で，カレツキは，限界費用と限界収入の均等にしたがって企業が価格を設定するという仮定を放棄し，寡占のケースを検討する．こうしたケースが生じるのは，限界収入が限界費用より大きい点で企業が価格を設定するときである．各々の企業は，より低い価格はライバル企業にその価格を引き下げさせ，他方，より高い価格はライバル企業にその価格を引き上げさせることはない，ということを知っているがゆえに，価格はこの特定の水準に設定される．こうして，いかなる所与の市場においても，寡占の程度は限界費用に対する限界収入の比率によって測定され，それは一般に1より大きい．寡占の程度の動きは，その産業の供給曲線の傾きや位置に反映される[10]．

　カレツキは，市場の不完全性の度合いについての異なる仮定のもとでの企業による価格政策の集計的な効果を研究する方法論を作り出すことにおいて高度に独創的であった．単純化の犠牲を払ったけれども，彼は，実証的観察に一層一致するように思われる結果を得るために，伝統的な理論装置を放棄する価値はあることを示すことができた．例えば，なぜ実質賃金と失業率のあいだに逆相関の必然性がないのかを説明することが，こうして可能となる．おそらくこのことが，カーンやケインズのような人々によって彼が批判された理由の1つであったというのは突飛な推論ではない．彼らは，カレツキのマクロ経済学の「非正統的」ミクロ的基礎によってけっして完全に説得されることはなかった．

4. 証　拠

　周知のように，カレツキの結果は，2人のケンブリッジの研究生，ジョン・

第12章　マクロ経済学の代替的なミクロ経済学的基礎　　　　311

ダンロップとロリー・タージスによる実証研究において支持された．彼らは，『一般理論』においてケインズの設定した命題——その命題によれば，実質賃金は貨幣賃金とは逆方向に変化することが予想された——を検証する目的で，イギリスとアメリカにおける実質賃金の動きを分析した．

　しかしそれに反して，ダンロップによって収集された証拠によって，実質賃金と貨幣賃金は同じ方向に変化することが明らかになった[11]．ケインズが達していた逆の結論は，増加する限界費用という伝統的な仮定に依存していた．ダンロップの見解では，「費用曲線が上昇する程度は——好況のピーク時をのぞいて——多くの産業における過剰生産能力の存在を考慮すれば，おそらく過度に強調されてきた」(Dunlop 1938, 432)．この点は，後続の論文で提示されたいくつかの産業の研究によっても支持された．それらが示しているのは，「[限界費用曲線は] たいていの産業において，実際の産出のほとんどの範囲について事実上水平である」(Dunlop 1939, 529)．

　同様にタージスは，アメリカの実質賃金と貨幣賃金の関係についての研究で，ダンロップと同じ結論に達した．「限界費用曲線は正の傾きをもたないため，われわれがケインズ氏の仮定に基づいて逆や負の相関を期待したものは，正の相関を得ることになった」(Tarshis 1939, 153-154)．

　周知のように，これらの調査結果によってケインズは，一定の限界費用が実質賃金と貨幣賃金とのあいだの正の相関を説明するうえで重要な要因である可能性を認めるようになった（Keynes 1939, 407；訳410頁）．にもかかわらず彼は，賃金分配率の不変性を説明するカレツキの手順を懐疑し続けた．

　一方，ケンブリッジの外でも，価格設定において企業が取る実際の行動についてのいくつかの研究も，線形の費用の存在を確認するようになった．最も有名な研究は，オックスフォードの研究グループによってなされたもので，その結果がホール゠ヒッチ（Hall and Hitch 1939）によって発表された．

　同様の結果は，J. ディーンと R. ホイットマンによって，それぞれ独立に達せられた．彼らは，1939年のアメリカ経済学会の会合の「費用関数に関する円卓会議」でそれを発表した．『会報』(*Proceedings*)（1940年3月）に掲載されたレジュメでは，ディーンの仕事は次のように要約されている．「[……] 短期費用に関する6つの研究を要約する [……] 理論分析は，通常，関連する産

出の範囲で増加する限界費用を想定するが，実際の操業の範囲内で限界費用が増加する例はいまだ見つかっていない［……］」．同様に，ホイットマンの結果は次のとおりであった．「総店舗の可変費用関数は［……］正常な産出範囲内で一定の限界費用を示している」(Rowntree 1941, 335)．

同様に影響を与えたものとして，Lester (1946) と Eiteman (1947) があり，彼らは，それらの論文で，企業家に送られたアンケートに基づいて，価格形成の実際のプロセスに関する調査結果を発表した．それが明らかにしたことは，ほとんどの企業家は，費用曲線が限界分析で想定されるようなものではないと考えており，彼らはむしろそれらが L 字型の形状であると考えていた．同じ結論は Andrews (1949) によっても達せられている．

これらの実証研究により，正当派の分析に反対する 2 つの議論が提示された．第 1 は，L 字型の費用曲線のもとでは，完全競争の仮定が放棄されないかぎり，完全稼働以下の水準で産出の均衡水準を決定することは不可能となる．そこから引き出される含意は，完全競争は特殊なケースであり，不完全競争が一般的なケースであるということである[12]．しかしながら，実際には，完全競争が単純化であることは認められたものの，それは分析の主たる参照基準のままであった．第 2 の議論は，よりラディカルな含意を有していた．L 字型曲線の垂直部分では限界費用は無限となるため，限界収入が限界費用に等しい時の産出水準（利潤最大化の点）は定義されないことになる．したがって，限界原理は産出の均衡水準の決定とは無関係になる．

5. 擁　護

1940 年代初頭以降，アメリカの経済学者は経済学における限界原理の使用に反対するあらゆる試みを組織的に追放してきた，と論じられることがある (Lee 1984)．L 字型の費用曲線への全体的な反応はそれを承認しているように見えるが，それはおそらく陰謀論的解釈である．

L 字型の費用曲線は，限界原理の妥当性のみならず，その一貫性に対しても挑戦するものであるという主張に対しては，たとえ費用曲線が実際に完全稼働の点まで線形であることが判明したとしても[13]，それによっておそらく限界原

理の妥当性は損なわれないと正当に反論されている．しかし一貫性に対する返答の正しさは，L字型の費用曲線についての論点を曇らせることで終わっている．

その主題に関する標準的な参照基準となった論文で，ビショップは，利潤が最大化される条件を表す基礎的な関係は，限界費用と限界収入の均等によっては与えられないことを説明した．後者〔限界費用と限界収入の均等〕は，十分条件でもなければ，必要条件でもなく，それは，限界費用関数と限界収入関数の両方がその交点の左右のいずれの方向でも連続な場合に得られるような「好ましい」条件であるにすぎない．2つの曲線のいずれかが，ある産出水準において——L字型費用曲線のケースのように——不連続な場合，限界費用はその点では確定できない．限界費用は，産出がいずれかの方向に無限に小さな変化をしたときの総費用の変化率であるので，限界費用が確定するためには，総費用関数の傾きは，いずれの方向の産出の無限に小さな変化に対しても同じでなければならない．そうでない場合は，特定の産出水準において総費用関数に不連続性があることになり，対応する限界値は確定できない．

しかしながら，不連続性の存在は最大利潤の点を決定するためのツールとしての限界原理の妥当性を損なうものではない．実際，必要とされる条件は，限界費用と限界収入の厳密な均等よりも弱いものである．

必要されるのは，その産出水準の直近のより低い水準で，限界収入が限界費用よりも大きく，その産出水準の直近のより高い水準では，限界収入が限界費用よりも小さくなっている点を見つけることだけである．したがって，ビショップは次のように結論付けた．

> 利潤の最大化がある保証としてともかくも必要であるこれらの不等式が問題の核心である．2つの不等式が成立するとき，問題の産出量において限界的数量の不確定の可能性とは無関係に，われわれは少なくとも局所的な利潤最大化があることを知っている（Bishop 1948, 611）．

同様の指摘は，それほど正確な表現ではないが，Machlup (1946) によってもなされている．彼もまた，限界原理の基礎は，企業家行動の指針として利

潤最大化を受け入れる点にあり，限界費用と限界収入の均等という特定の定式化にあるのではない，と主張した．後者は，両方の曲線が連続しているとき，特定の状況下でのみ有効となる．

　L字型の費用曲線の実証的証拠に関する論争についての大急ぎの批評を締めくくるに当たって，カーンもまた，「実業家がいっていること」を基礎にして代替的な価格理論を構築しようとするアンドリュースの試みに強く反論していることを記しておくのは興味深い．彼は次のように書いている．

　　実業家がいっていることと，価格と産出の指針に関する支配的な学術的教義とのあいだの対立は，部分的には，限界収入が限界費用と等しくなる傾向といった言葉で，この教義を表現する習慣から生じている．このような表現は実業家にとって何も意味しない．しかし，この教義の本質は，限界概念を使用することにあるのではない．ややエレガンスさを欠くものの，それは，個々の企業が利潤を最大化しているといった言葉でも，等しく表現可能である．よりありふれたかたちで表現すると，その概念は容易に，試行錯誤の諸力の作用，といったものになるし，優雅に表現すれば，その成功はけっしてそれが合理化される方法には依存しない，といったものになる (Kahn 1952, 126)．

　こうして，1950年代初頭まで続いた論争は曖昧な状態で終わった．一方では，費用曲線の形状に関して，より「現実的な」仮定を導入することは，伝統的分析に根本的な変革を要するものではないと主張され，このため，分析は伝統的な形態のままで表現され続けた．他方，IS-LMモデルでは，あたかも費用曲線は完全稼働の点まで線形であるかのように，総供給曲線は完全に弾力的であることが暗黙裏に仮定された．

6. 総供給曲線

　いわゆる新古典派総合 (IS-LMモデル) に関する合意が途絶えた後のマクロ経済学の歴史を見れば，総供給曲線に基づく分析が方向を変えたことが分か

第12章 マクロ経済学の代替的なミクロ経済学的基礎

る.この主張を証明するために,総供給曲線の構造をより詳細に検討しよう.

総供給曲線は,物価水準と所得水準との関係であり,3つの基礎的な関係から導出される.すなわち,(i)生産関数,(ii)物価関数,(iii)貨幣賃金を雇用にリンクさせる関数,である.

最初に完全競争の状態,および通常の性質を示す生産関数と労働需要関数(E^D)を想定しよう.このとき,

$$Y = f(E), \quad f'(E) > 0 \quad f''(E) < 0 \tag{1}$$
$$f'(E) = W/P \tag{2}$$
$$E^D = E^D(W/P) \tag{3}$$
$$W = \overline{W} \tag{4}$$

ここで E は雇用,W/P は実質賃金,Y は産出,W は外生的に所与の貨幣賃金である.

この単純化された世界では,総供給曲線は次式で与えられる.

$$Y = b(P, \overline{W}) \tag{5}$$

ここで $b_p > 0$ である.(5)式は P と Y が正の関係にあることを表している[14].重要な仮定は労働の限界生産力逓減であり,それによれば,実質賃金が低下する場合にのみ,それゆえ,所与の貨幣賃金のもとで物価が上昇する場合にのみ,生産を拡大することができる.

次に,貨幣賃金が固定されているという仮定を捨て,代りに次式が成立すると仮定しよう.

$$W = W_{-1}\left[1 + e\left(\frac{E - E^*}{E^*}\right)\right] \tag{6}$$

ここで,W_{-1} は前期の貨幣賃金であり,e は失業率に対する貨幣賃金の弾力性である.後者は,実際の雇用水準(E)と労働市場が均衡する雇用水準(E^*)の差として百分率で測られる.

いまや,われわれは,物価形成のメカニズムについての3つの選択肢を特定することができる.

第1は(2)式で表される.すなわち,完全競争と労働の限界生産力逓減の条

件のもとでの利潤最大化である．

$$P = W/f'(E) \tag{2}$$

それと代替的に，完全競争の仮定を放棄し，労働の限界生産力逓減と利潤最大化を保持すれば，すなわち，可変的なマークアップを仮定すれば，

$$P = \frac{1}{\left(1 - \frac{1}{\eta(P)}\right)} \frac{W}{f'(E)} \tag{2a}$$

ここで，η は需要の弾力性の絶対値である．

最後に，労働の限界生産力逓減と利潤最大化の仮定の両方とも放棄すれば（すなわち，一定のマークアップを仮定すれば），次式を得る．

$$P = (1+m)\frac{W}{k} \quad m, k > 0 \tag{2b}$$

ここで，m はマークアップ，k は労働の平均生産性である．

さて，(2)，(2a)，(2b)式に(6)式を代入すると次のようになる．

$$P = W_{-1}\left[1 + e\left(\frac{E - E^*}{E^*}\right)\right]\frac{1}{f'(E)} \tag{7}$$

$$P = W_{-1}\left[1 + e\left(\frac{E - E^*}{E^*}\right)\right]\frac{1}{\left(1 - \frac{1}{\eta(P)}\right)}\frac{1}{f'(E)} \tag{7a}$$

$$P = W_{-1}\left[1 + e\left(\frac{E - E^*}{E^*}\right)\right]\frac{1 + m}{k} \tag{7b}$$

最も単純なケースは(7b)式によって与えられる．すなわち，マークアップと労働の限界生産力の両方が一定となるときである[15]．このケースでは，〔(2b)式より〕

$$P_{-1} = \frac{1 + m}{k} W_{-1} \tag{8}$$

となるので，これより次式を得る．

$$P = P_{-1}\left[1 + e\left(\frac{E - E^*}{E^*}\right)\right]. \tag{9}$$

一定の平均生産力を所与とすれば，

第12章　マクロ経済学の代替的なミクロ経済学的基礎　　　317

$$Y = kE \tag{10}$$

となるので，(9)式を P と Y の関係に変形できる．すなわち，

$$P = P_{-1}\left[1 + e\left(\frac{\frac{Y}{k} - \frac{Y^*}{k}}{\frac{Y^*}{k}}\right)\right] \tag{11}$$

よって，

$$P = P_{-1}\left[1 + e\left(\frac{Y - Y^*}{Y^*}\right)\right]$$

となる．さらに，$h = eY^*$ と置けば，次式を得る．

$$P = P_{-1}[1 + h(Y - Y^*)] \tag{12}$$

この式が総供給曲線である．限界生産力一定とマークアップ一定のもとでは，$Y = Y^*$ の場合にのみ，物価は変化しなくなる．

　限界生産力逓減と可変的マークアップのケースも，マークアップが労働の限界生産力逓減を正確に相殺するように変化すると仮定されれば，上のケースと同様とみなすことができる．

　より一般的なケース，すなわち，限界生産力逓減が支配的であると仮定されるとき，総供給曲線の導出は，雇用がもはや産出に比例しないため，より複雑になる．さらに，完全競争の世界を去るとすれば，需要の弾力性は変数として扱わなければならない．

　完全競争においては，総供給曲線は次のように表される．

$$P = \frac{W_{-1}}{f'(E)}\left[1 + e\left(\frac{E - E^*}{E^*}\right)\right]. \tag{13}$$

ここで，$E = f^{-1}(Y) = g(Y)$ とおけば[16]，次式を得る．

$$P = P_{-1}\frac{f'(E_{-1})}{f'(E)}\left[1 + e\left(\frac{g(Y) - g(Y^*)}{g(Y^*)}\right)\right]. \tag{14}$$

不完全競争においては，すでに(2a)式で表されたように，

$$P = \frac{1}{\left(1 - \dfrac{1}{\eta(P)}\right)} \frac{W}{f'(E)}$$

となり，(6)式に W を代入すれば，次式を得る．

$$P = \frac{1}{\left(1 - \dfrac{1}{\eta}\right)} \frac{W_{-1}}{f'(E)} \left[1 + e\left(\frac{E - E^*}{E^*}\right)\right]. \tag{15}$$

一期前の(2a)式は，次のようになるので，

$$P_{-1} = \frac{1}{\left(1 - \dfrac{1}{\eta_{-1}}\right)} \frac{W_{-1}}{f'(E_{-1})}$$

これを(15)式に代入すると，次式を得る．

$$P = P_{-1} \frac{f'(E_{-1})\left(1 - \dfrac{1}{\eta_{-1}}\right)}{f'(E)\left(1 - \dfrac{1}{\eta}\right)} \left[1 + e\left(\frac{g(Y) - g(Y^*)}{g(Y^*)}\right)\right]. \tag{16}$$

このように，労働の限界生産力一定やマークアップ一定のような，より単純な仮定を取りのぞいた場合でも，静的な総供給関数の符合は（$Y > Y^*$ に対して）変わらず，産出に関する弾力性の値に影響を与えるだけである．

したがって，所得や雇用の変化に関連した物価のいかなる上昇も，静学的なケースでは，労働市場の状況の変化による貨幣賃金の変化が主たる原因となる．貨幣賃金の変動は，それから，労働生産性とマークアップの動きに関する仮定に応じて，多かれ少なかれ比例的に物価に伝達される．このように総供給曲線は，フィリップス曲線として知られるあの経験則の茶番以外の何ものでもないことは明らかである（Rao, 1991）．

単なる経験則として現れたものに対してミクロ的基礎を与える必要性から，賃金方程式に物価期待を導入する動機が生じた．それに応じて，フィリップス曲線のオリジナルな形態は変形された．π をインフレ率，π^E を期待インフレ率とすれば，

$$\frac{\dot{W}}{W} = \pi^E + h(Y - Y^*). \tag{17}$$

いまや，(17)式は，労働市場の状況に基づくだけでなく，実質賃金に対する労働者の期待にも基づいて，貨幣賃金のダイナミクスを説明する．

最も単純なケース，すなわち，物価が貨幣賃金の変化に正確に比例して変化するとき，すなわち $\dot{W}/W = \pi$ のとき，動学的な総供給曲線は以下のように書ける．

$$\pi = \pi^E + h(Y - Y^*). \tag{18}$$

所得水準が Y^* と乖離し得るのは，$\pi \neq \pi^E$ の場合，すなわち，期待が満たされない場合のみである．このことは，例えば次式のように表される，適応的期待に妥当する[17]．

$$\pi^E = \pi_{-1} \tag{19}$$

(18)式はまた，$Y=Y^*$ のとき，$\pi=\pi^E$，すなわち，期待が満たされることを示すのにも用いることができる．このことが，長期的には総供給曲線は垂直となり，インフレ率も一定となり，それが期待インフレ率に等しくなる理由である．静学的なケースでも，同様の結果が得られ，そこでは，$Y=Y^*$ のとき，物価水準が以前の期間と同じになる．

要約すると，短期の総供給曲線は，労働市場に関する特定の仮定のために，正の傾きをもつものとして構築される．したがって，短期的には，産出と雇用を増加させる可能性は，物価の上昇（またはインフレの加速）のもとではあるが，労働市場での支配的な状況に依存する．一般的にそれは，労働者が期待する実質賃金が，実際の実質賃金，すなわち，所与の貨幣賃金のもとで企業が価格を設定したあとに支配的となる賃金，より大きいかどうかに依存する．

7. むすび

これまで見てきたように，標準的なマクロ経済学において，総供給曲線は経済システムにおける生産構造を描くものではなく，主として労働市場での支配

的な状況を描いている．このことは，とりわけ，費用条件の異なる表現は異なる政策的含意をもつため，マクロ経済学における深刻な過失である．

　伝統的な費用曲線（U字型の平均費用）は，集計的に，上昇する費用においてではあるが，つねに生産を増強させることができるという考えをもたらす．労働者が実質賃金の削減を受け容れる用意があるかぎり，「少なくとも理論的には，労働の総供給を完全雇用することはつねに可能である」(Ackley 1961)．

　反対に，費用曲線が完全稼働の点まで一定である，あるいは不連続であると仮定する場合，生産の制約は実質賃金にあるのではなく，不十分な稼働水準にあることは明らかである．さらに，もし企業が，たいていの時間，平均費用曲線の水平な部分にあるとすれば，マクロ経済分析は，カレツキの分析のように，諸企業による異なった価格政策の集計的効果に関心をもつべきである．これに基づいて，われわれは物価と産出に対する総需要の変化の効果を予測することに努めるべきである．

　企業が生産能力の限界に達したとき，すなわち，L字型の費用曲線の垂直部分にあるとき，それは単に生産システムにボトルネックがあることを意味するだけであり，われわれが「自然」失業率または均衡失業率に到達したことを意味するわけではない．

　当然ながら，90度の角度を示す費用曲線を仮定することが賢明であるかどうか，または，費用は，うまく定義されていない完全稼働という水準[18]で突然上昇するのではなく，徐々に上昇し始めると仮定することが妥当であるかどうか，ピグーがそうしたように，問うことは正当である．

　1つの公平な回答としては，L字型の費用曲線の重要な点は，企業が価格の引き上げを開始する産出の正確な水準を決定することではなく，全体として価格を決定する根本的諸力についてより鮮明な像をもつことにある．

注

* 　私は，初期の草稿における不明瞭な点や不整合な点を明らかにするのを手伝ってくれたアナリーザ・ロセッリに感謝したい．残り得る誤りについては，私だけの責任である．

1) 1987年の時点でもなおカーンはR.マリスに次のように書いている．「私は水平な

第 12 章　マクロ経済学の代替的なミクロ経済学的基礎　　　321

短期供給曲線の概念は誇張されていると思う」(Marris 1992, 1242).
2) RFK 2/8. RFK については本書 121 頁注を参照.
3) 「［……］ほぼ収穫一定という条件は，経済全体にあって，短期には支配的である」(Kalecki 1939, 21).
4) 1935 年にポーランドを去る以前でも，景気循環・物価研究所での多数の議論において，カレツキは，多くの企業では単位当たり主要費用は，実際に産出が変化するかなりの範囲でほぼ一定であることを主張していた．彼はポーランドにおけるカルテル操作の影響に関する実証研究において，この命題を検証しようとした．1935 年にカレツキとランドーは，1928 年から 1934 年までのポーランドにおける，価格，費用，個々の企業の産出の変動に関する論文を発表した．彼らは次のように指摘している．「費用の変化の方向と産出の変化の方向のあいだに何らかの直接的な関連を推測することは，誤っているであろう」(Kalecki 1990, 484).
5) 彼の主張を支持するために，キロシ (Chilosi) は『景気循環論』(ポーランド語) から次の文章を引用している．「実効的な費用（すなわち，償却ならびに資本利子以外の費用）［……］は，かなりの程度，［生産に］比例していると考えられる」(Chilosi 1989, 106).
6) カレツキは 1936 年にイギリスに到着し，1936 年から 1937 年の学期をほとんど LSE で過ごした．1937 年の終わりに彼はケンブリッジに移動し，1939 年の夏までそこに滞在した (Kalecki 1990, 507 を参照).
7) 1938 年 12 月 28 日付の J. ロビンソンへの P. スラッファの手紙を見ると，「［ロスバース (Rothbarth) とカレツキの］両名は私のセミナーに来て，議論にかなり興味深い趣を加えている．もっとも，彼らは研究生に多くの話をさせず，アメリカ人にさえもそうさせない」(Kalecki 1990, 523). E. ロスバースはカレツキと同時にケンブリッジ研究計画（注 8 を参照）に採用された．「アメリカ人」はおそらく J. ダンロップと L. ターシスであり，彼らについては第 4 節で多くが述べられる．
8) 主要費用・売上・産出に関する国立経済社会研究所のケンブリッジ研究計画は，カレツキにケンブリッジでの職を提供する目的で，1938 年の末に設立された．その委員会のメンバーは，オースティン・ロビンソン，カーン，カレツキ，チャンパーナウン，スラッファであり，ケインズは委員長であった．1 年後，カレツキは「中間報告」のかたちで彼の研究の主な結果を発表したが，それは J. ロビンソンと R. カーンからきわめて批判的なコメントを受けた．結果として，カレツキは辞職し，ケンブリッジを去った．
9) 彼の「主要費用と収益：結果の中間要旨」において，カレツキは明示的に，その目的は「収穫逓減が作用するかどうか」を検証することであると述べた (Kalecki 1990, 523).
10) さらに単純化された仮定のもとで，得られた供給曲線は，特定の状況下で賃金分配率の安定性を説明するのにも用いることが可能であることを，カレツキは示すことができた．言い換えれば，「もし不況時にこの曲線の上方シフトが，純産出における単純労働の相対的シェアに対して，同じ曲線の上向きの傾きと，賃金費用と比較した「基本的」な原材料価格の変化とが一緒になって発揮する効果と，同程度の規模の影

響を与えるほど重要であれば」(Kalecki 1940, 110), 相対的な賃金シェアは一定となるであろう. 重要なことは, このケースでは, 1938年の論文で仮定された, 完全に弾力的な供給曲線という「かなり厳しい仮定」を用いずとも, この結果が得られるということである.

11) しかしながら, ダンロップの統計資料の取り扱いは, Ruggles (1940) によって厳しく批判された.

12) このアプローチのための枠組は, すでにJ.ロビンソンの『不完全競争の経済学』によって提供されていた (Marcuzzo 1994b を参照). こうした態度の良い例はNoyes (1941) であり, 彼は, 逓増的な限界費用という仮定を放棄することなく, 不完全競争の必要性を擁護した.

13) 例えば, Staehle (1942, 329) は, ほとんどの実証研究は「線形への統計的バイアス」を示していると主張した. 同じ指摘は, Ruggles (1941) によってもなされている.

14) これはまさにケインズの『一般理論』によって提示された状況である. 「[……] もし賃金が一定であり, その他の要素費用が賃金支払総額の一定割合だとすれば, 総供給関数は貨幣賃金の逆数によって与えられる勾配をもつ直線である[……]」(Keynes 1936, 55-56；訳56-57頁). 総供給曲線の傾きに関するケインズの計算に対する批判については, Nevile (1992) を参照.

15) これらは, Dornbusch & Fisher (1990) において総供給曲線が基づく仮説である. しかしながら, 労働の限界生産力の一定性が, 新古典派生産関数を放棄することなく, 単に資本稼働率の程度が順循環的であると仮定することで正当化されている.

16) 生産関数は厳密に単調であり, それゆえ可逆的であると仮定されている.

17) 適応的期待仮説のこのような過度に単純化されたヴァージョンを想定する必要はない. 例えば, $\pi_t^E = \pi_{t-1} + \gamma(\pi_{t-1} - \pi_{t-1}^E)$, with $0 < \gamma \leq 1$ のように, 補正項を含めることもできる. Carlin & Soskice (1990, 110) を参照.

18) 完全稼働という概念は, その性質上, 正確に定義することは困難である. L字型の費用曲線に関する論争において正しく主張されたように, 生産プロセスにおける不連続性と不可分性が, まさに, 90度の角度を有する費用曲線について慎重であるべき理由である (Haines 1948 を参照).

参考文献

Ackley, G. (1961) *Macroeconomic Theory* (London, Macmillan) (都留重人訳『マクロ経済学の理論(I)-(III)』岩波書店, 1964-1969年).

Andrews, P.W. (1949) *Manufacturing Business* (London, Macmillan).

Bishop, R.L. (1948) Cost discontinuities, declining costs and marginal analysis, *American Economic Review*, 38, pp. 607-617.

Carlin, W. & Soskice, D. (1990) *Macroeconomics and the Wage Bargain* (Oxford, Oxford University Press).

Chilosi, A. (1989) Kalecki's quest for microeconomic foundations of his macroeconomic theory, in: M. Sebastiani (Ed.) *Kalecki's Relevance Today*, pp. 101-120

(London, Macmillan).
Dornbusch, R. & Fisher, S. (1990) *Macroeconomics* (New York, McGraw-Hill) (廣松毅訳『マクロ経済学（改訂版）（上）（下）』シーエーピー出版, 1998年-1999年).
Dunlop, J.T. (1938) The movement of real and money wages, *Economic Journal*, 48, pp. 412-434.
Dunlop, J.T. (1939) Price flexibility and the degree of monopoly, *Quarterly Journal of Economics*, 53, pp. 523-534.
Eiteman, W.J. (1947) Factors determining the location of the least cost point, *American Economic Review*, 37, pp. 910-918.
Haines, W.W. (1948) Capacity production and the least cost point, *American Economic Review*, 38, pp. 617-624.
Hall, R.L. & Hitch, C.J. (1939) Price theory and business behaviour, *Oxford Economic Papers*, 2, pp. 12-45.
Kahn, R.F. (1952) Review of Oxford studies in prices mechanism, *Economic Journal*, 62, pp. 119-130.
Kahn, R.F. (1972) *Selected Essays on Employment and Growth* (Cambridge, Cambridge University Press) (浅野栄一・袴田兆彦訳『雇用と成長』日本経済評論社, 1983年).
Kahn, R.F. (1989) *The Economics of the Short Period* (London, Macmillan).
Kalecki, M. (1938) The determinants of distribution of the national income, *Econometrica*, 6, pp. 97-112.
Kalecki, M. (1939) *Essays in the Theory of Economic Fluctuations* (London, Allen & Unwin).
Kalecki, M. (1940) The supply curve of an industry under imperfect competition, *Review of Economic Studies*, 7, pp. 91-122.
Kalecki, M. (1990) Capitalism, Business Cycles and Full Employment, in J Osiatynski (Ed.) *Collected Works* (Oxford, Clarendon Press).
Keynes, J.M. (1936) *The General Theory of Employment, Interest and Money*, in: D. A. Moggridge (Ed.) *The Collected Writings of John Maynard Keynes*, Vol. VII (London, Macmillan) (塩野谷祐一訳『雇用・利子および貨幣の一般理論』東洋経済新報社, 1983年).
Keynes, J.M. (1939) Relative movement of real wages and output, in: D.A. Moggridge (Ed.) *The Collected Writings of John Maynard Keynes*, Vol. VII (London, Macmillan). （訳同上）
Lee, F. (1984) Whatever happened to the full-cost principle (USA)? in: P. Wiles & G. Routh (Eds) *Economics in Disarray* (Oxford, Blackwell).
Lester, R.A. (1946) Shortcomings of marginal analysis for wage-employment problems, *American Economic Review*, 46, pp. 63-82.
Machlup, F.A. (1946) Marginal analysis and empirical research, *American Economic Review*, 36, pp. 519-554.

Marcuzzo, M.C. (1994a) R.F. Kahn and imperfect competition, *Cambridge Journal of Economics,* 18, pp. 25-40 ［本書第6章として所収］.

Marcuzzo, M.C. (1994b) At the origin of imperfect competition: different views? in: K.I. Vaughn (Ed.) *Perspectives in the History of Economic Thought* (Aldershot, Elgar).

Marris, R. (1992) R.F. Kahn's fellowship dissertations: a missing link in the history of economic thought, *Economic Journal,* 102, pp. 1235-1243.

Nevile, J.W. (1992) Notes on Keynes' aggregate supply curve, *Journal of Post Keynesian Economics,* 15, pp. 255-260.

Noyes, C.R. (1941) Certain problems in the empirical study of costs, *American Economic Review,* 31, pp. 473-492.

Rao, B.B. (1991) What is the matter with aggregate demand and aggregate supply?, *Australian Economic Papers,* 57, pp. 263-277.

Rowntree, R.H. (1941) Note on constant marginal cost, *American Economic Review,* 51, pp. 335-338.

Ruggles, R. (1940) The relative movements of real and money wages, *Quarterly Journal of Economics,* 55, pp. 130-149.

Ruggles, R. (1941) The concept of linear cost-output regressions, *American Economic Review,* 31, pp. 332-335.

Staehle, H. (1942) Statistical cost functions. Appraisal of recent contributions, *American Economic Review,* 32, pp. 321-332.

Tarshis, L. (1939) Changes in real and money wages, *Economic Journal,* 49, pp. 535-550.

第13章
短期の経済学の回顧*

M.C. マルクッツオ

　短期と長期の区別は経済学に古くからある伝統である．しかしながら，ある効果は他の効果よりも長期間持続するという常識的な感覚に対しさまざまな正当化がなされてきた．そのため，研究者によって短期分析に対し異なるウェイトが付与されてきた．例えば，古典派の政治経済学においては，その重要性は過小評価されたが，ケインズ派の経済学ではそれに重きがおかれた．その後，新古典派総合においてその役割は次第に縮小していき，新しい古典派やネオ・ケインジアンのマクロ経済学の出現とともについには消えていった．

　短期分析の妥当性は，ネオ・リカーディアンとポスト・ケインジアンを分ける問題でもある．前者は，長期の状態は一時的な諸力と対立する恒久的な諸力の結果であるから，それのみが経済理論の対象となり得る，と主張する．そして，リカードウにおいて（そして古典派の政治経済学において）は，その理論は価格，利潤および賃金に関する自然値ないし長期の値の決定を可能にしているのに対し，マーシャルや一般に限界主義者たちにおいては，長期の値は，生産要素の需給に基づく分配理論のもつ本質的な欠陥のため，整合的に決定できない，と主張される．この解釈によれば，正常利潤率を決定することが困難であるがゆえに，限界主義者は長期の状態に基づく手法を断念することを余儀なくされたのである．よって短期分析は，一意的な利潤率の仮定を取りのぞくための道具とみられている（Garegnani 1976 を参照）．

　他方，ポスト・ケインジアンは，経済が長期均衡になるのを妨げるものとしての貨幣経済における不確実性の役割に重点をおく．したがって長期の状態に基づく手法の不適切さ，およびおそらくは誤導的性質を指摘する（Asimakopulos 1990）．よって，ポスト・ケインジアンは短期分析がなぜ長期分析より

も選好されるべきかの理由を提供している．だが，アプローチにおけるこの変化がどのようにして起きたのかについての説明は行っていない．

本章では，短期経済学の起源に関する論理的根拠が提示される．すなわち，何が経済理論の対象となり，何がなり得ないと考えられていたのかに関し，リカードウからマーシャルやカーンを経てケインズに至るまでに生じた変化のなかにそれが見出されることを述べる．

1. リカードウ

リカードウの理論においては，経済現象の「恒久的」原因と「一時的」原因が区別される．恒久的原因は発生する現象の十分条件と解釈される．なぜなら，その結果はその実施のために必要な期間に関係なく確実だからである．恒久的原因は十分条件であるが，必要条件ではない．というのも，「一時的」であるといえる別の原因によって同じ結果がもたらされ得るからである．このようにして，一時的原因は必要条件でも十分条件でもない．それが十分条件でないのは，その結果が確実ではなく，より恒久的な諸力の作用によって相殺されそうだからであり，必要条件でないのは，与えられた結果がそれに曖昧さなしに帰すことができないからである．

恒久的な諸力が優勢になると，価格，利潤率，賃金，貨幣量といった変数が取る値はリカードウによって「自然」値と名付けられる．例えば，ある所与の商品の生産条件の変化は，商品価格のあらゆる変化の原因が生産条件の変化に帰せられるわけではないものの，その価格が確実に変化するという意味で，価格変化の「恒久的」原因である．対照的に，需要の変化は，その効果が十分長期にわたって持続しないからではなく，それが確実ではないがゆえに，価格変化の「一時的」原因である．

同様に自然賃金について議論するとき，リカードウは，労働供給がその需要よりも早く成長するとき貨幣賃金が押し下げられることを認めたが，次のようにも述べている．すなわち，賃金財の生産条件の変化が同時に生じれば，その生産がより困難となり，その貨幣価格は上昇し，全体としての結果は貨幣賃金の下落ではなく上昇で終わるだろう，と．前者は一時原因の例とみなすこと

ができるのに対し，後者，すなわち賃金財価格の上昇は賃金増の恒久的原因である (Rosselli 1985).

　リカードウによる自然貨幣量の定義は，自然賃金や自然価格の定義との類推によって与えられる．貨幣量は，本位の市場価格が公定価格からの乖離を示さないときはいつでも，すなわち，本位に対する購買力が一定に保たれるときはいつでも，その「自然」水準にある．金が本位であるならば，貨幣量は市場メカニズムによって自然水準に保たれる．すなわち貨幣量の増加は直ちに為替レートを減価させ，国内通貨で測った本位の購買力を国内よりも国外で高くし，結果として金の輸出を有利にするのである．この結果生じる金の量の減少により，貨幣量は自然水準に戻る．したがって，国の内外での金で測った購買力の変化を引き起こす貨幣量の変動は，市場メカニズムが貨幣量を自然水準に戻しそれによって国の内外での貨幣購買力の均等化を回復させるという理由で，「一時的」である．これに対し，金の生産条件の変化から生じる貨幣量の変動は，それが自然水準の変化を引き起こすという理由から，恒久的である．

　このときリカードウ理論における問題は，観察された結末が，それが短期的効果か長期的効果かを決定する前に，「どれほどの期間」，「どの程度まで」ある所与の原因から生じているかを測る問題ではない．問題は，どちらの原因が理論の対象となり得るか，すなわちある所与の原因から確実な帰結が導き出されるか否かを決定することである．

　リカードウにとって短期と長期を区別することは，どちらの原因が理論の要素になるのにふさわしいかという問題に属するものであって，どちらの効果が持続するか持続し損ねるかといった問題ではない．リカードウは恒久性について，原因がその影響力を行使し続ける期間の長さとは独立した特性とみなしている．これは，恒久的原因の定義がその効果の継続期間の長さによってではなく，理論構造のなかでの位置によって与えられるためである[1]．

2. マーシャル

　マーシャルは彼の理論をリカードウのアプローチの変更としてではなく，リカードウ理論の改善として提示した[2]．しかしながら，その連続性は少しも明

確ではない．第1に，「自然」値の活用から「正常」値のそれへと用語を変更している——これ自身，意味の変更を明らかにするものである．第2に，古典派経済学者たちに対しては，彼らが「市場値」と呼ぶものと対立する自然値を，定常状態において支配的となるであろう「平均値」と解釈している（Marshall 1964, 289）．マーシャルによる批判は次のものである．すなわち「生活の一般的状態は定常的ではないというのが事実」であり，その理由は「われわれは将来を完全に予見することはできない．予期しないことが起こり，現存の諸傾向は，それらの十分で完全な作用と現在みえることを完成する時間が経過する前に，変容されるかもしれない」(1964, 289) から，というものである．したがって，古典派の経済学者らが活用する手法とは異なる何かを思い浮かべなければならない．つまり「市場価格と正常価格を対比する場合」われわれが言及すべきなのは「考慮される影響力の持続性の問題と，それらの効果が出つくすのに必要とされる時間の問題」(ibid.) なのである．マーシャルは「正常という言葉は，その活動において多かれ少なかれ安定的で持続的でありそうに思われるある傾向が，相対的にいって例外的であり断続的である傾向に対してもつ優位を意味する」(ibid.) と断言している．

　リカードウのアプローチとの対照性は明白である．マーシャルによる区別は時間という点での効果の持続性に応じて原因を規定することに狙いがあるのに対し，リカードウのアプローチは与えられた効果についての十分な説明を提供する原因を選び出すことに狙いがある．マーシャルにとって，既知の原因が時間に関して持続性をもつことこそが，与えられた変数がとる値に「正常」という言葉を当てるための基準なのだが，リカードウにとっては結果の確実性こそが「自然」値に責を有する原因の特定化につながるのである．

　マーシャルによれば，経済分析の目的は，時間という要素の厳密な研究を通じ，「さまざまな原因集合の直接的かつ究極的な結果」(Whitaker 1975, 97) を決めることであるから，短期と長期の区別は観察された効果を決める諸力の性質からではなく，同じ諸力がそうした効果を発揮するのに必要な時間の長さから導き出される．経済システムを支配する力は需要と供給であるため，重要な要因となるのは「需要と供給の諸力が作用して相互に均衡するために必要とされる時間の長さ」である（Marshall 1964, 274）．

生産者は，期待される供給価格がその量を生産するのに十分であるときにのみ，生産水準を期待される需要に適応させる．その量を生産するのに「ちょうど十分であると期待される」(Marshall 1964, 310) 価格が「正常」供給価格である．この定義を考慮すると，マーシャルが「正常供給価格」という言葉を短期と長期に等しく適用しているのも驚くべきことではない．両者の唯一の相違は，長期において「供給は，所与の時間内にそれ自身，生産され運用され利益が得られるような設備によって生産できるものを意味する」(1964, 315) という点である．

結論として，短期と長期の区別は，個々人が所与とみなし，さまざまな期間で期待するものを反映した，関連する意思決定の性質に基づくのである．彼は次のように述べている．

> 短期においては，人々は生産手段のストックは事実上固定していると考え，それらの手段をどの程度稼働せるかを考える場合に，彼らは需要の期待によって支配される．長期においては，人々は，これらの手段の投入量を，それらによって生産がなされる財に対する需要の期待に調整しようとする (Marshall 1964, 310-311)[3]．

適用される時間的視野に特徴付けられる，関係する意思決定の性質こそが，長期と短期の境界線を決める．したがって，経済理論は，意思決定を延期する要因を定数とみなしたり，そうした要因が経済主体による意思決定の問題となる状況の場合にのみ変数とみなしたりすることができるのである．

3. カーン

おそらく他のだれよりも，短期についての厳密な定義を与えることに腐心した経済学者はリチャード・カーンであろう．彼はフェロー資格論文の題名として「短期の経済学」を選んだ[4]．この論文は不完全競争に，より関心が割かれたものであったが，われわれはそのなかに，数年後ロバートソンがケインズに宛てた手紙のなかで「あなたとカーンの短期手法」(Keynes 1979, 17) と呼ぶこ

とになったものの構成要素を見出す．

　マーシャルによる短期の定義，すなわち機械類や生産組織が一定であると仮定される状態としての定義から，カーンはさらなる含意を引き出した．短期という観点からそれらを一定と考えることが可能なのは，いずれの場合も，それらを変更する意思決定が同じであり，需要の状況が「正常」とみなされるか否かに依存するという事実に起因している．したがって，需要の変化が正常とみなされる水準と比較して，企業家が一時的とみるか，恒久的とみるかに依存しながら，設備や組織を変更する意思決定が実行されたり，されなかったりするであろう．

　短期が生産過程の長さより「短かったり」，生産能力を修正するのに要する時間よりも長かったりすることはあり得ないが，生産能力を修正するのに必要な時間は技術的要因だけでなく，需要の「正常」状態への回帰に関する期待をかたち作る――不況や好況といった――支配的な状況にも依存する．カーンの論文の要点は，市場が不完全なとき，需要の減退が持続しないと思われている場合に，完全生産能力以下での均衡が生じ得るということを証明することである（Marcuzzo 1994 を参照）．

　続く 2，3 年で――その頃，「乗数論文」も執筆された――カーンはフェロー資格論文と同じ題名の著書において短期の経済学に関する彼の考えを提示した（それは未完に終わり，依然として刊行されていない[5]）．

　短期の性質は，概念上の実験としてではなく，事実の問題，すなわち，固定資本の耐用年数が生産期間よりもかなり長いという事実として見られている（Kahn 1932, ch. 2, 2; 1989, xiii）．

　もし仮に異なる生産手段の耐用年数が連続的に変動する完全な範囲があるならば，短期という観念は利用され得ないだろう．しかし現実には，変動の範囲に関するかぎり，次のようである．

> 一方における原材料と，他方における生産設備のあいだには，荒涼とした，まばらな領域が存在する．通例，物的資本の寿命はカゲロウか象のいずれかによって例示される（Kahn 1989, xiii）．

したがって，「短期の経済学」の論理的根拠の一局面は生産過程の性質に根ざしており，この性質が，生産能力が所与で，その稼働率のみが変化する期間に意味を与える．実際，（産出量や雇用量といった）急速に生じる変化もあれば，（固定設備の改修のような）緩慢にしか生じない変化もある (Kahn 1932, ch. 2, 6)．

　短期を特徴付ける別の局面は，「正常」と認められる水準に比べての需要の変動についての期待に根ざしている．個々人が「正常」とみなす需要水準がベンチマークとなり，それによって観察された変動が評価され，その将来の行方についての期待が形成される．

　2つの局面は，短期においては生産能力がなぜ変更されないのかを説明するために結合される．これは，需要の条件の変化が恒久的とはみなされないがゆえに，そうなのである．実際，「理想的な」短期は「生じるいかなる変化も恒久的であるとは思われない」状況として定義される (Kahn 1932, ch. 2, 10)．しかしながら，不況期においては，短期均衡が意味するのは次のような期待である．それはすなわち，生産の一時停止や生産能力のゼロまでの縮小は，需要低迷が恒久的に続くという信念を必要とするため，需要はその正常水準に復帰するだろう，という期待である．対照的に，好況期における短期均衡は，需要の増大が恒久的であると認識されるような期待を含意する．

　重要なのは，ある変数，とりわけ需要水準の正常値に関する期待であるから，長期的な諸力がその効果を発揮する前に，短期が「短い」期間であったり，一時的な状態であったりする必要はないということになる．それはむしろ，選択された変数の期待値に依存しながら，1組の意思決定が変化しないかぎり維持される状況なのである (Dardi 1996 を参照)．

　カーンによれば，ある産業の産出物への需要が変わると，即座に反応する変化もあれば，反応の遅い変化もあるが，「反応」と「非反応」のあいだに連続的な変動領域は存在しない．（産出量や雇用量などの）急速に生じる変化は「過去に起こったことや，将来起こると予想されることに，それほど大きく依存してはいない」(Kahn 1932, ch. 2, 12)．それらは可逆的な変化であり，「定義上，短期間に生じる時間がなく，過去に発生したことや将来の発生が予想されることに依存する」(ibid.) 変化とは異なるものである．

結局のところ，カーンによれば，所与の変数の正常値であると信じられるものに基づき，それらが経済主体によって恒久的あるいは持続的と認知されるかどうかに応じて，異なった効果をもたらすような原因が存在する．しかしながら，もし重要なのが，選択された変数の予想値と「正常」値の乖離であるならば，枢要な問題は，これらの正常値がどのように決定されるのかを説明する理論が依然として必要とされるのかどうか，それともそれらを単なる反復性によって特徴付けられるものとみなせるのかどうか，になる．

4. ケインズ

ケインズは，知識の異なった状況下でなされる意思決定を説明するために経済理論を開発するという，より一般的な目的をもって短期アプローチの展開を推し進めた．知識の異なった状況は，個々人が与えられた任意の状況で「正常」とみなすもののなかにその姿を現す．

リカードウから離れると，経済理論は「不確実な」環境のなかでなされる意思決定の結果を捕捉し，「恒久的原因」ではなく「動機，期待，心理的不確実性」についての説明を提示することを要求される（Keynes 1973a, 300）．こうして，リカードウにとって理論の予測力はその領域を厳格に制限することで高められるのに対し，ケインズにあっては「それ［経済学］が適用される材料はあまりにも多くの点で時間を通じて同質的でない」（1973a, 296）ため，恒久的原因の探究こそが厳しく制限されるのである．実際，ケインズによれば次のとおりである．

> モデルの目的は，準恒久的ないし比較的一定な要因を一時的ないし変動する要因から隔離し，後者についての論理的思考法や，それらが特殊な場合に引き起こす時間系列を理解する論理的方法を開発することである（Keynes 1973a, 296-297．傍点は引用者）．

さらに，有名な手紙で彼は次のように書き加えた．

材料を一定かつ同質的として扱うことにはつねに警戒しなければならない．それはあたかも，リンゴが地面に落下するのはリンゴの動機によるとか，地面に落下する価値があるのかどうかによるとか，地面がリンゴに落下してほしいと思っているかどうかによるとか，地球の中心部からどれだけ離れているかについてのリンゴ側での計算が誤っていることによるとか，そういった類いのことである（Keynes 1973a, 300）．

リカードウにとって科学的研究の狙いが，一般法則を引き出すことのできる恒久的原因の探究であるのに対し[6]，ケインズにとっての経済理論の目的は，「一時的で変動する」要因についての論理的思考法を開発することである．なぜならばそれらが経済学が適用されなければならない材料であるからである．

『一般理論』のなかで期待に当てられた役割は，完全雇用以下での均衡の可能性を説明することである．この均衡は「誤った」期待によって特徴付けられる状況として描かれていない．というのも「有効需要の理論は，短期期待がつねに満たされると仮定しても，実質的に同じ」（Keynes 1973a, 181）だからである．よって，短期とは期待が満たされない状況のことではなく，期待がそれに順応する「ものごとの状態」（Dardi 1994）を生み出す状況である．

したがって，短期と長期の区別に対するケインズのアプローチは，マネタリストや新しい古典派の経済学者によるマクロ経済学でとられる方針とは根本的に異なっている．

フリードマンは，産出量や雇用量の短期的な変動が，労働者側の非対称情報に起因する真のインフレ水準に関する「誤った」期待によるものと説明する．これは，誤りが長く続くことはあり得ないとする周知のルーカスによる批判に至り，したがって期待形成に関して「合理的な」メカニズムを採用する必要性に至る．しかしながらこの批判は，短期と長期の効果を区別することに対する正当化を変更することにはつながらない．予期されず，あるいは信用できない経済政策を支持する誤った期待に基づく議論を捨てることは，情報の非対称性という重荷を，労働者対企業家から，大衆 対 政策当局へとシフトすることを意味した．全体としての含意は同じままである．すなわち，短期は一時的効果を意味し，長期は恒久的効果を意味するのである．

5. 手法の変更

　短期と長期の区別における切り替えを例示するために，手法の変更によってもたらされたリカードウとケインズのあいだの貨幣理論に対するアプローチの変化を比較するのが有益かもしれない．

　リカードウの理論は貨幣が中立的であるとする立場を代表しているというのが共通する見解である．すなわち，名目貨幣量の変動は名目変数に影響を及ぼすが，実物変数には短期的にしか影響を及ぼさないのである．こうしてリカードウは貨幣数量説や長期分析の擁護者とみなされるのである．

　貨幣価格変化の必要十分条件は貨幣供給量の比例的増加であるという命題として数量説を理解するならば，リカードウが価格のいかなる変動も必ず貨幣量の変動を意味するとはけっして考えなかった，というのは確かに正しい．言い換えれば，貨幣量はつねに価格に影響するのに対し，貨幣量の変動は価格変化の必要条件ではない．価格の上昇は本位の価値下落，賃金の上昇，あるいは増税によっても引き起こされる．実際，リカードウは金で測った通貨価値の下落の場合にのみ貨幣量を削減する政策を提唱し，もし彼が厳格な数量説論者であれば，われわれが期待することだが，価格の上昇のケースではそうした政策を提唱することはけっしてなかった．

　だが，貨幣量の変化は貨幣価格の比例的変化の十分条件なのだろうか．リカードウのなかに見出される唯一の比例的要因は貨幣量と金価格のあいだにある．というのは，自然水準以上に貨幣量の何らかの上昇があるときは，金で測ったその購買力の厳密に等しい減少をもたらすからである．

　この結果，ただしこの比例性の結果としてのみ，もし金で測った商品の相対価値が一定に保たれると仮定すれば，商品の貨幣価格は貨幣量に比例して変化する．しかし例えば，生産条件の変化があるために商品の相対価値が変化するならば，価格の変化と貨幣量の変化のあいだの比例性は消滅する．

　このようにして，リカードウが抱く短期的な貨幣の非中立性は，一時的効果，すなわち長くは続かない効果として解釈することはできない．むしろそれは，セイの恒等式の妥当性を否定する理論が存在しない状況下では産出水準は所与

であるがゆえに，不確実な効果として解釈されるべきである．あるいは，短期における貨幣の非中立性は恒久的な原因から導出される他の効果によって相殺される効果と解されるべきかもしれない．このような理由から，一時的な原因は理論の構成要素にはなり得ないのである．これは，それらの効果が現実の一部として認識されていないからではなく，それらの効果が不確実かつ不安定であり，より確実で恒久的な効果によって相殺され得るものだからである（Marcuzzo and Rosselli 1994 を参照）．

ケインズのアプローチは根本的に異なる．貨幣数量説は，最初に，『貨幣論』のなかで，それが「価格水準が決定される因果の過程や，ある状態から別の状態への移行の手法」（Keynes 1971, 120）を示すという目的には「不向き」であるという理由で批判されている．数量説の内容は，『一般理論』の執筆とともに決定的に拒絶される，最終的に数量説は流動性選好説に置き換えられている（Kahn 1984）．同著で，「正常」利子率は，その特定の値がどうなると予想されるかに関する有力な見方に支配されることを意味する「慣例的な」性質を示すものとして提示されている[7]．

流動性選好，消費性向，資本の限界効率，賃金単位，貨幣量，これらはケインズによって彼の理論の「究極的な独立変数」と提示されている．しかしながら，彼はこうした区別が一般的であり得ることを否定する．それどころか，そのように分けるのは，何らかの絶対的な観点から見るとまったく恣意的である，と述べられている（Keynes 1973b, 247；訳 245 頁）．

ケインズの要点は，必然性や普遍性を原因の識別に帰す根拠は，こうした識別は特殊かつ変化を続ける環境に左右されるがゆえに，存在しないという点にある．彼は次のように述べている：

> 分類はもっぱら経験を基礎にして行わなければならない．一方で，変化がきわめて緩慢であるかあるいはほとんど重要でないために，われわれの問題とする対象に対して，ごくわずかで比較的無視し得るほどの短期的影響を与えるにすぎないように見える諸要因に対応するように，他方で，変化がわれわれの問題とする対象に対して実際に支配的な影響を及ぼすと判明する諸要因に対応するように，である（Keynes 1973b, 247；訳 245 頁．

傍点は引用者．[『一般理論』])[8]．

　経済学において，「完全に精密な一般化を望むことのできない」理由は，経済体系が，きちんとした因果パターンのなかで経済学者が発見し秩序立てることのできる「自然の諸力」に支配されていないからである．経済学の課題はむしろ，「われわれの実際に生活している種類のシステムにおいて，中央当局が裁量的に操作したり管理することのできる変数を選び出す」ことである．
　『一般理論』は，なぜ雇用水準が「完全雇用よりは低く，生活維持に必要な最低雇用よりは高い，中間的な状態」(Keynes 1973b, 254；訳 252 頁) のまわりを揺れ動くのかを説明している．しかしながらケインズは次のように付け加える：

　　われわれは，「自然の」傾向によって——すなわち，それを修正しようとする明瞭な意図をもった方策が採られない場合に持続しそうな傾向によって——このように決定される中間的な状態が，それゆえ必然の法則によって確立されていると結論してはならない．上述の諸条件の妨げのない支配は，現在あるいはこれまでの世界に関する観察事実であって，変更することのできない必然的原理ではない．
　　　　　　　　　　　(Keynes 1973b, 254；訳 252 頁．傍点は引用者)

　私の結論は以下のとおりである．リカードウからの手法の変化は，マーシャルによって始められ（十分な原因ではなく，平均的な出来事としての正常値)[9]，カーンによって継続され（正常と期待，ないし信じられる値），ケインズによってさらに推し進められたが（慣習としての正常），これこそが経済理論や経済政策についての広範に及ぶ結果をもたらし，短期の経済学を傑出したものにしたのである．このことが，ネオ・リカーディアンやポスト・ケインジアンがなぜこの問題に関して，依然として対立しているのかを説明するかもしれない．

注

* 本章は1995年にロッテルダムで開催されたヨーロッパ経済学史会議，1995年のモルヴァーン政治経済会議，そして1995年にローマ第3大学で開かれたセミナーで発表された論文である．参加者のコメントや示唆に対し感謝する．同様に，R.F.カーンの著作権管理者であるデヴィッド・パピノー氏には，カーンの未刊行，未完の著書『短期の経済学』からの引用を許可していただいたことに感謝したい．

1) リカードウに関する節は，A.ロセッリ（A. Rosselli）との共同研究を利用した（Marcuzzo and Rosselli 1994 を参照）．
2) 「リカードウの残した（価値の）理論の基礎的な部分は依然として真であり，……その上に多くのことが加えられ，……その上にきわめて多くのことが築かれてきたが，……それから取りのぞかれたものはほとんどない」（Marshall 1964, 417）．
3) マーシャルは期間の長さについて大まかな尺度を与えている．すなわち，短期は「数ヵ月ないしは一年」，長期は「数年」と述べられている（Marshall 1964, 314-315）．
4) フェロー資格論文は1928年10月から1929年12月にかけて執筆された．1983年に初めてイタリア語版が刊行され，1989年になって英語版が刊行された．カーンは1930年3月にケンブリッジ大学キングズ・カレッジのフェローに選出された．
5) 目次を根拠にすれば，11章立てのうち，第1章，3章，4章が執筆されず，第7章は完結されていない．キングズ・カレッジ公文書館におけるカーン文書のなかから見つかった現存するコピーは，1932年第4四半期の日付が記されている（Marcuzzo 1996）．
6) 1820年5月4日付のマルサスへの手紙のなかで，リカードウは次のように書いている．「私の目的は原理を解明することであり，このために，私はそうした原理の作用を示せる有力なケースを思い描きました」（Ricardo 1955, 184）．
7) 「正常」が「慣習的」と解釈されるという意味の切り替えは，『確率論』で提示された「性質の一様性原理」（Carabelli 1991）についてのケインズの以前の拒絶の1例と解されてきている．
8) 問題とする対象とは「所与の経済体系の国民所得と（ほとんど同じことであるが）雇用量をある時点において決定するもの」（Keynes 1973b, 247；訳245頁）である．
9) マーシャルが手法の変化に関する真の創始者であるという点は，De Carvalho（1990）によっても強調されている．

参考文献

Asimakopulos, A. (1990) 'Keynes and Sraffa: visions and perspectives', in K. Bharadway and B. Schefold (eds) *Essays on Piero Sraffa*, London: Routledge.

Carabelli, A. (1991) 'The methodology of the critique of the classical theory: Keynes on organic interdependence', in B.W. Bateman and J.B. Davis (eds) *Keynes and Philosophy*, Aldershot: Edward Elgar.

Dardi, M. (1994) 'Kahn's theory of liquidity preference and monetary policy', *Cambridge Journal of Economics* 18: 91-106.

Dardi, M. (1996) 'Imperfect competition and short-period economics', in M.C. Marcuzzo, L.L. Pasinetti and A. Roncaglia (eds) *The Economics of Joan Robinson*, London: Routledge.

De Carvalho, F.J.C. (1990) 'Keynes and the long period', *Cambridge Journal of Economics* 14: 277-290.

Garegnani, P.A. (1976) 'On a change in the notion of equilibrium in recent work on value and distribution', in M. Brown, K. Sato and P. Zarembka (eds) *Essays in Modern Capital Theory*, Amsterdam: North-Holland.

Kahn, R.F. (1932) *'The economics of the short period'*, unpublished manuscript.

———— (1983) *L'economia del breve periodo*, Turin: Boringhieri.

———— (1984) *The Making of Keynes's General Theory*, Cambridge: Cambridge University Press.

———— (1989) *The Economics of the Short Period*, London: Macmillan.

Keynes, J.M. (1971) *A Treatise on Money*. Part I, in *The Collected Writings of John Maynard Keynes*, vol. V, ed. D. Moggridge, London: Macmillan（小泉明・長澤惟恭訳『貨幣論 I』東洋経済新報社，1979 年）.

———— (1973a) *The General Theory and After: Defence and Development*, in *The Collected Writings of John Maynard Keynes*, vol. XIV, ed. D. Moggridge, London: Macmillan.

———— (1973b) *The General Theory of Employment, Interest, and Money*, in *The Collected Writings of John Maynard Keynes*, vol. VII, ed. D. Moggridge, London: Macmillan（塩野谷祐一訳『(普及版) 雇用・利子および貨幣の一般理論』東洋経済新報社，1955 年）.

———— (1979) *The General Theory and After: A Supplement*, in *The Collected Writings of John Maynard Keynes*, vol. XXIX, ed. D. Moggridge, London: Macmillan.

Marcuzzo, M.C. (1994) 'R.F. Kahn and imperfect competition', *Cambridge Journal of Economics* 18: 25-40 ［本書第 6 章として所収］.

———— (1996) 'Joan Robinson and Richard Kahn: the origin of short-period analysis', in M.C. Marcuzzo, L.L. Pasinetti and A. Roncaglia (eds) *The Economics of Joan Robinson*, London: Routledge ［本書第 8 章として所収］.

Marcuzzo, M.C. and Rosselli, A. (1994) 'Ricardo's theory of money matters', *Revue Économique* 45: 1251-1267.

Marshall, A. (1964) *Principles of Economics*, 8th Edn, London: Macmillan.

Ricardo, D. (1955) Letters, 1819-June 1821, in *Works and Correspondence*, vol. VIII, ed. P. Sraffa, Cambridge: Cambridge University Press.

Rosselli, A. (1985) 'The theory of natural wage', in G. Caravale (ed.) *The Legacy of Ricardo*, Oxford: Blackwell.

Whitaker, J.K. (1975) *The Early Economic Writings of Alfred Marshall, 1869-1890*, London: Macmillan.

第14章
「第1次」不完全競争革命

M.C. マルクッツォ

1. 主役たち

　制度的取り決めや独占的要素といった，競争の諸力の働きに対する不完全性や摩擦は，市場メカニズムを表現するとき，経済学者によってつねに認識されてきた（Cassells 1937）．しかしながら，市場メカニズムにおける硬直性は競争の働きを深刻に阻害することはなく，それゆえ，市場の理論における「完全」あるいは「純粋」競争という一般的仮定は，現実世界へのまずまずの近似として妥当であると信じられてきた．実際，競争の働きに関する古典派と新古典派のヴィジョンは，価格メカニズムを根拠付けるおのおのの理論が異なっているように，根本的には異なっているが，しかし，摩擦と不完全性を捨象するという仮定の一般性に関するかぎり，それほど乖離していなかった．
　1920年代と1930年代には，反対の推測，すなわち完全競争の仮定は現実味を欠くという推測からの新しい研究の波が押し寄せ，新しい市場の特徴および他の競争形態への注意を引き付けることになり，そのためそれらを取り扱うための特別な装置が追求された．しかしながら，ほとんどの知的「革命」がそうであるように，不完全競争は，統一的研究計画に対する支援というより，拒否反応であった．実際，「不完全な」市場の働きをいかに表すかということよりも，完全競争を放棄する理由についてより大きな合意が得られた．
　1920年代と1930年代の不完全競争革命の「主役たち」は多数いる．サミュエルソンによれば，そのリストには，カーン，J.M.クラーク，ヴァイナー，スラッファ，ホテリング，ロバートソン，ロビンズ，ショーヴ，オースティ

ン・ロビンソン，ジョーン・ロビンソン，ハロッド，ならびにチェンバリンが含まれる（Samuelson 1994, 55）．マーシャルとピグーは，「独占と競争のあいだの中間地点」にいくつかの「緩いヒント」（Whitaker 1989, 189）を確かに含んでいるが，新しい研究領域を開拓したのは，「新しい」世代のケンブリッジの経済学者であった．スラッファによる先駆的な洞察，カーンとロビンソンによる新しい理論体系の構築，およびカレツキによる市場の不完全性のマクロ経済学への拡張は，ケンブリッジ（イギリス）の伝統における主要な業績を構成している．大西洋の反対側のケンブリッジ（アメリカのマサチューセッツ）では，チェンバリンとトリフィンが，売り手間の戦略的相互依存性と製品差別化に基づく市場競争を特色とする理論体系を開発した．彼らは，完全競争の仮定に対する不信については他のケンブリッジの学者たちと共有していたが，マーシャリアンの伝統には根ざしておらず，彼らは異なる源からインスピレーションを引き出した（Reinwald 1977 を参照）．

　不完全競争革命は，ほぼ20年間の全盛の後，1950年代初めまでにミクロとマクロの両方の問題に自由市場アプローチを復権させたシカゴ学派による攻撃を受け，そして驚くべきことに，ケンブリッジ（イギリス）学派内でのマークアップ価格付けアプローチの中途半端な受容の結果としても，攻撃を受けた（A. Robinson 1950; Kahn 1952）．「第2次」不完全競争革命が起こったのは1980年代になってからのことであり，それは，自由競争の仮定の蔓延への反発として，および，市場の失敗に対するケインジアンのアプローチにミクロ的基礎を与える試みとして，であった．競争は概して完全なものとして扱い得るという考えへの再挑戦として，さまざまなタイプの不完全性や硬直性に基づいた新しい豊かな研究が過去20年にわたって展開された．「第2次」不完全競争革命において，市場メカニズムに不完全性と硬直性が生じることの説明にさいして中心的な役割を与えられたのは，不確実性，情報の非対称性，選好，および非逓増的費用であった．

　本章では，2つのケンブリッジにおける「第1次」不完全競争革命の展開について検討する．市場メカニズムの経済的表現の変更についての主な提唱者であった経済学者の業績を簡潔にサーベイし，最後に，その運命の浮き沈み後のその遺産についての若干の考察をもって結びとする．

2. スラッファ

不完全競争革命の真の開始者がスラッファだったという点については疑う余地はない．1926年の『エコノミック・ジャーナル』誌の12月号での彼の論文は，そのアプローチの斬新さとその含意の双方の理由により，真の「革命」を誘発した．

スラッファは，完全競争の仮説が放棄されるべき2つの理由を述べた．第1に彼は，その仮説が埋め込まれている理論が論理上一貫していないと主張した．第2に彼は，その仮説のなかで含意された行動の描写が周知の事実と食い違っていると論じた．

攻撃の対象とした特定の理論は，マーシャル=ピグー流の個別市場の働きについての表現であった．イタリア語で公刊された彼の以前の論文（Sraffa 1925）を引き合いに出しながら，スラッファは，その理論がよって立つ多くの仮定が，正当な根拠をもたないことを示した．

完全競争の条件が妥当するとき企業の長期費用が増加するという仮定は，ある特定の状況下で1つの産業にのみ帰せられることを，単一の企業に帰した結果であった．各々の企業は非常に小さく，その要素の価格にほとんど影響を与えることはできないため，企業の限界費用が逓増するという結果が得られるのは，各産業内の企業数が固定されており，各企業が生産を拡大するとともに，産業にとっては一定である生産要素によって生産性の低下を経験すると仮定する場合だけである．しかしこのことが正当化できるのは，ある産業が増加することのできない要素の，たまたま唯一の利用者である場合のみである．さらに，所与の産業内での企業数が固定されているという仮定は，完全競争の公準の1つ，すなわち，いかなる産業においても企業は自由に参入・退出できるという公準を破ることになる．

平均費用逓減の仮定もまた，完全競争の理論と不整合であることが示される．もし，生産の増大に伴い，生産の単位当りコストが減少する企業が存在することを認めるならば，その企業は生産を無限に拡大し，その市場の独占的生産者になることを妨げるものは何もない．

他方で，企業が費用一定で操業すると仮定すると，マーシャル＝ピグー流の完全競争の理論，すなわち，企業は完全に水平な需要曲線に直面すると仮定する理論には，さらなる困難が生じる．事実，費用一定のもとでは，均衡は非決定になるか，あるいは，企業はつねに可能なかぎり多く生産すると想定されれば，1つの企業が市場を独占する可能性を排除することはできなくなる．
　完全競争という仮定における現実性の欠如は，生産者は通常，費用——製造業生産物の生産者にとって，通常，それは逓減的である——に制約されているのではなく，需要によってであるという良く知られている知識によって明らかとなる．しかしながら，完全競争の理論では，企業は与えられた市場価格のもとでいくらでも売ることができる一方で，企業が市場占有率を増加させるために，価格を引き下げたり，マーケティング費を増大させることはできないと仮定されている．あいにく，たいていの市場で観察されることは，まったく逆の行動なのである．
　他方で，生産者は価格に影響を与えることができないが，消費者はいかなる産業の生産物に関して無差別であると仮定される．完全に弾力的な需要曲線の仮定は，生産物が同質的であり，したがって，消費には完全代替的ないしは無差別的であるという考えを要約している．
　このように，スラッファにおいては，完全競争仮説の放棄は，特定の理論の放棄を意味する．すなわち，競争を企業の拡大が費用上昇によって抑制される状況と見る理論である．マーシャル＝ピグー流の装置内での企業は単独の独占とみなすべきであるという仮説は，非常に特殊な状況に限定されるどころか，証拠を説明するうえで，完全競争よりもうまく機能している．すなわち，企業の拡張は，費用の上昇によってではなく，需要の制約によって抑制されるという仮説である．スラッファの洞察は，「完全競争の適用範囲がいかに限定されているかを示すことによって，そして，完全競争者が直面する，いわゆる完全に弾力的な需要という呪縛を破ることによって」(Newman and Vassilakis 1988, 41)，視点の根本的な変化をもたらした．

3. カーン

　スラッファによって拓かれた研究路線を追求する最初のものは，カーンのフェロー資格論文『短期の経済学』であった．それは1928年10月から1929年12月のあいだに書かれたが，1989年になってようやく英語で公刊された．完全競争の仮説を放棄するためにカーンが与えた理由は，マーシャル＝ピグー流の理論装置が1920年代の大不況において観察された事実を説明することができないということであった．すなわち，企業は低い稼働率のもとで操業しても正の利潤を得ることができたという事実を，である．もし市場の状態が完全競争的であれば，次のようになる．すなわち，価格が平均費用より高ければ，企業は設備の完全稼働に達するまで生産を行うであろうし，価格が平均費用以下に低下すれば，企業は操業停止するであろう．これに反して，1920年代の不況下で需要が極端に落ち込んだとき，綿産業や石炭産業の企業は慣例として「何日間か工場全体を操業停止し，他の日に工場全体をフル稼働で操業した」(Kahn 1989, 57)．

　カーンはこうした行動の説明を，短期的に産出が変更可能な技術的方法を反映している主要費用曲線の形状に求めた．短期のケースのように，工場や機械設備が変更できないとき，限界費用曲線の関連する部分は水平となり，完全稼働に達するまで一定の平均主要費用に等しくなる．そして完全稼働に達すると，無限大になる．逆L字型の主要費用曲線の形状，ならびに操業短縮という証拠は，価格が平均費用曲線を超過するときはいつでも，企業は完全稼働で生産を行なうという予測に対する重大な挑戦である．もしこれが事実であれば，非効率的な企業だけが完全稼働以下で操業することになる．しかしこれは，操業短縮が1920年代の全企業にわたって一致した行動であったことを示す証拠に反していた．さらに，一定の限界費用曲線は，完全競争の場合のように完全に水平な需要曲線に直面するとき，産出量の決定因としての重要性を失う．カーンが見出した解決は，おのおのの企業が実際に直面するのは右下がりの需要曲線であり，競争は実際には「不完全」であると仮定することであった．

　したがって，産出と価格の均衡水準は，完全競争のように価格と限界費用の

均等によってではなく，産出に関するかぎり，産出と，価格と平均主要費用の差の積によって，そして価格に関するかぎり，需要の弾力性に基づいて，決定される．カーンはここで，産出と価格の均衡水準を決定するために，マーシャルの「最大独占純収入」(Marshall 1964, 397)——独占供給価格と需要価格の差に産出をかけたものが最大になる点——という標準的な定義を用い，市場の不完全性を測定する精巧な方法を提示した（Marcuzzo 1994, 30-1 を参照）．この論文が書かれた当時，限界収入はまだ名前をもたない概念のままであった．

　市場の不完全性の導入によって，カーンは，なぜ需要の低い水準で，価格が限界費用まで低下しないのか，そして，なぜ産出の均衡水準は完全稼働水準以下になるのか，を説明することができた．

4. ジョーン・ロビンソン

　カーンのフェロー資格論文と同様に，『不完全競争の経済学』の出発点は，「独占者としての企業の概念から出発して，価値論を書き直す」(J. Robinson 1969, 6；訳7頁）というスラッファの提案である．同著の目的は，「限界収入」という新しい概念の発見によって豊かになった限界分析をすべての市場形態に拡張し，マーシャル＝ピグー流の理論装置の一貫性に疑問を投げかけたスラッファの挑戦への回答を示すことであった．

　ジョーン・ロビンソンによって採られたアプローチは，商品および生産要素のさまざまな費用や需要の状態を取り込みながら，平均曲線と限界曲線に基づく分析をあらゆる市場形態に適用することであった．完全競争は，企業にとって需要の弾力性の値として捉えられる消費者側の代替および選好のさまざまな程度を考慮に入れた競争の一般的理論にあって，その特殊ケースになる．完全競争は，それから，完全に水平な需要曲線，すなわち無限に弾力的な需要として特徴付けられる市場の状態として定義される．供給サイドでは，費用が逓増的，逓減的，および一定のケースに応じて，費用の動きについてさまざまな仮定が考慮に入れられる．実際，不完全市場，すなわち，各企業の直面する需要曲線が右下がりである市場では，限界費用曲線の形状についてのいかなる仮定でも，均衡を決定することができる．

任意の産業における完全均衡条件が，完全市場と不完全市場の両方で導出される．すなわち，「企業の数が変化する傾向が見られないとき，産業は完全均衡にあるといわれる．その産業の諸企業によって得られる利潤は，そのとき正常である」(J. Robinson 1969, 93；訳 115 頁)．価格（平均収入，AR）が平均費用（AC）に等しいとき，利潤が正常であり，限界収入（MR）が限界費用（MC）に等しいとき企業は個別〔主体的〕均衡にあるので，完全均衡は，MR＝MC および AR＝AC という二重の条件を必要とすることになる．

こうして，企業の個別需要曲線がその平均費用曲線と接する場合にのみ，「二重の条件」を満たすことができる，という証明が与えられる．ヒックスはその要点をうまくまとめている．「需要曲線が右下がりであるため，均衡点では平均曲線もまた右下がりでなければならない．平均費用が減少しているときにのみ，独占的競争下の均衡が可能となる．すなわち，企業の均衡産出量は，平均費用の最小値を与える産出量——それは完全競争の条件下で実際には到達するであろう——よりも小さくなるであろう．」(Hicks 1935, 140)

したがって，完全競争および不完全競争の均衡条件の比較は，陰鬱な厚生という含意を有するものであった．前者のケースでは，平均費用の最小点で限界費用と平均費用が等しいのに対し，後者のケースでは，「二重の均衡条件は，平均費用が低落しつつある何らかの産出量において満たされ得るにすぎない．それゆえ，諸企業は，利潤が正常であるとき，最適規模よりも小さいであろう」(J. Robinson 1969, 97；訳 121 頁)．

5. カーン 対 スラッファ

企業を同質的で，統合された市場で競争するものとして捉える見方から，各々が個別市場をもつ単一の独占企業として捉える見方への変化に伴って，均衡価格の決定に関するかぎり，「独占企業の世界」は異なる結果を示唆するのか否か関する問題が生じた．言い換えれば，不完全市場における価格は，独占の場合の価格とは異なるのであろうか．

この問題は，スラッファのアプローチとカーンおよびロビンソンのアプローチとの対照性の核心である．カーンは「スラッファの議論［1926 年の論文］

には重大な誤り」があると断言した．「なぜなら，それは，企業間の均質性の条件下で，もし市場がわずかに不完全である場合，その不完全さの程度は均衡価格に無関係であることを含意しているからである．」(Kahn 1989, 94)

逆に，カーンは「不完全の程度の減少は，――ともかく短期的には――価格の低下，ならびに利潤の下落をもたらす」(Kahn 1989, 94)と主張した．彼がこの結論に達したのは，おのおのの売り手が直面する個別需要曲線の分析に基づいてであり，それは，企業家が彼の価格と彼の産出のあいだの関係がどのようなものと描いているのかを示唆している．「実業家が彼の利潤を最大化にするさい，心中にある」(Kahn 1989, 100)想定は次のようなものである．すなわち，彼が価格か産出を変更するとき，他の企業の価格あるいは産出は一定のままであるのか，もしくは，彼らは価格と産出を変えることによって反応するかのいずれかである，というものである．3つのケースのいずれにおいても，唯一の独占者の手中にある産業の総需要曲線は，寡占産業においておのおのが直面する需要曲線より勾配は急である，とカーンは論じた．したがって，スラッファの主張とは反対に，「多占の状況下での均衡価格は独占の状況下のそれより低くなる」(Kahn 1989, 117)．

カーンは，「彼の議論に対する私［カーン］の反論の力」(Kahn 1989, 95)をスラッファは認めたと主張した．しかしながら，現存する証拠はそうした主旨のものではない．スラッファが1928-31年にケンブリッジで提供した価値理論の上級コースの講義ノートでは，彼がカーンのフェロー資格論文を読んだ後に加えられた注で次のように述べられている．

> 不完全競争における価格はつねに独占より低いということは，問題が個別の需要弾力性と集合的な需要弾力性との関係からは独立しているという仮定に基づく［……］誤りに陥ることを意味する．重要な点は，私が仮定しているのは，わずかな，しかし有限の程度の不完全性（無限ではない需要弾力性）であるということである．しかしこのケースでは，価格の上昇に伴って，弾力性はつねに，際限なく低下する (Marcuzzo 2001, 88-9 を参照)．

カーンの分析が基づくのは，推測需要曲線であり，その傾きは，産業内の他の企業の行動に関して各企業によってなされたさまざまな仮定を具体化している．ある企業による価格の変化は，競争者の反応が考慮に入れられているため，他のすべての企業の需要曲線の傾きを不変のままにしておくことはない．一般に，(独占のように) 生産者が1人の場合の需要曲線の傾きは，他の企業の行動が考慮されないため，(寡占のように) 生産者が多数の場合よりも，急勾配となる．所与の供給曲線に対して，均衡価格は需要曲線の傾きによって決定されるため，価格は寡占より独占において高くなるということになる．

反対に，スラッファの議論は，市場の需要弾力性の値によって示される消費者選好の程度に基づいている．ある企業による価格の引き上げのあと，すべての企業に対する需要は増加する．代替品の価格が上昇するため，おのおのの買い手は，彼が買いたいと望む企業の製品に対して喜んで高い価格を払おうとする (Sraffa 1926, 547)．他の企業が同様に価格を上げた場合，顧客は自分の好む企業に戻ってくるため，価格上昇の限界は，個別企業にとってではなく，その市場にとっての顧客の損失によって与えられる．このようにスラッファにとっては，カーンと異なり，すべてが同様で，同様の状況にある企業から成る産業においては (Sraffa 1926, 547)，マーシャルの「最大独占収入」に対応する価格が，独占と寡占で異なる理由は存在しない．

6. スラッファ 対 カーンおよびロビンソン

よく知られているように，スラッファは不完全競争に対する関心を失い，すぐにその領域を放棄し，多くの憶測を生んだ．例えば，スラッファの「深遠な目的」は，分析からあらゆる種類の主観的・精神的な決定要因を除去することであったと主張されてきた．全問題から彼を疎遠にさせたのは，不完全市場を取り扱うことは「均衡の精神的な決定因を不可避にする」(Dardi 2000, 131) という意識だったであろう，と．この仮説は，究極的な説得力があるようには私には思えない．なぜなら他の事例では，スラッファは進んで市場行動を信念と期待のタームで描いているからである．実際，スラッファは，選好，効用，稀少性，生産要素に基づく，需要曲線と供給曲線のタームでの新古典派的な行動

の表現に反対した．彼が好んだのは，古典派の政治経済学者のようなアプローチ，すなわち，経済行動を，生産条件，経済主体による利己心の追求，および均等利潤率へ導く諸力としての競争に対する理解にすえるアプローチであった（Clifton 1977 を参照）．スラッファが反対したのは，需要（ならびに供給）関数であり，それらを部分的な分析枠組のなかで均衡の決定に用いることであった．同様に，ケインズの流動性選好説の場合では，彼は，個人の選好や確信を考慮に入れることに反対していたのではなく，それらを貨幣に対する需要関数のかたちで表すことに反対していた．

スラッファが不完全競争論から疎遠になったことは，経済主体間の動機や相互作用を扱うことへの拒否よりむしろ，不完全競争を支える理論に対する拒絶とより深い関係がある（Marcuzzo 2001 を参照）．

7. カレツキ

不完全競争の仮定を用いて研究することは，全体としての経済システムの表現に関する含意を引き起こしたであろうか．よく知られているように，ケインズは彼が目の当たりにした不完全競争革命には心を動かされず，それに多くの注意を払わないまま『一般理論』への道を進んだ．カーンもジョーン・ロビンソンも，1930 年代のケンブリッジ経済学における2つの大きな出来事の橋渡しを試みなかった．実際，「不完全競争を雇用理論と関連させた」（J. Robinson 1969, viii）のはカレツキであり，彼は 1930 年代の後半に，経済システムのマクロ経済分析の枠組のなかに不完全競争に基づくアプローチを発展させた．

カレツキが 1936 年にイギリスに到着したとき，彼はすでにポーランドやその他の国のカルテルについての分析において不完全競争の仮定を用いて研究をしていた（Sawyer 2001, 246 を参照）．1937 年の終わりに，彼はケンブリッジへ移動し，スラッファの研究生セミナーの活発な参加者になった．また，2 年間，彼は，主要費用・売上，および産出に関する国立経済社会研究所のケンブリッジ研究計画（これは，彼をケンブリッジに留まらせるために設定されたものである）に関与した．あいにく，彼の研究結果は，カーンおよびジョーン・ロビンソンからきわめて厳しいコメントを浴びた．とりわけ，彼らは彼の「独

占度」概念に反対した．「［それ］は実態のないものである……［したがって］「独占度の変化」があったと述べることは，起こったことについての最終的な説明ではあり得ない．また，他の変化に直面して一定の独占度を期待することは，しばしば妥当性を欠く……」(R.F. Kahn's papers, King's College Archives, file 5/1)．この批判は，おそらくカレツキがケンブリッジでの職を辞任することを引き起こしたが，彼が2つの論文 (Kalecki 1938; 1940) に打ち込み，マクロ経済学の枠組のなかに，自由競争の仮定に依存しない独占度の概念を練り上げることを止めることはなかった．

　最初に，限界費用を限界収入と等しくさせるように価格が形成されると仮定することによって，市場の不完全性は，おのおのの企業によって課される価格と，産業の平均価格（各企業によって課された価格をそれぞれの産出量に応じて加重平均した価格）の比率の関数として，各企業の生産物に対する需要の弾力性によって定義される．市場の不完全性の程度が一定となるのは，おのおのの企業に対する需要の弾力性がもっぱらその価格だけに関連している場合だけである．それ以外では，市場の不完全性の程度は変化する．

　続いてカレツキは，限界費用と限界収入の均等によって企業は価格を形成するという仮定を捨て，寡占のケースを検討する．こうしたケースが生じるのは，限界収入が限界費用より大きい点で企業が価格を設定するときである．おのおのの企業は，より低い価格はライバル企業に価格低下を引き起こさせる一方で，より高い価格はライバル企業に価格上昇を引き起こさせないことを知っているため，価格はこの特定の水準に設定される．こうして，いかなる所与の市場においても，寡占の程度は限界費用に対する限界収入の比率によって測定され，それは一般的に1より大きくなる (Kalecki 1940 を参照)．

　カレツキは，経済システムのマクロ経済的表現において，企業による価格政策の集計的影響を研究する方法論を創り出す点で，単純化の犠牲を払ったけれども，きわめて独創的であった (Marcuzzo 1996, 11-12 を参照)．最後に，しかし最小ではなく，彼は，実質賃金と失業のあいだに逆相関が存在するとはかぎらない理由を説明することができ，ケインズにその点を認めさせることになった (Keynes 1973, 409 ff.；訳 412 頁以降)．

8. エドワード・チェンバリン

　大西洋の両側の2つのケンブリッジにおいて，ほとんど同じタイトルでほとんど同じトピックを取り扱った2冊の本が同じ年に刊行されたという興味深い一致については，多くのことがいわれてきた（Samuelson 1967を参照）．しかしながら，チェンバリンの『独占的競争の理論』（Chamberlin 1933）は，その著者によって繰り返し主張されたように，スラッファによるマーシャル流の価値〔価格〕理論に対する批判からそのインスピレーションを引き出したものではなく，また，あらゆる市場形態に限界分析を拡張することに関心をおいたものでもない．同質的な市場で同一の諸企業が操業するという着想のいっさいの放棄への道を示したのは，現実の世界で実際に起こっていたことについての観察であった．行動の多様性および不統一がその基本であり，これを市場の新しいヴィジョンにおいてまとめることが必要とされた．

　チェンバリンの分析は，売り手がそれぞれ「差別化可能な生産物の供給に対する完全なコントロール」を有するという意味で，独占企業であるという認識に基づいている．しかし，いかなる独占企業も同様に，売り手はそれぞれ，純粋あるいは完全な競争というよりは，むしろ彼の製品に対する代替財に直面している．それゆえ，競争は，純粋あるいは完全というよりは，独占的と考えられるべきである．さらに，売り手の参入・退出は，「ある特定の生産物の供給者数の単なる変化ではなく，システム全体における生産物の数の拡張または縮小をもたらす［……］．不完全性は，定義によってより多くのものを含ませ得るかもしれないが，不完全な知識，非合理性，あるいは移動の不可能性といった市場全体に一律に影響を及ぼすところの一般的な「摩擦」という強烈な含蓄を有している．しかしながら，供給者ごとに異なる生産物，異なる市場が存在するという認識とともに，一様性に関する前提は，いかなる意味においても消え，……われわれは多様性を有する．」（Chamberlin 1961, 526-7；訳390-91頁）

　ジョーン・ロビンソンの『不完全競争の経済学』で重要な位置を占めるのが産業であるのに対し，チェンバリンの『独占的競争の理論』で重要な位置を占

めるのは集団である．そこでは，売り手はそれぞれの差別化可能な生産物を独占しており，売り手間の集団関係のさまざまな型が想定されている．選好は「消費者のマインド」にあると考えたジョーン・ロビンソンとは異なり，チェンバリンは，生産物の異質性を，売り手が彼らの製品を差別化するために積極的に使う「競争的武器」(O'Brien 1983, 35) とみなした．

不完全競争革命におけるこの第2番目の思想の系譜は，「非合理的」な消費者選好や費用逓減ではなく，互いを食い物にして市場パワーを獲得するために，彼らの生産物の差別化や多様性を利用する売り手の集団という考えを中心に置いている．分析結果の多くはジョーン・ロビンソンによってなされたものと似ているが，チェンバリンの分析は，静的な部分均衡の枠組を逃れようと試みている．しかしながら，それは寡占によって引き起こされる動的な戦略的相互依存の問題への取り組みには十分に成功しているわけではない．

9. ロバート・トリフィン

わずか数年後，チェンバリンの指導のもと，博士論文を書き上げたトリフィンは，チェンバリンによって描かれた寡占の理論によって提起された課題を，解決ではないにせよ，設定することができた．

彼は，独占か競争かの評価基準は，需要曲線の傾きによって表されるような各企業に特徴的な状況にではなく，企業間の関係の性質に見出されることを指摘した．企業の集団内の一連の反応を考慮するというチェンバリンによって採用されたアプローチが，部分均衡アプローチのなかで類似の企業についての分析を枠組としたジョーン・ロビンソンのそれよりも優れている理由はここにある．実際，彼女のアプローチでは，産業内の他の企業による生産の変化は登場せず，登場するのは「企業の参入や退出，ならびにその産業によって生み出された商品に対する総需要の恣意的なシフトだけである」(Triffin 1940, 44)．

しかしながら，トリフィンは，チェンバリンやロビンソンによって発展した不完全競争論の2つの側面を，等しく不満足なものとみなした．すなわち，(1)企業の相互依存性に焦点を当てるのではなく，「集団」や「産業」といった不明瞭な概念に依存している点，ならびに(2)生産者が課す価格と市場によっ

て購入される量との関係についての生産者の期待を表現している主観的需要曲線を,「市場の実際の反応を具体化する」(Triffin 1940, 63) 客観的な需要曲線でもある, と仮定している点の2つである.

　トリフィンにとっての中心的な概念は, 2つの生産物のあいだの代替の弾力性であった. すなわち, その値が無限でないとき, これら2つの商品の生産者による独立した価格政策の余地が生じ, 問われるべきことは, 財のあいだの一般的な競争性の問題になる.「純粋競争の場合にのみ, 1つの産業として企業をグループ化することによって, 売り手の行動と反応をより単純で明確な型へ還元できる」(Triffin 1940, 88).

　トリフィンの業績において, 不完全競争は, 戦略的行動の分析と企業間の相互依存関係の研究に根ざしている. 彼は, 競争の形態は売り手間の関係の問題であるという点を強調しながら, 集団内あるいは産業内の企業数や, これらの企業の生産物間の差別化あるいは差別化の欠如に基づいた, 競争の異なる形態分類（純粋か完全か, 独占的か不完全か）を拒否した. 純粋か完全か以外の競争形態を取り扱う難しさは, ある企業の他の企業への影響だけでなく, その企業に影響を与える他の企業の連鎖反応からも生じる.

　最後に, トリフィンにとって, 需要曲線の完全な弾力性は, 完全競争の適性なテストではない. その定義における本質的な要素は,「他の売り手によって課された価格への企業の売上の完全依存性であり……加えて, これらの売り手の価格決定に対して当該企業が影響を及ぼす力の欠如」(Triffin 1940, 138) である.

10. その遺産

　イギリスのケンブリッジを起源とする不完全競争論の系譜は, 一貫性と現実性の欠如をその理由として, スラッファによって彼の1925年と1926年の論文で開始された, マーシャル流の費用曲線と需要曲線に対する攻撃であった. 最初にリチャード・カーンによって, その後ジョーン・ロビンソンによってなされた仕事においては, 不完全競争はマーシャル的アプローチを補完するための手段であり, それを破棄する理由ではなかった. 完全競争は, 実際の市場で支

配的な一般的ケースではなく，需要曲線と供給曲線が特定の形状をしている場合の特殊ケースであることが示された．しかし，平均曲線と限界曲線に具現化される限界分析の装置全体は，スラッファの批判に反して復活され，その批判への反応として特定の仮定とアドホックな定義が作り出された．

企業行動をより現実的な価格理論に統合するために，市場の不完全性をシステムについてのマクロ経済分析に組み込もうとしたカレツキの試みは，部分的にしか成功しなかったが，雇用水準の決定において，実質賃金ではなく，有効需要へより重きを置く方法を示した．

チェンバリンの貢献はそうした環境で発展したものではない．その主たる議論がよって立つのは，市場の表現の中心としての製品の差別化や戦略的行動である．トリフィンは，一般均衡の枠組のなかで満足のいく寡占理論が発展されるべきであるならば，そこで取り組まれるべき一連の課題を明らかにした．

しかしながら，「第1次」不完全競争革命は，代替的な研究プログラムにまで成長しなかった．またそれは，経済学における完全競争アプローチを深刻に損なわせることもなかった．にもかかわらず，不完全競争革命は，競争が経済効率という結果をもたらすという議論を危うくし，資源配分の最善の手段としての市場への信頼を動揺させ，介入と制度変革を許容するものであった．

1940年代後半と1950年代初頭には，何人かのシカゴ学派の研究者，主としてミルトン・フリードマンとジョージ・スティグラーから反発が生じた（Keppler 1994; 1998を参照）．彼らは，独占的競争論は実際の経済のより現実的なモデルであるという主張に反論しながら，その理論に対する批判を形成した．その反論は，理論の価値はその仮定の現実性ではなく，その予測の現実性にある，というものである．その例としては，不完全競争を，一般性を欠き，実証的に空虚なものとして非難したスティグラーの有名な1949年の論文だけでなく，屈折需要曲線に関するポール・スウィージーの研究に対する攻撃もあげられる（Sutton 1989; Freedman 1995を参照）．

第1次不完全競争革命は，完全競争の仮定の現実性の欠如に対する反応であったが，皮肉にも，予測のテストに耐えることができないとして攻撃を受けた．うまいいい方をすれば，「フリードマンの1953年のエッセイ [Friedman, 1953] の効果（ならびに確実にその目的）は，論理的一貫性があり，広く適用

可能な経済理論の中核であり，応用経済学の基礎である価値と分配の理論を救うことであった」(Moss 1984, 316)．

　一方，完全競争以外の市場形態に基づいた重要な論文や著作は書き続けられたが，教義の本体は無傷のままであった．サミュエルソンが真の「革命」としての不完全競争を擁護したのは，こうした背景に抗してのことである．「チェンバリン，スラッファ，ロビンソンとその同時代の人々は，経済学を新しい土地――それへの批判者がわれわれをそこから立ち退かせることはけっしてないであろう――に導いた．」(Samuelson 1967, 138)．

　しかしながら近年，われわれは，基礎的な完全競争モデルと対比され，それを充実させる一手段として，現代的なミクロ・モデルとマクロ・モデルにおいて「第2次」不完全競争の隆盛を目の当たりにしてきている（Dixon and Rankin 1994; Gabszewicz and Thisse 2000 を参照）．強調点は，情報の非対称性や限定合理性によって説明されるさまざまな形態の価格硬直性に置かれており，そこでは，いくつかの市場は存在しないこと，あるいは存在したとしても，経済主体はそれらを機能させるための完全な情報や知識を欠いていることが認識されている．新しい古典派による自由市場経済学の復権との対比を試みるニュー・ケインジアンの方法に関してはいくつかの留保はなされるが，いまや，市場の力はその働きにおいて，限定的，部分的，不完全なものと捉えられるべきであるという合意は，過去に比べて，大きいように思われる．さらに，市場分析，およびさまざまなタイプの経済主体間での相互作用をモデル化する代替的なアプローチが，ゲーム理論によって発展してきた．その理論は，完全競争と不完全競争の区別に依存しない．このアプローチは，寡占と戦略的行動を取り扱うのに最も適しており，また，これらに含まれる困難な問題の多くを解決することができる，と広く考えられている．

　したがって問題は，第1次不完全競争革命の真の遺産は何かという点である．消費者選好，製品差別化，意思決定における戦略的行動を許容するかたちで基本モデルから離れることが，完全競争のケースに対する真の代替となるのであろうか．それともそれは――スラッファがおそらく意図したように――競争の異なる意味を含んだ，異なる価格理論の余地を残されている，ということなのであろうか．問題の核心は，第1次不完全競争革命の結果として生じた2つ

の分岐する研究の方向性——すなわち，経済主体の戦略的意思決定を表現する方向性と，異なる基礎をもつ価格理論を発展させる方向性——のいずれを選択するかにある．

私は個人的に，寡占理論の主導者によって表明された意見に共感を覚える．すなわち，われわれは「現実の状況下で，価格決定の基礎となり得るような客観的な要素を識別しようとするべきである．そうでなければ，われわれは，反応曲線と推測変動という空想の世界，すなわち，何事も起こり得るし，また何事も起こるとはかぎらない世界，に留まり続けるという危険を冒すことになるであろう」(Sylos Labini 1969, 34; 訳 42-43 頁).

参考文献

Cassells, J.M. (1937): Monopolistic competition and economic realism. *Canadian Journal of Economics*, 3(3), 376-93.

Chamberlin, E.H. (1933): *The Theory of Monopolistic Competition*. Cambridge, MA: Harvard University Press (青山秀夫訳『独占的競争の理論－価値論の新しい方向』至誠堂，1966 年).

——— (1961): The origin and early development of monopolistic competition theory. *Quaterly Journal of Economics*, 74(4), 515-43.

Clifton, J.A. (1977): Competition and the evolution of the capitalist mode of production. *Cambridge Journal of Economics*, 1(2), 137-51.

Dardi, M. (2000): Why did Sraffa lose interest in imperfect competition? In R. Marchionatti and T. Cozzi (eds.), *Piero Sraffa's Political Economy. A Centenary Estimate*. London: Routledge.

Dixon, H.D. and Rankin, N. (1994): Imperfect competition and macroeconomics. *Oxford Economic Papers*, 46(2), 171-99.

Freedman, C. (1995): The economist as mythmaker —— Stigler's kinky transformation. *Journal of Economic Issues*, 29(1), 175-209.

Friedman, M. (1953): The methodology of positive economics. In *Essays in Positive Economics*. *Chicago*: The University of Chicago Press.

Gabszewicz, J.J. and Thisse, J.F. (2000): Microeconomics theories of imperfect competition. *Cahiers d'Economie Politique*, 37, 47-99.

Hicks, J.R. (1935): Annual survey of economic theory: the theory of monopoly. *Econometrica*, 3(1), 1-20.

Kahn, R.F. (1952): Review of Oxford studies in prices mechanism. *Economic Journal*, 62(245), 119-30.

——— (1989): *The Economics of the Short Period*. London: Macmillan.

Kalecki, M. (1938): The determinants of distribution of the national income. *Econometrica*, 6(2), 97-112.

―――― (1940): The supply curve of an industry under imperfect competition. *Review of Economic Studies*, 7(1), 91-122.

Keppler, J.H. (1994): *Monopolistic Competition Theory. Origins, Results and Implications*. Baltimore, MD: The Johns Hopkins University Press.

―――― (1998): The genesis of 'positive economics' and the rejection of monopolistic competition theory: a methodological debate. *Cambridge Journal of Economics*, 22(3), 261-76.

Keynes, J.M. (1973): Relative movements of real wages and output. Reprinted in D. Moggridge (ed.), *The Collected Writings of John Maynard Keynes*, vol. VII. London: Macmillan（塩野谷祐一訳『雇用・利子および貨幣の一般理論』東洋経済新報社，1983年）.

Marcuzzo, M.C. (1994): R.F. Kahn and imperfect competition. *Cambridge Journal of Economics*, 18(1), 25-40［本書第6章として所収］.

―――― (1996): Alternative microeconomic foundations for macroeconomics: the controversy over the L-shaped cost curve revisited. *Review of Political Economy*, 8(1), 7-22［本書第12章として所収］.

―――― (2001): Sraffa and Cambridge economics, 1928-1931. In R. Marchionatti and T. Cozzi (eds.), *Piero Sraffa's Political Economy: A Centenary Estimate*. London: Routledge［本書第10章として所収］.

Marshall, A. (1964): *Principles of Economics*, 8th edn. London: Macmillan.

Moss, S. (1984): The history of the theory of the firm from Marshall to Robinson and Chamberlin: the source of positivism in economics. *Economica*, 51(203), 307-18.

Newman, P. and Vassilakis, S. (1988): Sraffa and imperfect competition. *Cambridge Journal of Economics*, 12(1), 37-42.

O'Brien, D.P. (1983): Research programmes in competitive structure. *Journal of Economic Studies*, 10(4), 29-51.

Reinwald, T.P. (1977): The genesis of Chamberlinian monopolistic competition. *History of Political Economy*, 9(4), 522-34.

Robinson, A. (1950): The pricing of manufactured products. *Economic Journal*, 60(241), 771-80.

Robinson, J. (1969): *The Economics of Imperfect Competition*, 2nd edn. London: Macmillan（加藤泰男訳『不完全競争の経済学』文雅堂銀行研究社，1956年）.

Samuelson, P.A. (1967): The Monopolistic Competition Revolution. In R.E. Kuenne (ed.), *Monopolistic Competition Theory: Studies in Impact*. New York: Wiley.

―――― (1994): Richard Kahn: his welfare economics and lifetime achievement. *Cambridge Journal of Economics*, 18(1), 55-72.

Sawyer, M. (2001): Kalecki on imperfect competition, inflation and money. *Cambridge Journal of Economics*, 25(2), 245-61.

Sraffa, P. (1925): Sulle relazioni fra costo e quantità prodotta. *Annali di Economia*, II, 277-327.

―――― (1926): The laws of returns under competitive conditions. *Economic Journal*, 36(144), 535-50（菱山泉・田口芳弘訳『経済学における古典と近代』有斐閣，1956 年 所収）.

Stigler, J. (1949): Monopolistic competition in retrospect. In *Five Lectures on Economic Problems*, London: Longman, 12-24.

Sutton, J. (1989): Is imperfect competition empirically empty? In G.R. Feiwel (ed.), *The Economics of Imperfect Competition and Employment*. London: Macmillan.

Sylos Labini, P. (1969): *Oligopoly and Technical Progress*, 2nd edn. Cambridge, MA: Harvard University Press（安部一成・山本英太郎・小林好宏訳『寡占と技術進歩 (増訂版)』東洋経済新報社, 1971 年）.

Triffin, R. (1940): *Monopolistic Competition and General Equilibrium Theory*. Cambridge, MA: Harvard University Press.

Whitaker, J.K. (1989): The Cambridge background to imperfect competition. In G.F. Feiwel (ed.), *The Economics of Imperfect Competition and Employment. Joan Robinson and Beyond*. London: Macmillan.

第15章
ケンブリッジ経済学の伝統における利潤最大化*

M.C. マルクッツォ,
E. サンフィリッポ

1. はじめに

　1960年代以降,「ケンブリッジ」アプローチは, スラッフィアンの系譜であれ, カレツキアンの系譜であれ, 反限界主義的立場とますます同一視されてきた. しかしながら, われわれが証拠を示すように, 少なくとも1950年代までは, ケンブリッジの主導的な経済学者のあいだに, この問題に関する合意はほとんど存在していなかった. ケインズとカーンは, 単一企業による価格と産出の決定を扱うとき, マーシャルの言語をけっして拒絶しなかった. 彼らとジョーン・ロビンソンは, カレツキによって用いられた独占度の概念に対してきわめて批判的であり, そしてカレツキの側でも, 限界収入＝限界費用というアプローチを拒絶する一方で, 少なくともホール＝ヒッチ (Hall and Hitch 1939) によって示唆された形式のフル・コスト原理による価格設定には賛同しなかった.

　スラッファの場合と異なり, 新古典派のパラダイム, およびそこで想定されるシステムの最適性に対してケインズ, カーンおよびジョーン・ロビンソンが掲げた批判は, 少なくとも非集計的なレベルでは, 限界分析, 需要と供給の理論, および関連する均衡概念についての, 明白に彼らによる無条件の受容と併存していた[1]. 他方で, これらの経済学者は, 投資決定および金融市場の働きのケースでは, その理論を支持しなかった. それは, 彼らが不確実性に帰した役割や, 彼らのすべてが個人の異時点間選択の, 集計レベルでの, 予測できない結果に与えた重要性のためである.

第15章 ケンブリッジ経済学の伝統における利潤最大化

　以下でわれわれは，限界費用価格付けと利潤最大化に対して，マーシャル，カーンおよびケインズの採った立場を検討し，ホール＝ヒッチ版のフル・コスト原理による価格設定に対してカレツキならびにケンブリッジ・ケインジアンによってなされた批判を検討する．マーシャルとカーンは個々の企業や産業の均衡に一層の関心を寄せていたのだが，ケインズとカレツキは経済システム全体の文脈でのこれらの問題を扱っていた．われわれは，利潤最大化の仮定[2]として要約される企業家行動への彼らのアプローチを比較し，その仮定の受容ないし拒絶の根底にある理由を明らかにする．

　混乱を回避するために，いくつかの説明が必要である．この章のタイトルおよび章全体にわたって，われわれは明確に特定化されていないケンブリッジの伝統に言及するが，読者はなぜこれらの特定の論者が選ばれたのか不思議に思うかもしれない．2つの理由があげられる．1つは，それほど論争的ではないもので，彼らがケンブリッジ・アプローチにおいて主導的な経済学者であるということである．2つめの理由は，少なくとも表面的には，彼らの分析において限界主義的方法を支持するのに彼らは躊躇しているように思われるからである．実際，ケンブリッジの伝統とは何かという問題に取り組むとすれば，企業行動の理論に関するかぎり，われわれの注意がむしろ向かうべきは，マグレガー，ラヴィントン，ロバートソン，アンドリュースといった論者，あるいは，これらの問題を広範に論じ，産業経済学へのケンブリッジ・アプローチとして際立っている『産業と商業』(Marshall 1919) のようなマーシャルの業績の部分へ，であろう (Raffaelli 2004 を参照)．しかしながら，われわれが以下でより明確になることを望むように，これは本章の目的ではない．このことが，また，われわれが，なぜ企業家行動の静学的な限界分析以外の方向性を示しているマーシャルのアプローチの諸側面を探求しないかの説明にもなる．反対に，われわれの目的は，主流派経済学の代替物を追求するなかで参照基準となる論者によって，利潤最大化のルールが採用されたのかどうか，あるいはどの程度採用されたのか，といった問題に取り組むことである．さらに明確にされるべきは，われわれの目標は，企業行動へのケンブリッジ・(あるいはポスト・ケインジアン・) アプローチを構築する作業のための課題を設定することではなく，むしろ，主に経済思想史の課題のなかで，それらの論者によって保持され

た立場を可能なかぎり正確に輪郭を描くことである．この点において，われわれは，現実世界で企業家がどのように行動するのかという問題に取り組もうという試みすらしていない．もっとも，利潤最大化および限界主義的微積分学は，説得力もなければ，論理的に確固たる表現でもない，というのがわれわれの見解ではあるのだが．

2. マーシャル

われわれの研究の出発点はマーシャルである．なぜなら，彼の追随者や，また批判者によっても追求された経済学におけるケンブリッジ的伝統の枠組のなかで，多くの研究の方向性の発展において，彼はきわめて影響力があったからである．最近の文献では，『産業と商業』や『経済学原理』のいくつかの部分で見出される進化的アプローチが，概して，個別企業と産業に関するマーシャル理論の本質的要素である，といった見方が現れている[3]．標準的な解釈——『原理』第5編第6章で提示されるような，さまざまなタイプの静学的費用分析や供給と需要という理論装置——は誤解を与えるものであり，マーシャルが行おうとしていたことの誤ったイメージを伝えるものである，と主張されている（Dardi 2003; Raffaelli 2003）．

これらの最近の解釈に照らしてさえ，否定することが困難に見えるのは，マーシャルの分析における——進化的・生物学的アプローチを超えた——企業についての静態的ヴィジョンの存在である．そこでは，企業家は，その行動が限界主義的な方法によって分析される，最大化行動を取る経済主体として捉えられる．例えば，以下の節を参照されたい．

> すべての実業家は［……］一定の任意の生産要素の追加利用によって，どれくらい純生産物（総生産物における純付加価値）が生じるのか，可能なかぎり推計する．［……］彼は，その純生産物が，その生産要素に支払わなければならない価格をもはや超過しない限界まで，それぞれの生産要素を雇用するように努める．彼は一般的に，形式的な計算というよりは，訓練された直感によって働く．しかし，彼の一連の行為はわれわれの派生需

要の研究で示されるものと本質的に似ている．他の観点からは，それらは，複式簿記の複雑で洗練されたシステムによって得られるようなものとして描けるかもしれない（Marshall 1961, 406）．

たとえ，ここに不完全な知識の文脈が暗示されているように思われるとしても，2つの大きさの限界点での比較をするという限界主義的方法が，企業家を導く行動ルールとして，マーシャルによって採用されている．

他方で，『経済学原理』の序章や『産業と商業』における企業家の意志決定プロセスについてのマーシャルの分析はかなり異なっているように見える．実業家の行動に関する研究においては，慣行や習慣の影響，制度的な文脈，ならびに実業上の「関係（コネクション）」に対してはるかに大きな重要性が与えられており（例えば，Marshall 1919; 196；訳 第2分冊24頁を参照），それらは，あらゆる技術的・人間関係上の側面において，実業家が活動する市場についての拡張された知識を意味している（Becattini 1962; Caldari 2001 を参照）．企業家は「請負人」，すなわち，実業活動に具現化されるリスクを負担し，以下のような特別な資質をもった人間である．「彼自身の取り引きにおけるものごとに関する知識」，「生産と消費の広範な動きを予測する力」（これには，「実際の要望に見合う新しい商品を供給する，あるいは，古い商品の生産計画を改良する機会がどこにあるのか」を見きわめる能力を含む），「注意深く判断し，リスクを大胆に請け負い」，また「人々を率いる天性のリーダー」になる能力（Marshall 1961, 297．また Pesciarelli 1991; Caldari 2001 も参照）[4]．

（実業家を含む）人間行動の一般的特徴について記述するさい，マーシャルは次のように書いている．

> ［……］経済学が特に関係する人生の側面は，人の行為が最も熟慮され，ほとんどの場合，彼がその行為に入る前に利益と不利益を計算するような側面である．さらにそれは，彼が習慣や慣習にしたがい，しばし計算なしに進んだとしても，習慣や慣習それ自体が，ほぼ確実に，さまざまな方向の行動に関する利益と不利益を綿密に注意深く観察したことから生じたものに違いないような人生の側面である（Marshall 1961, 20-21）．

言い換えれば，現実世界の企業家行動について記述する場合，限界主義的ルールは，企業均衡の決定の場合のように，限界収入（マーシャルの用語では「純生産物」）と限界費用のような2つの厳密な大きさの均等化というよりは，むしろ，所与の状況や行動における変化の「利益」と「不利益」を比較検討する問題になる．そして，反復と変化，差異化と統合化の過程の結果として生じる企業と経済システム全体についてのマーシャルの生物学的・進化的概念によく適合するのは，まさに，こうした事業家の意志決定過程についての健全な説明である（Raffaelli 2003, 104）．

　ケンブリッジの伝統のなかに，われわれは容易に，企業および企業行動に関する両方の表現の痕跡を見つけることができる．進化的アプローチは，ラヴィントン，マグレガー，ショーヴ，ロバートソンならびに後のアンドリュースのような，マーシャルの生徒で師匠の「精神」により親近感を感じていた者たちによって発展させられた産業経済学に浸透していった（Raffaelli 2003）．対照的に，需要・供給曲線や企業家による限界主義的算法が染み込んだ，完全競争状態における企業の静的パラダイムは，ピグー，ならびに十分に奇妙ではあるが，カーンとロビンソンによって拡大され，洗練された．不完全競争論は，一貫性と現実性の欠如を理由にスラッファによってなされたマーシャル理論に対する攻撃（Sraffa 1925; 1926 を参照）への反応として生じた．しかしながら，最初にカーンによって，その後ジョーン・ロビンソンによってなされた仕事においては，不完全競争はマーシャルのアプローチを補完するための手段であり，それを破棄する理由にはならなかった．完全競争は，需要・供給曲線が特定の形状をしている場合の特殊ケースであることが示された．しかし，平均曲線や限界曲線，そして利潤最大化のルールに具体化される限界主義的分析の装置全体は完全に支持された（Marcuzzo 2003 を参照）．

3. カーン

　この節では，われわれは最初に，マーシャル流の分析を純粋競争以外のケースに一般化するカーンの試みに目を向け，次に，利潤最大化に関する彼特有の解釈を見ることにする．『短期の経済学』は，カーンのフェロー資格論文

(Kahn 1989) ならびに未完本 (Kahn 1932a) の両方のタイトルであるが, そこで彼は, 利潤最大化は, 完全競争と不完全競争のいずれの仮定のもとでも同様に成り立つような, 産出の均衡水準を決定するための一般的ルールであると基本的に主張している.

彼の生前には公刊されなかった[5]「不完全競争と限界原理」(Kahn 1932b) と呼ばれる論文において, カーンは, ルールへの信奉は企業の実際の行動についての観察によって裏付けられているという問題に, より詳細に取り組んでいる. 理論と現実のあいだの合致は, 利潤最大化を, 実業家によって実際に, そして意識的に試みられる計算練習ではなく, 「試行錯誤」[6]の方法と同義なものとして解釈することにより, 達せられる. フェロー資格論文では, 彼は以下のように記した.

> [……] 意識的な理解が不可能なとき, 本能や直感が, 行為における限界主義原理への信奉を捉えるであろう. そして, それらがない場合, 私たちは試行錯誤の方法に頼ってもよい. 経験則に具現化される経験がしばしば利潤はどのように最大化されるのかを指示するであろう (Kahn 1989, 162).

論文のなかで, 彼は同じ議論を提示している.

> [……] すべての生産者が, 他の生産者とはまったく独立に, 最大利潤点に命中させようとして, 絶えず彼の価格と産出を変動させていると想定することができる. というのは, 経済理論の通常の仮定が実際に正当化できるのは, 実業家によるこの試行錯誤の方法の持続的な採用に依存することによってのみである (Kahn 1932b, 5).

カーンは彼の議論に対して生じ得る反論を自身であげている. 第1に, 実業家が, 通常, 限界費用ではなく平均費用を見ると主張しているという証拠[7]を, いかに説明するのかという点である. 彼の答えは以下のとおりである.

［……］われわれが考慮に入れなければならないのは，実業家の個人的行為の帰結であって，彼らの一般的理論の帰結ではない．そして，彼らにとって完全に明確に思われる一般的理論は，彼らの個人的行為を通じて表現を得ることに完全に失敗するかもしれない（Kahn 1989, 159）．

　ここでの重要な点は，カーンによれば，実業家は，彼らがそうすると主張するようには行動していないということであり，また，このことが，彼らの述べることが無視できる理由である．さらに，現実の行動が実際，限界主義的ルールにしたがっているという証明は，事業における「成功」である．
　第2に，需要曲線は個々の企業によってはほとんど知られていない．それが限界費用曲線との交点を求めるための基礎を形成するということは，どのようにして想定することができるのだろうか．カーンは，重要なことは「試行錯誤の方法によって」到達する「個別の需要曲線についての事業家の概念」である，と主張する．したがって，唯一の関連ある仮定は「彼が利潤を最大化するとき，事業家の心にある」(Kahn 1989, 101) 仮定である．実際，実業家の行動を理解するために，関連あることは，「企業がその価格を変更するとき実際に起こることではなく，企業の所有者が起こりそうだと想像することである」（Kahn 1989, 100．傍点は引用者）．
　任意の需要スケジュール（同様に，任意の限界費用スケジュール）に具現化される主観的要素にもかかわらず，カーンによれば，以下のような議論に基づいて，（完全競争下での）利潤最大化の産出水準，および（不完全競争下での）利潤最大化の価格水準を見つけるために，需要曲線を用いることができる．

実業家が行動する仮定の性質を前提することなく，個別需要曲線を利用することは可能［である］．これらの仮定の性質は，個別需要曲線の傾きに影響を与え，結果として，それは最終的な均衡の位置にも影響を与える．しかし，それは均衡の位置が決定される一般的な議論には影響を与えない（Kahn 1989, 119）．

　第3に，たとえそれが試行錯誤の行使として解釈されるとしても，利潤最大

化における合理性について必要とされる仮定は，行動に対しての慣性の支配的な影響という観察と対照的である．例えば，需要が落ち込んでいるとき，われわれは，企業家が限界主義的ルールを適用したがらないことを目にしそうである．ここで，カーンは次のように強調する．

> ［……］他の力が克服できるほど十分に強くなるまで，政策の修正を妨げる自然な慣性が存在する．損失は，可能な将来の利潤に目的意識的に対置されずに，もはや対応できなくなるまで継続されたままになる．［……］実業家が非常に多くの努力を捧げ，彼自身の存在がきわめて密接に結び付いた有機体〔企業〕は，再び発展・繁栄しなければならないという実業家の生来の信念に対応できなくなるまで[8] (Kahn 1989, 23)．

さらに，「どのような実業家でも，より少なく損をしているようにみせるために，むしろより多くの損をするものである」(Kahn 1989, 17)．

ここでの要点は，産出が縮小されるべきときに，限界主義的ルールの適用において含意されるように，合理的行動に企業家はしたがわないということである．なぜなら，彼らは根拠のない回復の期待への固執や，〔事業が〕失敗しそうに思われることへの恐れがあるからである．しかしながら，損失を最小化しないということの帰結は，企業の破綻か閉鎖である．もし企業が生き残るならば，これは限界主義的ルールが守られたということの証明である．

1930年代の彼の仕事に現れたカーンの立場は，マハループ (Machlup 1946) によって人気のあるものになった．もちろん，これらの問題に関するカーンの見解は，ケンブリッジでの少数の人々のサークル外では知られていなかったので，マハループの有名な論文「限界分析と実証的研究」においてカーンへの言及はされていない．マハループは次の点を強調した．

(1) 試行錯誤とは厳密な微積分学ではなく，試行錯誤が想定された価格設定法である．すなわち，「実業家が何人雇うのかを決めるとき，限界純収入生産力と限界要素費用を均等化させる実業家は，高等数学や幾何学，あるいは予知能力に携わる必要はない［……］彼は単に，彼の感

覚や状況についての彼の「感触」に頼るであろう」（Machlup 1946, 535）．

(2) 需要曲線と費用曲線は主観的評価である．すなわち「限界費用と限界収入の概念は［……］将来の状況についての期待に関連している」（Machlup 1946, 523）．そして「企業についての限界分析は，［価格，産出および販売に関する］主観的評価，推測，直感以外のものを含意すると理解されるべきではない」（Machlup 1946, 522）．

(3) 限界分析が関係しているのは，実業家の行為についての自らの合理化ではなく，彼らの現実の行為である．すなわち，「行為についての説明のなかで使用される技術的用語は，その行為を行う個人の思考のなかに何の役割ももつ必要はない」（Machlup 1946, 537）．

4. ケインズ

　新古典派批判に対するケンブリッジの批判の主要作品は，ケインズの『一般理論』（Keynes 1936）であるが，にもかかわらず，そこでわれわれは，限界費用逓増の仮定や，雇用と実質賃金のあいだの暗黙の逆相関を見出す．これらは，マーシャル流の理論装置とのすべてのつながりが切断されたというわけではない証拠である．

　しかしながら，『一般理論』において，利潤最大化のタームで単一企業の均衡についての分析に割かれた文章はほとんどなく，同じことはその準備的な仕事にも当てはまる．最も明示的な言及は，第3章の草稿の1つから得られる[9]．

　　おのおのの企業は，その産出の将来的な売値と，さまざまな可能な生産規模での産出に関するその可変費用を計算する．単位当りの可変費用は概して，すべての産出規模にわたって一定ではなく，産出の増加ともに増加していく．したがって産出は，将来的な売値がもはや限界可変費用を超過しない点まで推し進められる（Keynes 1979, 98. 89 も参照）．

　おそらく重要なことであるが，この文章は最終版には含まれなかった．しか

第 15 章　ケンブリッジ経済学の伝統における利潤最大化　367

し,『一般理論』の本文には, ケインズがこの特定の問題に対する彼の考えを実質的に変えたと読者が思うことの根拠を与える証拠はない. 他方で, 彼の広範囲の科学的な生産の地に, この問題の包括的分析に明示的に捧げられている特別な箇所がないことは, ここで注目に値する. すなわち, 彼は, 経済理論のこの側面をより深く探究することに多くの労力と時間を注ぎ込まなかったように思われる.

　『一般理論』において関連する文章は下記のものである.「企業者の所得は, 彼の生産規模に依存しながら, 彼が最大化しようと努力する量, すなわち, 通常の意味における彼の粗利潤に等しいと考えられる. ——これは常識と一致する.」(Keynes 1936, 53-54；訳 54 頁. また 56；訳 57 頁も参照), および「なぜなら, 企業者は売上金額が要素費用を超過する額を最大にすると期待する水準において, 雇用量を定めようと努力するからである」(Keynes 1936, 24-25；訳 25 頁).

　ケインズが限界主義的言語を採用し, それをとても控え目に使用したことは明らかに思われる. あたかも——そう推論する誘惑にかられるのであるが——それが彼の分析の核心の外部にあるかのように. 実際, マーシャル流の理論装置——需要・供給曲線——への依存は,『一般理論』では限定的である. この著作の主なメッセージは, それが「古典派的」理論以外のものである, ということである. 後者に対するケインズの批判は,「その暗黙の想定がほとんどあるいはまったく満たされていないため, 古典派理論は現実世界の経済問題を解決することができないということを指摘すること」(Keynes 1936, 378；訳 381 頁)[10]にあった.

　逆にわれわれは多分, 利潤最大化の背後にある仮定は, ケインズにとって, それを受け容れさせるに十分明示的で一般的であるように見えたと推論してもよい. ここでわれわれは, 同じ年に限界主義的分析をその根底において攻撃を開始していたスラッファとの距離を測ることができる. 彼は明らかに, この地に立つ新古典派の要塞を廃棄する必要性を, ケインズに十分に説得しようとはけっしてしなかった (Marcuzzo and Rosselli 2006 を参照)[11].

　他方で, ケインズの革新的な見解は主として, 投資決定, その予想収益の決定, 経済計算における期待と不確実性の影響, および投機的活動の役割に関連

している．結果として，企業家は合理的な計算に基づいて進むのではなく，直感，慣行，習慣に順応するものとして見られている（Keynes 1936, 152；訳150頁）[12]．実際，『一般理論』において，投資決定は，個々の産出水準の決定とは反対に，「予想利潤の正確な計算」に基づいては，けっしてなされない．すなわち，それらは一種のくじの結果であり，そこでは，

> ［……］結末のついたあとでさえ，投資額によって測られた平均的な成果がそのときの利子率を超えていたか，それと等しかったか，それ以下であったかはだれも知らなかったであろう．［……］もし人間本性がいちかばちかやってみることに何の誘惑も感ぜず，工場や鉄道や鉱山や農場を建設することに（利潤を獲得すること以外に）何の満足も覚えなかったとしたら，単に冷静な計算の結果としての投資はあまり多くは行われなかったに違いない（Keynes 1936, 150；訳 148 頁）．

さらに，ケインズにおいては，ロンカリア（Roncaglia 2006）が指摘したように「含まれる不確実性の「種類」に応じて，経済主体や意思決定の区別が存在する．すなわち，企業家は投資金融業者（*financiers*）から区別されなければならない．また両者とも家計からは区別されなければならない．企業家の意思決定のなかで，投資に関連するものは，生産水準に関するものと切り離さなければならない」．

「根本的」不確実性に直面して，企業家の脱出口は，いくつかの慣行的なルールにしたがうことである．例えば，「現状を受け取り，それを将来に投影することであって，その場合われわれが変化を期待する多かれ少なかれ確定的な理由をもつかぎりにおいてのみ，それを修正するにすぎない」（Keynes 1936, 148；訳 146 頁）というようなものである．別の脱出法は，試行錯誤と同様な手続きを通じて，結果に影響を及ぼす原因についての無知の程度を考慮に入れながら，合理的な推測に基づいて予想収益を推定しようとすることである．

ケインズは『一般理論』の有名な1節で次のように書いている．

> 十分な結果を引き出すためには将来の長期間を要するような，何か積極的

なことをしようとするわれわれの決意のおそらく大部分は，血気——不活動よりもむしろ活動を欲する自生的衝動——の結果としてのみ行われるものであって，数量的確率を乗じた数量的利益の加重平均の結果として行われるものではない（Keynes 1936, 161；訳 159-160 頁）[13]．

この 1 節は，企業家の意思決定過程の「非合理的」性質に対する確信よりも，むしろ，企業家行動の背後にあるものを表すための数学的計算に対する彼の拒絶の明白な証拠であるように，われわれには思える（Keynes 1936, 162-163；訳 160-161 も参照）．

ここでの適切な区別は，意思決定をするために個人によって考慮に入れられる一連の要素と，経済理論を構築するためにそれらが転換できる一連の要素のあいだの区別である．バイクのライダーが曲がるさいに，何ら計算なしで，あたかも彼が動力学の法則を熟知しているように，傾きの最適角を見つける事例とは異なり，ケインズの企業家行動の記述は次のことを示している．すなわち，$MR = MC$ を行動の近似的ルールとして解釈することは誤導的である．なぜなら，「直感」を「計算」に転換させるさいに抜け落ちるような，他の要素が意思決定の過程に入ってくるからである．

5. カレツキ

カレツキのアプローチの独特な点は，不完全競争を扱うさいに，彼は利潤最大化の仮定に頼らなかったということである．これはジョーン・ロビンソンによって 1 つの変則と捉えられた．彼女はカレツキへの最初の手紙のうちの 1 通で，（草稿のかたちで受取った）[14]彼の論文「景気循環の理論」（Kalecki 1936）に関して次のようにコメントした．「ケインズのシステムは，あなたがいうように非現実的です．しかし，あなたのそれは厄介です．なぜなら，あなたが定義する限界主要費用は限界収入と等しくならず，あるいは，企業家が非常に愚かな場合にのみ，等しくなるからです」（1936 年 9 月 16 日，ロビンソンからカレツキへ．Kalecki 1990, 502）．

その論文のなかで（Kalecki 1936, 529-534），カレツキは，限界労働費用曲線

（MLC）および限界付加価値曲線（MVA）を構築し，それらは両方とも，原材料費を，それぞれ，主要費用曲線と（逓減的と想定される）限界収入曲線から，引くことで導出される．これらの曲線は，最初，個別企業に対して導出され，次に，短期の均衡産出水準の決定においてシステム全体のために集計される．限界労働費用曲線の位置は，短期の仮定，すなわち，資本設備が固定されているため固定される．しかし，限界付加価値曲線の位置は，周知のカレツキアンの仮定——それによれば，資本家だけが貯蓄をし，支出水準を変更することができる——に基づいて，資本家の支出水準に依存する．こうして，限界付加価値曲線は，短期均衡に達するまで動く．

ロビンソンが，MVA 曲線と MLC 曲線の交点として定義されている均衡に反対しているのか，それとも，企業の産出水準を選択するさいの企業家行動に関する特別な仮定の欠如に反対しているのか，は明らかではない．しかしながら，彼女は，利潤最大化ルールについてのカレツキの放棄を理解する準備ができていないことを示唆するように見える．

カレツキの考えの発展は，ケンブリッジでのスラッファのセミナー[15]への関与，および1938-39年の彼の研究活動[16]に続くものである．1938年の秋，主要費用・売上，および産出に関する国立経済社会研究所のケンブリッジ研究計画が，ケインズを委員長として，オースティン・ロビンソン，カーン，カレツキおよびスラッファから成る委員会の監督下で設立された．最初の年の終わりに，カレツキは，単一産業に関する個別報告書と一般報告書のかたちで，主要な研究結果を提示した（より詳細については，Marcuzzo 2005 を参照）．

彼の中間報告書（1939年夏）で，カレツキはその研究の特質を総合化した．総主要費用（すなわち，原材料支払いと賃金支払いの合計）に対する総収益の比率と，それに対応する産出量指数が6つの産業について計算された．価格の変動を説明するために，純産出価値に占める賃金の相対的シェアおよび原材料価格とともに，「独占度」[17]がもち込まれた（Kahn papers, King's College, RFK 5/1/83）．これらの報告書は，ケインズ，カーンおよびジョーン・ロビンソンから激しい攻撃を受けた[18]．彼らは用いられている方法論に反対した[19]．

ほどなくして，カレツキはケンブリッジのポストを辞職し，「結果の理論的な解釈を執筆する」（1939年6月9日，カレツキからカーンへの手紙．RFK

5/1/147) ことに着手した．彼は供給曲線に関する論文（Kalecki 1940）でそれを行った．その論文では，彼はまだある種の限界分析を保持していたが，そこから立ち去ろうとしていた．それは，彼の『経済動学の研究』（Kalecki 1943）で明白に遂行されている．この著作では，2つの新しい仮定が採用された．(a)「産出が拡大しても平均主要費用はほとんど変化しない」，(b)「企業家は［産出が拡大しても，通常，ほとんど変化しない］平均主要費用を限界費用のおおまかな近似として受け取る．後者は最近の調査によっても裏付けられており，その調査は，企業家は実際には限界費用の正確な概念には精通していないことを示している」(Kalecki 1943, 119)．ここで重要な点は，平均費用はほとんど一定であると仮定されるため，限界費用もまた一定となり，したがって，それらは産出水準の決定において重要性を失うということである．さらに，平均費用は思い付くのがより容易であり，このことが，企業家が，限界費用ではなく，それに頼る理由である．カレツキは，カーンと異なり，企業家が行っていると述べることを信頼できるものとして，進んで受け入れている．もっとも，以下で見るように，彼はカーンと同じくらい，ホール＝ヒッチに対しては批判的であった．

1930年代末の彼の分析の多くに関してだが，カレツキは，市場が不完全競争的である——すなわち，各企業が右下がりの需要曲線に直面している——かぎり，限界費用が価格と産出の決定の基礎として保持できるという思考の線にしたがっていたように思われる．彼が平均費用価格形成の受容へと動いたように見えるのは，1940年代初頭になってからである．

実際，カレツキの理論は，需要の弾力性の順循環的変動という特定の仮説をもつ寡占の文脈（Kalecki 1991, 496）において，マークアップ価格形成の方向に動いた[20]．しかしながら，カレツキが利潤最大化に反対する明示的な立場を採るのは『経済変動の理論』(1954)になってからである．「価格設定の過程で直面する不確実性を考慮すれば，企業が何か正確な方法によって利潤の最大化を試みるとは仮定できないであろう」(Kalecki 1954, 210；訳4頁)．カレツキの思考の発展の重大な転換点は，彼の分析枠組において静学的な不完全競争ではなく，寡占を採用したことであった．利潤最大化行動の単純性がもはや実行可能な仮説ではない場合，戦略的行動は限られた限定合理性を内包する．

十分に興味深いことであるが，カーンは，カレツキと異なり，利潤最大化アプローチに忠実にあり続け，それは複占と屈折需要曲線の場合にもそうであった．彼は以下のように書いている．

［屈折需要曲線］は利潤最大化という伝統的仮説と両立可能である［……］屈折需要曲線が説明しているすべては，なぜ価格は，それを変化させる何かがたまたま生じるまで，その水準（それはたまたまそうであったという以外の理由のない）に留まり続けるのか，である（Kahn 1952, 122）．

6. 「フル・コスト」価格形成に対するケンブリッジの批判

価格設定において限界費用ではなく平均費用によることは，いわゆる「フル・コスト」原理で実際になされていることであり，このため，このアプローチはポスト・ケインズ派の伝統において賛同を得ている．しかしながら，「フル・コスト価格形成」への批判——少なくとも Hall and Hitch (1939) のヴァージョンへの批判——が，カーンとカレツキの両者によって提示されており，ケンブリッジの伝統内でそれへの完全な支持に対する共通の確信への反証となっている．

ホール=ヒッチは，38人の企業家によって提出されたアンケートに基づいて，価格設定における企業行動についての調査結果を提示した．主な発見は，企業家は限界収入と限界費用の均等化によって彼らの利潤を最大化しようとしているのではなく，平均費用に対して定率のマージンを加えることを目指している，というものであった（Besomi 1998）．このアプローチは，「フル・コスト原理」として知られるようになった．それに対して掲げられたカーンによる批判は以下のように要約できる．

(1) それは不十分な事実に基づいている．ホール=ヒッチの研究がわずか38のインタビューに基づくことに言及した後，カーンは，それらのおのおのを調べ，実際，上記の原理と一致しているのは，8つの返答だけであったと結論を下した．したがって，彼は次のように結論付けた．

「ホール゠ヒッチの論文によって読者が導かれる1つのきわめて確実な結論は，その発表以後経過した12年間で，あまりにも精緻化された理論的建築物が，非常に不十分な事実の基礎の上に構築されてきた，ということである」(Kahn 1952, 121)．

(2) それは，価格設定の一般的原理ではなく，むしろ，取り引きが緩慢になり，過剰設備が生じる場合に，企業が向かうメカニズムである．すなわち，「かなり競争的で同質的である産業において余剰設備の存在によって生み出される利潤への悲惨な影響から実業家を守る自衛メカニズム」(Kahn 1952, 123) である．需要が落ち込んでいるとき，利潤最大化ルール（もしくは損失最小化ルール）は，生産量の縮小を要求する．それに応じて，──限界費用が逓増するとすれば──生産物1単位当たりの利潤は減少するが，これは同時に，需要の落ち込みによる悪影響の最小化を保証する．反対に，もし価格が所与のマークアップを提供するように維持されるならば，総利潤の縮小はより低いものとなるであろう．

(3) それは合理化であって，実際の行動の記述ではない．カーンはそれが誤った合理化であることを示唆するまでに至る．なぜなら企業家は，「推論ではなく直感」(Kahn 1952, 126) によって $MC = MR$ の公式にしたがうからである．

(4) 限界主義的ルールが，繰り返しの試みによって達成される利潤最大化ルールとして，もっと一般的に解釈されるならば，フル・コスト原理と限界主義的ルールのあいだに，実質的な対立はない．「よりありふれたかたちで表現すると，その概念は容易に，試行錯誤の諸力の作用，といったものになるし，優雅に表現すれば，その成功はけっしてそれが合理化される方法には依存しない，といったものになる」(Kahn 1952, 127)．

カレツキの側では，以下のような批判を掲げた．第1に，他企業の価格による影響を考慮に入れなければならない．彼は次のように書いている．

主要費用と比べての間接費用の上昇の結果，独占度は上昇するかもしれな͙い͙が͙，͙必͙ず͙し͙も͙上͙昇͙する必要はない．このことと，他企業の価格による影響に対する強調が，ここで示された理論といわゆるフル・コスト理論とのあいだの違いをなしている（Kalecki 1991, 216）[21]．

第2に，マークアップの概念は正確な理論的意味を有していない．カーンと同様，カレツキもフル・コスト原理による分析上の空虚さを確信していた．それは次の引用にも表れている．

> 良く知られているヴァージョンのフル・コスト理論は，実際の産出1単位当たり，もしくは「標準」産出1単位当たり（すなわち，企業設備が十分に完全利用されていると考えられるものに対応する産出1単位当たり）の間接費用，および利潤のための「何かしら」を，平均主要費用に加えることによって，企業はその価格を設定すると主張する．この言明は正確な理論的意味を有していない．なぜなら，利潤のために加えられる額は，価格に大きな差を，そして粗マージンにはさらに大きな差を，生じさせるからである（Kalecki 1991, 134）．

第3に，カレツキは，再びカーンと同様に，企業家が，彼らが行っていると述べることは，正確には彼らが行っていることではない，と考えた．

> フル・コスト理論は，企業家の価格設定方法に関する質問に対する彼らの返答から実際に引き出された［Hall and Hitch 1939］．しかし，彼らによって記述された手続きが，価格設定の実際の過程ではなく，彼らが何らかの純利潤を得ているかどうかを見るために，別の方法で設定された価格に適用されるチェックにすぎないということは，ありそうなことである（Kalecki 1991, 134）．

結論をいえば，カレツキは，マークアップに基づく価格決定の原理をマクロ経済学の文脈と所得分配に関連させ，マークアップ価格形成に，より良い理論

的基礎とより大きな実証的内容を与えようと奮闘したのに対し，カーンは，複占理論への画期的な貢献をしたけれども，マーシャル流の理論装置に忠実であり続けた．これまでにも指摘してきたように，

> カーンの綿産業と羊毛産業についての研究，A. ロビンソンのケンブリッジ大学出版連合への関与，海運業への面識，および現実世界の企業についての一般的知識は，企業は実際には，無意識にか，あるいは試行錯誤の方法によってより直接に，限界価格形成の手法を用いている，とケンブリッジの経済学者に確信させた（Lee and Irving-Lessman 1992, 278）．

7. むすび

　マーシャルは企業行動分析の2つの系，すなわち，一方で企業についての短期静学的均衡に基づく分析を，他方で「社会的」環境への進化的適応に基づく分析を，何とか保持した．マーシャル以後，この分野は異なるアプローチへ開かれた．カーンは，単一企業の価格と産出の決定における「限界原理」を擁護し，『一般理論』においてケインズが限界主義的アプローチを採用するよう説得するうえで貢献した（Marcuzzo 2002）．この原理に対する彼の支持は，主として『短期の経済学』（Kahn 1989; 1932a; 1932b）についての彼の研究の結果であり，また，1930年から1933年のあいだ，ジョーン・ロビンソンが『不完全競争の経済学』（1933年）を執筆しているあいだの彼女との共同作業の結果であった．ケインズは『一般理論』において限界費用逓増をけっして拒否せず，これによって，彼は，後に事実と食い違うことになった結論をもたらす仮定を採用した[22]．カレツキの場合は，次第に $MC = MR$ ルールから遠ざかる研究方向に進み，それによって彼は完全に限界分析を拒絶することになった．
　他方，ケインズもカーンも，金融市場における企業家行動の分析や投資決定に関しては，「最大化ルール」を放棄した．不確実性の存在や，意見が個人によって形成され，保持されるさまざまな程度の確信は，意思決定プロセスを，最適解というよりは，他のことをする十分に強い動機が欠けている場合に到達する状況と似たものにする．ここでは，限界原理への訴えは必要とはみなされ

ない．

　限界主義に反対するスラッファの立場，何らかの種類のフル・コスト原理による価格設定へのポスト・ケインジアンの支持——それは完全競争および限界費用逓増を放棄する——，また金融市場に支配的な不確実性の取り扱いにおけるカーンおよびケインズによる「計算」の拒絶にもかかわらず，利潤最大化は，マーシャル，カーンおよびケインズによって，そして1940年代末までのロビンソンとカレツキによって採られた価格決定へのアプローチの本質的部分であった．

　この結論は，フル・コスト原理に基づく価格決定へのケンブリッジ・アプローチについてのポスト・ケインジアン的再構築に逆らうものである．それどころか，われわれの歴史的研究は，少なくとも第二次大戦以前に関するかぎり，ポスト・ケインジアンの見解によるケンブリッジとは，真の伝統というより，(Hobsbawm, 1983 の意味で)「発明された」ものであることを示している．

注
* 本章の初期の草稿は，ローマ大学〈ラ・サピエンツァ〉経済学部のワーキングペーパーとして提示された．われわれはつねに彼らの助言にしたがったわけではないが，A. カラベリ，M. ダルディ，N. デ・ヴェッキ，C. パニコ，T. ラファエリ，A. ロンカリア，N. サルヴァドーリ，L. ザムパレッリといった多くの人々のコメント，批判，示唆に感謝する．また G. モンジョビに対しては彼の注意深い編集に，P. ガレニャーニに対しては，P. スラッファの未公刊の業績からの引用の許可を与えてくれたことに，感謝する．

1) 均衡価格がどのように決定されるのかを説明する価格理論と，費用変化に対して企業家がどのように反応するのかを説明する価格政策のあいだには違いが存在することは心に留めておくべきである．前者は企業家が均衡点でどのように行動しているのかを理解するのに関係しているのに対し，後者は均衡外での彼らの行動を記述するのに関係している．われわれの分析は，ここでは，価格理論における利潤最大化の役割に限定されており，価格メカニズム（上記の費用調整のルールの意味で）におけるそれではない．後者のメカニズムは，原理上，その背後に異なる価格理論をもち得る．われわれはこの区別をアレッサンドロ・ロンカリアに負っている．
2) 本章を通じて，利潤最大化によってわれわれがつねに意味するのは，限界主義的（新古典派的）アプローチのなかで示されるように，限界収入と限界費用の均等化である．
3) Robertson (1930) は，初めてマーシャルの企業の説明における生物学的アナロジ

4) 新古典派のそれとは異なるマーシャル流の企業概念については，例えば，Loasby (1990; 1999) を参照．スミスとミルの企業家精神の分析のマーシャルへの影響については，Pesciarelli (1989) および Caldari (2001) を参照．
5) イタリア語の翻訳は Kahn (1999) にある．
6) 実業家の行動を記述するさいの「試行錯誤」の隠喩は，Mongin (1991) によって「良性の限界主義」と定義された．
7) カーンのフェロー資格論文，および Hall and Hitch (1939) における綿産業と石炭産業の企業家へのインタビューを参照．
8) ここでは，他のいくつかの独立変数が，最大化の過程には挿入されずに，企業家による期待利益関数に挿入されているように見えるかもしれない．この言及について，われわれはパニコに感謝する．
9) この章は「企業家経済の特性」と題されている（1933年12月の目次より．Keynes 1973, 421 を参照）．
10) ケインズの新古典派理論の批判については，Carabelli and De Vecchi (1999) を参照．
11) 1929年の以下の1節は，スラッファの未公刊の著述からであるが，ケインズによってはほとんど支持されなかったであろう．「［……］［需要・供給曲線，限界生産力といった，マーシャルの（あるいは，むしろパレートの）理論の基礎を形成するものは］いかなる瞬間にも存在せず，また生産と消費の繰り返される安定した過程のいかなる期間においても存在しない」（スラッファ文書（トリニティ・カレッジ），D3/12/13）．言い換えれば，スラッファは，ケインズと異なり，新古典派の分析と関係する価値論・分配論の全体に反対していたのに対し，ケインズは，その想定上の「一般性」と関係する「古典派」の「論理的欠陥」を指摘することに関心を寄せた．
12) Raffaelli (2003, 138) によれば，

> ［マーシャルとケインズの］両者とも経済人を拒絶していた．そして実際，ケインズが大胆に，多くの場面で「われわれが当てにするのは［……］帰結の評価に関係しているという意味で「合理的」ではなく，習慣，本能，選好，欲望，意志等々［……］によって決定される［……］動機である」と述べたとき，彼はマーシャルの教訓を復活させ，過激化させていた．彼らがたもとを分かつのは，習慣や慣習といった言葉に彼らが付与した意味においてである．ケインズは［マーシャルと異なり］習慣や慣習が，進化によって与えられる許可のおかげで，成長し改善する能力を軽視した．

13) ケインズの「論理的な蓋然性」概念については，Carabelli (1988) を参照．
14) カレツキ全集の編者 J. オシアティンスキーによれば，これが問題の論文であった（Kalecki 1990, 501）．
15) それは，スラッファが座長を務めた「ケンブリッジ大学院セミナー」であり，研究生に向けられたものであった（Marcuzzo and Sanfilippo 2007 を参照）．

16) Sawyer（2001, 253）によれば，「[……]（能力稼働までの）非逓増的平均費用と不完全競争という関連する諸仮定がカレツキの分析の中心的特徴になったのは，1930年代後半になってからのことであった」．
17) この概念は最初，Lerner（1934）によって導入された．それは，価格に対する価格と限界費用の差の比率として定義された．完全競争下では，独占度は明らかにゼロである．
18) 彼女が考えを変え，カレツキの「独占度」を擁護したのは，かなり後のことであった（Robinson 1979）．それはおそらく，スラッファの古典派政治経済学の復権に対する彼女の評価の影響によるものであった．
19) 「独占度」の概念は特に攻撃された．『エコノミック・ジャーナル』誌において，同様に独占度の概念を批判したホイットマンへのカレツキの返答を受理したとき，ケインズは彼の批判を新たにした．「私が思うに，困難は，「独占度」という言葉によって，あなたの厳密な定義がそれに付与した正確な分析的意味が読者の直感に容易に伝わらない，という点にある」（1941年10月29日，ケインズからカレツキへ．Kalecki 1991, 492）．
20) カレツキの価格理論を連続性の意味で読み取るものとして，Basile and Salvadori（1984-85; 1991）を参照．
21) オシアティンスキーによれば（Kalecki 1991, 496），カレツキは1943年の論文で次のように指摘した．「「フル・コスト」理論と彼自身のアプローチとの違いは［以下の事実にある］．前者においては平均主要費用のどの変化も自動的に価格に移るのに対し，[……]［後者において］価格は，他の製造業者によって設定された価格にも依存する．」フル・コスト理論についてのカレツキの拒否への批判については，Lee（1985）を参照．
22) 例えば，限界費用逓増の仮定は，彼に，実質賃金と貨幣賃金は景気循環において反対の方向に変化すると結論させた．ダンロップ，タースィス，およびカレツキの実証的発見は，彼の結論とそれに伴う雇用と実質賃金のあいだの逆相関の推論が誤りであることを証明し，彼は1939年に撤回した（Marcuzzo 1993を参照）．

参考文献

Basile, L. and Salvadori, N. (1984-85) 'Kalecki's Pricing Theory', *Journal of Post Keynesian Economics*, 7, pp. 249-262.

Basile, L. and Salvadori, N. (1991) 'Kalecki's Pricing Theory Revisited', *Journal of Post Keynesian Economics*, 14, pp. 293-297.

Becattini, G. (1962) *Il concetto di industria e la teoria del valore* (Torino: Boringhieri).

Besomi, D. (1998) 'Roy Harrod and the Oxford Economists' Research Group's inquiry on prices and interest 1936-39', *Oxford Economic Papers*, 50, pp. 534-562.

Caldari, K. (2001) 'L'Uno e il Molteplice nel pensiero economico di Alfred Marshall. Una rilettura di alcuni temi centrali del pensiero marshalliano, alla luce di scritti editi ed inediti', Tesi di dottorato, Biblioteca Nazionale di Roma e Firenze.

Carabelli, A. (1988) *On Keynes's Method* (London: Macmillan).

第15章　ケンブリッジ経済学の伝統における利潤最大化　　379

Carabelli, A. and De Vecchi, N. (1999) '"Where to Draw the Line?"? Hayek and Keynes on Knowledge, Ethics and Economics', *European Journal of the History of Economic Thought*, 6, pp. 271-296.

Dardi, M. (2003) 'Alfred Marshall's Partial Equilibrium: Dynamics in Disguise', in R. Arena and M. Qmlre (eds) *The Economics of Alfred Marshall* (Basingstoke: Palgrave).

Hall, R.L. and Hitch, C.J. (1939) 'Price Theory and Business Behaviour', *Oxford Economic Papers*, 2, pp. 12-45.

Hobsbawm, E. (1983) 'Introduction: Inventing Tradition', in E. Hobsbawm and T. Ranger (eds) *The Invention of Tradition* (Cambridge: Cambridge University Press).

Kahn, R.F. (1932a) *The Economics of the Short Period*, unpublished manuscript, in Kahn papers, King's College, Cambridge.

Kahn, R.F. (1932b) 'Imperfect Competition and the Marginal Principle', unpublished article, in Kahn papers, King's College, Cambridge.

Kahn, R.F. (1952) 'Oxford Studies in Price Mechanism', *Economic Journal*, 62, pp. 119-130.

Kahn, R.F. (1989) *The Economics of the Short Period* (London: Macmillan).

Kahn, R.F. (1999) *Concorrenza, occupazione e moneta* (Bologna: Il Mulino).

Kalecki, M. (1936) 'A Theory of the Business Cycle', in *Collected Works of Michal Kalecki. Vol. I: Capitalism. Business Cycles and Full Employment*, ed. J. Osiatynski (Oxford: Clarendon Press, 1991).

Kalecki, M. (1940) 'The Supply Curve of an Industry under Imperfect Competition', *Review of Economic Studies*, 7, pp. 91-112.

Kalecki, M. (1943) *Studies in Economic Dynamics*, in *Collected Works of Michal Kalecki. Vol. II: Capitalism. Economic Dynamics*, ed. J. Osiatynski (Oxford: Clarendon Press, 1991).

Kalecki, M. (1954) *Theory of Economic Dynamics*, in *Collected Works of Michal Kalecki. Vol. II: Capitalism. Economic Dynamics*, ed. J. Osiatynski (Oxford: Clarendon Press, 1990) (宮崎義一・伊東光晴訳『経済変動の理論』新評論, 1958年).

Kalecki, M. (1990) *Collected Works of Michal Kalecki. Vol. I: Capitalism. Business Cycles and Full Employment*, ed. J. Osiatynski (Oxford: Clarendon Press).

Kalecki, M. (1991) *Collected Works of Michal Kalecki. Vol. II: Capitalism. Economic Dynamics*, ed. J. Osiatynski (Oxford: Clarendon Press).

Keynes, J.M. (1936) *The General Theory of Employment, Interest and Money* (London: Macmillan). (塩野谷祐一訳『雇用・利子および貨幣の一般理論』東洋経済新報社, 1983年)

Keynes, J.M. (1973) *The General Theory and After: Part 1. Preparation*, in *The Collected Writings of John Maynard Keynes*, Vol. XIII, ed. D. Moggridge (Lon-

don: Macmillan).
Keynes, J.M. (1979) *The General Theory and After. A Supplement*, in *The Collected Writings of John Maynard Keynes*, Vol. XXIX, ed. D. Moggridge (London: Macmillan).
Lee, F.S. (1985) 'Kalecki's Pricing Theory: Two Comments', *Journal of Post Keynesian Economics*, 8, pp. 145-148.
Lee, F.S. and Irving-Lessman, J. (1992) 'The Fate of an Errant Hypothesis: the Doctrine of Normal-Cost Prices', *History of Political Economy*, 24, pp. 273-309.
Lerner, A.P. (1934) 'The Concept of Monopoly and the Measurement of Monopoly Power', *Review of Economic Studies*, 1, pp. 157-175.
Loasby, B.J. (1990) 'Firms, Markets and the Principle of Continuity', in J.K. Whitaker (ed.) *Centenary Essays on Alfred Marshall* (Cambridge: Cambridge University Press).
Loasby, B.J. (1999) 'Marshall's Theory of the Firm', in R.E. Backhouse and J. Creedy (eds) *From Classical Economics to the Theory of the Firm: Essays in Honour of D.P. O'Brien* (Cheltenham: Edward Elgar).
Machlup, F.A. (1946) 'Marginal Analysis and Empirical Research', *American Economic Review*, 36, pp. 519-554.
Marcuzzo, M.C. (1993) 'La relazione salari-occupazione tra rigidita reali e rigidita nominali', *Economia Politica*, 10, pp. 439-463.
Marcuzzo, M.C. (2002) 'The Collaboration between J.M. Keynes and R.F. Kahn from the *Treatise* to the *General Theory*', *History of Political Economy*, 34, pp. 421-447 ［本書第7章として所収］．
Marcuzzo, M.C. (2003) 'Joan Robinson and the Three Cambridge Revolutions', *Review of Political Economy*, 15, pp. 545-560 ［本書第5章として所収］．
Marcuzzo, M.C. (2005) 'Piero Sraffa at the University of Cambridge', *European Journal of History of Economic Thought*, 12, pp. 425-452 ［本書第3章として所収］．
Marcuzzo, M.C. and Rosselli, A. (2006) 'Sraffa and His Reasons against "Marginism"' in M.C. Marcuzzo (ed.) *The Cambridge Approach to Economics: A Re-invented Tradition?*, Roma: Dipartimento di Scienze Economiche, Universita di Roma 'La Sapienza'.
Marcuzzo, M.C. and Sanfilippo, E. (2007) 'Dear John, Dear Ursula, (Cambridge and LSE, 1935): 88 letters unearthed', in R. Scazzieri, A.K. Sen and S. Zamagni (eds) *Markets, Money and Capital: Hicksian Economics for the 21st Century* (Cambridge: Cambridge University Press).
Marshall, A. (1919) *Industry and Trade* (London: Macmillan) （永澤越郎訳『産業と商業』岩波ブックサービスセンター, 1986年).
Marshall, A. (1961) *Principles of Economics*, 9th (Variorum) edn, ed. C.W. Guillebaud, 2 vols (London: Macmillan).

第15章　ケンブリッジ経済学の伝統における利潤最大化　　381

Mongin, P. (1991) 'The early full-cost debate and the problem of empirically testing profit maximization', *Journal of Post-Keynesian Economics*, 2, pp. 236-251.

Pesciarelli, E. (1989) 'Smith, Bentham and the Development of Contrasting Ideas on Entrepreneurship', *History of Political Economy*, 3, pp. 521-536.

Pesciarelli, E. (1991) 'The Undertaker's Role in Marshall's Approach to Economic Growth', *Quaderni di Storia dell' Economia Politica*, 2-3, pp. 133-158.

Raffaelli, T. (2003) *Marshall's Evolutionary Economics* (London: Routledge).

Raffaelli, T. (2004) 'Whatever Happened to Marshall's Industrial Economics', *European Journal of History of Economic Thought*, 11, pp. 209-229.

Robertson, D.H. (1930) 'The Trees of the Forest', *Economic Journal*, 40, pp. 80-89.

Robinson, J. (1933) *The Economics of Imperfect Competition* (London: Macmillan)（加藤泰男訳『不完全競争の経済学』文雅堂書店，1957年）.

Robinson, J. (1979) 'Michal Kalecki', *Collected Economic Papers*, vol. V (Oxford: Blackwell).

Roncaglia, A. (2006) 'Keynes and Probability: An Assessment', in M.C. Marcuzzo (ed.) *The Cambridge Approach to Economics: A Re-invented Tradition?* (Roma: Dipartimento di Scienze Economiche, Universita di Roma 'La Sapienza').

Sawyer, M. (2001) 'Review Article. Kalecki on Imperfect Competition, Inflation and Money', *Cambridge Journal of Economics*, 2, pp. 245-261.

Sraffa, P. (1925) 'Sulle relazioni fra costo e quantità prodotta', *Annali di Economia*, 2, pp. 277-328.

Sraffa, P. (1926) 'The Laws of Returns under Competitive Conditions', *Economic Journal*, 36, pp. 535-550（菱山泉・田口芳弘訳『経済学における古典と近代』有斐閣，1956年 所収）.

監訳者あとがき

　本書は，ローマ大学〈ラ・サピエンツァ〉教授（マリア・クリスティーナ・）マルクッツォ教授が経済学のケンブリッジ的伝統を主題として研究・発表を続けてきた15本の学術論文（うち2本は共同論文）——欧米の主要な経済学史の専門誌ならびに学術書への寄稿論文で発表されている——で構成される論文集である．同教授は，若くしてリカードウ研究，そしていまではケンブリッジの経済学の研究者として国際的に広く知られる指導的経済学史家である．

　ケンブリッジ学派といえば，ケンブリッジ大学教授アルフレッド・マーシャルを祖とし，彼の経済学——とりわけ『経済学原理』——の教えを受けた弟子筋であるケインズ，ピグーたちを中核に据える一大研究集団，というのが通説的な像になる．これらの人々は，イギリスの経済学のみならず，世界の経済学の一大中心——メンガーを祖とするオーストリア学派やワルラスを祖とするローザンヌ学派とともに——を形成していた（ただし，マルクッツォ教授は「学派」という呼び方は適切ではないと考え，「グループ」という呼び方を意識的に用いている）．

　本書で主役として取り上げられているのはマーシャルではなく，何よりもケインズならびに彼より若い世代の経済学者であるカーン，（ジョーン・）ロビンソン，スラッファの4名である．あえていえば，若手3名により大きな重点がおかれている——それにやや脇役的にカレツキ——のが本書の特徴である．これら3名の経済学者がケインズとどのような関係にあり，どのように積極的な理論的貢献，あるいは批判的貢献を遂げたのかが，一次資料を駆使しつつ，さまざまの角度から照射されている．

　ここで，次の2点に留意することで，本書の特徴を浮き彫りにしてみよう．第1に，本書では，ケインズの同僚であるピグー，ロバートソン，ホートリーという重要な経済学者は取り上げられていない．ケインズが主役であった当時のケンブリッジにあって，彼らは，ケインズとさほど変わらない名声を得て

いた．ケインズが 1936 年に刊行した『一般理論』が世界の経済学や政策論に「ケインズ革命」という衝撃を与えたことで，戦後，彼らの名声は著しく失墜することになったが，それは歴史を後付けで見た結果である．彼らは当時，自立した経済学者として独自の理論を展開しており，かつケインズとはさまざまなかたちで論争を展開した間柄であった．つまり戦間期のケンブリッジ学派（もしくはグループ）のシニアの経済学者——ホートリーはケンブリッジ出身だが，財務省の官庁エコノミストとして活動しており，環境は他の2人とは異なる——は彼らである．

　第2に，ではなぜ，彼らより若いカーン，ロビンソン，スラッファが，本書では主役として取り上げられているのであろうか．まず何よりも，彼らを主役として取り上げることには，十分の学術的価値があるからに他ならない．彼らはケンブリッジで生じた3つの経済理論上の革命の直接的関係者もしくは指導者であったからである．不完全競争理論，有効需要の理論（ケインズ革命），そして資本の限界理論批判（いわゆる戦後の「ケンブリッジ・ケンブリッジ論争」につながっていく）がそれらである．

　カーンとロビンソンは「不完全競争理論」の樹立者そのものである（ある事情で，カーンが今日に至るも完全に陰に隠れているのは，不幸なことである）．有効需要の理論においても，弟子カーンはケインズに大きな影響を与えており，非常に重要な存在である．さらにロビンソンも，有効需要の理論の樹立にさいし「ケンブリッジ・サーカス」などを通じ，非常に重要な役割を果たしている．

　これに対し，本書のもう1人の主役スラッファは，非常に特異な位置を占めている．スラッファはマーシャル理論の批判論文を書き，それが「不完全競争理論」への道を切り拓くことになった当の人物である．カーン，ロビンソンは他ならぬスラッファから最初の大きな衝撃を受け，不完全競争の理論を開拓していったのである．だが，スラッファ自身は「不完全競争理論」の展開にはまったく興味を示さなかった．なぜなら彼の根本的な価値論は，新古典派のそれと異なっていたからである．また有効需要の理論については，スラッファはほとんど完全黙秘的な状態でケインズに接していた．後年，彼の『一般理論』についての研究メモが発見されたのであるが，そこには徹底した批判が展開されている．スラッファはこれらの点でカーンやロビンソンとはまったく異なる立

場に立っていたのである（最後の「ケンブリッジ・ケンブリッジ論争」はスラッファが1960年に刊行した『商品による商品の生産』が引き金になっている．ただこれは戦後かなり経過してからの話であり，本書の対象はあくまでも戦間期である）．

以上のことからも，これら3名の若き経済学者を取り上げることには，十分すぎるほどの学術的価値があることは明白であろう．

にもかかわらず，これら3名の経済学者を本格的に対象にした学説史的研究が，これまでほとんど存在してこなかったのである．その理由について，若干述べておきたい．

第1に，カーンは，これまで乗数理論の創始者としてのみ知られてきたといってよい．彼がケインズの『一般理論』の方向を決定するうえで演じた役割や，ロビンソンが「不完全競争理論」を打ち立てるうえでほとんど共同研究者的な関係にあったことなどは，彼の内気ともいえる特異な性格や，寡作であったこともあり，ほとんど知られてこなかったのである．

第2に，ロビンソンである．いうまでもなく彼女は「不完全競争理論」の開拓者として経済学史上に不動の地位を得ている．だが，彼女は自らの知性の示す方向に激しい情熱で向かう研究者であった．そのため，自らが創設した「不完全競争理論」を自己否定し，やがてマルクス理論に，そしてカレツキ的なケインズ理論に惹かれていくことになった．さらに「ケンブリッジ・ケンブリッジ論争」などで，新古典派理論を激しく批判していくことになった．こうした揺れの激しい活動のため，ロビンソンを客観的に評価する環境が整わないままに時が過ぎた感は否めない．

第3に，スラッファである．彼の基本的立場はマーシャル，ケインズと大きく異なっており（したがって彼をケンブリッジ「学派の一員」と呼ぶことはできないであろう），新古典派全盛の経済学界にあって，その後，スラッファの『商品による商品の生産』に依拠する理論は，かなりの同調者を生み出したものの，主流派になることはなかった（なお，本書での言及はないが，ヴィトゲンシュタイン自らが語っているように，スラッファは，ヴィトゲンシュタインが前期から後期に移る大きなきっかけを与えた人物でもある）．

こうしたことは，彼ら3名が戦間期のケンブリッジの経済学の独創的展開に

大きく貢献し，そして時とともに彼らのあいだの関係が複雑に変化していったという事実に，経済学者が大きな関心を示すうえで，大きな阻害要因になってきたと思われる．

本書の特筆すべき功績は，まさにこうした点を多くの一次資料を駆使しながら，そして非常に「公平，客観的な読み込み」（つまり，先入観で資料を歪めて取り扱うことなく）を遂行することで，彼らの真の独創的貢献，ならびに時とともに移りゆく彼らの複雑な学術的関係を明快に分析しているという点にある．

カーン，ロビンソン，スラッファが戦間期にどのような知的議論を展開したのかについては，本書が詳細に語っているところであり，読者自らがその点を堪能していただくことにし，紙幅の関係上，ここでは監訳者が興味を引いた点を箇条書きで示すに留める．

(1) ケインズが『貨幣論』から『一般理論』に向かうさいに，カーンの果たした役割についての分析が優れている．短期における総供給関数の導入と，『一般理論』第3章におけるマーシャル的需給理論の導入が資料的に綿密に検証されている．

　この点に関して，カーン自身が「不完全競争理論」を手がけていたにもかかわらず，むしろ完全競争的なヴァージョンでケインズに臨み，ケインズもそれを採用・防衛する方針で臨んだことは，興味深い事実である（ケインズは，不完全競争理論がケンブリッジの足下で展開していたにもかかわらず，不思議なほど無関心であった）．

(2) カーン，ロビンソンはケインズ革命の推進に大いなる貢献を果たしたことが，資料的に明瞭に示されている．「ケンブリッジ・サーカス」での活動は以前から知られているものであるが，それだけではないのである（ミードやハロッドも重要であるが，彼らはオックスフォードに属していたので，本書では取り扱われていない）．

(3) 既述のように，スラッファのマーシャル理論批判は，カーンやロビンソンによる「不完全競争理論」を触発することになったのだが，スラッファ自身は「不完全競争理論」に関与することはなかった．カーンやロビンソ

ンの不完全競争理論は，あくまでもマーシャル理論の延長線上にあったからである．本書では，カーンとロビンソンの展開した理論が，一次資料を駆使して明らかにされている（カーンが，いわゆる「屈折需要曲線」の創設者の１人であることも，いまに至るも，ほとんど知られていないといってよい事実である）．

(4) ロビンソンは，その後，歴史的時間を重視するようになる．そしてカレツキやマルクスの影響を受けるようになり，不完全競争理論に対し批判的，否定的になっていく（自らの功績自体を否定するまでに至る）．カーンはカレツキやマルクスの方向には向かわなかった．むしろ彼は一次産品案や，国際通貨案など，ケインズが関心をもち，国際舞台で提案していった領域に，自らも関与していくことになった．これらのことが，一次資料を用いて明らかにされている．

(5) スラッファは，新古典派の限界主義，需給均衡理論を否定する立場に立ち，マーシャル理論には徹底的に批判的であり，価値論を古典派に求めた．だが，戦前，こうした論点を彼がケンブリッジにあって明示的に表明することはなく，そうするに至ったのは1960年代になってからのことであった．

本書を『市場の失敗との闘い』と名付けた理由について，マルクッツォ教授は，それをケインズ的ライトモチーフおよびスラッファ的市場観の双方に求めている．両者の意図は異なるが，いずれも「自由市場」というイデオロギーに対峙する論陣を張っていたという点に，この題名採用の根拠を置いている．

以上に説明したように，本書は経済学史上，重要なケンブリッジでの革命的出来事を，「新しい古典派」や「新自由主義」的立論が支配的であったこの30年の知的環境下では忘却されがちであった一次資料を駆使してみごとに明らかにしている．本書がポスト・ケインジアン叢書の１巻として刊行されることで，経済学史的な知見が，同叢書に付け加えられることになったことを喜びとしたい．監訳者をはじめ，訳者一同，多くの研究者のみならず，学生諸君や読者諸賢が手にされ，読まれることを願ってやまない．

本書の刊行をお引き受けいただき，編集を円滑に進めていただいた日本経済

評論社編集部の鴇田祐一氏に謝意を表するとともに，7名の共訳者の優れた訳業に対し謝意を表する次第である．改めていうまでもないが，本書全体についての責任は最終的には監訳者が負うべきものである．

平井俊顕
2015年3月1日宇治にて

索　引

[ア行]

アーツ・シアター　50
IS-LM（モデル）　300, 308, 314
新しい古典派　354
アメリカ経済学会　311
アメリカ制度学派　31
アンドリュース（Andrews, P.W.S.）　314, 359, 362
イースター学期　71
イートン　45
イタリア　33
『一般理論』　20, 48, 51, 53, 57, 88, 110-5, 124-5, 141, 145, 151, 156, 158, 165-8, 172-4, 176-8, 185, 190, 196, 204, 206, 215-7, 221, 233-4, 307, 322, 366-8, 375
インド省　46
インフレーション　119, 200, 297
ヴァイナー（Viner, J.）　39, 339
ヴィトゲンシュタイン（Wittgenstein, L.）　35, 62, 86, 95
ウェッブ（Webb, B.）　45
ウォーミング（Warming, J.）　196
ウルフ（Woolf, L.）　45
『エコノミック・ジャーナル』　21, 30, 46, 56, 76, 106, 140, 157, 245, 246, 248, 267, 270, 293, 341, 378
『エコノメトリカ』　170
L字型費用曲線　104, 121, 124, 162-3, 222-3, 235, 304-8, 312-4, 320, 322, 343
エルツュルク（Ertürk, K.A.）　193
欧州大陸の銀行業　71
応用経済学科　81
王立経済学会　50
オーストリア学派　31, 262
オシアティンスキー（Osiatynsky, J.）　308, 377-8

オックスフォード　15, 152, 311
オブライエン（O'Brien, D.P.）　351

[カ行]

カーン（Kahn, R.）　17, 55, 98, 102, 132, 140-1, 143-7, 150-2, 156-60, 162-6, 169, 172-3, 175-8, 185, 186, 188, 190, 215-24, 226-8, 269, 304-8, 310, 314, 320-321, 329, 339-40, 343-8, 352, 358-9, 362-5, 370-6
カーンのフェロー資格論文　306, 343-4, 346, 362-3, 377
カーンの定理　106
会計官　16, 61
外部経済　263-4
学位選考委員会　78
学派　1, 28
学部教授会　21
『確率論』　51
貸付資金　54
寡占　269-70, 310
『価値と資本』　38
価値自由　298
価値論　67, 69, 70, 134, 156, 225, 259
株式会社　72
株式恐慌　50
『貨幣改革論』　51
貨幣数量説　15, 113, 190, 208, 334, 335
貨幣賃金　168, 174
『貨幣論』　51, 96, 113, 122, 140, 144, 185, 188-94, 202, 203, 206, 208, 210, 211, 283
カラベリ（Carabelli, A.）　376-7
カルダリ（Caldari, K.）　361, 377
カルドア（Kaldor, N.）　17, 89, 90, 99, 209
カレツキ（Kalecki, M.）　20, 49, 62, 81, 108, 123, 140, 142, 145-6, 148, 158, 166, 169, 172, 177, 191, 196, 245, 304, 308-11, 320-1, 321, 340, 348-9, 353, 358-9, 369-76, 378

カレツキアン　358, 370
カレツキ版有効需要の理論　8
ガレニャーニ（Garegnani, P.）　255, 282, 376
緩衝在庫　118
完全競争　108, 112, 136, 150, 162-3, 167-8, 170, 174, 263, 290, 306, 312, 315-7, 339-45, 352-4, 362-4, 376, 378
完全均衡条件　138
完全雇用　16, 295
企業家　372
技術革新　244, 254
期待　56, 251, 261, 280-1
基本方程式　190, 192, 208, 210, 277
逆Ｌ字型曲線　111, 162, 163, 292, 306, 307
供給曲線　139
ギルボー（Guillebaud, C.）　17, 97
キロシ（Chilosi, A.）　308, 321
キングズ・カレッジ　16, 27, 84, 207, 223, 320, 349, 370
均衡　239, 245-6, 248, 250-1, 253-5, 264, 266, 268-70, 277
屈折需要曲線　74, 107, 301, 353, 372
『クォータリー・ジャーナル・オブ・エコノミックス』　107, 134, 235
クラーク（Clark, C.）　200
クラーク（Clark, J.M.）　339
クラーク（Clarke, P.）　185
クラッパム（Clapham, J.）　17
グラムシ（Gramsci, A.）　34, 40
グラント（Grant, D.）　46
クリフトン（Clifton, J.A.）　348
景気循環・物価研究所　320
『景気循環論』　308, 321
『経済学および課税の原理』（リカードウ）　146-8, 301
『経済学原理』（マーシャル）　17, 186, 360
『経済学は真摯な主題である』　146
『経済動学の研究』　371
『経済変動の理論』　371
ケインジアン　300, 340
ケインズ（Keynes, J.M.）　15, 44, 106-19, 121-6, 140, 142-5, 148, 151, 156-8, 165-70,

172-8, 185, 215-7, 221, 224-5, 227, 230-4, 240-1, 243-6, 248, 251-5, 259, 267-9, 271, 275-83, 307-8, 310-1, 321-2, 332, 348-9, 358-9, 366-70, 375-8
ケインズ（Keynes, J.N.）　15, 37
ケインズ革命　20
ケインズ経済学　57
ケインズとカーンの短期手法　6, 329
血気　369
研究副室長　31, 75, 96
限界学派　260-2, 266
限界革命　135
限界収入　138, 242, 309-10, 312-3, 344-5, 349, 358, 362, 366, 369-70, 372, 376
限界主義　240
限界主義者　262
限界生産性　244
限界生産物　263
限界的な単位　263
限界点　5
限界費用（曲線）　111, 138, 160, 242, 309
限界費用逓増　366, 375, 376, 378
限界分析　203, 312, 366
限界理論　239
ケンブリッジ　2, 15, 45, 66, 84, 90, 92, 102, 232, 240, 289
ケンブリッジ・アプローチ　358-9, 376
ケンブリッジ学派　15, 28
ケンブリッジ革命　7, 132
ケンブリッジ経済学　259, 268, 283, 348
ケンブリッジ・ケインジアン　359
ケンブリッジ研究計画　82, 308-9, 321, 348, 370
ケンブリッジ資本論争　15
ケンブリッジ成長理論　7
ケンブリッジ大学　93, 170
ケンブリッジ大学院セミナー　377
ケンブリッジ大学出版連合　375
『ケンブリッジ大学リポーター』　19, 38, 71, 79, 79, 93, 95, 260
ケンブリッジ的伝統　1, 359-60, 362, 372
ケンブリッジの地理　22

索　引

ケンブリッジ方程式　15, 208
講義リスト委員会　80
公共支出　60
公共事業とインフレーション　200
厚生経済学　114, 125
『厚生経済学』　115
合理性　117
国際決済制度　119
『国民所得 1924-1931 年』　200
穀物比率説　147, 247
国立経済社会研究所　49, 82, 108, 293, 348
古典派　3, 52, 212, 240-1, 246, 253-5, 260-3, 266-7, 282, 339, 348, 367, 377-8
古典派的仮定　307
古典派の実質費用理論　70
個別指導　21, 23
雇用と実質賃金の逆相関　366, 378
雇用理論　109
『雇用理論研究』　141
『雇用理論入門』　141
根本的不確実性　368

［サ行］

「サーカス」　27, 88, 106, 110, 112, 123, 124, 140, 144, 185, 193, 208, 216, 259, 275-7, 280
財政政策　58
最大独占収入　344, 347
財務省　46, 116
サッチャー（Thatcher, M.）　121
サミュエルソン（Samuelson, P.）　133, 297, 339-40, 350, 354
『産業と商業』　359-61
サンフィリッポ（Sanfilippo, E.）　38, 377
シカゴ　24
シカゴ学派　39, 299
時間　239, 243, 248-9, 251, 255
試験官　79
試行錯誤　314, 363-5, 368, 373, 375, 377
自然貨幣量　327
自然値　326
自然賃金　326
資本財ストック　149
資本主義　25
資本ストック　146, 148
『資本蓄積論』　99, 229, 250
資本の測定問題　245
資本（理論）論争　148, 150, 248, 251
『資本論』　98
社会契約　120
収穫一定　267
収穫逓減　135-7, 262-3
収穫逓増　135-7, 242-3, 262-3, 266, 271
収穫不変　156, 267
集団　1, 16, 28
主要費用　160, 161
シュルツ（Schultz, H.）　194
自由市場　10
自由放任　8
準長期　137, 139
シュンペーター（Schumpeter, J.A.）　185, 207
証券　191
乗数　54, 110-1, 165-6, 173, 177, 217, 219, 223, 233, 244, 283, 330
乗数原理　206, 278
乗数論文　143, 145, 166, 173, 177, 190, 193-4, 201, 217, 219, 279, 306, 330
『商品による商品の生産』　252
商務省　125, 126
消滅係数　105, 164, 173
ショー（Shaw, G.B.）　298
ショーヴ（Shove, G.）　17, 103, 109, 122, 158, 175-6, 187, 206, 234, 240, 271, 272, 274, 282, 300, 339, 362
ジョーンズ（Jones, J.）　120
ジョンソン（Johnson, H.）　27
シロス-ラビーニ（Sylos Labini, P.）　355
進化　375
進化的アプローチ　360
進化的・生物学的アプローチ　360
新古典派　17, 149, 248-9, 251-3, 339, 347, 358, 366-7, 376-7
新古典派総合　314, 325
『人物評伝』　51

スウィージー（Sweezy, P.） 301, 353
スキデルスキー（Skidelsky, R.） 58, 60, 185, 209
スティグラー（Stigler, G.） 299, 301, 353
ストーン（Stone, R.） 21
ストレイチー（Strachey J.） 254
ストレイチー（Strachey, L.） 45
スミス（Smith, A.） 261, 377
スラッファ（Sraffa, P.） 16, 32, 52, 66, 76, 92, 94, 103, 105-6, 109-10, 122-3, 134-5, 138-40, 145-9, 151-2, 156-9, 169-70, 175, 187-8, 191, 206-8, 225, 232, 235, 239-255, 259-83, 308, 321, 339-41, 343-8, 350, 352-4, 358, 362, 367, 370, 376-8
スラッファのセミナー 19, 170, 308, 348, 370
スラッフィアン 32, 358
生産の貨幣的理論 144
生産費 273
政治経済クラブ 16, 25, 35, 98, 271, 283
正常供給価格 329
正常値 328
セイの恒等式 334
生物学的アナロジー（マーシャル） 376
生物学的・進化的概念（マーシャル） 362
選挙人 83
『説得論集』 51
総供給 281
総供給関数 217, 318, 322
総供給曲線 218-21, 231, 304-6, 308, 314-5, 317-9, 322
総需要 281, 308, 320
総需要曲線 231, 346
ソルトマーシュ（Saltmarsh, J.） 122

[タ行]

ターシス（Tarshis, L.） 47, 112, 166, 209, 217, 233, 310-1, 321, 378
ダイモン（Dimand, R.W.） 193, 209, 211
タウシッグ（Taussig, F.W.） 107, 134
タウンゼンド（Townshend, H.） 178, 235
タッカー（Tucker, G.L.S.） 78
ダット（Dutt, P.） 98

タッパン-ホランド（Tappan-Hollond, M.） 17
タニアへの手紙 85
ダルディ（Dardi, M.） 347, 360, 376
短期 9, 137, 139, 229, 230, 329
『短期の経済学』 73, 145, 158, 159, 227, 268, 291, 343
短期の経済学 103, 109, 133, 145, 158-9, 165, 173, 176, 186, 215, 217, 222, 233, 325, 329, 331, 343, 362, 375
短期分析 189, 194, 206, 224, 246
ダンロップ（Dunlop, J.T.） 76, 112, 166, 310-1, 321, 322, 378
チェンバリン（Chamberlin, E.H.） 103, 122, 300, 340, 350-1, 353-4
チャンパーナウン（Champernowne, D.G.） 123, 321
長期 9, 137, 139, 229, 230, 327, 329
貯蓄（関数） 143, 193, 195, 196, 205
ディーン（Dean, J.） 311
逓増する限界費用という仮定 307-8, 311, 322
逓増的限界費用 307
逓増的・逓減的費用仮説 308
逓増的費用 242
投資 49, 143, 195, 205
投資の社会化 59
『動態経済学序説』 246
道徳科学 58, 294
独占 242, 264-6, 269-70, 272, 274, 282-3
独占企業 264-5, 268-9
独占均衡 104
『独占的競争の理論』 103, 350
独占的結合 265
独占度 105, 112, 123, 170-3, 177-8, 309, 348-9, 358, 370, 374, 378
特別研究員 4
ドッブ（Dobb, M.） 17, 85, 87
トライポス 18, 26, 39, 45, 61, 69, 79, 97, 186
トランピントン・ストリート学派 106, 113, 123, 151, 198, 212, 253
トリニティ・カレッジ 23, 86, 87

索 引　393

トリフィン（Triffin, R.）340, 351-3

[ナ行]

ナルディ（Naldi, N.）94, 98
ニュー・ケインジアン　300, 354
ニューディール政策　72
ニュートン（Newton, I.）60
ネオ・シュンペーター学派　31
ネルー（Nehru, J.）83

[ハ行]

ハイエク（Hayek, F.）275
ハーヴァード　104
ハイ・テーブル　35, 66, 84
パシネッティ（Pasinetti, L.）28
バスタード・ケインズ主義　56
パティンキン（Patinkin, D.）39, 124, 185, 189, 201, 203, 208, 210, 212, 233
ハリス財団講義　6, 193-4
ハロッド（Harrod, R.）23, 141, 157, 185, 205, 234, 340
『繁栄への道』200
ピグー（Pigou, A.C.）17, 24, 54, 75, 94, 176, 187, 190-1, 291, 300, 306, 320, 340, 362
ビショップ（Bishop, R.L.）313
ヒックス（Hicks, J.）20, 192, 345
必需品に対する剰余原理　70
ヒッチ（Hitch, C.J.）311, 358-9, 371-4, 377
ヒューム（Hume, D.）36
費用一定　262, 267, 282
ピランデルロ（Pirandello, L.）81
ファイン・チューニング　297
ファシズムへの忠誠　91, 94
フィリップス曲線　297, 318
フェイ（Fay, R.）17, 142
フェロー　86, 91, 109, 187, 207
フェロー資格（論文）23, 103, 104, 105, 115, 122, 133, 173, 175, 189, 215, 217, 222, 227, 235, 268, 283, 291, 329, 343, 346
フォックスウェル（Foxwell, H.）15
不確実性　56, 116, 358, 367-8, 375-6
不完全競争　7, 104-5, 111, 123, 134, 139, 156-7, 159, 165, 172-5, 177-8, 243, 252, 259, 269, 299, 306-7, 312, 322, 339-41, 343, 345-8, 351-4, 362-4, 369, 371, 378
不完全競争革命　339, 353, 354
不完全競争と限界原理　203
『不完全競争の経済学』73, 74, 103, 106, 115, 122, 133, 136, 140, 145-6, 149, 176, 200, 206, 212, 215, 221, 223-7, 229, 234-5, 241-3, 274, 275, 322, 344, 350, 375
不完全性　290, 293
福祉国家　45, 58, 59
物価　168
部分均衡　351
部分均衡アプローチ　135, 140, 266
部分均衡分析　138, 289
フリードマン（Friedman, M.）297, 299, 333, 353
ブルームズベリー　85
ブルームズベリー・グループ　45
フル・コスト価格形成　372
フル・コスト原理　358-9, 372-3, 376
フル・コスト理論　374, 378
分析的楽観主義　242, 245, 252
『平和の経済的帰結』33
ベヴァリッジ（Beveridge, W.H.）59
ヘンダーソン（Henderson, H.）17
ホイットマン（Whitman, R.）311-2, 378
ホートリー（Hawtrey, R.）96, 141, 178, 205, 216, 275, 277
ホール（Hall, R.L.）311, 358-9, 371-4, 377
補給省　118
ポスト・ケインジアン　325, 376
ポスト・ケインジアン・アプローチ　359
ポスト・ケインズ派　372
ホテリング（Hotelling, H.）339
ホブハウス（Hobhouse, A.）45

[マ行]

マーク・アップ　108, 112, 316-8, 340, 371, 373-4
マーケティング費用　271-3, 342
マーシャリアン　24, 340

マーシャル（Marshall, A.） 15, 16, 18, 52, 103-4, 106, 115, 134-5, 136, 140, 148, 156-7, 163, 165-6, 174, 176, 186, 203, 206, 215, 221-2, 225, 241, 261, 274, 308, 327, 336, 337, 340, 344, 347, 350, 352, 358-62, 375-7
マーシャル学派 31
マーシャル・ソサエティ 25
マーシャルによる短期と長期の区別 329
マーシャル＝ピグー流 341-2, 343-4
マーシャル流の理論装置 366-7, 375
マクロ経済学 304
マグレガー（Macgregor, D.H.） 359, 362
マッテオリ講義 209
「マニフェスト」 140, 143-4, 151, 196, 198, 211-2, 280
マネタリズム 119
マハループ（Machlup, F.A.） 313, 365
マリス（Marris, R.） 108, 124, 320
マルクス（Marx, K.） 3, 52, 85, 98, 140, 148, 245, 254, 282
『マルクスを再読する』 248
マルクッツオ（Marcuzzo, M.C.） 19-22, 26-9, 88-90, 187, 189, 215, 223-4, 291, 293, 346, 348-9, 367, 370, 375
ミード（Meade, J.） 208, 210
ミカエルマス学期 69, 201, 203, 260, 264, 275
ミクロ的基礎 304, 318
ミル（Mill, J.S.） 89, 262, 377
ムーア（Moore, G.E.） 62
モグリッジ（Moggridge, D.） 61, 185, 189, 193, 201, 209-11, 283

[ヤ行]

U字型平均費用曲線 135, 304-5, 319
有効需要 7, 110, 167-8, 170, 172, 177-8, 201, 204, 212, 230, 233, 353
有効需要の理論 333
優等合格者 45

[ラ行]

ラーナー（Lerner, A.P.） 378
ライムズ（Rymes, T.K.） 211

ラヴィントン（Lavington, F.） 17, 359, 362
ラッセル（Russell, B.） 62
ラファエリ（Raffaelli, T.） 359-60, 362, 376-7
ラムゼー（Ramsey, F.P.） 62, 175, 188, 207
ランドー（Landau, L.） 321
リカードウ（Ricardo, D.） 88, 89, 147-9, 247, 249, 261, 326, 328, 333, 334, 337
リカードウ学派 31
利潤 279
利潤最大化 358, 364, 373
利潤率 148, 149, 246-51, 255
リディア（ケインズ夫人）（Lydia, Keynes） 68, 186, 271
流動性選好説 54, 118, 335, 348
レオンチェフ（Leontief, W.） 39
歴史 239-40, 245, 251-2, 260
歴史的時間と論理的時間 9
レッセ・フェール 39, 289, 296
レント学期 69, 264
ロースビー（Loasby, B.J.） 226, 377
ロスバース（Rothbarth, E.） 321
ロセッリ（Rosselli, A.） 177, 254
ロックフェラー財団 199, 200
ロバートソン（Robertson, D.H.） 17, 20, 29, 54, 76, 191, 207, 209-10, 339, 359, 362, 376
ロビンズ（Robbins, L.） 295, 297, 339
ロビンソン（Robinson, A.） 17, 55, 132, 134, 140, 143-4, 193, 195-6, 208, 212, 267, 321, 339-40, 370, 375
ロビンソン（Robinson, J.） 17, 103, 108, 112, 114-5, 121-2, 125, 132, 137, 141, 150, 151, 157, 159, 166, 175-6, 178, 196, 200, 203, 205, 208, 212, 215-6, 221-3, 226-7, 229-34, 239-254, 259, 267-8, 274-7, 280, 282-3, 321-2, 340, 344-5, 348, 350-2, 354, 358, 362, 369-70, 375-6, 378
ロポコヴァ（Lopokova, L.） 46, 186, 203-4
ロンカリア（Roncaglia, A.） 368, 376
ロンドン・スクール・オブ・エコノミックス 20, 142

初出一覧

第 1 章　*History of Political Economy*, 40(4), 2008, pp. 469-592.

第 2 章　In R.E. Backhouse and B.W. Bateman (eds), *The Cambridge Companion to Keynes*, Cambridge: Cambridge University Press, 2006, pp. 118-135.

第 3 章　*European Journal for the History of Economic Thought*, 12(3), 2005, pp. 425-452; revised English version of 'Sraffa all' Università di Cambridge', in *Atti del Convegno 'Piero Sraffa'*, Rome: Accademia Nazionale dei Lincei, 2004.

第 4 章　Revised English version, with a new title, of 'Introduzione', in R.F. Kahn, *Concorrenza, occupazione e moneta*, Bologna: Il Mulino, 1999.

第 5 章　*Review of Political Economy*, 15(4), 2003, pp. 545-560; English version of 'Joan Robinson e le tre rivoluzioni di Cambridge', *Storia del Pensiero Economico*, 33/34, 1997.

第 6 章　*Cambridge Journal of Economics*, 18(1), 1994, pp. 25-39.

第 7 章　*History of Political Economy*, 34(2), 2002, pp. 421-447; revised and enlarged English version of 'La collaborazione tra Keynes e Kahn dal *Treatise* alla *General Theory*', in N. De Vecchi e M.C. Marcuzzo (eds), *A cinquant'anni da Keynes. Teorie dell'occupazione, interesse e crescita*, Milan: Unicopli, 1998.

第 8 章　In M.C. Marcuzzo, L. Pasinetti and A. Roncaglia (eds), *The Economics of Joan Robinson*, London and New York: Routledge, 1996, pp. 11-28.

第 9 章　In B. Gibson (ed.), *Joan Robinson's Economics. A centennial celebration*, Cheltenham, UK and Northampton, Ma, USA: Edward Elgar, 2005, pp. 29-42.

第 10 章　In T. Cozzi and R. Marchionatti (eds), *Piero Sraffa's Political Economy. A centenary estimate*, London and New York: Routledge, 2001, pp. 81-99.

第 11 章　*Annals of the Society for the History of Economic Thought*, 45 (June), 2004, pp. 1-10.

第 12 章　*Review of Political Economy*, 8(1), 1996, pp. 7-22.

第 13 章　In P. Arestis, G. Palma and M. Sawyer (eds), *Capital Controversy, Post-Keynesian Economics and the History of Economic Thought. Essays in honour of Geoff Harcourt*, Vol. I, London and New York: Routledge, 1996, pp. 398-409.

第 14 章　In J.E. Biddle, J.B. Davis and W.J. Samuels (eds), *A Companion to the*

History of Economic Thought, Oxford: Blackwell, 2003, pp. 294-307.

第15章　In M. Forstater, G. Mongiovi and S. Pressman (eds), *Post Keynesian Macroeconomics. Essays in honour of Ingrid Rima*, London and New York: Routledge, 2007, pp. 70-86; an earlier draft appeared as a working paper, Dipartimento di Scienze Economiche, Università di Roma 'La Sapienza'.

これらの論考を再発行する許可を与えてくれた下記の出版社，ならびに学会に謝意を表したい．

　　Blackwell Publishing, Cambridge University Press, Edward Elgar Publishing, Duke University Press, 経済学史学会，Oxford University Press.

著者紹介

マリア・クリスティーナ・マルクッツォ（Maria Cristina Marcuzzo）

ローマ大学〈ラ・サピエンツァ〉（University of Rome〈La Sapienza〉）教授
"On the Notion of Temporary and Permanent Causes. The Legacy of Ricardo", *Journal for the History of Economic Thought*, Vol. 36(4), 2014.
"On Alternative Notions of Change and Choice. Krishna Bharadwaj's Legacy", *Cambridge Journal of Economics*, Vol. 38(1), 2014.
"Whose Welfare State? Beveridge vs Keynes" in R. Backhouse and T. Nishizawa (eds), *No Wealth but Life: Welfare Economics and the Welfare State in Britain 1880-1945*, Cambridge University Press, 2010.
"Reason and Reasonableness in Keynes. Rereading *The Economic Consequences of the Peace*" in A. Arnon and W. Young (eds), *Perspectives on Keynesian Economics*, Springer, 2010.
"Keynes and Cambridge" in R. Backhouse and B. Bateman (eds), *Cambridge Companion to Keynes*, Cambridge University Press, 2006.

ネリオ・ナルディ（Nerio Naldi）

ローマ大学〈ラ・サピエンツァ〉（University of Rome〈La Sapienza〉）准教授
"Adam Smith on Value and Prices" in C. Berry, M. P. Paganelli and C. Smith (eds), *The Oxford Handbook of Adam Smith*, Oxford University Press, 2013.
"Two Notes on Piero Sraffa and Antonio Gramsci", *Cambridge Journal of Economics*, Vol. 36(6), 2012.

アナリーザ・ロセッリ（Annalisa Rosselli）

ローマ大学〈トール・ヴェルガータ〉（University of Rome〈Tor Vergata〉）教授
"Economic History and History of Economics. In Praise of an Old Relationship", *European Journal for the History of Economic Thought*, Vol. 20(6), 2013.
"Sraffa and His Arguments against 'Marginalism'" (with M. C. Marcuzzo), *Cambridge Journal of Economics*, Vol. 35(1).

エレオノーラ・サンフィリッポ (Eleonora Sanfilippo)

カッシーノ・南ラツィオ大学 (University of Cassino and Southern Lazio) 准教授
"Behavioral Foundations for the Keynesian Consumption Function" (with F. D'Orlando), *Journal of Economic Psychology*, Vol. 31(6), 2010.
"Speculation in Commodities: Keynes's 'Practical Acquaintance' with Futures Markets" (with L. Fantacci and M. C. Marcuzzo), *Journal of the History of Economic Thought*, Vol. 32(3), 2010.

監訳者紹介

平井俊顕(ひらい としあき)

1971 年　東京大学経済学部卒業
1977 年　東京大学大学院経済学研究科博士課程修了
2012 年 3 月まで　上智大学経済学部教授
現　在　上智大学名誉教授
　　　　ケインズ学会会長（2011 年－）
専攻　経済学史・理論経済学
主要著書
『ケインズ研究』東京大学出版会，1987 年．
『ケインズの理論――複合的視座からの研究』東京大学出版会，2003 年．
『ケインズとケンブリッジ的世界――市場社会観と経済学』ミネルヴァ書房，2007 年．
(編著)『市場社会論のケンブリッジ的展開――共有性と多様性』日本経済評論社，2009 年．
Keynes's Theoretical Development – from the Tract to the General Theory, Routledge, 2007.
The Return to Keynes (co-edited by B. Bateman, T. Hirai and M. C. Marcuzzo), The Belknap Press of Harvard University Press, 2010. (監訳『リターン・トゥ・ケインズ』東京大学出版会，2015 年).
Keynesian Reflections (co-edited by T. Hirai, M. C. Marcuzzo and P. Mehrling), Oxford University Press, 2013.
Capitalism and the World Economy (edited by T. Hirai), Routledge, 2015.

翻訳
ライムズ著『ケインズの講義 1932-35 年――代表的学生のノート』東洋経済新報社，1993 年．

主要論文
"The Turning Point in Keynes's Theoretical Development", *History of Economic Ideas*, XII-2, 2004.
"How Did Keynes Transform His Theory from the *Tract* into the *Treatise*?", *European Journal of the History of Economic Thought*, XIV-2, 2007.
"How, and For How Long, Did Keynes Maintain the *Treatise* Theory?", *Journal of the History of Economic Thought*, 29-3, 2007.
"Exploring Hawtrey's Social Philosophy through His Unpublished Book, *Right Policy*,

Journal of the History of Economic Thought, 34-2, 2012.
"International Design and the British Empire", *History* of *Economics Review*, 57 (Winter), 2013.

ブログ　http://blogs.yahoo.co.jp/olympass

訳者紹介 （五十音順）

池田　毅（第12, 14, 15章）
立教大学経済学部教授（理論経済学）
『経済成長と所得分配』日本経済評論社，2006年．

伊藤宣広（第1, 2, 11章）
高崎経済大学経済学部准教授（経済学史，現代経済学，経済学方法論）
『現代経済学の誕生――ケンブリッジ学派の系譜』中公新書，2006年．
『ケンブリッジ学派のマクロ経済分析――マーシャル・ピグー・ロバートソン』ミネルヴァ書房，2007年．

黒木龍三（序論，第3章）
立教大学経済学部教授（理論経済学）
「ミンスキー・モーメント」原正彦編『グローバル・クライシス』青山社，2012年．
"Balance Sheet Business Cycles", in *Keynes and Modern Economics*, edited by Ryuzo Kuroki, Routledge, 2013.

内藤敦之（第5, 7章）
大月短期大学経済科教授（経済理論・経済思想史）
『内生的貨幣供給理論の再構築――ポスト・ケインズ派の貨幣・信用アプローチ』日本経済評論社，2011年．
"Instability and unsustainability of cognitive capitalism: Reconcideration from a post-Keynesian perspective", *Knowledge Cultures*, 2013, Vol. 1, No. 3, pp. 47-66.

長原　徹（第13章）
芝浦工業大学工学部准教授（理論経済学）
"What Does the Long-term Rate Depend on?: Fisher Effect vs Liquidity Premium", in *Keynes and Modern Economics*, edited by Ryuzo Kuroki, Routledge, 2013.

袴田兆彦（第4, 6, 8章）
中央大学商学部教授（経済理論，経済学史）
「物価と生産の理論におけるカーンの貢献」『商学論纂』第44巻第6号，2003年．
「『貨幣論』における基本方程式の形成――『貨幣改革論』から『貨幣論』へ」『中央大学経済

研究所年報』第 38 号，2007 年．

藤原　新（ふじわら　あらた）（第 9，10 章）
立教大学経済学部准教授（経済学史，経済理論）
『経済学における数量分析』（執筆分担）産業統計研究社，2008 年．
「ケインズ経済学における貨幣賃金率の粘着性の意味について」『立教経済学研究』第 66 巻第 3 号，2013 年．

M.C. マルクッツオ
市場の失敗との闘い
ケンブリッジの経済学の伝統に関する論文集

2015年7月30日　第1刷発行
定価(本体4600円+税)

監訳者　平　井　俊　顕
発行者　栗　原　哲　也
発行所　株式会社 日本経済評論社
〒101-0051　東京都千代田区神田神保町3-2
電話 03-3230-1661　FAX 03-3265-2993
振替 00130-3-157198

装丁・渡辺美知子　　　藤原印刷・誠製本

落丁本・乱丁本はお取替えいたします　Printed in Japan
© Hirai Toshiaki 2015
ISBN978-4-8188-2378-5

・本書の複製権・譲渡権・公衆送信権(送信可能化権を含む)は
(株)日本経済評論社が保有します。
・JCOPY 〈(社)出版者著作権管理機構　委託出版物〉
本書の無断複写は著作権法上での例外を除き禁じられています。複写
される場合は，そのつど事前に，(社)出版者著作権管理機構(電話03-
3513-6969, FAX 03-3513-6979, e-mail: info@jcopy.or.jp)の許諾
を得てください。

ポスト・ケインジアン叢書

J. A. クリーゲル著／川口 弘監訳 緒方・福田川訳
① 政 治 経 済 学 の 再 構 築
　　—ポスト・ケインズ派経済学入門—
　　　　　　　　Ａ５判 338頁 3200円

ポスト・ケインズ派経済学を，現在の支配的な新古典派経済学に代わる理論として構築する。クリーゲルの大学における講義を基礎に書かれた入門書である。(1978年)

A. S. アイクナー編／緒方・中野・森・福田川訳
② ポスト・ケインズ派経済学入門
(オンデマンド版) 1600-0 C3333　Ａ５判 221頁 2600円

物価，雇用，蓄積，分配，成長，停滞等の問題に対しポスト・ケインズ派はいかに対処するか。また政策上の対応はどのようにすべきかを探究。『政治経済学の再構築』と並ぶ入門書。(1980年)

P. デヴィッドソン著／原 正彦監訳 金子・渡辺訳
③ 貨 幣 的 経 済 理 論
　　　　　　　　Ａ５判 502頁 6500円

ケインズの著作，とりわけ『貨幣論』と『一般理論』とを適切に統合して「貨幣的生産経済の理論」の全体像を浮き彫りにする集大成の書。(1980年)

G. C. ハーコート著／神谷傳造訳
④ ケムブリジ資本論争 [改訳版]
0148-8 C3333　　Ａ５判 366頁 5800円

イギリス，アメリカのケムブリジ間で，1960年代を通じてかわされた資本理論の論争について，その発生，問題点，現代資本主義との関連で解明する。(1980年)

A. S. アイクナー著／川口 弘監訳 緒方・金尾ほか訳
⑤ 巨 大 企 業 と 寡 占
　　—マクロ動学のミクロ的基礎—
　　　　　　　　Ａ５判 532頁 5600円

現代の寡占的巨大企業の価格設定決意と投資決意を軸として所得分配を解明する。ポスト・ケインジアンのマクロ動学のミクロ的基礎づけに新境地をひらく画期的労作。(1983年)

M. カレツキ著／浅田統一郎・間宮陽介訳
⑥ 資本主義経済の動態理論
0038-4 C3333　　Ａ５判 242頁 3800円

ケインズと並ぶ経済学者の資本制経済の動学論。有効需要論の独立的発見をはじめ，投資決定論の一般化，景気循環，国民所得の分配，経済成長の分析に多くの発展をもたらした。(1984年)

R. カーン著／浅野栄一・袴田兆彦訳
⑦ 雇 用 と 成 長
　　　　　　　　Ａ５判 300頁 4500円

雇用乗数の理論をはじめて示し，ケインズ革命への途をひらいた画期的な第1論文や，成長理論，企業理論に関する論文の他，戦後のイギリス経済に対する時論をも含めた論文集。(1983年)

D. J. ハリス著／森 義隆・馬場義久訳
⑧ 資 本 蓄 積 と 所 得 分 配
　　　　　　　　Ａ５判 532頁 5600円

古典派，マルクス，新古典派正統にいたるまでの経済成長（資本蓄積）と所得分配の諸問題を簡潔に，バランスよく解説した中級の好テキストである。(1983年)

P. M. リヒテンシュタイン著／川島 章訳
⑨ 価 値 と 価 格 の 理 論
0102-X C3333　　Ａ５判 350頁 4500円

古典派の伝統に根を持ち，マルクス学派とポスト・ケインジアン理論双方に基礎をおく現代的思潮の理論的に首尾一貫する内容の経済学をめざして書かれた。(1986年)

P. デヴィッドソン著／渡辺良夫・秋葉弘哉訳
⑩ 国 際 貨 幣 経 済 理 論
0104-6 C3333　　Ａ５判 432頁 5800円

一般均衡理論・マネタリズムの批判を通してPK理論の分析射程を国際経済へ広げ，現代の国際通貨制度の抱える問題点を解明し，その解決策を模索した待望の書。(1986年)

J. ロビンソン著／山田克巳訳
⑪ 資本理論とケインズ経済学
0257-3 C3333　　Ａ５判 390頁 5200円

ロビンソン夫人の5巻の『経済学論文集』から，ケインズ経済学，マルクス経済学，資本理論などに関する諸論文を収め，夫人の理論の核心を把握できるよう配列し解説を試みる。(1988年)

表示価格に消費税は含まれておりません

ポスト・ケインジアン叢書

N. カルドア著／笹原昭五・高木邦彦訳
⑫ 経 済 成 長 と 分 配 理 論
―理論経済学統論―
(オンデマンド版) 1601-9 C3333　　A5判　380頁　5200円

学界に大きな波紋を呼び起こした「経済成長の新モデル」等，1950年代末以降に発表された経済理論とその関連分野にかかわる主要論文を一書にまとめたもの。　　　　　　　　　(1989年)

S. C. ダウ著／鴻池俊憲・矢根真二訳
⑬ マ ク ロ 経 済 学 の 構 図
―方法論的アプローチ―
0452-5 C3333　　A5判　364頁　3400円

各学派に共通した基盤はあるのか。各学派相互間のパラダイムの相違を超えて，建設的な議論をすすめるために，方法論を土台として，マクロ経済学の全体的な構図を模索。　　(1991年)

R. M. グッドウィン著／有賀・浅田・荒木・坂訳
⑭ 線 型 経 済 学 と 動 学 理 論
0231-X C3333　　A5判　287頁　4500円

本書は全編を通じ非集計的な線型体系を使用して新古典派と古典派，ミクロとマクロという二つの相反する経済学の「妥協」を企てることを表明している。　　　　　　　　　　(1988年)

L. L. パシネッティ著／中野 守・宇野立身訳
⑮ 生 産 と 分 配 の 理 論
―スラッファ経済学の新展開―
0237-9 C3333　　A5判　340頁　5200円

スラッファ経済学において分析された結合生産体系による固定資本と地代について分析を一層深化させ発展させたものであり，スラッファ経済学の発展を示すものである。　　(1988年)

J. イートウェル，M. ミルゲイト編／石橋・森田・中久保・角村訳
⑯ ケインズの経済学と価値・分配の理論
275-1 C3333　　A5判　462頁　6200円

ケインズの雇用理論をスラッファの『商品による商品の生産』によって甦った古典派・マルクス流の価値・分配の理論と結合し，生産・雇用の長期理論の構築を試みる。　　　(1989年)

L. マインウェアリング著／笠松 学・佐藤良一・山田幸俊訳
⑰ 価 値 と 分 配 の 理 論
―スラッファ経済学入門―
0221-2 C3333　　A5判　292頁　4200円

初学者にも理解しやすいように図解を多用して，スラッファ理論の基礎から国際貿易，固定資本，地代などの応用面も詳細に解説しており，最適の入門書となるであろう。　　　(1987年)

H. ミンスキー著／岩佐代市訳
⑱ 投　　資　　と　　金　　融
―資本主義経済の不安定性―
(オンデマンド版) 1602-7 C3333　　A5判　462頁　6800円

「金融的不安定仮説」を提起した初期の代表的論文を中心に構成。金融自由化で不確実性が高まりつつある今，市場経済における金融過程の本質を考察するのに格好の書である。(1988年)

V. チック著／長谷川啓之・関谷喜三郎訳
⑲ ケインズとケインジアンのマクロ経済学
(オンデマンド版) 1603-5 C3333　　A5判　533頁　7400円

『一般理論』を再考察し，ケインズ理論のもつマクロ経済分析についての豊かな内容を再確認しようとするものであり，新たな展開のためにも本書の果す役割は大きい。　　　(1990年)

J. A. クレーゲル編／緒方俊雄・渡辺良夫訳
⑳ ポスト・ケインズ派経済学の新展開
―分配・有効需要および国際経済―
0463-0 C3333　　A5判　272頁　3500円

1981年にイタリアで開催された第1回の夏期コンファレンスの議事録が基礎となっており，ポスト・ケインズ派の展開の方向性や学説史的基礎を理解する上での必読書。　　　(1991年)

R. M. グッドウィン著／有賀裕二訳
㉑ 非　線　形　経　済　動　学
(オンデマンド版) 0659-5 C3333　　A5判　320頁　4500円

非線形性は単純なモデルからカオスのようなとてつもなく複雑な運動をつくり出す。非線形加速度原理で世界的に有名なグッドウィンの珠玉の論文集の翻訳。　　　　　　　(1992年)

A. アシマコプロス著／鴻池俊憲訳
㉒ ケインズ「一般理論」と蓄積
0672-2 C3333　　A5判　260頁　3200円

「一般理論」で持続的失業，浮動的な投資水準および貨幣をとりまく制度に焦点を合わせた。本書ではその分析に対し歴史的時間を基礎に検討を加え，新視点から「蓄積」を考える。　(1993年)

表示価格に消費税は含まれておりません

ポスト・ケインジアン叢書

M. C. ソーヤー著／緒方俊雄監訳
㉓ 市場と計画の社会システム
——カレツキ経済学入門——
0763-X C3333　　　　A5判　388頁　5800円

ポーランドの経済学者の一連の重要論文を体系的に編集。カレツキ経済学は、現代経済学や経済体制に対する見方を再検討する際に不可欠な視角をもっている。　　　　　　　　（1994年）

M. H. ウォルフソン著／野下保利・原田善教・浅田統一郎訳
㉔ 金　融　恐　慌
——戦後アメリカの経験——
0792-3 C3333　　　　A5判　384頁　3800円

1966年の信用逼迫からS＆L危機、さまざまな金融機関の破綻・倒産など、今日におよぶ現代アメリカの金融危機についての実証と理論を提示する。　　　　　　　　　　　　（1995年）

L. L. パシネッティ著／佐々木隆生監訳
㉕ 構造変化の経済動学
——学習の経済的帰結についての理論——
0968-3 C3333　　　　A5判　466頁　4600円

現代産業経済を特徴づける人間の学習＝技術進歩に発展と構造の原動因をみるパシネッティ体系の新たな到達点を示す。すべての学派に開放された現代の「経済学原理」。　　　　（1998年）

P. クライスラー著／金尾敏寛・松谷泰樹訳
㉖ カレツキと現代経済
——価格設定と分配の分析——
1259-5 C3333　　　　A5判　229頁　3800円

カレツキの価格設定と分配の理論の歴史的変遷を詳細に検討し、カレツキの分析の難点や短所を指摘しつつ、理論のもつ積極的意義を明らかにする。　　　　　　　　　　　（2000年）

N. カルドア著／笹原昭五・高木邦彦・松本浩志・薄井正彦訳
㉗ 貨幣・経済発展そして国際問題
1191-2 C3333　　　　A5判　342頁　4800円

貨幣と国際均衡、開発経済論、欧州共同市場にかかわる、60年代半ば以降に公刊された経済政策関係の論文集。フリードマンへの批判や自由貿易論に対して議論を展開する。　（2000年）

H. W. ローレンツ著／小野﨑保・笹倉和幸訳
㉘ 非線形経済動学とカオス
1047-9 C3033　　　　A5判　442頁　3800円

複雑な経済の動態を理解するために必要不可欠な非線形経済動学を概説し、従来切り捨てられてきた「非線形性」が経済学においていかに重要な役割を果たすかを示す。　　　（2000年）

M. シェイバーグ著／藤田隆一訳
㉙ 現代金融システムの構造と動態
——国際比較と「収れん仮説」の検証——
1322-2 C3333　　　　A5判　180頁　3400円

米英仏日独の金融の制度的仕組みの相違に配慮したPK派の投資モデルで各国の投資行動が異なることを分析し、各国金融システムが同質化してきたことを時系列分析で解明。（2000年）

ディムスキ、エプシュタイン、ポーリン編／原田善教監訳
㉚ アメリカ金融システムの転換
——21世紀に公正と効率を求めて——
1369-9 C3333　　　　A5判　445頁　4800円

自由化・規制緩和された金融システム。不安定な金融投機の上に成り立つ繁栄に翳りがみえた状況の中で、新たな公的規制、公正で効率的なシステム再構築の方策を示す。　　（2001年）

D. フォーリー、T. マイクル著／佐藤良一・笠松 学監訳
㉛ 成　長　と　分　配
1455-5 C3333　　　　A5判　379頁　3800円

新たにクローズアップされる成長理論。多様な成長理論（古典派、マルクス派、新古典派）を平易に手際よく解説。日本の低成長を基礎から理解するにも最適の書。　　　　　（2002年）

C. ロジャーズ著／貨幣的経済理論研究会訳
㉜ 貨幣・利子および資本
——貨幣的経済理論入門——
1582-9 C3333　　　　A5判　396頁　4500円

現代市場経済の主動因が実物から金融に代わった事実は、実物的経済分析から貨幣的経済分析への転換を要請する。貨幣的経済分析の基礎を確立し、適切な政策を導く好著。　（2004年）

D. ギリース著／中山智香子訳
㉝ 確　率　の　哲　学　理　論
1703-1 C3333　　　　A5判　343頁　4000円

「確率」にはどのような予測、信念、繰り返しを想定した経験則が想定されているのか。確率の数学理論とともに発達した哲学諸理論の関係を示し、その意味を考察する。　　　（2004年）

表示価格に消費税は含まれておりません

ポスト・ケインジアン叢書

W.ゼムラー編／浅田統一郎訳
㉞ 金融不安定性と景気循環
1953-5 C3333　　　　　Ａ５判　353頁　4600円

「失われた15年」をどうみるか。金融不安定性と景気循環をめぐる本書の理論モデルは、1980年代～2000年代の日本経済の分析に多くの示唆を与える。　　　　　　　　（2007年）

P.デヴィッドソン／小山庄三・渡辺良夫訳
㉟ ケインズ・ソリューション
　　　－グローバル経済繁栄への途－
2158-3 C0333　　　　　Ａ５判　230頁　3000円

サブプライムローン危機に端を発した金融危機がなぜ戦後最悪の金融恐慌と不況をもたらしたかを解明し、グローバルな経済繁栄を取り戻すための方策を提示。　　　　　（2011年）

J.スタンレー・メトカーフ／八木紀一郎・古山友則訳
㊱ 進化的経済学と創造的破壊
2176-7 C3333　　　　　Ａ５判　230頁　4000円

進化的な推論形式を市場に応用し、その可能性を開拓するとともに、科学技術政策にも説き及ぶ。第１回「グラーツ・シュンペーター・レクチャーズ」を翻訳刊行。　（2011年）

J.A.クレーゲル著／横川信治編・監訳
㊲ 金融危機の理論と現実
　　　－ミンスキー・クライシスの解明－
2299-3 C3333　　　　　Ａ５判　232頁　3400円

ポスト・ケインズ派の泰斗がミンスキーの金融不安定性仮説を金融自由化期・国際経済に拡張し、サブプライム危機など最近の金融危機について分析する。　　　　（2013年）